Sobre a arte de viver

Roman Krznaric

Sobre a arte de viver

Lições da história para uma vida melhor

Tradução:
Maria Luiza X. de A. Borges

2ª reimpressão

Copyright © 2011 by Roman Krznaric

Tradução autorizada da primeira edição inglesa, publicada em 2011 por Profile Books Ltd., de Londres, Inglaterra

Proibida a venda em Portugal

Grafia atualizada segundo o Acordo Ortográfico da Língua Portuguesa de 1990, que entrou em vigor no Brasil em 2009.

Título original
The Wonderbox: Curious Histories of How to Live

Capa
Estúdio Insólito

Fotos da capa
© Gregor Schuster/Getty Images; © Romeo1232/Dreamstime.com;
© Aleandraberlin/Dreamstime.com; © Zuki/iStockphoto;
© dutourdumonde/iStockphoto; © Sam Burt Photography/iStockphoto;
© sunil menon/iStockphoto; © Amanda Rohde/iStockphoto;
© Empato/iStockphoto; © pxlar8/iStockphoto

Preparação
Angela Ramalho Vianna

Revisão
Eduardo Farias
Vania Santiago

CIP-Brasil. Catalogação na fonte
Sindicato Nacional dos Editores de Livros, RJ

K96s	Krznaric, Roman
	Sobre a arte de viver: lições da história para uma vida melhor / Roman Krznaric; tradução Maria Luiza X. de A. Borges. – 1ª ed. – Rio de Janeiro: Zahar, 2013.
	il.
	Tradução de: The Wonderbox: Curious Histories of How to Live.
	ISBN 978-85-378-1073-6
	1. Relações humanas. 2. Comunicação interpessoal. I. Título.
	CDD: 158.2
13-1334	CDU: 316.47

[2021]
Todos os direitos desta edição reservados à
EDITORA SCHWARCZ S.A.
Praça Floriano, 19 – Sala 3001 – Cinelândia
20031-050 – Rio de Janeiro – RJ
Telefone: (21) 3993-7510
www.companhiadasletras.com.br
www.blogdacompanhia.com.br
facebook.com/editorazahar
instagram.com/editorazahar
twitter.com/editorazahar

Sumário

Prefácio 9

Relacionamentos enriquecedores 13
1. Amor 15
2. Família 41
3. Empatia 68

O sustento 93
4. Trabalho 95
5. Tempo 119
6. Dinheiro 142

A descoberta do mundo 169
7. Sentidos 171
8. Viagens 197
9. Natureza 226

A quebra de convenções 251
10. Crença 253
11. Criatividade 278
12. Morte 306

Epílogo 333

Notas   339

Referências bibliográficas   351

Créditos das imagens   364

Agradecimentos   366

Índice remissivo   367

"Aquele que não é capaz de tirar partido de 3 mil anos apenas subsiste."

JOHANN WOLFGANG VON GOETHE

Prefácio

Como deveríamos viver? Essa antiga pergunta tem uma urgência moderna. No mundo ocidental afluente, a sociedade vem mudando depressa demais para que possamos nos ajustar a ela. A cultura on-line transformou a maneira como nos enamoramos e cultivamos as amizades. A extinção da estabilidade no emprego e as crescentes expectativas de encontrar um trabalho que não só pague as contas, mas também amplie os horizontes, aumentaram a confusão quanto à escolha da carreira certa. O progresso médico deu-nos vidas mais longas do que nunca e nos leva a perguntar a nós mesmos qual seria a melhor maneira de passar os preciosos anos extras que nos foram assegurados. Crises ecológicas propõem novos desafios para uma vida ética, que vão desde o lugar onde passamos as férias até o modo de pensar sobre o futuro de nossos filhos. Além disso, a busca de riqueza material e dos prazeres do consumo, que nos obsedaram durante o século XX, deixou muita gente ansiando por formas mais aprofundadas de realização. Como exercer a arte de viver? – esta tornou-se a grande questão de nossa era.

Há muitos lugares onde procurar respostas. Podemos nos voltar para a sabedoria dos filósofos que se dedicaram às questões da vida, do Universo e de todas as coisas. Poderíamos seguir os ensinamentos das religiões e dos pensadores espirituais. Psicólogos desenvolveram uma ciência da felicidade que oferece pistas para nos arrancar de velhos hábitos e manter uma visão positiva da vida. Há ainda o conselho dos gurus da autoajuda, que muitas vezes empacotam habilmente todas essas abordagens num projeto de cinco itens.

Existe, no entanto, um domínio em que poucos buscaram respostas para nossos dilemas acerca de como viver: a história. Creio que o futuro da arte de viver pode ser encontrado na contemplação do passado. Se pesquisarmos a maneira como as pessoas viveram em outras épocas e culturas, poderemos extrair lições para os desafios e oportunidades da vida cotidiana. Que segredos para viver com paixão residem nas atitudes medievais em relação à morte, ou nas fábricas de alfinetes da Revolução Industrial? Como poderia um encontro com a China da dinastia Ming, ou com a cultura indígena centro-africana, mudar nossas concepções sobre a educação das crianças ou os cuidados a dispensar aos pais? É assombroso que, até agora, tenhamos feito tão pouco para descobrir essa sabedoria proveniente do passado, baseada no modo como as pessoas realmente viveram, e não em sonhos utópicos sobre o que seria possível no futuro.

Penso na história como uma caixa de maravilhas, semelhante aos gabinetes de curiosidades do Renascimento – o que os alemães chamavam de *Wunderkammer*. Os colecionadores usavam esses gabinetes para exibir uma série de objetos fascinantes e extraordinários, cada qual com uma história para contar, como um ábaco turco em miniatura ou uma talha de marfim japonesa. Transmitidos de geração em geração, eles eram repositórios de tradições, cultura, gostos e viagens de família. A história também transmite-nos relatos e ideias intrigantes acerca de uma cornucópia de culturas. Ela é nossa herança compartilhada de artefatos curiosos, com frequência fragmentados, que podemos pegar à vontade e contemplar com assombro. Há muito o que aprender sobre a vida abrindo a caixa de maravilhas da história.

Seremos guiados na viagem por um grande número de figuras famosas, por vezes esquecidas, de um astrônomo do século XVII a um ex-líder da Ku Klux Klan, de uma das primeiras militantes feministas a um monge vietnamita que ateou fogo ao corpo. Eles nos conduzirão a territórios incomuns – a invenção da loja de departamentos ou o mito dos cinco sentidos. Sua tarefa será revelar a extraordinária variedade de maneiras pelas quais os seres humanos lidaram com questões cruciais como trabalho, tempo, criatividade e empatia. Nossos guias nos ajudarão a questionar o modo de vida atual e oferecerão ideias surpreendentes e práticas para orientar nossas vidas em novas direções.

"O trabalho principal e próprio da história", escreveu Thomas Hobbes, pensador do século XVII, é "instruir e habilitar os homens, por meio do conhecimento de ações do passado, a conduzir-se com prudência no presente e com previdência no futuro."[1] Ao adotar essa noção de "história aplicada", sondei os escritos de historiadores sociais, econômicos e culturais, antropólogos e sociólogos, em busca das ideias mais esclarecedoras para o enfrentamento das dificuldades de viver hoje no mundo ocidental. Embora raras vezes tenham sido formulados com esse projeto pragmático em mente, esses estudos eruditos estão repletos de inspirações para os que desejam viver uma vida mais aventurosa e ousada. Assim como o Renascimento redescobriu o conhecimento perdido da Antiguidade clássica e, por conseguinte, revolucionou as artes e a ciência, devemos desenterrar as ideias ocultas do bem viver sepultadas durante tanto tempo no passado e criar uma revolução de autocompreensão.

Aprender com a história, em um nível, é uma questão de identificar os modos de viver mais interessantes de nossos ancestrais e adotá-los. Contudo, trata-se também de reconhecer as muitas ideias e atitudes que – muitas vezes inadvertidamente – herdamos do passado. Algumas delas são positivas e deveriam ser acolhidas com alegria em nossa vida, como a ideia de que a imersão na natureza inculta é essencial para o nosso bem-estar. Mas recebemos outros legados culturais que poderiam nos fazer imenso mal, e que, no entanto, raramente identificamos ou questionamos, como uma ética do trabalho no qual o tempo de lazer é considerado "pausa", e não "emprego" de tempo, ou a crença de que a melhor maneira de usar nosso talento é nos tornarmos especialistas num campo restrito – uma pessoa de elevado desempenho, não de amplo desempenho. Precisamos traçar as origens históricas desses legados que se insinuaram silenciosamente em nossa vida e moldaram de maneira sub-reptícia nossa visão do mundo. Podemos optar por aceitá-los – e por nos compreendermos ainda mais –, ou rejeitá-los e nos livrar de uma herança indesejada, prontos a inventar outra. Esse é o sublime poder que exercemos quando temos a história em nossas mãos.

Toda história é escrita através dos olhos do autor, que filtra o passado por seleção, omissão e interpretação. Este livro não escapa disso. Ele não cobre toda a história do amor, do dinheiro ou de qualquer outro aspecto da arte de viver. Em vez disso, faço uso daqueles episódios que parecem melhor iluminar as lutas da vida que muitos de nós enfrentamos diariamente. No capítulo sobre a família, por exemplo, concentro-me na história do homem que se dedica aos afazeres domésticos e da conversa em família, em parte porque esses tópicos lançam luz sobre dificuldades que experimentei em minha vida. Minhas escolhas de foco histórico, contudo, não são puramente pessoais e refletem um julgamento do que pode ser mais útil para pessoas que se sentem perplexas – ou apenas curiosas – sobre como viver, e que têm espaço e oportunidade para fazer mudanças em suas vidas.

As páginas que se seguem são uma homenagem à crença de Goethe: "Aquele que não é capaz de tirar partido de 3 mil anos apenas subsiste." Examino os últimos três milênios de história humana, desde os gregos antigos até nossos dias. Embora considere principalmente a Europa e os Estados Unidos, volto-me também para outras áreas do globo em busca de abordagens inspiradoras à vida boa, inclusive a Ásia, o Oriente Médio, e para os povos indígenas, cujas culturas contemporâneas frequentemente refletem antigas maneiras de ser.

Este livro busca a conexão entre o passado e o presente, criando uma ponte da imaginação que pode nos ajudar a aprofundar os relacionamentos, repensar o modo como ganhamos a vida e nos abrir para novas maneiras de conhecer tanto o mundo quanto a nós mesmos. É hora de levantar a tampa da caixa de maravilhas e descobrir o que a história pode revelar sobre a arte de viver hoje.

Relacionamentos enriquecedores

1. Amor

O HOMEM IMORTALIZADO COMO são Valentim ficaria chocado ao descobrir que se tornou o santo padroeiro do amor romântico. Sua história é obscura, mas parece que foi um padre que viveu perto de Roma, no século III, e foi executado por suas crenças cristãs. Realizou-se pela primeira vez uma festa em seu nome em 496, e durante a maior parte do milênio seguinte ele foi venerado pelo poder de curar doentes e aleijados. No fim da Idade Média, sua fama era de ser o santo padroeiro dos epilépticos, especialmente na Alemanha e na Europa Central, onde obras de arte do período mostram-no curando crianças de seus ataques convulsivos. Ele nada teve a ver com o amor até 1382, quando Chaucer criou um poema descrevendo o dia de são Valentim, celebrado todo mês de fevereiro, como uma ocasião em que as aves – e as pessoas – deveriam escolher seus companheiros. Desse momento em diante, sua reputação como curandeiro começou a desaparecer, e o dia que lhe é dedicado todos os anos transformou-se numa ocasião para os amantes enviarem versos de amor uns aos outros e para os jovens das aldeias se divertirem com jogos de amor engraçados. O Dia de São Valentim foi de novo transformado, no século XIX, quando se tornou uma extravagância comercial alimentada pelo surgimento da indústria dos cartões comemorativos e o aparecimento do mercado de massa. Um furor em torno desse dia irrompeu nos Estados Unidos, nos anos 1840: menos de duas décadas depois, as lojas vendiam, a cada ano, perto de 3 milhões de cartões, livrinhos de poemas e outras bugigangas associadas ao amor. Hoje, 141 milhões de cartões são trocados no Dia de São Valentim, no mundo todo, e 11%

dos pares de namorados dos Estados Unidos escolhem ficar noivos no dia 14 de fevereiro.[1]

A maneira como são Valentim foi convertido, de arauto do caridoso amor cristão em símbolo da paixão romântica, suscita a questão mais ampla de como as atitudes em relação ao amor mudaram ao longo dos séculos. Que significava amor no mundo antigo, ou durante a idade cavalheiresca de Chaucer? Como o ideal do amor romântico se desenvolveu e moldou o que agora esperamos de um relacionamento? São questões desse tipo que teriam intrigado o nobre francês François de La Rochefoucauld, que proclamou no século XVII: "Poucas pessoas se enamorariam se nunca tivessem ouvido falar disso."[2] Ele compreendia que nossas ideias sobre o amor, pelo menos em parte, são invenções da cultura e da história.

A maioria de nós experimentou tanto os prazeres quanto as dores do amor. Vale lembrar o desejo ardente e o êxtase compartilhado de uma primeira aventura amorosa, ou de nos ter consolado na segurança de um relacionamento duradouro. No entanto, também sofremos com os sentimentos de ciúme e a solidão da rejeição, ou nos esforçamos para fazer um casamento florescer e perdurar.

Podemos lidar com essas dificuldades do amor – e acentuar suas alegrias – compreendendo a significação de duas grandes tragédias na história das emoções. A primeira é que perdemos o conhecimento das diferentes variedades de amor que existiam no passado, especialmente aquelas familiares aos gregos antigos, que sabiam que o amor podia ser descoberto não só com um parceiro sexual, mas também em amizades, em meio a estranhos e com eles mesmos. A segunda tragédia é que, no curso dos últimos mil anos, essas variedades foram de tal modo incorporadas numa noção mítica de amor romântico que passamos a acreditar que todas se reúnem em uma só pessoa, uma alma gêmea. Podemos escapar dos limites dessa herança procurando amor fora do domínio dos afetos românticos e cultivando suas muitas formas. Assim, como deveríamos iniciar essa jornada pela história do amor? Com uma xícara de café, claro.

As seis variedades de amor

A cultura contemporânea do café desenvolveu um vocabulário sofisticado para descrever as muitas opções que temos para obter uma dose diária de cafeína – *cappuccino, espresso, latte, americano, machiato, mocha*. Os gregos antigos eram igualmente refinados na maneira como pensavam sobre o amor, distinguindo seis diferentes tipos.[3] Isso é o oposto da abordagem atual, em que, sob um termo único e vago, englobamos uma enorme série de emoções, relacionamentos e ideias. Um menino adolescente declara "Estou amando", mas é improvável que isso signifique a mesma coisa que um homem de sessenta anos ao dizer que ainda ama sua mulher depois de tantos anos juntos. Pronunciamos "Eu te amo" nos momentos românticos intensos, e somos capazes de encerrar um e-mail, sem pensar muito, com as palavras "Com muito amor".*

Os habitantes da Atenas clássica teriam ficado surpresos com a rudeza de nossa expressão. A linguagem que adotavam para falar do amor não só insuflava mexericos no mercado, como também lhes permitia pensar sobre o lugar do amor em suas vidas, de uma maneira que mal podemos compreender, com nossa linguagem amorosa empobrecida, que em termos de café é o equivalente emocional de uma caneca de instantâneo. Precisamos descobrir os seis tipos de amor conhecidos pelos gregos e considerar a possibilidade de torná-los parte de nossas conversas cotidianas. Ao fazê-lo, talvez sejamos capazes de encontrar relacionamentos que correspondam melhor a nossos gostos pessoais.

Todos nós já vimos cartões de Dia dos Namorados com pequenos cupidos rechonchudos esvoaçando aqui e ali, a disparar suas flechas em pessoas desavisadas que se veem instantaneamente apaixonadas uma pela outra. Cupido é a versão romana de Eros, o deus grego do amor e da fertilidade. Para os gregos antigos, *eros* era a ideia da paixão e do desejo sexual, e representava uma de suas mais importantes variedades de amor. Mas

---

* O uso indiscriminado da palavra amor é muito maior, claro, no mundo anglófono, e a expressão citada no original, mais banal que esta, é "Lots of love". (N.T.)

eros estava longe de ser o malandrinho brincalhão que hoje imaginamos. Ele era visto como uma forma perigosa, impetuosa e irracional de amor que podia se apossar de uma pessoa e dominá-la. "Desejo duplicado é amor, amor duplicado é loucura", disse Pródico, filósofo do século V a.C.[4] *Eros* envolvia uma perda de controle que atemorizava os gregos, embora perder o controle seja precisamente o que muitos de nós procuramos hoje em nossos relacionamentos, acreditando que "se apaixonar loucamente" é a marca de uma união ideal.

Em textos antigos, *eros* está com frequência associado à homossexualidade, em especial o amor de homens mais velhos por adolescentes, prática corrente na Atenas dos séculos V e VI a.C., em meio à aristocracia. Isso era conhecido como *paiderastia*, o que, por sua vez, gerou um dos mais exóticos verbos gregos, *katapepaiderastekenai* – "esbanjar a herança por causa de uma incorrigível devoção a meninos".[5] Mas *eros* não existia apenas em relacionamentos que envolviam homens. O estadista ateniense Péricles foi compelido por *eros* a abandonar sua mulher em favor da bela e brilhante Aspásia, que se tornou sua concubina, ao passo que a poeta Safo era renomada por suas odes eróticas a mulheres, inclusive aquelas de sua ilha natal de Lesbos (daí a palavra "lésbica").[6] O poder de *eros* também aparecia em mitos gregos, nos quais as façanhas dos deuses promíscuos – em especial os de sexo masculino – são reveladoras das normas culturais da sociedade clássica. Zeus fazia enorme esforço para satisfazer suas paixões sexuais, transformando-se num cisne para seduzir Leda, num touro branco como a neve para estuprar Europa e numa nuvem para se insinuar junto a Io.[7] Até Polifemo, o ciclope bestial da *Odisseia*, sofreu em razão de seu *eros* não correspondido pela ninfa do mar Galateia, embora as palavras que tenha escolhido para lhe passar uma cantada não devam ter contribuído muito para melhorar a situação: "Branca Galateia, por que repeles meu amor? Ó, és mais branca aos meus olhos que leite coalhado... Mais lustrosa que uma uva verde!"[8] A evidência visualmente mais notável de *eros* na vida cotidiana aparece nas obscenas "peças de sátiros" que se seguiam à encenação de tragédias durante os festivais teatrais da primavera em Atenas. Metade homem, metade bode, os sátiros faziam travessuras em cena com enormes falos eretos presos à cintura, apimentando suas falas com piadas lascivas.⁹ As dores associadas a *eros* podiam claramente ser mitigadas com leve alívio cômico.

Todo mundo tem histórias para contar sobre um coração transpassado por *eros*. Certa vez fui induzido por *eros* a deslocar toda a minha vida da Grã-Bretanha para os Estados Unidos na busca temerária – e finalmente fracassada – de uma mulher. É possível que você tenha ficado tão apaixonada por seu primeiro namorado que mandou tatuar seu nome em letras góticas no traseiro – e até hoje carregue as evidências. Talvez você se lembre com malicioso deleite de ter feito amor ao ar livre num parque de Paris, na lua de mel. Ou que tenha se apaixonado à primeira vista por um professor de inglês alcoólatra e embarcado num caso turbulento que terminou em lágrimas, ou talvez em filhos. Quer nossas lembranças de *eros* sejam cheias de beleza sensual ou tocadas pela tragédia, dificilmente podemos imaginar o amor sem uma forte dose de paixão e desejo erótico.

A segunda variedade de amor, *philia* – em geral traduzida como "amizade" –, era considerada muito mais virtuosa que a desprezível sexualidade de *eros*. Filósofos como Aristóteles dedicaram considerável energia mental a dissecar as diferentes formas de *philia*. Havia a *philia* dentro da unidade familiar, por exemplo, a proximidade e afeição entre pai e filho, ou a intimidade profunda, mas não sexual, ser sentida entre irmãos ou primos ligados por laço de sangue. Uma versão utilitária de *philia* existia entre pessoas envolvidas em relações de dependência mútua, como sócios em negócios ou aliados políticos. Se uma pessoa deixava de ser útil para a outra, a *philia* podia facilmente sucumbir. Reconhecemos essas amizades instrumentais na vida contemporânea, por exemplo, quando pessoas fazem amizade com colegas de trabalho influentes porque isso as ajudará a subir na hierarquia da empresa.

A *philia* mais valorizada pelos gregos, porém, era a profunda amizade que se desenvolvia entre camaradas que haviam lutado lado a lado no campo de batalha. Esses irmãos de armas haviam testemunhado o sofrimento um do outro e muitas vezes arriscado a vida para salvar os companheiros de ser empalados por uma lança persa. Eles se consideravam iguais, e não só compartilhavam seus medos pessoais, como manifestavam extrema lealdade, ajudando-se mutuamente em tempos de necessidade, sem nada esperar em troca.[10] O modelo para essa forma de *philia* foi a amizade entre Aquiles e Pátroclo – supostamente também amantes –, central no enredo da *Ilíada* de Homero. Quando Pátroclo morre em combate, Aquiles aflige-se sobre seu corpo, esfregando cinzas em si mesmo e jejuando, depois retorna à frente de batalha para vingar a morte do camarada.

Lembro de ficar sentado num enfumaçado bar de Madri, quando tinha vinte e poucos anos, ouvindo um ex-colega de faculdade falar de maneira comovedora sobre a grande importância que dava a suas amizades. Naquele momento, tive uma revelação: compreendi que desfrutava pouco aquela *philia* entusiástica e agradável que era uma parte tão importante de sua vida. Eu raras vezes revelava minhas emoções para meus amigos aparentemente chegados – homens ou mulheres –, e nunca tinha sacrificado muita coisa por eles. Minha vida era cheia de conhecidos, mas eu não tinha muitos amigos verdadeiros. Desde então, fiz um esforço para introduzir mais *philia* em meus relacionamentos. Quanto amor *"philial"* você tem em sua vida? Essa é uma importante questão hoje, quando tantos se orgulham de ter centenas de "amigos" no Facebook ou "seguidores" no Twitter, façanhas que, desconfio, não teriam impressionado os gregos.

Embora a *philia* pudesse ser um assunto de grande seriedade, havia um terceiro tipo de amor valorizado pelos gregos antigos: o amor brincalhão. Seguindo o poeta romano Ovídio, os estudiosos costumam usar a palavra latina *ludus* para descrever essa forma de amor, que diz respeito à afeição brincalhona entre crianças ou amantes fortuitos.[11] Tendemos a associar a disposição brincalhona aos primeiros estágios de um relacionamento, em que o flerte, as provocações e os gracejos despreocupados são aspectos ritualísticos da corte. Essa abordagem lúdica do amor transformou-se numa forma de arte em meio à aristocracia na França no século XVIII. O amor era um jogo, cheio de cartas secretas, humor malicioso e excitante, encontros arriscados à meia-noite.[12] Vemos *ludus* hoje quando jovens brincam de "Pera, uva ou maçã?", o que fornece a perspectiva de um primeiro beijo. Nossos momentos lúdicos mais exuberantes costumam ter lugar na pista de dança, onde a proximidade física com os outros – muitas vezes desconhecidos – possibilita um embate sexualizado brincalhão que funciona como substituto do sexo. A grande popularidade que danças latino-americanas como a salsa e o tango adquiriram no Ocidente se explica em parte por serem impregnadas dessa qualidade lúdica de que muitos sentem falta em suas vidas.

Em seu livro dos anos 1930, *Homo Ludens*, o historiador holandês Johan Huizinga sugeriu que o instinto de brincar era um traço humano natural evidente em todas as culturas.[13] A implicação de sua tese, reforçada pela crescente literatura psicológica sobre a importância da brincadeira para o bem-estar, é que deveríamos procurar alimentar *ludus* em vários de nossos relacionamentos, não apenas com nossos amados ou na pista de dança, mas também com amigos, família e colegas.[14] Simplesmente sentar-se à volta de uma mesa num bar caçoando e rindo com os amigos é uma maneira de cultivar *ludus*. As normas sociais que desaprovam a frivolidade adulta permitiram a poucos de nós conservar a disposição brincalhona que tínhamos quando crianças, mas talvez seja exatamente disso que precisamos em nossos relacionamentos para escapar das inquietações cotidianas, alimentar nossos eus criativos e viver com mais leveza. Deixemos *ludus* tornar-se parte de nossa linguagem de amor.

Os casamentos na Grécia Antiga raramente eram lúdicos. Em geral eram arranjados pelos pais; a mulher estava subordinada aos desejos do marido e esperava-se que permanecesse confinada dentro de casa.[15] Apesar disso, os gregos conseguiram inventar uma quarta variedade de amor, chamada *pragma*, ou amor maduro, que designava a profunda compreensão que se desenvolvia entre casais com muitos anos de casados.[16] *Pragma* tem a ver com a construção de um relacionamento ao longo do tempo, cedendo quando necessário, mostrando paciência e tolerância, e sendo realístico em relação ao que se deveria esperar do parceiro. Ele envolve apoio às diferentes necessidades um do outro e manutenção da estabilidade doméstica, de modo que os filhos cresçam numa atmosfera propícia a seu desenvolvimento, e os negócios financeiros da família estejam seguros. Acima de tudo, *pragma* é uma questão de estar comprometido com a outra pessoa e de fazer um esforço em seu favor no relacionamento, de modo a transformar o amor num ato de mútua reciprocidade. Nos anos 1950, o psicólogo Erich Fromm estabeleceu uma distinção entre "enamorar-se" e "permanecer enamorado": segundo ele, despendemos energia demais no ato de nos enamorar, e deveríamos nos concentrar mais na manutenção do enamoramento, que é sobretudo uma questão de dar amor, não de recebê-lo.[17] *Pragma* está no cerne dessa ideia de permanecer enamorado. Hoje, com cerca da metade dos casamentos nos Estados Unidos e na Grã-Bretanha terminando em divórcio, a antiga noção grega de amor maduro nos é urgentemente necessária para que possamos reviver a perspectiva de relacionamentos para a vida toda.[18]

Enquanto *pragma* exigia a doação ao parceiro, *agape*, ou o amor altruísta, era uma ideia muito mais radical. Tratava-se de um antigo amor grego definido pela falta de exclusividade: ele devia ser estendido desinteressadamente a todos os seres humanos, quer fossem membros de nossa família, quer fosse um estrangeiro de uma cidade-Estado distante.[19] Era um amor oferecido sem obrigação ou expectativa de reciprocidade – um amor transcendente baseado na solidariedade humana. *Agape* tornou-se um dos conceitos centrais do pensamento cristão, e era a palavra usada pelos cristãos primitivos para descrever o amor divino de Deus pelo homem, amor que se esperava que os crentes retribuíssem tanto a Deus quanto aos outros seres humanos. Ele pode ser encontrado por toda parte nos Evangelhos, por exemplo, no mandamento de Jesus: "Ama [*agape*] teu próximo como a ti mesmo." Mais tarde *agape* foi traduzido pela palavra latina *caritas*, base de nossa palavra "caridade'"; em seus escritos, o pensador e escritor para crianças do século XX C.S. Lewis sustenta que *agape*, ou caridade – que alguns chamam de "amor doação" –, é a mais elevada forma de amor cristão.[20]

A ideia de um amor ilimitado e altruísta não surgiu apenas na Grécia Antiga, mas possui ressonância global. O budismo teravada defende o cultivo de *metta*, ou "bondade amorosa universal", que vai além da humanidade para abraçar o amor e a compaixão por todos os seres sensíveis, e até por vezes a vida vegetal. No pensamento confuciano, o conceito de *ren*, ou "benevolência", também se refere a uma forma altruísta e abrangente de amor. Contudo, enquanto *agape* e *metta* estendem-se a todas as pessoas indiscriminadamente, *ren* é um amor graduado, que se estende a partir de nós mesmos em círculos concêntricos, o amor mais forte reservado ao círculo mais próximo de nossa família imediata, e depois se expandindo progressivamente para amigos, a comunidade local e a humanidade como um todo.[21] O poder e a beleza de amores inclusivos como *agape* é que eles ajudam a contrabalançar nosso esmagador desejo de ser amados, pedindo-nos, em vez disso, para nos lançarmos a uma generosidade de espírito afirmadora da vida. Infelizmente, até agora ninguém inventou o *speed dating* de *agape* para ajudar a criar um movimento aleatório de bondade, nem encontramos anúncios pessoais oferecendo *agape* nos jornais. Ainda assim, é possível desempenhar com facilidade atos de *agape*, como pagar o pedágio do desconhecido que dirige o carro que vem atrás do nosso.

Um último amor conhecido pelos gregos era *philautia*, ou amor-próprio, que à primeira vista parece o oposto de *agape* – um rival que o destruiria. Os sábios gregos, no entanto, percebiam que ele se manifestava sob duas formas. Havia um tipo negativo de amor-próprio, um desejo ardente e egoísta de obter prazeres pessoais, dinheiro e honrarias públicas muito além da cota justa. Seus perigos foram revelados no mito de Narciso, o irresistível jovem que se apaixonou pelo próprio reflexo num lago e, incapaz de se afastar, pereceu ali de inanição. A má reputação do amor-próprio persistiu no pensamento ocidental: no século XVI, o teólogo francês João Calvino descreveu-o como uma "peste", ao passo que Freud o via como um redirecionamento patológico da nossa libido para nós mesmos, tornando-nos incapazes de amar os outros.[22]

Por sorte, Aristóteles havia reconhecido uma versão mais positiva do amor-próprio, que intensificava nossa capacidade de amor. "Todos os sentimentos amistosos pelos outros", escreveu ele, "são extensões dos sentimentos de um homem por si mesmo." A mensagem era que, quando gostamos de nós e nos sentimos seguros de nós mesmos, temos amor em abundância para dar. De maneira semelhante, se sabemos o que nos faz felizes, estaremos em melhores condições para estender essa felicidade aos que nos cercam. Se, por outro lado, estamos em desconforto com o que somos, ou alimentamos alguma aversão por nós mesmos, teremos pouco amor a oferecer aos outros. Ao que parece, deveríamos aprender a amar a nós mesmos de uma maneira que não se transforme num sentimento arrebatador de obsessão por nós. Isso significa, no mínimo, aceitar nossas imperfeições e reconhecer humildemente nossos talentos individuais, em vez de sempre olhar para nossos defeitos e inadequações.[23]

ARMADOS DESSE CONHECIMENTO das variedades do amor, você teria, sem dúvida, muito a dizer se fosse convidado a participar de um debate filosófico sobre a natureza do amor na Atenas clássica. A principal razão para compreender os seis amores não é, contudo, enriquecer a qualidade de sua conversa, mas repensar o significado do amor em sua própria vida. O traço mais notável da abordagem dos gregos antigos é que eles reconheciam ter amor em seus relacionamentos com uma ampla variedade de pessoas – amigos, família, cônjuges, estranhos e até consigo mesmos. Como veremos adiante, isso é muito diferente do modo como abordamos o amor hoje, o qual, em geral, envolve o foco romântico numa única pessoa que supostamente deve satisfazer todas as nossas necessidades amorosas. Os gregos estão nos dizendo para fomentar as muitas formas de amor, em vez de persegui-lo em termos estreitos demais.

Uma vantagem de pensar dessa maneira é que, se você está muito infeliz com a dimensão de sua "vida amorosa" – digamos que não consiga satisfazer seu *eros* e foi rejeitado por alguém –, pode concentrar a atenção, alternativamente, em algum outro tipo de amor. Por exemplo, você cultivaria a *philia*, dedicando tempo a seus amigos mais antigos, ou expandiria seu *ludus* dançando noite adentro. Além disso, talvez você sinta que está sofrendo por falta de amor, mas, se mapeasse a extensão em que todas as seis formas estão presentes em sua vida, provavelmente descobriria que o amor é muito mais abundante do que havia imaginado.

Uma das questões universais da vida emocional sempre foi: "O que é o amor?" Creio que essa é uma pergunta enganosa, que nos enredou em confusões inúteis na tentativa de identificar alguma essência definitiva do "verdadeiro amor". A lição da Grécia Antiga é que a pergunta que devemos fazer a nós mesmos é outra: "Como posso cultivar as diferentes variedades de amor em minha vida?" Esta é a questão suprema do amor que hoje enfrentamos. Mas se desejamos cultivar essas variedades, devemos, primeiro, nos desvencilhar do poderoso mito do amor romântico que se interpõe no caminho.

O mito do amor romântico

A ideia do amor apaixonado, romântico, que emergiu no Ocidente durante o último milênio é uma de nossas heranças culturais mais destrutivas. Isso porque sua principal aspiração – a descoberta de uma alma gêmea – é praticamente inatingível. Podemos passar anos à procura dessa pessoa elusiva que satisfará todas as nossas necessidades emocionais e nossos desejos sexuais, que nos proporcionará amizade e autoconfiança, conforto e risos, estimulará nossas mentes e compartilhará nossos sonhos. Imaginamos que existe alguém no éter amoroso que é nossa outra metade perdida, e que nos fará sentir completos, bastando apenas que possamos fundir nosso ser com o dele na sublime união do amor romântico. Nossas esperanças são alimentadas por uma indústria de filmes românticos de Hollywood e um excesso de ficção barata difundindo essa mitologia. A mensagem é reproduzida pelo exército mundial de conselheiros que anunciam sua habilidade para ajudá-lo a "encontrar o par perfeito". Um dos sites de encontros amorosos on-line mais populares da Grã-Bretanha chama-se, como não é de surpreender, *Soulmates*, e, num levantamento feito junto a americanos solteiros na casa dos vinte anos, 94% concordaram que, "quando alguém se casa, quer que o cônjuge seja sua alma gêmea, acima de qualquer outra coisa".[24]

Damos por certa a possibilidade do amor romântico. Mas, para compreender por que nos tornamos tão obcecados por ele, e com a ideia de uma alma gêmea – expressão que só emergiu no século XIX –, precisamos descobrir como o conceito de amor desenvolveu-se no Ocidente no curso dos últimos mil anos. A lamentável verdade é que o mito do amor romântico apossou-se, pouco a pouco, das variedades de amor que existiam no passado, absorvendo-as numa visão monolítica. Essa calamidade cultural desenvolveu-se em cinco estágios, começando nos desertos da Arábia, onde *eros* tornou-se a base do amor romântico. *Agape* foi acrescentado ao ideal romântico na Europa medieval tardia, ao passo que *philia* e *pragma* foram incorporados durante um terceiro estágio, no século XVII. O movimento do Romantismo aprofundou a importância de *eros* e, por fim, *philautia* e *ludus* tornaram-se parte de nossas esperanças românticas no século XX. A consequência é que estamos agora oprimidos pela crença infundada e muitas vezes perigosa de que todas as variedades de amor podem e devem ser encontradas numa única pessoa.

O amor romântico nasceu por volta do fim do primeiro milênio, em contos, poesias e música da Pérsia, no início da Idade Média. Seus traços centrais podem ser encontrados em *As mil e uma noites*, coletânea de narrativas populares do Oriente Médio datadas do século X, aproximadamente, contadas, noite após noite, pela princesa Sherazade a seu novo marido, o exaltado sultão Shariar, que tinha o execrável hábito de executar suas noivas virgens. Nos anos 1880, as histórias foram traduzidas de maneira abominável para o inglês, pelo explorador sir Richard Burton, que fez questão de enfatizar seu conteúdo erótico com copiosas notas de rodapé sobre os costumes sexuais persas. Talvez você se lembre de "Ali Babá e os quarenta ladrões", mas provavelmente está menos familiarizado com histórias mais sensuais como "O príncipe Behram e a princesa al-Datma". Quando o jovem príncipe bateu os olhos pela primeira vez na bela e graciosa princesa, cujo rosto era "mais radiante que a lua", o amor "apoderou-se de seu coração" de imediato, e ele astutamente se vestiu como um velho e decrépito jardineiro para conquistá-la. Outros contos, entre eles "O primeiro eunuco, Bukhayt", eram tão sexualmente explícitos que escandalizaram a Inglaterra vitoriana.[25] O que emergia nessas narrativas era uma nova visão do amor que combinava a paixão de *eros* com a fusão das almas dos amantes.[26] Esses dois elementos estão no âmago de nossa noção contemporânea de amor romântico.

Essa paixão persa viajou para o oeste em direção à Europa, talvez com a ajuda dos cruzados. Mas ela chegou também através dos Pireneus, de Al-Andalus, o reino muçulmano que existiu no sul da Espanha entre os séculos VIII e XV.[27] Em 1022 o filósofo e historiador natural de Córdoba Ibn Hazm publicou seu tratado sobre o amor, *O colar da pomba*, que refletia as sensibilidades românticas em desenvolvimento no Oriente Médio. Na seção intitulada "Sobre o amor à primeira vista", ele descreve um caso típico de amor perturbador que faz pleno sentido para nós hoje:

> O poeta Yusuf ibn Harun, mais conhecido como Al-Ramadi, passava um dia pelo Portão dos Perfumistas em Córdoba, local em que as senhoras costumavam se reunir, quando avistou uma mocinha que, como ele disse, "apossou-se inteiramente de meu coração, de tal modo que todos os meus membros ficaram permeados desse amor por ela" … Assim, a jovem foi até ele e perguntou: "Por que anda atrás de mim?" Ele lhe disse quão intensamente enamorado dela estava, e ela respondeu: "Pare com essa tolice! Não procure me expor a vexame; o senhor não tem nenhuma chance de alcançar seu objetivo, e nenhum meio de gratificar seu desejo" … Ao narrar a história de sua aventura [ele disse]: "Frequentei o Portão dos Perfumistas e Al-Rabad daquele momento até agora, mas nunca mais tive notícia dela, … e o sentimento por ela que abrigo em meu coração continua mais quente que carvões em brasa."[28]

Com alguns pequenos ajustes, esta poderia ser facilmente a cena de abertura de um filme romântico moderno. O livro de Ibn Hazm foi parte de uma literatura árabe mais vasta sobre o amor e a sexualidade que difundiu práticas eróticas tais como o beijo sensual na boca, quase desconhecido na Europa durante a Idade Média. O autor do manual de sexo tunisiano *O jardim perfumado* aconselhava sabiamente: "Um beijo molhado é melhor que um coito às pressas."[29]

Os trovadores da Provença do século XII transformaram esses ideais arábico-andaluzes no que se tornou o culto europeu medieval da cortesia, ou amor cortês – o segundo estágio na evolução do amor romântico –, que dizia respeito ao amor cavalheiresco por uma dama, e a etiqueta ou "cortesia" que o expressava.[30] Entre os adeptos do amor cortês estava o nobre e errante menestrel Arnaut Daniel, que cantou: "Não quero o Império Romano nem ser nomeado seu papa se não puder ser levado de volta àquela por quem meu coração está em chamas e partido em dois."[31] A originalidade do amor cortês não estava tanto em ser uma atrevida reação contra a condenação das paixões físicas pela Igreja, mas em elevar o amor romântico heterossexual a um ideal de vida. Viver – e até morrer – por amor tornou-se uma nova ambição pessoal, pelo menos no seio da aristocracia.[32] A ideologia da *cortezia* apareceu em livros como *O romance da rosa*, um best-seller francês do século XIII sobre um cortesão empenhado em conquistar sua dama que talvez tenha sido uma das fontes do costume de dar rosas como presente de amor.

A tradição do amor cortês corporificou dois dos amores gregos antigos: *eros* e *agape*. Eros estava presente na paixão com que o homem se dirigia a seu objeto de desejo, tipicamente uma dama de sangue nobre. Segundo uma regra peculiar do amor cortês, em nenhuma circunstância essa mulher devia ser sua esposa. *Eros* não fazia parte do ideal de casamento, ainda considerado um arranjo para a geração de herdeiros e a garantia do patrimônio. Por isso a condessa Marie de Champagne declarou: "O amor não pode estender seu domínio sobre marido e mulher", esposando uma doutrina que pode dar conforto aos adúlteros atuais.[33] Como um homem demonstrava fidelidade à sua amada? Assim como hoje damos mostra de lealdade à pessoa amada usando joias ou roupas que ela nos deu, um cortesão medieval manifestava sua lealdade usando o véu ou o lenço de sua dama – e por vezes até seu vestido – por cima da armadura, durante uma justa.

Uma peculiaridade ainda maior da *cortezia* era a presença de *agape*, um amor altruísta por desconhecidos. A melhor ilustração disso é a lenda de são Jorge e o dragão, que se tornou popular no século XIII. Um dragão cruel, empesteado, faz seu ninho numa fonte que fornece água para uma cidade próxima. A filha do rei é oferecida em sacrifício ao dragão para que os cidadãos possam ir até a fonte. De repente, eis que surge são Jorge; ele olha o dragão nos olhos, faz o sinal da cruz e investe contra a besta, desferindo-lhe um golpe quase fatal com sua lança. Na companhia da princesa libertada, são Jorge conduz então o dragão claudicante numa trela até a cidade, onde o abate diante dos olhos do povo. Em honra a esse feito heroico, os cidadãos, agradecidos, abandonam seu paganismo e se convertem ao cristianismo. Proezas desse tipo, em que cavaleiros salvavam donzelas em apuros ou eram enviados em missões perigosas para conquistar os favores de uma dama, eram alimentadas em parte por desejo erótico, mas com frequência também eram descritas com conotações de sacrifício e virtude cristã.[34] Demonstrações familiares de galanteria em nossos dias, como o homem abrir a porta para uma mulher ou oferecer-lhe um assento, são débeis ecos do *agape* cortês, indicando que a idade da cavalaria não morreu inteiramente, embora gestos como esses possam ofender as sensibilidades igualitárias modernas.[35]

O amor cortês foi muitas vezes descrito como um relacionamento casto. A dama era inatingível por possuir uma posição social superior à do homem, ou devia ser admirada apenas a distância. Mas eram precisamente essas barreiras à consumação sexual, subjacentes a tão grande parte do romance medieval, que intensificavam a paixão e o erotismo.[36] Isso fica claro em histórias trágicas, banhadas de desejo frustrado, como Tristão e Isolda, originalmente um conto folclórico celta, muito antes de ser musicado por Wagner; Lancelot e Guinevere, que termina seus dias num convento, após seu caso com o principal cavaleiro do rei Artur; e o posterior romance fatídico de Romeu e Julieta, que apareceu primeiro em Siena, no século XV.

Hoje, vemos a marca dessa tradição trágica na maneira como tantas pessoas procuram amores inalcançáveis ou inacessíveis de alguma maneira, por exemplo, por já serem casados ou muito mais jovens. O que parece uma estratégia perversa serve, na realidade, tanto para aumentar a excitação sexual – a emoção da caça – quanto para satisfazer um desejo inconsciente de sofrimento e risco.[37] Como dizem os psicólogos, muitas vezes nos preparamos para fracassar.

O terceiro estágio na história do amor romântico, sucedendo as tradições do Oriente Médio e cortesãs, emergiu nos Países Baixos durante o século XVII: o casamento de companheirismo. A Idade de Ouro holandesa é mais conhecida por Rembrandt e Vermeer, bem como pela fabulosa riqueza ganha com o primeiro império comercial globalizado do mundo, mas talvez seu maior legado tenha sido transformar o casamento de um contrato quase totalmente utilitário numa união apaixonada de genuíno companheirismo, ou o que era conhecido como *gemeenschap*. Os holandeses foram "pioneiros na fronteira dos casamentos amigáveis, amorosos", afirma o historiador Simon Schama, e ajudaram a substituir a prática dominante do casamento arranjado pela ideia de casamento por amor.[38] Tudo isso soa como uma coisa boa, mas resultou também no maior afunilamento do amor em direção a um só relacionamento.

Ao contrário dos cavaleiros e damas da tradição cortês, os burgueses dos Países Baixos viam no casamento o lugar apropriado para entregar-se aos prazeres de *eros*. O leito nupcial não era apenas um local conveniente para a procriação eficaz, mas um local a compartilhar na sensualidade da "conversação carnal". Embora o calvinismo holandês tenha uma imagem piedosa, manuais de casamento do século XVII são muito explícitos em seus conselhos, sugerindo que é mais divertido fazer amor à noite que de manhã, e que provavelmente é melhor não ejacular mais que quatro ou cinco vezes por noite, no interesse da saúde e do prazer sexual. Esperava-se também que os casamentos corporificassem *pragma*, o amor maduro que envolve o compartilhamento das responsabilidades de ter uma família e manter um lar. Isso se evidenciava no número de festas familiares, na quantidade de tempo que os pais passavam brincando com os filhos e no curioso costume que os homens tinham de celebrar publicamente o nascimento de um filho usando um "gorro da paternidade" acolchoado – tradição que, infelizmente, saiu de moda entre os orgulhosos pais de hoje.[39]

Além de *eros* e *pragma*, os holandeses acreditavam que uma vida conjugal deveria proporcionar *philia*, a amizade marcada pelo companheirismo alheio ao conceito medieval de casamento, mas que hoje nos parece óbvia. Mais que em qualquer outro momento do passado, marido e mulher foram propensos a se considerar parceiros e confidentes verdadeiros. Quando um homem tinha preocupações pessoais ou financeiras, em vez de pedir conselhos a seus amigos homens, era provável que recorresse à sua mulher. Embora os homens ainda dominassem o lar, a deferência era condicional à obrigação recíproca de entregar a condução dos assuntos domésticos à mulher. Visitantes estrangeiros faziam constantes comentários sobre as demonstrações de ternura e afeição mútua entre casais holandeses respeitáveis, tal como o modo como se davam as mãos ao passear pelo parque, ou se beijavam na face em frente a convidados para o jantar.[40] Essa combinação de intimidade e igualdade refletia-se em um novo tipo de retratos de casamento. Em vez de marido e mulher serem representados em poses rígidas, cercados por iconografia religiosa, no estilo italiano, os mestres holandeses, como Frans Hals, criavam cenas informais de harmoniosa beatitude.

A revolução silenciosa operada no casamento europeu foi liderada pelos holandeses, mas começou a se espalhar para outros países. Na Inglaterra do século XVII, o amor conjugal romântico era cada vez mais apreciado como fonte de realização pessoal, e não se estranhava mais que um homem desenvolvesse profunda amizade pela esposa. Casais revelavam o amor que os enlaçava na nova moda de serem enterrados juntos, sob uma mesma lápide, de modo a ficar unidos mesmo após a morte.[41] Seria ingênuo, porém, afirmar que a igualdade de gêneros tornou-se nesse momento a norma cultural em todo o continente, pois atitudes patriarcais e chauvinistas continuavam fortes. Somente no final do século XIX, com a expansão da educação para as mulheres, passou a ser comum que os maridos tratassem as esposas como iguais, merecedoras de amizade tanto intelectual quanto emocional.

Logo após o aparecimento do casamento de companheirismo, a história do amor foi incendiada pelo quarto desenvolvimento: a explosão do movimento romântico, que atraiu a concepção emergente do amor ocidental para um vórtice de perigosa paixão dominada pela busca de *eros*. Isso começou em 1774, com a publicação do escandaloso romance *Os sofrimentos do jovem Werther*, de Johann Wolfgang von Goethe. Numa história frouxamente autobiográfica, o sensível artista Werther apaixona-se perdidamente por Lotte, que está noiva de Albert. Rejeitado pela mulher que considera

Retrato do século XVII de Fernando II da Toscana e sua esposa, Vittoria della Rovere (acima), da autoria de Justus Sustermans, a que falta qualquer sentido de intimidade. Compare-o com *Casal de esposos num jardim* (Isaac Massa e Beatrix van der Laen), de Frans Hals, 1622 (abaixo). Observe a afeição descontraída e a espontaneidade com que Beatrix apoia o braço no ombro do marido. Um jardim do amor renascentista preenche o cenário de fundo.

seu verdadeiro amor, Werther acaba por decidir "beber o trago da morte", e, com uma fita cor-de-rosa que Lotte lhe deu no dia de seu aniversário enfiada no bolso, dá um tiro em si mesmo. Os três temas centrais – apaixonar-se perdidamente, amor não correspondido e desfecho fatal – pouco tinham de originais, mas algo na expressão incontida da emoção no livro de Goethe arrebatou a imaginação europeia.[42] O "wertherismo" tornou-se um culto instantâneo, em especial na Alemanha. Rapazes copiavam as roupas de Werther, ao usar paletós azuis e calções amarelos. Era possível comprar aparelhos de chá Werther e perfume Werther. Contemplar o suicídio motivado pelo amor não correspondido "tornou-se a última moda", escreve um estudioso de Goethe, e dizia-se que o romance havia inspirado mais de 2 mil suicídios que imitavam o de Werther.[43] Sofrer de melancolia induzida por amor tornou-se a mais nova enfermidade social, um tema que ecoa através da obra dos poetas românticos como Shelley, Keats e Coleridge. A lição mais importante do Romantismo – que continuamos a ignorar hoje – não é que se apaixonar é algo maravilhoso, mas que a obsessão com a procura da alma gêmea mítica pode causar imensa angústia pessoal e devastar toda a vida de uma pessoa.

O romance de Goethe e outros escritos românticos do fim do século XVIII e início do século XIX – como *Orgulho e preconceito* de Jane Austen – ajudaram também a difundir o ideal do amor romântico além dos estreitos limites das classes altas europeias. Crescentes taxas de alfabetização, combinadas com maior disponibilidade de edições baratas e a fundação de bibliotecas que emprestavam livros, levaram a mensagem para toda parte, das cidades provincianas da Prússia às cidades em rápido florescimento dos Estados Unidos. Essas mudanças incitaram o historiador Lawrence Stone a afirmar que a ascensão do casamento por amor no Ocidente "foi causada pelo crescente consumo de romances". Stone talvez tenha expressado sua ideia de maneira um pouco enfática demais, dado o precedente holandês no século XVII, mas é, sem dúvida, verdade que num mundo sem rádio, cinema ou televisão, a palavra escrita transformou a paisagem emocional de gerações de homens e mulheres, oferecendo uma nova visão do que se deveria esperar de um relacionamento.[44]

A camada final do mito romântico – que se somou aos legados da Pérsia, do amor cortês, do casamento holandês e do Romantismo – foi o advento do amor capitalista no século XX. O amor tornou-se uma mercadoria que podia ser comprada e vendida, com os relacionamentos contaminados – até deformados – pela ideologia do mercado. As pessoas sempre compraram sexo, mas a compra do amor foi um desenvolvimento novo. Sua expressão mais clara se deu no negócio dos diamantes. Durante o século XIX, havia sido extremamente incomum comprar joias caras para o ser amado, a menos que se fosse um abastado aristocrata. Mas, a partir dos anos 1930, especialmente nos Estados Unidos, a publicidade de massa fabricou a crença de que dar um diamante de presente era a suprema – e essencial – expressão de amor de um homem para a mulher de sua vida.

No interesse do cartel do diamante De Beers da África do Sul, a agência nova-iorquina N.W. Ayer promoveu uma das mais bem-sucedidas campanhas publicitárias na história americana: associar o gesto de dar diamantes a romance. Eles estamparam anúncios coloridos e lustrosos em revistas e ofereceram diamantes para estrelas de cinema usarem em público, ao mesmo tempo que inventaram também o slogan icônico: "Um diamante é para sempre." O resultado foi um aumento de 55% nas vendas de diamantes nos Estados Unidos entre 1938 e 1941, e elas continuaram a subir nas décadas seguintes. Um resplandecente anel de diamante havia se tornado um símbolo do amor, e rapazes de todos os estratos sociais se viram contraindo enormes dívidas para comprar um para a respectiva noiva, que agora não esperava nada menos. A N.W. Ayer ficou, sem dúvida, encantada com o sucesso de Marilyn Monroe em 1953, "Diamonds are a girl's best friend", canção que teria feito pouco sentido cem anos antes. Mais tarde, a De Beers contratou a agência J. Walter Thompson para operar a mesma mágica no Japão, o que conseguiram fazer de maneira espetacular: em 1967, só 5% das japonesas usavam um anel de noivado de diamante, mas em 1981 esse número havia se elevado para 60%.[45] Hoje, o costume de comprar presentes pródigos como diamantes está incorporado ao ideal do afeto romântico. Vale a pena lembrar, da próxima vez que você se vir dando ou recebendo um diamante como dádiva romântica, que isso não é apenas uma expressão de amor, mas também o resultado de uma engenhosa estratégia de vendas que valeu bilhões à De Beers e a outros. O mesmo se aplica a toda a série de presentes luxuosos, como colares, brincos e relógios com que costumamos comprar um toque de romance hoje.

Efeito ainda mais insidioso do amor capitalista é a maneira como, cada vez mais, nos vendemos como objetos de desejo.[46] Embora os seres humanos venham se adornando com roupas finas e maquiagem pelo menos desde o tempo dos antigos egípcios, foi no século XX que eles se tornaram mercadorias da maneira mais completa, gastando vastas somas para se tornar atraentes aos olhos de prováveis parceiros. Isso começou com a moda das roupas de alta-costura nos anos de explosão econômica que se seguiram à Segunda Guerra Mundial, e agora é mais evidente na indústria da cirurgia plástica cosmética: cerca de 10 milhões de operações são realizadas a cada ano nos Estados Unidos, indo de aumento dos seios e alterações no nariz a lipoaspiração e abdominoplastia.[47]

O ethos consumista que se infiltra na cultura pública estimulou-nos também a tratar a procura de um amor como uma forma de ida às compras, ideia expressa pela primeira vez nos anos 1950, quando Erich Fromm escreveu que duas pessoas "enamoram-se quando encontram o melhor objeto disponível no mercado".[48] Hoje, somos propensos a descartar companheiros potenciais com base numa lista de traços preferidos, como ser esbelto ou ter o tipo certo de emprego, como se estivéssemos comprando um carro novo com todos os acessórios. Woody Allen estava consciente dessa tendência em seu filme *Maridos e esposas* (1992): "Spencer estava à procura de uma mulher interessada em golfe, química inorgânica, sexo ao ar livre e na música de Bach." Tudo isso foi ainda mais facilitado pelos sites de encontros na internet, em que você responde a questionários detalhados sobre seu perfil, indicando gostos e aversões, qualidades pessoais e manias. Combinado com a importantíssima fotografia (cuja escolha é matéria de intensa ansiedade), isso permite a potenciais parceiros apanhá-lo nas prateleiras de almas gêmeas do supermercado – exatamente como você pode fazer com eles. A eficiência do mercado está tomando o lugar de um feliz encontro casual.

Mas há mais que eficiência de mercado em ação. Assim como é comum trocar um telefone celular ou até um carro quando surge um novo modelo, podemos ter uma tendência semelhante a trocar de amante se vemos outro melhor em oferta – alguém que preencha o maior número de requisitos necessário. Existe o perigo, afirmam alguns psicólogos, de tentarmos maximizar a qualidade de nossas aquisições românticas, em vez de aceitar imperfeições, e de terminarmos tratando nossos companheiros quase como bens materiais que podemos descartar à vontade. O resultado global é que nos tornamos excessivamente concentrados na obtenção de satisfação individual – a gratificação de nossos próprios desejos –, e não em dar amor a outrem.[49] Os gregos, com certeza, nos diriam que a cultura capitalista nos atraiu pouco a pouco para uma forma doentia de *philautia*, ou amor-próprio.

Não desejo pintar um quadro completamente desanimador dos relacionamentos no Ocidente durante o século XX. Com a expansão da *philautia* egoística, houve um crescimento de *ludus*, ou amor brincalhão, outra variedade de amor dos antigos gregos de que o mito romântico conseguiu se apropriar. Isso foi em parte gerado pelo movimento do amor livre, dos anos 1960, que se libertou de inibições e sentimentos de culpa em relação ao sexo e foi difundido por uma literatura erótica que rejeitava a pudicícia do passado e afirmava que o sexo podia ser divertido. O texto essencial foi o manual de Alex Comfort, *Os prazeres do sexo*, escrito em 1972, que já vendeu desde então mais de 8 milhões de exemplares. Comfort escreveu que o sexo devia ser visto como uma "forma de jogo profundamente gratificante", sendo uma questão de deleite mútuo que "envolve deixar que os dois sexos se revezem no controle do jogo" (ele tinha pouco a dizer, porém, sobre relacionamentos de pessoas do mesmo sexo). Comfort mostrou particular entusiasmo em promover a prática do sexo em lugares inusitados ou debaixo do nariz dos outros: "Isso é infantil, mas se você ainda não aprendeu a ser infantil em sua maneira de fazer amor, deveria ir para casa e aprender."[50]

Infelizmente, o bem-intencionado conselho do dr. Comfort e os milhares de guias de sexo que enchem as prateleiras das livrarias levaram muita gente a se sentir claramente desconfortável. A ideia de que devemos ser bons no sexo – um amante apaixonado e brincalhão – deu origem a severos acessos de ansiedade quanto ao desempenho. "Mais que qualquer outra coisa, associo o sexo a ansiedade, medo do fracasso, ... de ser objeto de riso, comparado, abandonado", disse um dos sujeitos no clássico relato de Shere Hite sobre a sexualidade masculina, publicado pela primeira vez em 1981.[51] Hoje, homens e mulheres temem que, se não puderem oferecer a seu parceiro uma poderosa combinação de *eros* e *ludus* na hora de dormir, podem sofrer rejeição e ser jogados de volta no poço da solidão que tanto tememos.

DURANTE O ÚLTIMO MILÊNIO, da paixão persa do século X aos relacionamentos consumistas dos séculos XX e XXI, passamos pouco a pouco a acreditar que uma única pessoa – uma alma gêmea – pode fornecer todos os diversos amores de que precisamos em nossas vidas. Em termos históricos, essa é uma visão radicalmente nova, com poucos precedentes nas civilizações passadas. A ideia de um relacionamento romântico, apaixonado, sequestrou as variedades de amor honradas pelos gregos antigos. Hoje procuramos um parceiro que possa não só satisfazer nossos desejos sexuais, mas também proporcionar a profunda amizade de *philia*, a disposição brincalhona do amor lúdico, a segurança de *pragma*, e fazer os sacrifícios altruísticos de *agape* em nosso benefício, coisas que deveriam ser sustentadas por uma dose substancial de *philautia*, ou amor-próprio.

O problema é que essas exigências suscitam expectativas que é quase impossível satisfazer. Onde podemos encontrar essa pessoa extraordinária, capaz de nos dar tudo? A resposta é que, em geral, ela só pode ser encontrada em nossas imaginações ou na tela do cinema, que nos fornecem uma reconfortante dieta de romances embriagadores com finais felizes. O mito do amor romântico deixou não apenas milhões de pessoas alimentando fantasias que a realidade não foi capaz de realizar, mas também desempenhou importante papel como causa da epidemia de divórcios que atingiu o mundo ocidental no último meio século e do inexorável aumento de relações pouco duradouras e insatisfatórias.[52]

Sendo assim, para onde isso nos leva hoje – deveríamos desistir da possibilidade do amor romântico? E se romance não é a resposta, o que deveríamos buscar exatamente em nossos relacionamentos?

Por que beijar nunca será o bastante

Nossa visão culturalmente herdada do amor romântico perfeito é simbolizada pela escultura *O beijo*, de Constantin Brancusi. Não há dúvida de que ela encarna o ideal romântico: os amantes estão em perfeita sintonia, envoltos num abraço abrangente. São almas gêmeas, unidas numa fusão inseparável. Mas *O beijo* também encarna tudo que o amor romântico tem de errado. Esses amantes estão trancados num relacionamento que não deixa nenhum espaço para respirar. Sua independência e singularidade como indivíduos desapareceu, e eles deram as costas para o resto, esquecidos da vida dos outros. Tornaram-se cativos de seu próprio amor, presas de uma miopia emocional.

É tempo de abandonar *O beijo* e tudo que ele simboliza como uma relíquia da história do amor. Podemos fazer isso porque temos uma alternativa: as variedades de amor inventadas pelos gregos antigos. Deveríamos nos esforçar por cultivá-las, e com uma série de pessoas, não com uma só. Não estou dizendo que você deveria obter seu *pragma* de um casamento estável e satisfazer seu *eros* numa série de casos lascivos. Essa estratégia está fadada a ser destrutiva, pois o ciúme sexual é parte de nossas naturezas e poucos podem tolerar relacionamentos abertos. O que tenho em mente é: deveríamos admitir que só nos realizamos no amor se cultivarmos uma multiplicidade de formas e tirarmos proveito de suas muitas fontes. Assim, deveríamos fomentar nossa *philia* com amizades profundas, fora de nosso relacionamento principal, e abrir espaço para que nosso amado faça o mesmo, sem nos ressentir do tempo que ele passa longe de nós. Podemos procurar as alegrias de *ludus* não apenas no sexo, mas em outras formas de divertimento, desde dançar tango e representar num teatro amador a rir com os filhos em volta da mesa de jantar. E devemos reconhecer que

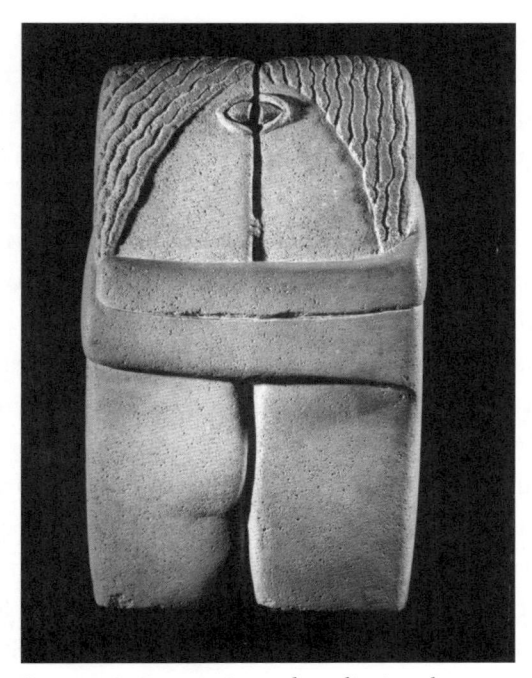

O beijo, de Constantin Brancusi, revela os limites do amor romântico.

nos deixar tomar demais pelo amor-próprio, ou limitar nosso amor apenas a um pequeno círculo de pessoas, não será suficiente para satisfazer a necessidade interna de nos sentir parte de um todo mais amplo. Deveríamos todos, portanto, dar lugar para *agape* em nossa vida, e transformar o amor numa dádiva para estranhos. É assim que chegamos a um ponto no qual nossas vidas parecem abundantes de amor.

Isso ainda nos deixa com a questão do que deveríamos buscar num parceiro sexual, e como podemos fazer o relacionamento florescer e durar. A primeira lição da história é mudar nossas expectativas. Temos de abandonar a ideia de perfeição – de encontrar alguém que preencha todos os critérios de nossa lista de desejos amorosos. É demais pedir que alguém satisfaça não só nosso desejo de *eros* e *philia*, mas de todas as outras dimensões do amor também. Isso não significa que os relacionamentos serão diminuídos, apenas que suas dimensões profundas repousarão mais em alguns tipos de amor do que em outros. Podemos chegar a perceber, por exemplo, que o que realmente importa para nós não é tanto ter um parceiro que nos faça desmaiar cada vez que o avistamos, como se Cupido tivesse acabado de nos atingir com sua flecha, mas forjar uma união com alguém com quem compartilhamos a intimidade de uma amizade e os prazeres serenos de envelhecer juntos.

A segunda lição é compreender que o amor tem cronologia própria, com suas diferentes variedades, surgindo e desaparecendo no decurso de um relacionamento. Tudo pode começar com a excitação sexual de *eros* e o flerte de *ludus*. Mas, depois que a euforia do enamoramento desaparece aos poucos, há espaço para a emergência de *philia* e do amor maduro de *pragma*. Por fim, o amor se expressa como *agape*, uma forma de se dar à outra pessoa ou de se dar conjuntamente aos que nos cercam, em que suas alegrias parecem ser as nossas. Não há nenhum padrão fixo para a maneira como esses vários amores se manifestam. Mas seria sábio de nossa parte entrar em sintonia com sua presença cambiante, deixando gentilmente que aqueles que já tiveram seu tempo desapareçam e cultivando os que ainda estão por florescer.

O desafio que se enfrenta é adotar um novo vocabulário de amor inspirado pelos gregos antigos, e deixar que o conhecimento de suas muitas formas penetre a mente, inspire as conversas e guie as ações. Somente então seremos tão sofisticados na arte de amar como somos ao pedir uma xícara de café.

2. Família

"Alguns pais dão boas mães, e espero ter sido um deles." Depois que sua mulher morreu repentinamente, em 1964, o romancista J.G. Ballard tomou a firme deliberação de criar ele mesmo seus três filhos pequenos. Toda manhã lhes servia o café da manhã e os levava de carro para a escola, depois, às 9h, sentava-se à sua mesa e começava a escrever tendo seu primeiro copo de uísque do dia como companhia. À tarde, ajudava-os com o dever de casa, brincava com eles no jardim, depois preparava um prato favorito, como salsichas e purê de batatas, para o jantar. Era extremamente raro encontrar um pai cuidando sozinho dos filhos nos anos 1960, e ele o fazia à sua própria maneira. "Eu era uma mãe muito desmazelada, notavelmente sem entusiasmo pelo serviço doméstico", escreveu Ballard em sua autobiografia, "e podia ser encontrado com demasiada frequência com um cigarro numa das mãos e uma bebida na outra." Apesar de pouco usar o espanador, ele foi sem dúvida um pai amoroso e protetor. "Ele foi um pai e uma mãe para mim", lembrou a filha Fay sobre sua infância no subúrbio de Londres. "Nunca senti que não podia conversar com ele sobre alguma coisa, fossem namorados, roupas ou maquiagem. Ele não impõe absolutamente nenhuma barreira. Fomos uma família muito unida, sempre muito apegados."

A afeição e a intimidade que Ballard procurou criar para seus filhos contrastavam com sua própria juventude na Xangai dos anos 1930. Seus pais passavam a maior parte do tempo tomando martínis no Country Club com outros expatriados ingleses, e sua casa era um bastião da formalidade e das conversas pontuadas por longos silêncios, como era comum então na classe alta. A pouca vida em família que tinham foi interrompida entre 1943 e 1945, quando foram internados num campo japonês para prisioneiros de guerra – episódio que Ballard pôs na forma de ficção em seu romance *O Império do Sol* (1984) – e depois que a guerra terminou ele foi enviado para um internato na Inglaterra, passando a adolescência privado dos cuidados dos pais. Essas experiências formaram o panorama psicológico para sua devoção como pai. Ballard participou ativamente dos partos caseiros das duas filhas, "quase empurrando as parteiras para um lado", chorando o tempo todo. A família sempre vinha em primeiro lugar, seguida a distância pela atividade de escritor. "Talvez eu pertença à primeira geração para a qual a saúde e a felicidade da família são um indicador importante de seu bem-estar mental."[1]

Ballard, que morreu em 2009, talvez tenha sido um pai dedicadíssimo, mas estava errado ao acreditar que sua geração era historicamente única no valor que atribuía à vida em família. De fato, a importância da família ecoa através de milênios de mitologia e narração de histórias, desde a epopeia de Ulisses, que anseia por retornar à família em Ítaca, a sagas islandesas medievais, dos romances de Tolstói a filmes como *O poderoso chefão*. Negociar as complexidades das relações de família sempre foi um constante desafio na arte de viver. Seja quando lidamos com pais negligentes, conflitos entre irmãos, diferenças de geração ou ciúme, ser parte de uma família nunca foi fácil, suscitando questões sobre a melhor forma de desempenhar nossos papéis nos dramas de família pessoais.

Hoje Ballard parece um precursor do pai moderno, que não só está à vontade trocando fraldas ou passando roupa, como pode até ficar em casa cuidando dos filhos enquanto sua mulher ou companheiro sai todos os dias para trabalhar fora. Apesar dos números crescentes, eles continuam uma espécie exótica: nos Estados Unidos, donas de casa em tempo integral suplantam os "donos de casa" numa proporção de quarenta para um, ao passo que na Grã-Bretanha apenas cerca de um em vinte pais é o principal cuidador.[2] Em termos históricos, porém, esses pais domésticos não são nem de longe tão raros quanto você poderia pensar: o dono de casa teve um papel surpreendentemente destacado na sociedade pré-industrial. É importante compreender essa história esquecida porque ela desmente a poderosa e difundida ideologia, chamada por vezes ideologia das "esferas separadas", que supõe que o lugar natural de uma mulher é no lar, criando filhos e fazendo os trabalhos domésticos, ao passo que o lugar natural do homem é atuar como o principal arrimo de família na economia remunerada. Na verdade, não há absolutamente nada de "natural" nesse arranjo.

A escassez de conversas no lar da infância de Ballard é muito conhecida hoje porque na maioria das famílias a arte da conversação não floresce. Os pais não conseguem arrancar uma palavra dos filhos adolescentes. Casais passam mais tempo vendo televisão juntos – uma média de cinquenta minutos por dia na Grã-Bretanha – que conversando diretamente entre si.[3] A praga do divórcio no Ocidente está estreitamente associada ao silêncio entre os casais, e em muitas famílias é possível encontrar parentes que se recusam a conversar uns com os outros, com frequência por dias e às vezes por anos. A conversa é o fio invisível que une as famílias, e é hora de levá-la mais a sério. Assim, após revelar o papel que os pais desempenharam outrora no lar, precisamos considerar o que podemos aprender do passado sobre como tornar a conversa em família mais enriquecedora.

A história perdida do dono de casa

"Então, está conseguindo dormir um pouco?" Essa foi a pergunta mais frequente feita por meus amigos depois que meus filhos gêmeos nasceram. Muitos pais jovens sentem-se cruelmente privados de tempo para dormir, relaxar, ficar sozinhos. A isso se soma, no entanto, a questão da desigualdade do tempo entre mulheres e homens na condução da típica casa de família. Na Grã-Bretanha, as mulheres cozinham, limpam e cuidam dos filhos duas vezes mais que os homens, e executam no total ⅔ de todo o trabalho doméstico, no que despendem em média três horas por dia. Não admira que muitas delas se queixem de que seus maridos não sabem nem como ligar a máquina de lavar, ou onde são guardados os lençóis para berço. Mesmo em famílias em que ambos os pais trabalham em tempo integral, as mulheres continuam trabalhando pelo menos ⅓ mais que os homens no cuidado da casa e das crianças.[4] Em outras palavras, depois que chegam do escritório, podem enfrentar uma "segunda jornada" em casa. Esse desequilíbrio fundamental do tempo pode pôr à prova o relacionamento de qualquer casal: minha mulher e eu discutimos com frequência porque deixo de fazer minha "justa parcela" de trabalho doméstico. A questão sempre é suscitada em fóruns de discussão de mães na internet. O site britânico mais popular, Mumsnet, continha a seguinte mensagem, que recebeu grande número de respostas solidárias:

> Acabo de me dar conta de que meu marido não tem absolutamente nenhuma ideia de como é duro meu trabalho tomando conta de três crianças com menos de quatro anos, ao mesmo tempo que conduzo meu próprio negócio. Tenho vontade de dar um soco no babaca imprestável![5]

Tempo não é o único problema. Há também a questão da responsabilidade. "Deixe-me cuidar dele um pouco para você", poderia um pai dizer à sua mulher, tentando ser prestativo, mas revelando inconscientemente achar que a responsabilidade final pela criança é dela. É ela quem deve assegurar que o bebê tenha uma boa provisão de roupas de inverno e seja vacinado na hora certa. Ele considera que seu principal papel é dar uma trégua temporária, uma ajuda extra. O temor secreto de muitos jovens pais é ser deixados sozinhos com crianças pequenas durante um dia inteiro, exclusivamente responsáveis por seu bem-estar. Falta-lhes confiança – e muitas vezes competência – para isso. As mulheres se veem também, em suas carreiras, diante de dilemas relacionados à família. Atualmente cerca de 70% delas trabalham na economia remunerada, portanto, se querem ter filhos, precisam considerar como isso afetará suas carreiras.[6] O pai que fica em casa pode estar em ascensão, mas ainda é raro encontrar um homem que tenha sacrificado a própria carreira para que sua mulher possa voltar ao trabalho depois do nascimento do bebê.

Esses tipos de tensão e desafio surgem porque ter uma família é como administrar uma pequena empresa. Embora ninguém pretenda obter lucro, há serviços a fornecer, restrições financeiras e de tempo com que lidar, funções do pessoal a negociar, e alguns clientes muito exigentes. Poucos de nós recebemos treinamento apropriado para a tarefa: podemos ter de fazer provas para dirigir um carro, mas não para ter um filho. Todos nós, portanto, nos beneficiaríamos com alguns conselhos. Uma fonte de sabedoria inesperada para compreendermos como homens e mulheres se relacionam na economia doméstica é a história do dono de casa, tanto no passado europeu quanto em sociedades indígenas. Essa história negligenciada oferece raras revelações sobre como casais, hoje em dia, poderiam repensar seus arranjos domésticos. Tudo começa nas florestas da bacia ocidental do Congo, onde vivem os pigmeus akas.

Os homens akas são os pais mais dedicados do mundo. Estima-se que, durante 47% de cada dia, estão segurando os filhos ou muito perto deles. Embora as mulheres ainda se encarreguem da maior parte dos cuidados dispensados às crianças, os homens envolvem-se plenamente em quase todos os aspectos e compartilham a maioria das tarefas com a mãe. Os pais lavam os bebês e limpam seus traseiros. Quando os filhos choram durante a noite, com frequência são os homens que os confortam, chegando até a permitir que lhes suguem suavemente os mamilos. Ao preparar a refeição do fim do dia, as mulheres akas não carregam seus bebês nos quadris como as de muitas outras sociedades de caçadores-coletores, nem os entregam para irmãos mais velhos; em vez disso, é o pai que se encarrega deles. Quando homens akas saem para beber vinho de palmeira com outros, podem levar os filhos consigo. Um antropólogo – e pai de sete filhos – que passou duas décadas estudando os Aka sugere que esse elevado nível de envolvimento paterno talvez se deva às peculiaridades de sua atividade de subsistência tradicional, a caça com rede, empreendimento da família para capturar animais pequenos que se estende pelo ano todo. Homens e mulheres participam, e os bebês vão também, sendo os homens os principais responsáveis por carregá-los pelas longas distâncias. Quanto mais os homens akas cuidam dos filhos, mais afeiçoados ficam a eles, o que reforça seu desejo de cuidar dos filhos.[7]

Embora representem a ponta extrema do espectro, os Aka não estão sozinhos entre as culturas indígenas quanto à maneira de criar os filhos. O povo arapesh, da Nova Guiné, e os Mbutis, da floresta africana de Ituri, são conhecidos pelo envolvimento dos pais no cuidado das crianças. Quando os europeus chegaram pela primeira vez ao Taiti, no século XVIII, ficaram chocados ao descobrir que as mulheres podiam se tornar chefes enquanto os homens cozinhavam e cuidavam das crianças rotineiramente. Em cerca de uma entre quatro culturas, os homens desempenharam historicamente um papel comprometido na criação dos filhos. Com isso, ainda resta uma clara maioria de sociedades em que as mulheres arcam com a maior parte da carga de cuidado com as crianças, e em ⅓ das culturas os homens mal levantam um dedo para ajudar. O importante, contudo, é a variedade de arranjos encontrados em sociedades humanas quando se trata de criar os filhos. Não é a biologia que explica essas variações, mas contexto e cultura. Os homens mostram mais propensão a assumir responsabilidades em sociedades onde as mulheres se envolvem intensamente na provisão de alimentos, em que há uma descendência matrilinear e direitos de propriedade para a mulher, e nas quais os homens não estão ocupados demais em guerrear – restrição que se aplica a poucos homens do mundo desenvolvido de hoje.[8]

Tanto homens quanto mulheres no Ocidente afirmam com frequência que o papel natural da mãe é cuidar dos filhos, ao passo que os pais não seriam geneticamente programados para a criação de crianças, e que seu papel natural seria ser o "provedor" da família. De fato, guardar a entrada da caverna enquanto a mãe segura o filho nos braços. Os tribunais reforçam essa ideia, concedendo de maneira desproporcional os filhos às mães em disputas de custódia (embora essa prática esteja declinando aos poucos). Devemos, sem dúvida, reconhecer diferenças biológicas importantes: são as mulheres, não os homens, que dão à luz e amamentam, e isso cria um vínculo especial e uma intimidade entre mãe e filho que um pai não desfruta. Mas depois que tomamos conhecimento dos Aka e de outros povos paternalmente inclinados, deixa de ser tão óbvio que é "natural" que pais fiquem a distância dos aspectos práticos na criação dos filhos.

Seria possível tentar rebater isso com evidências tomadas do reino animal: "Que dizer sobre todos aqueles gatos selvagens machos que plantam sua semente e em seguida desaparecem, para encontrar outra companheira, enquanto a fêmea tem de criar a ninhada sozinha? Claro que essa é a maneira natural das coisas." Não é assim. Como os seres humanos, as espécies não humanas são notáveis pela variedade de sistemas de criação de filhos. Muitos animais – borboletas, tartarugas, aranhas – não fornecem absolutamente nenhum cuidado aos filhos. Em cerca de 90% das espécies de aves, inclusive corujas, fêmeas e machos compartilham esses cuidados de modo equânime. Entre os saguis do gênero *Callithrix* e os siamangos, os machos cuidam dos bebês e os carregam dia e noite. As responsabilidades pelo cuidado da prole podem também mudar: entre pequenos falcões conhecidos como *kestrels* e perdizes, o macho caça enquanto a fêmea alimenta os filhotes, mas se a mãe morre o pai assume por completo o cuidado da prole – como fez J.G. Ballard.[9] Nem o mundo natural nem as culturas indígenas fornecem uma justificação fácil para a doutrina das esferas separadas.

Talvez pareça difícil traduzir a abordagem à criação dos filhos dos Aka e outros povos indígenas para sua própria vida em família. Qual foi a última vez que você levou seus filhos a uma expedição de caça na floresta? É por isso que também precisamos traçar a história da administração do lar no Ocidente e descobrir como os papéis de homens e mulheres evoluíram. A grande revelação é que os pais dispostos a ajudar, nos nossos dias, são reencarnações de pais de nosso passado pré-industrial. Nem sempre fomos tão diferentes dos Aka como gostamos de imaginar, e a distribuição do trabalho doméstico entre homens e mulheres outrora foi mais equilibrada que no presente.

As primeiras pistas sobre as origens históricas do dono de casa residem na linguagem. A expressão *housewife*, ou "dona de casa", emergiu na Inglaterra no século XIII, e *housewifery* designava o trabalho tradicionalmente feito por mulheres – cozinhar, lavar, costurar e criar os filhos. Menos bem conhecido é que um *husband*, ou marido, era originalmente um homem cujo trabalho, como o de uma dona de casa, tinha lugar dentro de casa ou em torno dela. Isso é revelado nas raízes linguísticas da palavra: *hus* é a antiga ortografia de *house*, ou casa, e *band* designa a casa a que ele estava ligado – que alugava ou possuía. Uma das principais tarefas desse homem era o trabalho agrícola, conhecido como *husbandry*, termo que ainda usamos hoje algumas vezes para designar essa atividade.[10]

Isso nos diz algo importante. Antes da Revolução Industrial, tanto a vida econômica quanto a vida em família na Europa e na América do Norte colonial estavam em grande parte centradas no lar, sobretudo no caso de famílias de agricultores independentes – a crescente classe dos pequenos proprietários rurais. Homens e mulheres trabalhavam num empreendimento conjunto. Enquanto as mulheres cozinhavam ou costuravam, os homens podiam estar arando um campo próximo que possuíam ou arrendavam. Os homens também rachavam lenha para o fogo, faziam sapatos, fabricavam artigos de couro, entalhavam colheres e ocasionalmente iam ao mercado para vender a produção da família. As tarefas domésticas eram extremamente integradas: não se podia cozinhar nada sem lenha, e enquanto as mulheres cuidavam dos bebês, os homens construíam os berços e cortavam a palha sobre a qual eles se deitavam. Muitas tarefas domésticas eram desempenhadas tanto por homens quanto por mulheres – ambos teciam, ordenhavam vacas e carregavam água. O costume de o homem sair para trabalhar fora de casa só se difundiu após o advento das fábricas, no século XIX, o que talvez explique por que só então a palavra *housework*, ou trabalho doméstico, emergiu: até esse momento, todo trabalho tinha sido doméstico. E a maioria dos maridos tinha sido *househusbands*, ou donos de casa.[11]

Os homens da era pré-indústrial estavam muitas vezes diretamente envolvidos no cuidado dos filhos. Como passavam muito mais tempo ao redor de casa do que hoje, não é de surpreender que pudessem compartilhar tarefas como cuidar de crianças doentes. A descrição que uma testemunha ocular fez da Inglaterra em 1795 registrou que, "nas longas noites de inverno, o marido faz sapatos, conserta as roupas da família e cuida das crianças enquanto a mulher tece".[12] Nos Estados Unidos, nos séculos XVII e XVIII, como escreve Mary Frances Berry, "os pais eram os principais responsáveis pelo cuidado dos filhos após o período inicial de aleitamento".[13] Eles não só orientavam a educação e o culto religioso das crianças, mas decidiam que roupas elas iriam usar e as ninavam quando acordavam durante a noite. Muitas vezes os homens assumiam o cuidado dos filhos por força das circunstâncias, em especial porque tantas mulheres morriam no parto. Hoje, na Inglaterra, em doze lares encabeçados por só um dos pais, apenas um está nas mãos de um homem, mas entre 1599 e 1811, o número era um em quatro. Embora os homens tendessem a se casar de novo ou a contratar ajuda doméstica quando tinham meios para tal, estima-se que ⅓ dos pais sós na Grã-Bretanha pré-industrial não tinha a ajuda de outros adultos que morassem na casa. Nos anos 1820, quando percorreu a Inglaterra rural a cavalo, o jornalista William Cobbett notou que muitos trabalhadores do sexo masculino cuidavam dos filhos pequenos. "Não há nada mais agradável, nada mais delicioso de contemplar, que um rapaz participando em especial do trabalho de cuidar das crianças", observou ele.[14]

Mas será realmente possível que os pais tivessem tantas responsabilidades domésticas? Há uma crença muito difundida de que vivíamos em lares de famílias extensas, em contraste com as famílias nucleares que abundam hoje. Imaginamos as cozinhas de antigamente cheias de tias e avós balançando crianças nos joelhos ou lhes dando mingau, reduzindo, assim, as cargas que pesavam sobre a mãe e libertando o pai para seu ofício ou lazer. Poucos se dão conta, contudo, de que isso é um mito. De fato, a família nuclear tem sido a norma na Europa há centenas de anos. O tamanho médio da família na Inglaterra foi notavelmente constante, 4,18 em média no século XVII, 4,57 no século XVIII e 4,21 no século XIX. Um estudo realizado na Inglaterra e na América do Norte entre 1599 e 1984 mostrou que durante a maior parte desse período – com exceção da era vitoriana tardia, quando se registrou um aumento temporário – somente 8% dos lares abrigavam membros da família extensa.[15] Embora famílias multigeracionais não fossem comuns, parentes viviam com frequência nas proximidades, não na mesma casa. Entrevistas com duzentos moradores do leste de Londres nos anos 1950 revelam que, entre si, eles tinham 2.700 parentes vivendo a menos de 1,5 quilômetro de distância.[16] As pressões da vida doméstica eram também amenizadas pela cultura da ajuda contratada: mesmo famílias pobres tinham uma ou duas criadas. Apesar disso, a realidade era que, se a mãe estava doente ou no tear, o pai era seu substituto mais óbvio no cuidado dos filhos.

Não quero dar a impressão de que os pais da era pré-industrial eram todos deusas domésticas que arcavam com a maior parte do trabalho de cozinhar, limpar e cuidar dos filhos. Em geral eram as mulheres que cuidavam das crianças e trabalhavam incansavelmente para alimentar e vestir suas famílias, mesmo quando tinham criadas trabalhando a seu lado.[17] Eram elas também que enfrentavam os extremos perigos de dar à luz e estavam muitas vezes na ponta receptora da violência doméstica. Embora alguns homens passassem um tempo considerável com os filhos, outros preferiam a taberna, enquanto muitos passavam grande parte do ano longe de casa, trabalhando como lavradores contratados, vendedores ambulantes ou soldados. Nas classes mais altas, os homens com frequência tinham pouco contato com os filhos, pois eles eram confiados aos cuidados de amas e governantas. Ainda assim, deveria estar claro agora que os superpais do século XXI tiveram seus predecessores – as gerações de pais que participavam dos esforços e tensões do trabalho doméstico e do cuidado das crianças como *husbands*, homens ligados às suas casas.

Então, por que terminamos com as extremas desigualdades domésticas de hoje entre homens e mulheres? Por que jovens mães se sentem tantas vezes culpadas de retomar suas carreiras, e pais se sentem tão incapazes de ninar uma criança que chora durante a noite? A resposta imediata reside nas colossais mudanças econômicas e sociais acarretadas pela Revolução Industrial nos séculos XVIII e XIX. Um abrupto declínio na agricultura de subsistência e na indústria caseira e a invenção do trabalho assalariado no chão da fábrica forçaram uma nova separação entre trabalho dentro e fora de casa. No início do período industrial, homens e mulheres podiam ser encontrados nas fábricas têxteis e trabalhando nas minas, mas logo os homens dominaram a força de trabalho industrial. Por que foram os homens que se tornaram os "arrimos de família" – em inglês *breadwinners*, termo usado pela primeira vez no século XIX –, enquanto as mulheres se envolveram num culto da domesticidade ditando que uma "boa mãe" embala o bebê e assa bolos?

O patriarcado é uma explicação comum. Os homens exerceram seu poder tradicional dentro da família apropriando-se dos trabalhos de status relativamente elevados e especializados disponíveis na economia remunerada, deixando para as mulheres as contínuas e extenuantes tarefas domésticas de varrer chão, preparar refeições e ferver fraldas sujas (além disso, as mulheres com frequência se incumbiam de trabalho pouco qualificado e mal pago para ajudar nas despesas). Essa divisão era confirmada por uma ideologia da "verdadeira feminilidade", sustentada por sindicatos dominados por homens e outras instituições sociais como a Igreja, que promovia a crença de que a "esfera própria" de uma mulher era o lar. Pouco a pouco, afirma-se, muitas mulheres – especialmente aquelas da classe média em expansão – internalizaram elas mesmas essas atitudes, que se infiltraram na cultura cotidiana.[18] O livro *Mrs. Beeton's Book of Household Management*, best-seller publicado em 1861, era endereçado diretamente às mulheres, não aos homens. "Não há fonte mais frutífera de descontentamento familiar", escrevia a autora, "que as refeições mal preparadas e os costumes desmazelados de uma dona de casa." Aprender a cozinhar, limpar e dirigir a casa são habilidades que "pertencem particularmente ao caráter feminino".[19] A ideologia das esferas separadas ficou tão entranhada que em meados do século XX o trabalho doméstico e o cuidado das crianças tinham passado a ser vistos como claramente indignos de um homem. No filme *Juventude transviada*, de 1955, quando o impetuoso James Dean irrompe na casa de sua família, fica enojado ao ver o pai usando um avental sobre o terno e a gravata. Não havia nada pior que um homem emasculado.[20]

Uma maneira alternativa e igualmente plausível de ver a emergência de esferas separadas foi oferecida por historiadores da tecnologia doméstica. Segundo eles, os pais tiveram seu nível de habilidade reduzido pela Revolução Industrial. As tarefas que eles costumavam desempenhar em torno da casa tornaram-se obsoletas em decorrência da mudança tecnológica, ao passo que o trabalho das mulheres permaneceu em grande parte intacto, ou tornou-se ainda mais pesado. A invenção do fogão de ferro fechado, no século XVIII, por exemplo, significou que os homens não precisavam mais despender tanto tempo catando e rachando lenha para cozinhar e aquecer a casa. Quando o carvão substituiu a lenha como combustível mais usual, eles se viram na necessidade de sair para ganhar dinheiro de modo a comprá-lo. Outras tarefas masculinas tradicionais, como fazer sapatos, ferramentas e móveis, foram aos poucos assumidas pela indústria manufatureira – mas não se inventou nenhuma máquina para ninar uma criança que chora. À medida que os homens ingressaram na força de trabalho remunerada, as velhas habilidades artesanais domésticas que outrora eles transmitiam aos filhos foram perdidas, e seu papel anterior no cuidado dos filhos tornou-se uma lembrança distante.

Embora algumas tecnologias novas, como batedeiras de manteiga movidas a polia e batedeiras de ovos, reduzissem o trabalho doméstico das mulheres, outras tecnologias conspiraram com o crescimento da cultura de consumo para expandi-lo. Na era pré-industrial, a maioria das pessoas tinha poucas roupas e as lavava com pouca frequência, mas com a introdução dos tecidos manufaturados de algodão, de limpeza difícil, e a expectativa de que as pessoas trocassem regularmente de camisa e possuíssem vários conjuntos de lençóis, as mulheres se viram de repente lavando mais roupa que antes. A instituição inglesa da segunda-feira como o "dia da lavagem" não existiu até o século XIX, e a quantidade de tempo que as mulheres dedicavam ao trabalho doméstico continuou constante até a metade do século XX. Daí a popularidade do dito "trabalho de mulher nunca termina".[21]

Desde o nascimento da industrialização, os pais só estiveram envolvidos no trabalho doméstico esporadicamente. Durante a depressão econômica dos anos 1840, um observador registrou que os homens que perdiam seus empregos em Manchester e Bolton estavam "tomando conta da casa e das crianças, e ativamente envolvidos nas tarefas de lavar, passar, cuidar dos filhos e preparar a humilde refeição para a esposa, que se consumia mourejando na fábrica".[22] Mas depois que a economia se recuperou, as mulheres voltaram à dupla jornada de trabalho industrial e tarefas na cozinha. No início do século XX, cerca de ⅓ dos homens nas comunidades de pescadores da Ânglia Oriental faziam trabalhos domésticos regularmente, muitas vezes porque podiam passar meses a fio em casa, fora da temporada de pesca. Mas esses números eram atípicos, e na maioria das comunidades das classes trabalhadoras os homens estavam em geral menos envolvidos em trabalhos domésticos.[23]

A segunda metade do século XX testemunhou uma contestação da divisão estereotípica entre o trabalho do homem e o da mulher. A chegada da pílula e o feminismo empurraram mais mulheres para o trabalho profissional, e começou a fazer sentido, em termos financeiros, que homens se tornassem os principais cuidadores, se seu potencial de ganho fosse comparativamente menor. O aumento exponencial de divórcios, com um número crescente de pais conquistando a guarda dos filhos, compeliu uma nova geração de homens a se requalificar domesticamente, mudança descrita no filme *Kramer versus Kramer*, em que o *workaholic* Dustin Hoffman é deixado pela mulher e obrigado a cuidar do filho. Essas mudanças foram reforçadas pelo fenômeno historicamente sem precedentes da presença dos pais no próprio parto dos filhos. Até os anos 1960, os homens britânicos eram proibidos de entrar na sala de parto na maioria das maternidades, mas, na altura dos anos 1990, nove entre dez homens assistiam ao nascimento do filho, o que lhes proporcionava um novo tipo de ligação emocional com ele.[24] A ideia do pai que cria começou a reingressar pouco a pouco em nossa consciência cultural: a rude imagem de caubói do "homem de Marlboro" foi substituída por anúncios que mostram pais trocando fraldas e preparando, com segurança, gostosos jantares. Apesar de toda a propaganda, porém, o pai que fica em casa continua uma anomalia estatística, mais comentada na mídia do que vista na realidade. Quando levo meus filhos à sessão de atividades lúdicas nas manhãs de segunda-feira, encontro, no máximo, um ou dois outros homens na sala.

TENDO DESCOBERTO a história perdida do dono de casa, deveríamos considerar como nos seria útil repensar nossos papéis na família. Poderiam mais homens recuperar as habilidades domésticas de seus antepassados pré-industriais, ou até tomar os pais akas como modelo?

As barreiras estruturais à mudança continuam tremendas. Poucos países ocidentais oferecem licenças-paternidade prolongadas. Mesmo que os pais quisessem passar mais tempo em casa depois do nascimento dos filhos, não teriam como fazê-lo. A menos que você tenha a sorte de viver na Suécia, que concede aos pais um ano de licença-paternidade não remunerada, embora os homens suecos ainda usem apenas 14% do tempo que lhes é concedido.[25] Fatores financeiros também projetam uma longa sombra. As mulheres ainda tendem a ganhar menos que os homens; assim, numa família tradicional de um casal, quando os filhos chegam, se alguém vai passar mais tempo em casa, é provável que seja a mãe. O custo exorbitante dos cuidados profissionais da criança contribui para esse padrão. Minha companheira, que trabalha como economista de desenvolvimento para uma importante agência de ajuda humanitária, traz para casa apenas £ 30 por dia após pagar os impostos e os custos dos cuidados profissionais de nossos gêmeos – por vezes isso mal parece valer a pena do ponto de vista financeiro. Só os muito afortunados podem contar com cuidados regulares gratuitos fornecidos por avós e outros parentes.

Apesar disso, a transformação começa tanto com nossas próprias atitudes quanto com mudanças da política de empregos ou das estruturas de pagamento. O primeiro passo mais eficaz para erodir a ideologia das esferas separadas, que continua muito difundida a despeito de décadas de liberação feminina, é simplesmente reconhecer que em outras culturas, e outros períodos da história, a família teve arranjos muito diferentes. Sim, as mulheres têm útero e seios, e sempre os terão. Mas não há nenhum gene feminino especial para esterilizar mamadeiras, comprar macacões, passar uma camisa ou fazer uma papinha de ervilhas. A história nos diz que a maior parte do cuidado das crianças e do trabalho doméstico pode ser feita com competência tanto por mulheres quanto por homens. Os homens poderiam abraçar o fato de que, ao se tornar donos de casa em tempo parcial, estão ingressando numa longa e orgulhosa tradição de pais domesticamente engajados. As mulheres que se encarregam da maior parte da criação dos filhos e das tarefas domésticas poderiam se libertar da expectativa cultural de ser "perfeitas donas de casa" ou "supermulheres" que se sujeitam a empregos exigentes ao mesmo tempo que tomam conta da casa.

A expansão do papel doméstico de um homem pode também ajudá-lo a florescer como ser humano. Embora eu não creia que seja necessário ter filhos para ter uma vida recompensadora e cheia de sentido, acho que a maioria dos homens que se juntaram à grande cadeia do ser tendo filhos se beneficiará caso se envolva mais na vida deles. Comigo isso sem dúvida aconteceu. Entre outras coisas, minhas responsabilidades como pai me tornaram muito mais sensível emocionalmente, de modo que sofro mais, contudo, também tenho alegrias mais intensas – uma mudança pela qual sou grato. É como se minha extensão emocional tivesse aumentado de uma magra oitava para um teclado inteiro de sentimentos humanos. Você quer saber por que os homens akas querem cuidar dos filhos, mesmo quando estes os mantêm acordados à noite? Porque cuidar deles, segurá-los nos braços, gera um amor e uma ligação que acrescenta sentido às suas vidas. Depois que começam, eles não querem parar.

Por que a conversa em família se tornou tão difícil

"Todas as famílias felizes são parecidas, mas cada família infeliz é infeliz à sua própria maneira" – foi com essa frase famosa que Tolstói abriu seu romance *Anna Karenina*. A despeito de todas as variedades de atrito de família – o ciúme, as inseguranças e os choques de personalidade e autoridade –, um problema subjacente comum é a qualidade da conversa em família. Conflitos raramente podem ser resolvidos, a menos que as pessoas aprendam a conversar entre si. Ciúmes infeccionam até serem expressos. Penso na conversa como um diálogo que cria compreensão mútua. É diferente de troca superficial de palavras sobre o tempo, uma discussão acalorada ou um monólogo unilateral. A conversa tem o potencial não só de forjar laços de família, mas de inspirar novas maneiras de pensar e viver juntos.

Na maioria das famílias, no entanto, a arte da conversação permanece em sua infância. A mesa de jantar da família pode ser um campo de batalha onde tensões fervilhantes, segredos e mentiras desdobram-se numa combinação de palavras cortantes e de silêncios ainda mais agudos. Adolescentes muitas vezes sentem que não adianta falar sobre problemas pessoais com os pais, que passam mais tempo tentando discipliná-los que tentando compreender seus problemas, ao mesmo tempo que a razão alegada com maior frequência para o divórcio no mundo ocidental é a frustração das mulheres com maridos que não falam com elas nem ouvem o que têm a dizer.[26] Muitos de nós temos medo de reuniões de família, em que velhos papéis e brigas voltam tão depressa à superfície para estragar a ocasião. Além disso, embora o núcleo familiar tradicional tenha raízes históricas profundas, um número cada vez maior de padrastos e madrastas, meio-irmãos e casais do mesmo sexo estão acrescentando novas camadas às complexidades da vida em família.

Seria confortador olhar para o passado e descobrir um momento em que a conversa em família era abundante, enriquecedora e repleta de compreensão mútua. De fato, a afirmação em moda de que a refeição em família está em lamentável declínio presume que estávamos todos acostumados a comer e conversar juntos em volta da mesa de jantar – se pelo menos pudéssemos voltar aos bons tempos de outrora. Mas essa utopia nostálgica nunca existiu. Até nos anos 1920 – quando supomos que refeições em família eram a norma –, uma mãe de uma cidadezinha de Indiana lamentava que "a hora da refeição como momento de reunião da família era considerada normal uma geração atrás", e há um crescente desejo de "salvar pelo menos as horas das refeições para a família".[27] Fica claro que esses tempos tão melhores se encontram em grande parte em nossa imaginação quando reconhecemos as três barreiras históricas que se interpuseram no caminho do enriquecimento da conversa em família: a segregação, o silêncio e a repressão emocional. Só podemos compreender a primeira delas voltando às origens da própria conversa.

Se houve um indivíduo responsável pela invenção da conversa no mundo ocidental, foi Sócrates. O filósofo com cara de macaco tinha o hábito de encurralar tanto amigos quanto desconhecidos nas praças de Atenas e perguntar-lhes suas opiniões sobre todos os assuntos sob o sol da Grécia, de justiça e religião a amor e metafísica. Seu método era interrogar suas suposições e questionar a coerência de suas crenças. Sob seu pior aspecto, isso era uma forma de *bullying* pela conversa. Sob o melhor, Sócrates ajudava as pessoas a repensar sua abordagem à arte de viver. Um admirador, o político e *bon-vivant* Alcibíades, agradeceu-lhe por "virar todas as minhas crenças de cabeça para baixo, levando-me à perturbadora compreensão de que toda a minha vida é a de um escravo".[28] Para Sócrates, a conversa era um processo dialético em que a dança das ideias podia ajudar as pessoas a se aproximar, pouco a pouco, de sua própria verdade pessoal.

Apesar de toda a conversa cintilante de Sócrates, não há nenhum registro de suas conversas com a mulher ou os parentes. Como era típico dos homens gregos de seu tempo, ele parecia poupar as energias verbais para seus passeios públicos ou para exibi-las num *symposium* – misto de banquete e colóquio em que o jantar era acompanhado por uma sessão de intensa bebedeira, com as palavras fluindo tão facilmente quanto o vinho. No mais famoso desses eventos, registrado por Platão no século IV a.C., Sócrates passou a noite com meia dúzia de amigos do sexo masculino, discutindo a natureza do amor. Enquanto bebia de sua taça de terracota e jogava azeitonas na boca, o dramaturgo Aristófanes declarou: "Cada um de nós é um mero fragmento de homem: fomos partidos em dois, como um linguado cortado em filés. Estamos todos à procura de nossa outra metade." Embora possa ter sido um comentário imaginativo sobre a ideia da alma gêmea, estava muito claro onde suas outras metades realmente se encontravam: as esposas dos comensais estavam todas enfiadas em casa com os escravos. As únicas mulheres admitidas num *symposium* eram as tocadoras de flauta e as dançarinas, que serviam aos homens como gueixas japonesas. Embora nascidas livres, as mulheres na Grécia Antiga tinham seus próprios banquetes, em geral associados a festivais religiosos, e eram rigorosamente excluídas dos jantares acompanhados por conversas dos homens, assim como lhes era negado o direito de participar da política. Elas passavam a maior parte da vida confinadas ao *gynaikeion*, os aposentos reservados às mulheres em suas casas.[29]

Essa cultura de segregação impedia os gregos antigos de fazer qualquer grande avanço na conversa em família. O *symposium* clássico ante-

A refeição em família, dos irmãos Le Nain. Nesta pintura de uma família camponesa francesa feita no século XVII, somente o pai come à mesa, enquanto a mãe e os filhos se deixam ficar em torno, esperando para comer depois que ele tiver terminado. O jantar em família ainda não estava em voga.

cipava a ideologia das esferas separadas do século XIX, com as mulheres confinadas trabalhando no lar enquanto os homens saíam para a vida pública. Mas ele também reflete uma longa tradição de jantares em família segregados na história ocidental. Segundo a historiadora Beatrice Gottlieb, na Europa, entre a Peste Negra no século XIV e a Revolução Industrial, "sentar-se juntos [como uma família] para uma refeição formal talvez fosse algo tão raro quanto comer carne".[30] Em lares camponeses na França do século XIX, as mulheres serviam os homens à mesa, mas faziam sua própria refeição de pé ou com a comida no colo, junto da lareira, talvez alimentando uma criança ao mesmo tempo. Em tempos de escassez, quem tinha maior probabilidade de sacrificar a comida em seu prato? A mulher. Outros historiadores relatam que em famílias pobres, as mulheres e as crianças com frequência comiam a qualquer hora e em qualquer lugar.

Nas salas de jantar da classe alta na Inglaterra vitoriana, não que as crianças fossem "vistas, mas não ouvidas". Muitas vezes não eram nem vistas, pois faziam suas refeições separadamente, na cozinha ou com uma ama. Quando a refeição terminava, os homens costumavam continuar à mesa para fumar um charuto, tomar vinho do Porto e conversar sobre política, enquanto as mulheres eram enxotadas para a sala de estar.[31]

Se nos aventurarmos além da cultura ocidental, fica evidente que o jantar em família está longe de ser a norma histórica e social. O povo nuer, na África Oriental, associou tradicionalmente o ato de comer – como o de excretar – a sentimentos de vergonha, de modo que um marido não jantará com a esposa durante os primeiros anos de casamento. Em Vanuatu, alguns homens ingressam em sociedades masculinas hierarquizadas, onde os membros de cada categoria cozinham e comem uns com os outros, e não com suas famílias. Antropólogos observaram que os Bakairi da bacia do rio Amazonas fazem suas refeições sozinhos, costume também seguido em algumas partes da Indonésia, em lares onde não há sala de jantar. Atualmente, em muitas comunidades muçulmanas, sobretudo em ocasiões religiosas, as mulheres e os homens podem comer em cômodos separados – embora alguns afirmem que esses arranjos proporcionam às mulheres o espaço social para discutir assuntos pessoais em privacidade.[32]

Hoje, pelo menos no Ocidente, refeições segregadas são uma relíquia do passado. Esta é uma boa notícia, uma vez que permite que a mesa de jantar se torne uma arena em que as famílias podem praticar a arte da conversação, sem que ninguém seja excluído por causa de sexo ou idade. Claro que nada garante que todos nós tiraremos proveito dessa oportunidade histórica única que nos é concedida. De fato, não o fazemos. Quase metade das famílias britânicas janta diante da TV, somente ⅓ se reúne para comer regularmente todas as noites, e a família típica despende mais tempo no carro que à mesa de jantar. Os números para os Estados Unidos são semelhantes. Quando uma família come num restaurante de fast food, como o McDonald's, a refeição média dura em torno de dez minutos.[33] Apesar disso, deveríamos ouvir com reservas os que nos dizem que o ritual sagrado da refeição em família está em rápido declínio. Se adotarmos o ponto de vista histórico, de longo prazo, ele nunca esteve em ascensão.[34]

Se algum dia você experimentou silêncios sepulcrais num jantar em família, está em boa companhia histórica. Com a segregação, o hábito de comer em silêncio tem uma linhagem estabelecida como uma barreira à conversa em família. Durante séculos, as refeições nos lares camponeses da Europa "foram ocasiões silenciosas", afirma Beatrice Gottlieb. Visitantes estrangeiros à Inglaterra elisabetana ficavam particularmente impressionados por haver tão pouca ou nenhuma conversa durante o jantar, e os manuais de etiqueta italianos aconselhavam: "A conversa não é para a mesa, mas para a *piazza*."[35] Em algum nível, esse silêncio faz sentido biológico: meus filhos pequenos quase nunca falam durante o jantar, simplesmente porque estão ocupados comendo, empanturrando-se com o alimento indispensável. Mas comer em silêncio é também uma prática cultural, com raízes no cristianismo primitivo. A regra de são Bento, que guiou a vida dos monges beneditinos e outros desde o século VI, pede a seus adeptos que "evitem palavras más" e passem grande parte do dia, inclusive as refeições, em silêncio. O jantar é uma ocasião para ouvir leituras de textos espirituais edificantes, não para conversar, mesmo sobre Deus. Essa reverência religiosa pelo silêncio, encontrável também entre os quacres e os budistas, pode ajudar a explicar por que aldeões medievais falavam pouco enquanto comiam.[36]

Por outro lado, o silêncio é tanto uma questão de religião quanto de geografia. "Os escandinavos são da opinião de que só devemos falar quando temos algo a dizer", segundo especialistas em comunicação, e a tagarelice é associada a pessoas egoístas e pouco confiáveis. Por isso, não espere uma discussão exuberante se jantar com uma família na Finlândia – o país mais reservado em matéria de conversa da Europa –, embora seja provável que eles ouçam o que você tem a dizer com extraordinária atenção.[37]

O silêncio decerto não dominou em todas as culturas, como pode atestar qualquer um que tenha se sentado com uma eloquente família napolitana para o almoço dominical. Mas quer prefiramos aspirar pelo tipo de refeição em família que tem lugar em Nápoles ou em Helsinque, ainda precisamos pensar sobre o que acontece com nossas conversas em família fora da mesa de jantar, e o que podemos fazer para melhorar sua qualidade. Para isso, devemos passar da segregação e do silêncio para uma terceira barreira histórica, a repressão emocional, e traçar seu desenvolvimento ao longo dos últimos trezentos anos.

Embora o período medieval possa ser caracterizado pelo silêncio, por volta do século XVIII a conversa se transformava numa forma de arte. A florescente cultura londrina dos cafés reunia homens instruídos para discorrer sobre política, negócios, arte e literatura. Clubes de conversa – o equivalente do antigo *symposium* grego – brotaram por toda a cidade, entre os quais o Turk's Head Club, em Gerrard Street, no Soho, cofundado pelo dr. Samuel Johnson, reconhecido em geral como o orador mais brilhante da era georgiana. Johnson merece nosso louvor porque compreendeu que a conversa podia ser um prazer, e não uma mera troca de informação. Apesar disso, a despeito de sua reputação, ele foi de fato um dos conversadores mais desastrosos da história, e mal nos recuperamos de seu legado. "Nenhum dos desejos ditados pela vaidade é mais geral, ou menos condenável, que o de se distinguir pelas artes da conversa", disse ele certa vez. Ao fazê-lo, admitiu que sua forma preferida de conversa era basicamente uma questão de exibição, como nos salões que haviam começado a aparecer na França durante o mesmo período, em que se esperava que as pessoas estivessem a par da última poesia ou ópera. A conversa do próprio Johnson era cheia de gracejos inteligentes e epigramas espirituosos que serviam mais para encerrar conversas do que para provocá-las e animá-las. Ele não nos ensinou nada sobre como as famílias poderiam usar a conversa para atenuar as inevitáveis tensões e os conflitos que surgem da vida em comum sob o mesmo teto.[38]

O século XVIII foi, portanto, a era da conversa brilhante. Seguiu-se, no século XIX, a era das emoções ocultas. Isso começou com a ascensão do movimento romântico, que ofereceu grande promessa para a conversa. Poetas como Coleridge e Keats não hesitavam em desnudar suas almas torturadas e seu amor não correspondido aos olhos do mundo. Mas faziam-no sobretudo no papel. A sensibilidade emocional e a popularidade do Romantismo foram incapazes de impregnar a conversa em família. Durante a era vitoriana, surgiu uma rígida divisão entre a maneira como homens e mulheres se exprimiam, em particular em meio às classes média e alta da Grã-Bretanha. Os homens passaram a valorizar a fria racionalidade e a reserva emocional, ao passo que as mulheres eram mais propensas a exibir seus pensamentos e sentimentos íntimos – pelo menos umas para as outras –, e mostravam maior capacidade de ouvir com compaixão. Basta pensar no sr. Darcy, em *Orgulho e preconceito* (1813), incapaz de revelar seus sentimentos por Elizabeth Bennet, refreado pelo orgulho, a convenção social e a reticência emocional. O pai de Virginia Woolf, o cavalheiro vitoriano sir Leslie Stephen, era conhecido por sua "inefável e impossível taciturnidade".[39] A conversa em família passou a ser dominada pelo severo *paterfamilias*, que reverenciava a razão e desconfiava da paixão. Sob tais condições, a conversa podia ser intelectualmente edificante, mas não emocionalmente sofisticada ou empática. Guias matrimoniais aconselhavam as esposas a não sobrecarregar os maridos com seus problemas pessoais, enquanto as crianças eram encorajadas a reprimir seus sentimentos e "keep a stiff upper lip", expressão idiomática que teve origem num poema infantil do século XIX.*

O dano psicológico que isso podia causar ficou evidente no caso do filósofo John Stuart Mill. Nascido em 1806, aos três anos começou a receber do pai aulas de grego antigo; nos passeios matinais que faziam regularmente, o pai esperava que o precoce menino fizesse uma análise detalhada do que havia lido na véspera. Mill foi treinado para cultivar a razão e sublimar suas emoções, e havia pouca intimidade no relacionamento dos dois. Recordando o pai, Mill escreveu:

> O elemento especialmente deficiente em sua relação moral com os filhos era a ternura. Não acredito que essa deficiência residisse em sua própria natureza. Acredito que ele tinha muito mais sentimento do que mostrava de hábito, e capacidades maiores de sentir do que jamais haviam se desen-

---

* O significado era "manter-se imperturbável em face das contrariedades". (N.T.)

volvido. Ele se assemelhava à maioria dos ingleses, envergonhando-se de sinais de sentimento, e, pela ausência de demonstração, matando de fome os próprios sentimentos.[40]

Privado de conversas enriquecedoras em família e sofrendo sob a imensa pressão exercida pelo pai e por si mesmo para sair-se bem intelectualmente, aos vinte anos Mill sofreu um colapso mental. "Meu pai, a quem teria sido natural que eu recorresse em qualquer dificuldade prática, era a última pessoa a quem, num caso como esse, eu procurava em busca de ajuda."[41] Ele só se curou de sua inanição emocional anos depois, quando se enamorou.

A barreira da repressão emocional começou a se desfazer aos poucos no século XX, que se tornou a era da conversa íntima. Essa grande transformação teve origem numa nova cultura da autorreflexão no Ocidente, estimulada primeiro pelo nascimento da psicanálise e mais tarde pelas indústrias da terapia e da autoajuda. Finalmente tornava-se aceitável – em especial para homens – falar com franqueza sobre as próprias emoções com amigos e família. Após a publicação dos relatórios de Alfred Kinsey sobre comportamento sexual, em 1948 e 1953, e a revolução sexual dos anos 1960, os casais tornaram-se também capazes de falar de maneira mais livre sobre o sensível tópico do sexo, que está na raiz de tantas dificuldades nos relacionamentos.

O impacto dessas mudanças da conversa em família foi irregular e muitas vezes demorou a se materializar. Quando a atriz Jane Fonda era adolescente, nos anos 1950, parecia-lhe quase impossível comunicar-se com seu pai. "Posso me lembrar de longos passeios de carro em que nenhuma só palavra era pronunciada. Eu me sentia tão nervosa que as palmas das minhas mãos ficavam suadas por viajar em absoluto silêncio com meu próprio pai."[42] Ainda há muitos pais que não sabem como falar com os filhos, assim como há casais especialistas em não discutir problemas sexuais ou sentimentos de ciúme. A ideia de visitar um terapeuta de relacionamentos provoca uma onda de náusea em muitos homens modernos. Apesar disso, no fim do século XX, havia ocorrido uma revolução na conversa, e os membros da família eram capazes de conversar uns com os outros de maneiras inimagináveis na era vitoriana, principalmente porque os homens haviam se tornado – em termos emocionais – um pouco mais parecidos com as mulheres.

A conversa em família havia, portanto, triunfado, superando as formidáveis barreiras da segregação, do silêncio e da repressão. Mas, em meados do século XX, exatamente quando a conversa começava a florescer no lar e em torno da mesa de jantar, surgiu outra barreira que ameaçou levar a qualidade da conversa em família de volta para a Idade Média. Foi o advento de novas tecnologias, trazendo as vozes de outras pessoas para dentro de nossas casas, mas calando a nossa voz. George Orwell foi um dos primeiros a reconhecer o dano potencial que a tecnologia poderia ocasionar. A conversa está sendo substituída pelos "prazeres passivos, semelhantes ao das drogas, do cinema e do rádio", escreveu ele em 1943. Alguns anos mais tarde, detectou um desenvolvimento sinistro:

> Em muitos lares ingleses, o rádio, literalmente, não é desligado nunca, embora seja manipulado ocasionalmente de modo a assegurar que somente música leve dele emanará. Conheço pessoas que mantêm o rádio tocando durante toda uma refeição, e ao mesmo tempo continuam conversando num tom alto o bastante para que as vozes e a música se anulem. Isso é feito com um objetivo definido. A música impede que a conversa fique séria ou mesmo coerente.[43]

Imagine o que Orwell teria escrito se tivesse vivido para ver a ascensão da televisão nos anos 1950, quando ela começou a colonizar o lar e a mente ocidentais. No espaço de uma geração, 99% das casas nos Estados Unidos tinham aparelho de TV, e nos anos 1970 eles ficavam ligados durante uma média de seis horas por dia.[44] Hoje, as pessoas nos Estados Unidos e na Europa dedicam a maior parte de seu tempo vago – em média quatro horas por dia – a ver TV, o que corresponde, aos 65 anos, a ter feito isso durante nove anos ininterruptos.[45]

Segundo alguns sociólogos da mídia, é um erro supor que a televisão corroeu a conversa em família: não só documentários, novelas e outros programas podem provocar animada discussão entre membros de uma família, como o hábito de ver televisão juntos é um ritual importante, que reúne as famílias no mesmo espaço doméstico.[46] Mas esses argumentos deixam de considerar o que seria uma conversa em família de qualidade. Você pode realmente ter uma discussão apropriada com seu cônjuge sobre a conveniência ou não de ele deixar seu emprego se estiverem ambos com um olho grudado no aparelho de TV? Embora a televisão tenha o potencial de estimular a mente e as emoções, ela é essencialmente um meio passivo que nos distrai da interação humana, ao passo que a conversa é, em essência, uma forma ativa de envolvimento com outras pessoas. Ou, como disse o crítico cultural Jerry Mander, nos anos 1970, o efeito da revolução da televisão foi "ter substituído a experiência direta do mundo por versões secundárias e mediadas de experiência".[47]

Outras tecnologias tiveram o efeito similar de atrasar o relógio da conversa, ou pelo menos de deixar de adiantá-lo de maneira significativa. Um estudo feito nos Estados Unidos mostrou que crianças entre os oito e os dezoito anos passam em média sete horas e 38 minutos conectadas em mídia digital – videogames, iPods, DVDs, sites de redes sociais, e-mail, bem como digitando mensagens de texto.[48] Não há dúvida de que algumas dessas tecnologias facilitam e expandem a "comunicação" – isto é, permitem às pessoa permanecer regularmente em contato umas com as outras. Não há dúvida de que elas me ajudam a me manter em contato com meus parentes na Austrália. Mas, novamente, a qualidade da interação é um problema: quantos dos bilhões de mensagens de texto enviados entre membros de uma família a cada ano são conversas enriquecedoras e interessantes?

PERCORREMOS UM LONGO caminho na história da conversa em família, e deveríamos tentar preservar o que ganhamos e expandir seu potencial. O primeiro movimento óbvio pode ser racionar o tempo dedicado à televisão. Minha própria tentativa de fazer isso envolve manter a TV guardada num armário, num andar alto. A ideia de ter de carregá-la dois lances de escada era um bom teste da convicção que eu e minha mulher tínhamos de que um programa realmente merecia ser visto, e nossas horas com o aparelho ligado por semana reduziram-se substancialmente. Afora um regime de racionamento, outra opção seria submeter-se a uma dieta digital enquanto se está comendo na companhia de outras pessoas – desligar a TV e deixar os telefones celulares no modo silencioso no vestíbulo, tal como, na Idade Média, comensais educados deixavam as armas à porta.

Embora a refeição em família não fosse onipresente no passado, podemos encontrar inspiração naquelas culturas – como a italiana, a judaica e a chinesa – que a mantiveram como prática ritual regular. Mas talvez não baste simplesmente decretar que seu rebanho deve sempre se reunir para o almoço de domingo. "A conversa, como as famílias, morre quando é endogâmica", escreve o historiador Theodore Zeldin. "A refeição em família é feita para não se falar de trabalho e misturar diferentes tipos de assunto."[49] O que ele aconselha é convidar estranhos interessantes para suas refeições em família, de modo que a conversa possa se tornar uma forma de experiência. Convide seu professor de violão ou seu novo colega de trabalho para jantar com vocês. Como disse W.S. Gilbert, "o que importa não é tanto o que está sobre a mesa, é o que está sobre as cadeiras".

Para romper os silêncios na vida em família, pode ser necessário algo mais pessoal que uma refeição comunal. Simplesmente passar algum tempo com um irmão ou a madrasta fazendo algo que proporcione um prazer tranquilo, como dar uma caminhada pela mata, é uma maneira de permitir que nossa conversa vague por novos caminhos – contanto que ninguém precise recitar poesia grega como John Stuart Mill. Mas se você procura um exercício de conversa mais fortificante, poderia envolver-se num projeto, como entrevistar seus pais ou avós sobre o passado deles e o que aprenderam sobre a arte de viver. Quando fiz isso com meu pai, durante um período de sete anos, eu não estava apenas preservando lembranças de família para a posteridade. Foi uma maneira de nos aproximarmos, pois nossa conversa conduziu a assuntos delicados, que raramente surgem em nossas falas diárias, como seu relacionamento com minha mãe antes que ela morresse. Também descobri o que ele pensava a respeito de generosidade, Deus e liberdade. É assombroso quão pouco podemos saber sobre pessoas que aparentemente conhecemos a vida toda.

A mais importante lição da história pode ser lembrar de tirar nossas máscaras. A conversa em família nunca prosperará até nos tornarmos mais abertos em relação a nossas emoções, mais íntimos em nossa conversa. Reprimir pensamentos e sentimentos sem dúvida é útil, às vezes, tanto como mecanismo de autopreservação quanto como meio de proteger outras pessoas. Mas não podemos nos permitir agir como aqueles homens vitorianos que negavam às suas famílias e a si mesmos toda vida emocional. Do contrário, mais vale comer em mesas segregadas como os gregos antigos, ou em silêncio como os monges medievais.

Se, após experimentar essa ideias, a conversa em sua família ainda continuar desanimada, só posso lhe dar mais um conselho. Organize um *symposium* em família, no qual o tema de debate seja o curioso estilo de vida dos pigmeus akas.

3. Empatia

Em 1206, Giovanni Bernardone, o filho de 23 anos de um rico comerciante, fez uma peregrinação à basílica de São Pedro em Roma. Ele não deixou de notar o contraste entre a opulência e prodigalidade no interior da basílica – os mosaicos brilhantes, as colunas em espiral – e a pobreza dos mendigos sentados à porta. Após trocar suas roupas pelas de um mendigo, passou o resto do dia em andrajos, pedindo esmolas.

Não muito depois, quando cavalgava nas proximidades de sua cidade natal, Giovanni encontrou um leproso. Os leprosos eram os párias da sociedade medieval, ao mesmo tempo evitados e desprezados. Muitos tinham deformações, eram estropiados, desprovidos de nariz e apresentavam feridas sangrentas. Eles eram proibidos de entrar nas cidades e beber de poços ou fontes. Ninguém os tocava, temendo contrair sua pavorosa doença. Giovanni, porém, forçou-se a reprimir o sentimento imediato de repugnância alimentado desde a infância. Apeou do cavalo, deu uma moeda ao leproso e beijou-lhe a mão. O leproso beijou-o de volta.

Esses episódios foram momentos decisivos na vida do jovem. Logo depois ele fundou uma ordem religiosa cujos irmãos trabalhavam para os pobres e em leprosários, e abdicavam de seus bens terrenos para viver na pobreza, como aqueles a quem serviam. Giovanni Bernardone, conhecido por nós agora como são Francisco de Assis, é lembrado por ter declarado: "Dai-me o tesouro da sublime pobreza: permiti que o sinal distintivo de nossa ordem seja não possuir coisa alguma de seu sob o sol, para a glória de Vosso nome, e não ter outro patrimônio que não a mendicância."[1]

A empatia é a arte de se pôr no lugar do outro e ver o mundo de sua perspectiva. Ela requer um salto da imaginação, de modo que sejamos capazes de olhar pelos olhos dos outros e compreender as crenças, experiências, esperanças e os medos que moldam suas visões do mundo. Tecnicamente conhecida pelos psicólogos como "empatia cognitiva", não é uma questão de sentir pena de alguém – isso é comiseração ou piedade –, mas de tentar nos transportar para o personagem e a realidade vivida de outrem.[2] Era exatamente isso que são Francisco fazia ao trocar suas roupas pelas do mendigo na porta da basílica de São Pedro: ele queria saber como era ser um indigente.

A empatia nos vem naturalmente, e nós a exercemos o tempo todo, muitas vezes sem nos dar conta disso. Quando uma amiga nos conta que acaba de ser abandonada pelo marido, pensamos na raiva e rejeição que ela deve estar sentindo, e tentamos ser sensíveis às suas necessidades. Se temos um colega que não está conseguindo concluir suas tarefas no prazo, podemos decidir não o pressionar a trabalhar até mais tarde por sabermos que sua mãe está sucumbindo ao Alzheimer e ele está ocupado cuidando dela. Olhar a vida do ponto de vista do outro não só nos permite reconhecer suas dores ou alegrias, mas pode nos estimular a agir em favor dele. "Imaginar como é ser uma pessoa diferente da que somos está no cerne de nossa humanidade", escreve o romancista Ian McEwan, "é a essência da compaixão e o início da moralidade."[3]

No entanto, a empatia importa não apenas por nos tornar bons, mas por ser boa para nós. Ela tem o poder de curar relacionamentos desfeitos, erodir nossos preconceitos, expandir nossa curiosidade em relação a estranhos e nos fazer repensar nossas ambições. Em última análise, a empatia cria os vínculos humanos que tornam a vida digna de ser vivida. É por isso que tantos autores que pensam sobre estilo de vida, hoje, acham que desenvolver nossa empatia é essencial para o bem-estar pessoal. O especialista em felicidade Richard Layard defende "o cultivo deliberado do instinto primitivo da empatia" porque, "se você se importa mais com os outros que consigo mesmo, tem maior probabilidade de ser feliz". Mahatma Gandhi já tinha conhecimento desse potencial transformador da empatia meio século atrás, corporificado no que se tornou conhecido como o "Talismã de Gandhi":

Sempre que estiver em dúvida, ou seu ego pesar demais em você, aplique o seguinte teste. Relembre o rosto do homem mais pobre e mais fraco que você possa ter visto e pergunte a si mesmo se o passo que está cogitando será de alguma utilidade para ele. Irá esse homem ganhar alguma coisa com isso? Irá devolver-lhe o controle sobre sua vida e seu destino? Em outras palavras, irá conduzir a *swaraj* [liberdade] para os milhões de famintos e espiritualmente desprovidos? Você verá então suas dúvidas e seu ego desaparecerem.[4]

É importante, ao pensar sobre a empatia, distingui-la da chamada Regra de Ouro: "Faça para os outros o que gostaria que eles fizessem para você."[5] Embora esta seja uma noção valiosa, não é empatia, pois envolve considerar como você – com suas próprias ideias – desejaria ser tratado. A empatia é mais difícil, requer que imaginemos as ideias dos outros e que ajamos em conformidade com elas. George Bernard Shaw compreendeu a diferença quando observou: "Não faça aos outros o que gostaria que eles lhe fizessem – eles podem ter gostos diferentes dos nossos."

O desafio que enfrentamos é que a sociedade sofre do que Barack Obama chamou de "déficit de empatia". Quanto esforço fazemos para nos colocar no lugar de pessoas que vivem nas margens, como aqueles que procuram os asilos, os idosos ou os agricultores de subsistência nos países em desenvolvimento? Tentamos imaginar e compreender com afinco a realidade de suas vidas? O déficit também aparece nos relacionamentos cotidianos. Quando estamos envolvidos numa discussão com um parceiro, um irmão ou um de nossos pais, quantas vezes nos detemos para considerar suas emoções, necessidades e perspectivas?

Devemos encontrar maneiras de enriquecer e expandir nossos egos empáticos, e enfrentar nossos déficits pessoais de empatia. Como pode a história nos ajudar nisso? Nossa primeira tarefa é nos livrar da ideia antiquada, com raízes no pensamento social do século XVII, de que os seres humanos são fundamentalmente criaturas egoístas, voltadas para o ganho individual. Em seguida, veremos as três estratégias que podemos adotar para ampliar nossas imaginações empáticas: conversa, experiência e ação social. Nossos guias serão um ex-líder da Ku Klux Klan, um literato inglês que tinha o inusitado hábito de se vestir de vagabundo e os espíritos revolucionários que estiveram por trás da luta contra a escravatura no século XVIII. Embora a empatia possa não ser um tópico comum em discussões sobre como viver, essa viagem histórica revelará exatamente por que deveria ser; a empatia pode ser não apenas um guia moral, mas um esporte radical para uma vida aventurosa no século XXI.

A serpente e a pomba

Pegue um jornal e, sem dúvida, você terá a impressão de que os seres humanos são animais agressivos, cruéis e interesseiros. Haverá manchetes sobre bombas jogadas sobre civis inocentes, estupradores, pedófilos, assassinatos e guerras de gangues, sobre campos de treinamento de terroristas, políticos corruptos roubando recursos públicos, companhias lançando carvão no céu e despejando lixo tóxico em rios.

Um pouco de reflexão histórica confirmará ainda mais nossas ideias. Setenta milhões de pessoas foram mortas nas guerras do século XX. Além disso, houve as Cruzadas e o colonialismo. O domínio dos impérios e ditaduras. Escravidão e subjugação das mulheres. *Gulags* e tortura. Genocídio. Você captou o quadro.

Além de possuir uma extraordinária capacidade para fazer mal aos outros, os seres humanos são capazes de ficar passivamente sentados e nada fazer em relação ao sofrimento que sabem estar ocorrendo. Enquanto mastigamos nossa torrada matinal, podemos ler de maneira desatenta notícias sobre seca no Quênia ou terremoto na China sem desatar em soluços nem sair correndo porta afora para tomar uma atitude a respeito disso tudo.

Nenhuma dessas coisas nos choca realmente porque durante séculos temos dito a nós mesmos que os seres humanos, por natureza, são criaturas egoístas, interessadas em sua própria preservação, com fortes tendências agressivas. Essa sombria descrição da humanidade foi difundida por Thomas Hobbes, filósofo do século XVII. Em *Leviatã*, ele afirmou que somos propensos a perseguir nossos objetivos individualistas, fazendo do estado de natureza uma "guerra de todos contra todos", em que a vida é "solitária, pobre, sórdida, brutal e curta". Não surpreende que ele sustentasse tais ideias. Hobbes escreveu seu livro no final dos anos 1640, quando a Inglaterra estava mergulhada numa sangrenta guerra civil. De seu ponto de vista privilegiado, no exílio em Paris, ele se convenceu de que a conduta beligerante e interesseira era uma expressão de nossos eus verdadeiros, e que somente um governo autoritário podia nos resguardar uns dos outros.[6] Não havia lugar em sua visão de mundo para a ideia de que nascemos com um forte instinto empático. A maligna concepção da natureza humana, de Hobbes, tornou-se a norma cultural no Ocidente, permeando artes, mídia, política e educação. Faça um curso de economia atualmente, e você ouvirá que deve supor que somos todos atores racionais, voltados para nossos próprios interesses.

Mas há uma narrativa alternativa, outra maneira de compreender o que significa ser humano. Trata-se da ideia de que somos *Homo empathicus* – de que temos uma capacidade natural de "empatizar", tão forte quanto nossos impulsos internos egoístas.[7] Não há nada de novo nessa noção. De fato, no século XVIII, era lugar-comum acreditar que a empatia era uma característica inata dos seres humanos que nos deu nossa sensibilidade ética e podia nos estimular a tratar os outros com maior consideração. Infelizmente, esse poderoso fio na história das ideias foi eclipsado pelo legado de Thomas Hobbes.

O mais renomado proponente do *Homo empathicus* foi um professor de filosofia moral na Universidade de Glasgow chamado Adam Smith. Hoje ele é lembrado como o pai do capitalismo, por seu livro *A riqueza das nações*, publicado em 1776. Os economistas em geral supõem que Smith, como Hobbes, acreditava que os seres humanos perseguem invariavelmente seu interesse pessoal. Como se enganam. Dezessete anos antes, Smith havia escrito outro livro, hoje quase esquecido – *A teoria dos sentimentos morais* –, que propunha uma abordagem muito mais sofisticada à motivação humana que o *Leviatã* de Hobbes, e foi em parte uma inteligente resposta a ele.[8] Isso fica claro a partir das primeiras linhas: "Por mais egoísta que possamos considerar o homem, há evidentemente alguns princípios em sua natureza que o levam a se interessar pela sorte dos outros, e tornam a felicidade dos outros necessária para ele, ainda que nada ganhe com ela, exceto o prazer de contemplá-la." O que se seguia era a primeira teoria desenvolvida da empatia – na época conhecida como "simpatia". Nela Smith sustentava que "nossa solidariedade aos outros por suas misérias" baseia-se em nossa capacidade imaginativa de "trocar de lugar na fantasia com o sofredor". Ele deu incontáveis exemplos da maneira como nos colocamos naturalmente no lugar de outras pessoas, sem pretender nos beneficiar:

> Quando me compadeço de vós pela perda de vosso filho único, não considero, para penetrar em vossa aflição, o que eu, uma pessoa de tal caráter e profissão, sofreria se tivesse um filho e se esse filho devesse infelizmente morrer; e não só troco de circunstâncias convosco, mas troco pessoas e caracteres. Meu pesar, portanto, existe inteiramente por vossa causa, e não, por pouco que seja, por minha própria causa. Ele não é, portanto, egoísta de maneira alguma.[9]

Bastava a Smith olhar a seu redor para ver sua visão empática da natureza humana expressada na realidade. Embora seja associado com a emergência do capitalismo ávido de lucro, competitivo, o século XVIII viu também a emergência das primeiras organizações empenhadas em combater o abandono de crianças, a escravatura e a crueldade com os animais.[10]

As ideias de Adam Smith sobre nossa capacidade de empatia são quase ignoradas hoje, eclipsadas por seus escritos mais famosos sobre economia política, mas durante o século passado elas foram confirmadas por um crescente acúmulo de evidências nos campos da psicologia, biologia evolucionária e neurociência. Nos anos 1940, o psicólogo suíço Jean Piaget, após apresentar a um grupo de crianças um modelo tridimensional de um cenário de montanhas, pediu-lhes que escolhessem qual de várias imagens representava o que um boneco veria de diferentes posições aqui e ali no modelo. As que tinham menos de quatro anos tendiam a escolher a perspectiva em que elas mesmas viam o modelo, não a do boneco, ao passo que as crianças mais velhas foram capazes de se colocar no lugar do boneco. Sua conclusão foi de que, a partir dos quatro anos, somos capazes de imaginar as perspectivas de outras pessoas. O consenso atual é que crianças de apenas dois anos já têm essa capacidade e podem agir com base nela. Uma criança de dezoito meses, por exemplo, poderia tentar consolar um amigo que chora oferecendo-lhe seu próprio ursinho de pelúcia. Seis meses mais tarde, pode ter compreendido que o ursinho é inútil – é o ursinho do amigo que precisa ser encontrado e oferecido. Esse é o salto cognitivo da empatia.[11]

A biologia evolucionista voltou-se agora contra a antiga ideia darwiniana da luta competitiva pela existência e enfatiza, em vez disso, o papel da cooperação e da ajuda mútua como força evolucionária. Primatologistas como Frans de Waal afirmam que a extraordinária quantidade de afeto e cooperação evidentes entre símios, golfinhos, elefantes e seres humanos, por exemplo – tal como os cuidados que as mães dispensam aos seus filhotes, ou os sinais de aviso que eles emitem para outros quando predadores se aproximam –, deve-se a uma capacidade natural de empatia que se desenvolveu para assegurar a sobrevivência da comunidade.[12]

Os neurocientistas estão também convencidos de que a empatia é constitucional em nós. Quando imaginamos nosso dedo preso numa porta, uma parte de nosso cérebro é ativada, mas quando pensamos sobre a mesma coisa acontecendo a outra pessoa, áreas diferentes – os pontos empáticos – são acionadas. Se essas áreas cerebrais básicas forem danificadas, por exemplo, num acidente de carro, perdemos nossa capacidade de empatia.[13] Uma pesquisa recente de Simon Baron-Cohen sugere que nossos cérebros têm dez regiões interconectadas que abrangem um "circuito da empatia", e que pessoas com baixo nível de empatia mostram menos atividade neural nessas regiões. Elas podem ter amígdalas menores que a média, não ter uma ligação de neurotransmissores com um dos receptores de serotonina e exibir capacidade de resposta neural relativamente limitada no córtex orbitofrontal e no córtex temporal. Nessa visão, nosso sistema de circuitos de empatia é geneticamente herdado e formado na primeira infância, mas pode também ser conscientemente desenvolvido depois.[14]

A ciência da empatia chegou agora a um estágio em que podemos nos libertar da ideia convencional de que os seres humanos estão essencialmente interessados em seu próprio bem. Podemos descartar essa noção hobbesiana da natureza humana que foi um espectro assombrando nossas mentes por mais de trezentos anos. As evidências científicas nos impelem a adotar a ideia de Smith, de que nossos desejos egoísticos coexistem com nossas naturezas empáticas, mais benevolentes. Ou, como expressou seu contemporâneo escocês David Hume, que há em cada um de nós "alguma partícula da pomba, misturada à nossa estrutura, com os elementos do lobo e da serpente".

A questão é o que fazer com o que nos foi dado. Como expandir nossa empatia de maneira que alargue nossos horizontes pessoais e contribua para a arte de viver? Infelizmente, a psicologia, a biologia evolucionista e a neurociência fornecem poucas respostas. Para atiçar nossa imaginação, devemos nos voltar para o exemplo de figuras históricas reais, para indivíduos que praticaram e dominaram essas três abordagens a uma vida empática: conversa, experiência e ação social.

Como deixar a Ku Klux Klan

A maioria de nós vive num pequeno mundo de amigos, parentes e colegas, cercados por estranhos sobre os quais pouco sabemos. Quanto você sabe sobre a vida da mulher que entrega sua correspondência, ou do bibliotecário silencioso que mora do outro lado da rua? Depois, há todas aquelas pessoas ao lado de quem podemos nos sentar no ônibus, ou atrás das quais podemos ficar na fila do supermercado, cujas ideias e maneiras de viver talvez sejam radicalmente diferentes das nossas e tenham o poder de nos inspirar; no entanto, poucas vezes encontramos coragem para conversar com elas além de trocar alguns breves comentários sobre o tempo. Estamos isolados uns dos outros num planeta interconectado. A conversa é uma das maneiras mais eficazes de ter acesso a pensamentos, experiências e sabedoria escondidos na cabeça de outras pessoas. Ela nos permite descobrir a extraordinária diversidade dos homens e ganhar uma compreensão empática de como os outros veem a si mesmos e ao mundo.

A conversa é também um meio pelo qual podemos avançar além dos rótulos que usamos para identificar as pessoas. Expressões como "fundamentalista islâmico", "banqueiro rico" e "mãe solteira" estão com frequência impregnadas de pressupostos e preconceitos. Inserimos as pessoas numa só categoria, prejulgando-as com base em rumores ou estereótipos da mídia, e com isso denegrimos sua individualidade. A conversa permite que nos livremos dos mitos perpetuados por esses rótulos. Ouvindo as histórias e as lutas das pessoas, chegamos a reconhecer sua singularidade e começamos a tratá-las como seres humanos. Abrimo-nos para descobrir traços compartilhados, bem como diferenças. Esse é o início de uma conexão empática, um vínculo humano com a vida dos outros.

Que aparência tem a conversa empática? Como ela pode destruir as barreiras entre as pessoas e alterar a paisagem de suas mentes e suas vidas? Um dos exemplos mais notáveis pode ser encontrado na história das relações raciais nos Estados Unidos. Ela ocorreu na cidade de Durham, Carolina do Norte, em 1971, e levou a uma das amizades mais improváveis do século XX.

CLAIBORNE PAUL ELLIS – conhecido pelos amigos como C.P. – nasceu numa família pobre em Durham, em 1927. Quando deixou a escola, foi trabalhar num posto de gasolina para sustentar a mãe e a irmã, e mais tarde formou sua própria família. Um de seus quatro filhos nasceu cego e com uma deficiência mental. "Ele nunca falou uma palavra", lembrou C.P. numa entrevista com o estudioso da história oral Studs Terkel.[15] "Eu lhe abraço o pescoço. Falo com ele, digo-lhe que o amo. Não sei se ele me conhece ou não, mas sei que é bem-cuidado."

C.P. trabalhava o dia todo, sete dias por semana, e fazia todas as horas extras que podia. Mas com um salário baixo e o aluguel caro, a família mal conseguia sobreviver financeiramente. Ele se tornou amargo. "Comecei a jogar a culpa sobre os negros. Eu tinha de odiar alguém. Odiar os Estados Unidos é difícil, porque se trata de um país, não podemos vê-lo para odiá-lo. A pessoa natural para eu odiar eram os negros, porque meu pai foi membro da Klan antes de mim. Na opinião dele, a Klan era o salvador dos brancos. Por isso comecei a admirar a Klan."

Ele ingressou na Ku Klux Klan (KKK) fazendo o juramento tradicional de defender a pureza da raça branca, combater o comunismo e proteger as mulheres brancas. Em sua maioria, os membros eram brancos de baixa renda que, nos anos 1960, se opunham ativamente ao crescente movimento dos direitos civis e o intimidavam. Em 1968, C.P. e seus amigos comemoraram ao saber que Martin Luther King havia sido assassinado. "Fizemos uma verdadeira festa no posto de gasolina. Realmente nos regozijando com a morte daquele filho da puta." Com o correr dos anos, ele progrediu, passando de membro regular à posição máxima de Ciclope Exaltado, presidente da assembleia de Durham da KKK.

O momento decisivo em sua vida ocorreu em 1971. Como personalidade conhecida e sem papas na língua de Durham, C.P. foi convidado para um encontro comunitário de dez dias de duração destinado a ajudar a resolver os problemas raciais nas escolas. Ele levou uma metralhadora no porta-malas do carro. Postou-se diante da assembleia de ativistas negros, liberais e conservadores e soltou o verbo: "Se não houvesse negros nas escolas, não teríamos os problemas que vemos hoje." Em meio às pessoas, ele avistou uma militante negra pelos direitos civis que desprezava havia anos. "Nunca me esquecerei de uma senhora negra que eu odiava com todas as minhas forças, Ann Atwater. Como eu a odiava – perdoe-me pela expressão, não a uso mais –, como odiava aquela macaca preta. Mulher grande, pesadona." Para seu espanto, na terceira noite do encontro, um homem negro sugeriu que ele e Ann Atwater presidissem juntos o principal comitê. Ele aceitou, embora temesse que fosse impossível trabalhar com ela.

Os amigos de C.P. na KKK voltaram-se imediatamente contra ele, dizendo-lhe que estava traindo a raça branca ao trabalhar com Ann Atwater, que havia se tornado um simpatizante dos negros. Ao mesmo tempo, ela era punida por cooperar com um membro conhecido da Klan. C.P. se lembrou de como, após passar vários dias tentando recrutar pessoas para seu comitê, sem sucesso, os dois se sentaram juntos para refletir:

> Ann disse: "Minha filha voltou para casa chorando todos os dias. Ela contou que a professora estava zombando dela na frente das outras crianças." Respondi: "Não me diga! Aconteceu a mesma coisa com meu filho. O professor branco liberal andou zombando do pai de Tim Ellis, o membro da Klan, diante de outras pessoas." Nesse ponto comecei a ver: cá estamos nós, duas pessoas vindas de lados opostos da cerca, com problemas idênticos, a não ser pelo fato de que ela é preta e eu branco. Desse momento em diante, vou lhe dizer, essa mulher e eu trabalhamos juntos muito bem. Comecei a gostar da moça, realmente. Até então, nós não nos conhecíamos. Não sabíamos que tínhamos coisas em comum.

Ele e Ann descobriram que compartilhavam a opressão da pobreza. Nessa época, ele trabalhava como zelador na Universidade Duke, ela era empregada doméstica, e ambos lutavam para sobreviver.

Trabalhar no comitê racial com Ann Atwater e outros ativistas negros foi uma "revolução pela conversa" que explodiu os preconceitos de C.P.

> O mundo inteiro estava se abrindo. Eu estava aprendendo verdades que nunca aprendera antes. Começava a olhar para uma pessoa negra, apertar-lhe a mão e vê-la como ser humano. Eu não tinha me livrado daquilo tudo. Ainda carregava um pouco daquilo. Mas alguma coisa estava acontecendo comigo. Foi quase como nascer de novo.

Na última noite do encontro comunitário, ele se postou junto ao microfone diante de mil pessoas e rasgou seu cartão de membro da KKK.

A própria Ann Atwater se transformou com a experiência do comitê racial. A princípio, ficou surpresa com tudo que eles tinham em comum. "Logo que conheci C.P., ele me disse que não tinha estudado. Eu também não. Nenhum de nós possuía nada além do que tínhamos conseguido a duras penas. Ele estava limpando privadas e eu estava limpando bebês,

O ex-líder da Ku Klux Klan C.P. Ellis conversa com sua amiga Ann Atwater.

cuidando de bebês. Estávamos limpando a mesma coisa." A atitude dela em relação aos brancos alterou-se de maneira fundamental em consequência das conversas que tiveram. "Houve uma mudança em mim como a mudança em C.P.", disse ela vários anos após conhecê-lo.

> Eu costumava não falar com nenhuma pessoa branca, hoje converso com todas elas. Eu passava por elas na rua, elas falavam comigo, e eu não dizia uma palavra. Não sei se tinha medo, porque me ensinaram que os brancos eram superiores. Mas depois que aprendi, a mudança aconteceu. Antes, se uma pessoa branca me dissesse hoje é terça-feira, eu dizia não, não é. Não acreditava neles. Eu olharia no calendário para me certificar de que era terça-feira. Agora, posso telefonar para eles e conversar. Tenho vários amigos brancos para quem posso telefonar agora mesmo. É a mesma coisa com C.P. Ele confia nos negros... A outra coisa é... C.P. nunca apertaria a minha mão. Agora não trocamos um aperto de mãos. Trocamos um abraço apertado.

Mais tarde C.P. tornou-se militante pelos direitos civis e recrutador de trabalhadores para um sindicato composto de 70% de negros. A maioria de seus antigos associados na KKK o evitou pelos trinta anos seguintes, mas Ann Atwater tornou-se uma amiga a toda prova. Quando C.P. sucumbiu à doença de Alzheimer na casa dos setenta anos, Ann foi uma visitante regular na clínica de repouso onde ele morreu, em 2005.

Se voltar os olhos para sua própria vida, provavelmente você será capaz de identificar conversas que estilhaçaram suas suposições sobre pessoas e contestaram estereótipos que talvez você tivesse carregado por aí durante anos. Há momentos de empatia na ação, quando penetramos além da fachada e começamos a reconhecer a individualidade de outra pessoa. Esses são também momentos de autocompreensão, oferecendo insights pessoais que podem alterar nossas crenças e abrir um mundo de relacionamentos potenciais.

Nunca me esqueci do momento em que conheci Alan Human. Eu costumava vê-lo andando para cima e para baixo em Cowley Road, East Oxford, catando pontas de cigarro, falando sozinho e caminhando devagar, metido numa variedade de casacos imundos. Um dia, em razão de meu envolvimento num projeto comunitário local, sentamo-nos juntos para conversar. Antes haviam me dito que ele era um esquizofrênico paranoide com uma história de violência, que passara anos vivendo nas ruas e havia sido trancafiado dezessete vezes sob a Lei da Saúde Mental. Não tendo conversado quase nunca com pessoas mentalmente doentes ou sem-teto, cheguei a nosso encontro repleto de suposições e preconceitos. Muitos deles foram imediatamente confirmados. Ele descreveu suas experiências de ver fadas e crianças não nascidas no espaço cósmico, e eu mal conseguia entender seus murmúrios acelerados. Ao que parecia, Alan era completamente louco, e eu não podia imaginar que haveria muita conexão entre nós.

Quando me encontrei com Alan pela segunda vez, porém, chegamos ao assunto da filosofia. Descobri que ele era adepto de Nietzsche e Marx, e tinha uma brilhante mente filosófica. Ele revelou então que, nos anos 1970, diplomara-se em filosofia, política e economia na Universidade Oxford, antes de se tornar leiteiro e mais tarde abandonar a sociedade convencional. Fiquei pasmado, pois me parecia inacreditável que um homem de seus cinquenta e poucos anos, formado em Oxford, estivesse vasculhando as ruas à procura de guimbas. Posteriormente Alan e eu desenvolvemos uma amizade baseada em nosso mútuo interesse pela filosofia moral e por pizzas de *pepperoni*. Desde então, minhas ideias sobre pessoas com doenças mentais nunca mais foram as mesmas, e agora me vejo mais disposto a parar para conversar com estranhos – velhos ou jovens, com aparência rica ou pobre –, sabendo que cada um deles pode possuir uma história secreta como Alan Human.[16]

O mundo está cheio de conversas como essas, apenas esperando para acontecer. Podemos trazê-las à vida cultivando nossa curiosidade em relação a estranhos. Você poderia fazer um esforço particular para ter uma conversa com a pessoa sentada a seu lado no ônibus, ou o rapaz da loja da esquina, que lhe vende o jornal todos os dias, ou o novo empregado que almoça sozinho na cantina do escritório. Você precisará de coragem para ir além da conversa fiada fútil e descobrir como eles veem o mundo – quais são suas ideias sobre vida em família, política, criatividade, morte? E estar pronto para compartilhar seus próprios pensamentos, para transformar isso numa troca empática mútua.

C.P. Ellis provavelmente sugeriria que fôssemos ainda mais longe, e nos dispuséssemos a conversar com os tipos de pessoa em relação aos quais seríamos intolerantes, ou cuja maneira de viver nos parecesse estranha ou imoral – na verdade, qualquer pessoa com quem pudéssemos ter um déficit de empatia. Se você suspeita que homens de negócios muito ricos são desprovidos de compaixão – opinião que alimentei durante anos –, ponha sua crença à prova conversando com o executivo de uma companhia de petróleo ou um administrador de fundo de risco sobre sua filosofia de vida. Lembro como fiquei chocado ao descobrir que os ricos industriais e fazendeiros guatemaltecos que entrevistei para minha dissertação de doutorado não eram simplesmente os oligarcas racistas e impiedosos que eu supusera, tendo muitas vezes um lado bondoso e algum senso de justiça social. Se você pensa que as testemunhas de Jeová são fanáticos religiosos, que todas as mulheres que usam a burca são oprimidas, aventure-se na odisseia de conversar com um deles. Fazendo isso você pode, como C.P. Ellis e Ann Atwater, ser surpreendido não só pelo que ouve, mas também pelo que compartilha, e se transformar no encontro.

Como se tornar um vagabundo

Afora a conversa, desafiar a nós mesmos com novas experiências é uma segunda maneira, talvez mais exigente, de expandir nossa empatia. Mas suas recompensas podem ser ainda maiores, e a aventura mais emocionante. Fazer uma viagem para dentro do mundo de alguém cuja vida diária é muito diferente da nossa pode deixar a empatia e as lembranças gravadas em nossa pele de uma maneira que provavelmente jamais esqueceremos. Na história ocidental, uma pessoa fez mais do que quase todo mundo para transformar essa forma experiencial de empatia em esporte radical: George Orwell.

Mais conhecido por seus romances *A revolução dos bichos* (1945) e *1984* (1949), Orwell também se cultivou como "empatista", fazendo incursões temporárias na vida de outras pessoas que inspiravam seus escritos e, fundamentalmente, transformando sua maneira de ver o mundo. Depois de uma criação privilegiada na classe média alta britânica, recebendo uma educação de elite em Eton, no início dos anos 1920, e de passar cinco anos em Burma como oficial da polícia colonial, Orwell desenvolveu uma aversão insidiosa pelo imperialismo e uma crescente repugnância pelo papel que ele próprio aí desempenhava.

> Quanto ao meu emprego, eu o odiava ainda mais intensamente do que talvez o possa expressar. Num emprego como aquele não vemos o trabalho sujo do Império de perto. Os infelizes prisioneiros acotovelando-se nas celas fedorentas das prisões, os rostos cinzentos e assustados dos condenados a longas penas, os traseiros marcados de cicatrizes dos homens açoitados com bambus – tudo isso me oprimia com um intolerável sentimento de culpa.[17]

Se Burma foi seu aprendizado como empatista, o treinamento formativo de Orwell teve lugar em Londres, nos final dos anos 1920 e início dos anos 1930. Determinado a ser escritor, ele concebeu um plano que lhe proporcionaria uma educação tanto literária quanto moral: realizar uma tentativa radical de experimentação da pobreza. Queria saber como era realmente ser oprimido, existir nas margens da sociedade, ficar sem comida, sem dinheiro e sem esperança. Ler sobre isso não era o bastante – seu objetivo era vivê-lo. Como escreveu mais tarde sobre suas intenções:

> Eu sentia que tinha de escapar não apenas do imperialismo, mas de todas as formas de domínio do homem sobre o homem. Queria submergir, meter-me imediatamente entre os oprimidos; ser um deles, estar ao lado deles contra os tiranos.

Assim, durante vários anos, Orwell vestiu-se regularmente como um vagabundo, com roupas e sapatos surrados, e aventurou-se, praticamente sem um vintém, a frequentar os *spikes* – albergues para sem-tetos – e pensões baratas do East End de Londres, vagando pelas ruas com mendigos e outros indigentes. Assim passava de alguns dias a várias semanas. Todas as vezes, fazia-o sem concessões ou transigências, sem levar consigo algum dinheiro sobressalente para emergências nem usar camadas extras de roupas contra o frio do inverno.

Certa feita, em 1931, decidido a descobrir como seria passar o Natal na prisão, Orwell vestiu suas roupas de vagabundo, foi até uma taberna em Mile End Road e bebeu até ficar completamente bêbado. Tudo isso era parte de um plano ardiloso, pois mais tarde ele seria detido quando cambaleava pelas calçadas de Whitechapel. Ele tinha esperança de ser condenado, porque não havia como pagar a multa de seis xelins, mas, para sua contrariedade, soltaram-no no mesmo dia, pois a polícia tinha melhor uso para a cela. Nem sempre é fácil ser empatista.[18]

Orwell não era ingênuo a ponto de acreditar que havia ganhado uma completa compreensão da vida marginal no East End, pois sabia que estava apenas dando mergulhos na vida dos pobres, e podia sempre se desvencilhar de seu disfarce e retornar ao conforto de sua casa paterna em Suffolk. Em *Na pior em Paris e Londres* (1933), ele admite ter visto somente as franjas da pobreza, mas expõe algumas lições claras que aprendeu:

> Nunca mais pensarei que todos os vagabundos são canalhas bêbados, nem esperarei que um mendigo fique grato quando lhe dou um penny, nem ficarei surpreso por faltar energia aos desempregados, nem contribuirei para o Exército de Salvação, nem empenharei minhas roupas, nem recusarei um panfleto, nem desfrutarei uma refeição num restaurante elegante. Isso é um começo.[19]

As aventuras empáticas de Orwell como vagabundo em Londres não o transformaram num ser moral perfeito. Ele tinha uma saudável veia maliciosa e não hesitava em expressar desprezo por seus colegas escritores, como Jean-Paul Sartre, sobre o qual escreveu de maneira pouco generosa: "Acho que Sartre é um saco de vento e vou lhe dar um bom pontapé." Ele preferia empatizar com aqueles que considerava rejeitados pela sociedade. A empatia de Orwell nasceu de um desejo de se libertar de suas origens de elite e do imperialismo de que fora um lacaio. Mas queria também tocar na injustiça com as próprias mãos, em vez de ser apenas mais um intelectual brilhante que se apiedava dos pobres a partir de uma distância confortável. E isso, sem dúvida, ele conseguiu.

Orwell também conseguiu mostrar como a empatia era muito mais que uma questão de ética. Suas incursões pela vagabundagem, sem dúvida, puseram em questão seus preconceitos e alteraram seus valores morais, mas também lhe valeram novas amizades, alimentaram sua curiosidade, expandiram sua capacidade de conversar com pessoas de diferentes origens sociais e lhe proporcionaram um rico veio de materiais literários que durariam anos. Para um jovem que havia outrora usado uma cartola em Eton, os experimentos de viver na indigência foram uma lição intensa, estimulante e muitas vezes desafiadora sobre a vida em si mesma, projetando-o para fora da estreiteza de seu passado privilegiado. Tentar sobreviver nas ruas do leste de Londres foi a maior experiência de viagem que ele algum dia teve.

Poucos de nós chegaríamos a tais extremos para adquirir conhecimento de primeira mão acerca da maneira como outras pessoas vivem e veem o mundo. Mas a maioria pode reconhecer o impacto que se pôr no lugar de outra pessoa, mesmo que por um tempo limitado, tem sobre nós. Em meu próprio caso, trabalhei certa vez numa comunidade de refugiados na selva da Guatemala, morando numa choça de palha sem eletricidade nem água corrente. Isso me proporcionou um breve vislumbre da realidade da pobreza que nunca esqueci, e que me inspirou a trabalhar com direitos humanos durante muitos anos. Numa experiência mais próxima, após deixar a universidade, tive vários empregos em televendas, os quais detestei – as ofensas verbais das pessoas para quem eu ligava, os supervisores gritando conosco para fechar a venda. Agora, se recebo um telefonema de venda não solicitado quando estou fazendo o jantar de meus filhos, tento ser polido e amável, sabendo por experiência própria como esse emprego pode ser desanimador. Isso é a empatia fazendo seu trabalho silencioso para forjar relacionamentos humanos.

Como poderíamos começar a praticar a empatia experiencial na vida cotidiana? Se por acaso você é devotamente religioso, poderia decidir comparecer a serviços de religiões diferentes da sua, ou a um encontro de humanistas. Poderia tentar uma troca de trabalho com um amigo cuja profissão seja muito diferente da sua – tente passar um dia com ele para ter um gostinho de ser jardineiro ou contador, por exemplo, e ele, por sua vez, poderia seguir você de perto por um dia. Se há poucas pessoas idosas em sua vida, que tal se oferecer para fazer trabalho voluntário num lar de idosos, um dia por mês? Ou, se você está pretendendo fazer uma viagem à Tailândia, não seria possível, em vez de ficar deitado numa praia, entrar em contato com uma instituição filantrópica educacional que providenciasse para você trabalhar como professor de inglês voluntário numa escola primária? Inspirado por George Orwell e são Francisco de Assis, talvez você queira proporcionar-se uma "viagem pela privação", descobrindo como é a vida nas margens da sociedade. Uma opção poderia ser dormir uma noite ao relento, ou ajudar a servir comida num abrigo para sem-tetos. Mas, a menos que você o faça com a frequência e a dedicação de Orwell, há o perigo de que isso seja uma forma de voyeurismo social – como o daqueles turistas estrangeiros que circulam pelas favelas do Rio de Janeiro ou pelo Soweto da África do Sul por duas horas, sem emergir de seus carros com ar-condicionado. Como quer que você decida alimentar sua curiosidade empática, provavelmente chegará a compreender a sabedoria do provérbio indígena americano: "Antes de criticar um homem, caminhe uma milha com seus mocassins."

A ideia de empatia tem nítida conotação moral e muitas vezes é associada a "ser bom". Mas a empatia experiencial deveria ser encarada como uma forma incomum e estimulante de viagem. George Orwell nos diria para esquecer a ideia de passar nossas próximas férias num resort exótico ou visitando museus. É muito mais interessante expandir nossa mente fazendo viagens para dentro da vida de outras pessoas – e permitindo-lhes ver a nossa. Em vez de perguntar a nós mesmos "Para onde posso ir da próxima vez?", a pergunta em nossos lábios seria: "No lugar de quem posso me colocar da próxima vez?"

Empatia de massa e mudança social

Em geral pensamos em empatia como algo que ocorre no plano individual, entre duas pessoas: consigo ver o mundo de sua perspectiva e, portanto, passo a tratá-lo com mais sensibilidade. Mas empatia também é um fenômeno de massa, com o potencial de produzir mudança social básica. Muitas das mudanças mais importantes na história não ocorreram quando houve uma troca de governo, de leis ou sistemas econômicos, mas quando houve um florescimento de empatia coletiva em relação a estranhos que serviu para criar novos tipos de compreensão mútua e construir pontes sobre as divisões sociais.

Embora esses momentos do passado pareçam assunto para os historiadores, eles também são relevantes para a arte de viver. Por quê? Porque participar de movimentos empáticos de massa nos ajuda a escapar da camisa de força de nosso individualismo e nos faz sentir conectados a algo maior que nós mesmos. Encontramos sentido e realização na vida não apenas ao perseguir ambições privadas, mas por meio de ação social em que nos juntamos a outros em busca de metas comuns. Um exemplo desse tipo de movimento, que ilustra como a empatia alterou os contornos da história humana, foi a luta britânica contra a escravatura e o comércio de escravos no fim do século XVIII.

No início dos anos 1780, a escravatura era uma instituição social aceita em toda a Europa. A Grã-Bretanha presidia o tráfico internacional de escravos e cerca de meio milhão de escravos africanos era obrigado a trabalhar até morrer no cultivo da cana-de-açúcar, em colônias britânicas e nas Antilhas. Numa *plantation* pertencente à Igreja da Inglaterra, a palavra SOCIEDADE foi marcada a ferro em brasa no peito dos escravos, sinal de que pertenciam à Sociedade para a Propagação do Evangelho em Terras Estrangeiras, de cujo conselho fazia parte o arcebispo de Canterbury. Essa era uma nação – e uma Igreja – com sangue nas mãos.

No período de duas décadas, porém, algo extraordinário aconteceu. Surgiu um movimento social de massa que levou amplos setores da população britânica a se voltar contra a escravatura, conduzindo à abolição do tráfico pelo Parlamento, em 1807, e ao fim da própria escravidão em todo o Império Britânico, em 1838. Como e por que essa profunda e inesperada mudança aconteceu?

Abra um compêndio de história típico e lerá sobre os esforços heroicos do parlamentar inglês William Wilberforce para pôr fim à escravatura. Talvez haja também um ou dois parágrafos sobre o papel das revoltas de escravos nas *plantations*. Mas poucos mencionarão a empatia. No entanto, as pesquisas mais recentes põem a empatia no centro dessa história aparentemente muito conhecida. Segundo o historiador Adam Hochschild, o sucesso do movimento antiescravagista baseou-se no fato de que "os abolicionistas depositavam sua esperança não em textos sagrados, mas na empatia humana".[20]

A brilhante campanha contra a escravatura liderada pelo diácono anglicano Thomas Clarkson e um grupo de homens de negócios quacres usou a empatia como principal ferramenta estratégica: eles planejaram estimular as pessoas para a ação expondo-as aos traumas e sofrimentos experimentados diariamente pelos escravos, de modo que pudessem se pôr no lugar deles e imaginar a realidade de suas vidas. Os abolicionistas imprimiram um famoso cartaz do navio negreiro *Brookes*, ilustrando como 482 escravos podiam ser espremidos a bordo, cabeças com pés, no fundo do casco escuro e sem ventilação. Fizeram-se quase 10 mil cópias do cartaz, que foi pregado nas paredes de tabernas e lares por todo o país, um lembrete de que não havia nada de inocente nos torrões de açúcar que adoçavam as xícaras de chá da nação.

Clarkson também foi a uma loja em Liverpool que vendia equipamentos essenciais para traficantes de escravos e comprou algemas, anjinhos, grilhões para as pernas e um instrumento semelhante a uma tesoura usado para abrir a boca de escravos e alimentá-los à força, e depois os exibiu para plateias horrorizadas em palestras públicas e tribunais. Com seus colegas, ele produziu um relatório condenatório, *Abstract of the Evidence*, contendo descrições inesquecíveis dos sofrimentos dos escravos. Logo os jornais estavam publicando extratos como este:

> Quando [escravos] são açoitados nos desembarcadouros... [eles] têm os braços amarrados aos ganchos dos guindastes, e pesos de 25 quilos presos aos pés. Nessa situação, o guindaste é levantado, de modo a quase suspendê-los do chão e mantê-los numa postura esticada, quando o chicote ou couro de vaca é usado. Em seguida eles são de novo chicoteados, mas com ramos de ébano (mais espinhentos que ramos de espinheiro neste país) para soltar o sangue coagulado.

A campanha teve resultados extraordinários. Dezenas de milhares de membros do público britânico compareceram às reuniões, formaram comitês locais, assinaram petições, boicotaram açúcar proveniente das *plantations* e fizeram exigências ao governo. Foi o mais forte movimento em prol dos direitos humanos que o mundo já vira. Graças ao aumento da empatia, escreve Hochschild, "foi a primeira vez que um grande número de pessoas ficou indignado, e permaneceu indignado por muitos anos, em razão dos direitos de outrem".

Mas por que houve uma reação pública tão imensa à questão na Grã-Bretanha, enquanto nenhum movimento de massa contra a escravatura surgiu em outros países europeus? Mais uma vez, a empatia fornece uma resposta. Hochschild aponta com precisão algo que distinguiu a Grã-Bretanha:

> As pessoas são mais propensas a se importar com o sofrimento de outras num lugar distante quando esse infortúnio evoca um temor que elas próprias alimentam. No final do século XVIII, os britânicos estavam no meio de uma experiência muito difundida e em primeira mão com um tipo de sequestro e escravidão que entrava em dramática contradição com tudo que as leis britânicas encerravam a respeito dos direitos dos cidadãos. Ele era arbitrário, violento e por vezes fatal... Tratava-se da prática do alistamento naval compulsório.

DESDE O SÉCULO XVII a Marinha Real havia forçado dezenas de milhares de homens britânicos a servir no mar. Isso envolvia bandos de recrutadores compostos por marinheiros armados que patrulhavam as proximidades dos portos e áreas mais interioranas, apoderando-se à força de todo homem robusto que pudessem encontrar nas tabernas, nos campos ou na rua e alistando-o no mesmo instante na Marinha. As vítimas desse tipo de recrutamento, que muitas vezes – embora não exclusivamente – eram da classe trabalhadora, podiam se ver efetivamente escravizadas por vários anos, despojadas de suas liberdades fundamentais. Os militantes contra o tráfico escravo traçaram paralelos diretos com essa prática de alistamento compulsório: o público britânico tinha uma compreensão empática, muitas vezes baseada em experiência pessoal ou na de seus parentes, do que significava ser escravizado e ter suas liberdades básicas negadas. Por isso pôde reconhecer claramente a cruel injustiça da escravatura nas plantações de açúcar. Mais de um século de luta social contra o alistamento compulsório, diz Hochschild, "armou psicologicamente o palco nacional para a batalha muito mais vasta contra a escravatura".

Os paralelos iam mais longe. Os operários fabris britânicos viam semelhanças entre sua própria exploração e a dos escravos, com alguns marchando sob faixas que pediam o fim da escravatura "tanto em casa quanto no estrangeiro". Ideias antiescravagistas também se difundiram rapidamente na Irlanda, onde havia uma compreensão compartilhada do que era ser oprimido pelos britânicos. Essas foram as raízes de um novo tipo de solidariedade que foi capaz de cruzar o oceano Atlântico.

À luz dessas evidências, não temos escolha senão reescrever os anais da escravatura e conferir à empatia seu capítulo próprio. O poder da empatia ajuda a explicar a ascensão do movimento de massa, a força da opinião pública e a legislação que resultaram em abolição. Foi durante a luta contra a escravatura que a empatia amadureceu como força capaz de alterar o curso da história.

Se quiséssemos reescrever a história da perspectiva da empatia, teríamos de incluir outros exemplos de florescimento empático coletivo, como os esforços dos dinamarqueses, búlgaros e outros durante a Segunda Guerra Mundial para evitar o envio de judeus para os campos da morte nazistas e a esmagadora reação pública ao tsunami asiático em 2004. Teríamos também de documentar tragédias históricas de fracasso empático coletivo, como o colonialismo na América Latina e o genocídio ruandês. Com isso, chegaríamos, pouco a pouco, a ver a história não apenas através da lente da ascensão e queda de nações, ou da emergência de novas religiões ou tecnologias, mas através das revoluções periódicas das relações humanas em que explosões em massa de empatia – ou sua ausência – alteraram a vida das pessoas.

Desde que Samuel Smiles publicou o livro *Self Help*, em 1859, a maioria dos livros de autoajuda e conselhos sobre maneiras de viver tem sido desavergonhadamente individualista, estimulando as pessoas a alcançar seus objetivos pessoais ou melhorar a qualidade de suas vidas. Mas quando olhamos para pessoas como Thomas Clarkson, ou outras que se dedicaram

Um bando de recrutamento compulsório por volta de 1780.

a movimentos sociais empáticos, como Emmeline Pankhurst e Martin Luther King, começamos a compreender que nós, como eles, poderíamos também encontrar propósito e satisfação na vida pelo engajamento em lutas compartilhadas em benefício dos outros.

Assim, o desafio que cada um de nós enfrenta é tirar a arte de viver da esfera privada e levá-la para o domínio público. É possível fazer isso participando de movimentos sociais que ajudam a criar um mundo mais empático. Você pode desejar desempenhar um papel no enfrentamento da pobreza infantil em sua própria comunidade ou das violações dos direitos humanos em outros países. Talvez você se sinta inspirado a ingressar numa organização que faça campanha para gerar empatia por gerações futuras que serão afetadas pela destruição ecológica que lhes estamos legando. Esses são os tipos de aventuras comunais de que deveríamos participar, deixando uma marca indelével de humanidade na história.

Os fios invisíveis da empatia

"Conhece-te a ti mesmo", aconselhou Sócrates. Para seguir esse credo é preciso mais do que contemplar, como Narciso, nossos próprios reflexos. Devemos equilibrar a busca introspectiva com uma atitude mais "outrospectiva" em relação à vida. Para descobrirmos a nós mesmos, temos de sair de nós e descobrir como outras pessoas pensam, vivem e veem o mundo. Para tanto, a empatia é uma de nossas maiores esperanças.

Mas cultivar a empatia pode ser um desafio, seja por meio da conversa, da experiência ou da ação social. Ter uma conversa com seus novos vizinhos talvez seja difícil ou embaraçoso, a princípio. Passar as férias fazendo um serviço voluntário pode submetê-lo a tensão física ou emocional. Comparecer a reuniões comunitárias poderia privá-lo de suas preciosas noites de sexta-feira. Com o tempo, porém, é provável que você se acostume aos esforços empáticos, e pouco a pouco se torna estranho, ou até insatisfatório, não dar o salto imaginativo para dentro de outras mentes na vida cotidiana. Devagar, à medida que as barreiras entre você e as outras pessoas começarem a se dissolver, você chegará a apreciar o modo como a empatia está mudando quem você é.

Um dia você acordará para descobrir que o mundo parece diferente. Quando você entrar numa sala cheia de gente, não se concentrará mais nos indivíduos, mas nas relações entre eles. Perceberá onde os laços empáticos são fortes e onde permanecem latentes. Sua visão ficará cheia de fios invisíveis de conexão humana – tanto reais quanto potenciais – que mantêm o mundo coeso numa tessitura de compreensão mútua. E você será capaz de ver o desenho na tapeçaria, e se o padrão tecido por suas próprias ações está contribuindo para sua beleza.

# O sustento

4. Trabalho

QUALQUER PESSOA QUE tenha visitado uma feira de carreiras e folheado um guia comum de carreiras provavelmente começou com um sentimento de esperança, mas logo ficou atordoada e confusa pelo grande número de possibilidades. Será que você deveria se formar como contador ou tentar encontrar trabalho numa instituição de caridade dedicada a crianças? É melhor optar por um emprego estável no governo local ou arriscar-se a abrir aquele ioga café com que sempre sonhou? Muitas vezes esquecemos que as dificuldades de escolher uma carreira são um dilema moderno. Durante séculos os seres humanos tiveram pouca escolha em relação ao trabalho que empreendiam. A maneira como ganhavam o pão de cada dia era em grande parte uma questão de destino ou necessidade. Compreender os estágios na mudança histórica que vai do destino à escolha é o ponto de partida ideal para pensarmos sobre o futuro de nossas próprias vidas de trabalho.

Se você tivesse nascido na Europa medieval, é improvável que fosse um dos cavaleiros ou uma das damas que aparecem nas histórias de amor cortês, ou um monge debruçado sobre um manuscrito ornado com iluminuras. A vasta maioria da população era constituída por servos, presos a propriedades rurais e aos caprichos de seus senhores, num sistema feudal de servidão.[1] A Revolução Industrial e a urbanização nos séculos XVIII e XIX proporcionaram uma libertação ambígua da ordem social quase estática do feudalismo. Sim, você fora emancipado da servidão e dos grilhões das guildas, mas agora era um hóspede da ordem burguesa, um "vampiro que suga ... sangue e miolos, e os atira no caldeirão de alquimista do capital", como expressou Karl Marx de maneira tão delicada. Com a liberdade de vender seu trabalho assalariado para quem você bem entender, suas oportunidades ficavam limitadas em grande parte à monotonia e à exploração de um emprego fabril – ou talvez um emprego independente na vibrante economia urbana, como *pure finder* (coletor de fezes de cachorros para curtumes), ou vendedor ambulante de moluscos em conserva.[2]

Os textos de história usuais lhe dirão que o século XIX viu o início de uma nova era de escolha para os trabalhadores da Europa, graças sobretudo à invenção da meritocracia – sistema em que as pessoas são recompensadas com base em suas habilidades ou aptidões – e à expansão da educação pública. Sem dúvida Napoleão merece louvor por sua ideia de "carreiras abertas ao talento" (*la carrière ouverte aux talents*), que significava que uma pessoa podia ascender na hierarquia militar simplesmente sendo bom soldado, e não por meio de clientelismo e nepotismo.[3] E o nascimento de concursos competitivos para os serviços públicos francês e britânico, ainda que séculos depois dos chineses, reforçou a igualdade de oportunidades. Mas os beneficiários desses desenvolvimentos eram quase sempre homens com alto nível de instrução.

Só no século XX, quando a educação tornou-se mais difundida, passou a ser plausível afirmar que a maioria das pessoas nascidas no Ocidente teria uma ampla variedade de escolhas de carreira e chances de mobilidade social. As mulheres passaram a ser cada vez mais aceitas na economia remunerada, prêmio resultante, em parte, de sua luta pelo voto e do trabalho fabril que exerceram durante as duas guerras mundiais. Além disso, a chegada da pílula, nos anos 1960, deu às mulheres um significativo controle sobre quando ou se teriam uma família, de modo que elas puderam seguir mais facilmente as carreiras de sua escolha. Trabalhadores imigrantes desafiaram, pouco a pouco, o preconceito e a discriminação, e seus filhos encontraram empregos em profissões antes dominadas por cidadãos nativos.

Apesar da evolução geral, ao longo dos séculos, do destino e da necessidade rumo à liberdade e à escolha do trabalho que fazemos, alguns dos que desejam perseguir suas paixões e usar seus talentos ainda deparam com barreiras consideráveis. Em que medida é fácil para uma mulher tornar-se presidente de uma corporação multinacional, ou manter uma carreira de sucesso enquanto é a principal responsável pelo cuidado dos filhos? Que preconceitos enfrenta um homem de ascendência turca que deseja subir na força policial da Alemanha? Além disso, a pobreza assegura a existência permanente de uma classe mais baixa, cujas escolhas de trabalho estão limitadas a enfadonhos McEmpregos no setor de serviços.

Hoje, contudo, muitos se sentem esmagados pelas escolhas de carreira com que se defrontam. E todos aqueles manuais e websites arrolando centenas de profissões podem nos deixar atolados em incerteza e ansiedade. Inesperadamente, a liberdade que ganhamos transformou-se num fardo. Este é um dos infortúnios menos reconhecidos da história ocidental. O problema foi exacerbado pela erosão do "emprego vitalício", ao longo das três últimas décadas, em decorrência do enxugamento das empresas, dos contratos por curto prazo e dos empregos temporários, a pretexto da "flexibilização" do mercado. Hoje o emprego médio dura apenas quatro anos, forçando-nos a fazer escolhas difíceis do começo ao fim de nossas vidas de trabalho.[4] O aconselhamento de carreira profissional, que remonta à primeira "agência vocacional" fundada em Boston, em 1908, tem o potencial de nos ajudar a fazer face ao paradoxo da escolha. No entanto, a maioria dos conselheiros de carreira é muito melhor para identificar por que seu trabalho atual não é adequado para você do que para identificar alternativas melhores. Isso se deve em parte às limitações de algumas das ferramentas à sua disposição, como testes de personalidade semelhantes ao muito conhecido Myers-Briggs Type Indicator, que pretende emparelhar seus traços de caráter manifestos a certos empregos. Infelizmente, muito poucas evidências empíricas sugerem que esses testes têm alguma probabilidade maior de conduzi-lo a uma carreira satisfatória que um conselho fornecido por um bom amigo.[5]

Diante disso, quero estudar como deveríamos superar o problema de decidir que trabalho fazer e que carreira seguir. As dificuldades são agravadas pela ironia de que, apesar da extraordinária revolução histórica da escolha, tantas pessoas ainda acham seus empregos pouco compensadores e tediosos. Levantamentos realizados pela Work Foundation e outros institutos mostram, repetidamente, que ⅔ dos trabalhadores da Europa hoje estão insatisfeitos com seus empregos e sentem que suas carreiras atuais não correspondem às suas aspirações.[6] Como isso veio a ocorrer? E que revelações do passado podem nos inspirar a encontrar uma carreira que melhor se ajuste a quem somos e a quem queremos ser? Em nossa busca, encontraremos organistas, jardineiros, bailarinos e sobreviventes de campos de concentração. Em primeiro lugar, porém, devemos enfiar a mão no bolso e tirar nossas carteiras.

A fuga de uma fábrica de alfinetes

É estarrecedor que o principal culpado pelas agruras do trabalho moderno venha sendo, desde o final dos anos 1990, celebrado na nota de £ 20. Um retrato do compositor romântico Edward Elgar foi substituído pelo do filósofo e economista político do século XVIII Adam Smith, a contemplar impassivelmente operários labutando numa fábrica de alfinetes. A legenda na nota diz: "A divisão do trabalho na fabricação de alfinetes (e o grande aumento na quantidade de trabalho que daí resulta)."

Smith demonstrou que a melhor maneira de aumentar a produtividade industrial e o crescimento econômico era dividir tarefas complexas em pequeninos segmentos. Num exemplo famoso dado em seu livro *A riqueza das nações* (1776), ele descreveu como há dezoito estágios na fabricação de um alfinete. Se um operário tentasse executar sozinho todos eles, "mal poderia, talvez, com sua máxima diligência, fabricar um alfinete em um dia". Mas se o processo fosse dividido em operações separadas, com cada operário fazendo apenas uma ou duas tarefas, cada um fabricaria, em média, quase 5 mil alfinetes em um dia.

O aparente milagre da divisão do trabalho tornou-se um mantra da economia capitalista e logo foi posto em prática em todo o mundo industrial. Ele também prenunciou a era do trabalho monótono. A descrição que Smith fez da fábrica de alfinetes estava longe de ser a visão de uma utopia:

O economista político Adam Smith vigia operários
que labutam numa fábrica de alfinetes.

Um homem estica o arame, outro o endireita, o terceiro o corta, o quarto o aponta, o quinto o martela no topo para receber a cabeça; o fabrico da cabeça requer duas ou três operações distintas; sua colocação é uma atividade peculiar; alvejar os alfinetes é outra; até envolvê-los no papel é um ofício à parte.[7]

Numa passagem enterrada nas páginas finais de *A riqueza das nações*, Smith revelou seu lado empático ao admitir que o resultado de trabalhos como passar o dia inteiro endireitando arame não representava apenas maior renda nacional, mas "torpor da mente" e perda de "sentimento delicado". Ele admitiu que "o homem cuja vida é passada executando algumas operações simples ... não tem nenhuma oportunidade de exercer seu entendimento ou de exercitar sua invenção".[8]

Hoje muita gente sabe exatamente sobre o que Smith falava. Somos os herdeiros da divisão do trabalho, o legado mais maçante de nossa história industrial. Quer trabalhemos em fábricas ou escritórios, é grande a probabilidade de sermos encarregados de desempenhar um pequeno número de tarefas especializadas e repetitivas. Teria algum de nós, como crianças vivazes, sonhado em crescer para passar nossos dias não fazendo nada além de copidescar artigos de revista, minutar contratos legais ou vender produtos farmacêuticos? Poucos conseguem fazer uso de suas diversas habilidades e executar um trabalho do princípio ao fim. Somos privados das satisfações de um fabricante de cadeiras que poderia cortar a árvore, arrancar a casca, moldar as traves, curvar as pernas a vapor, perfurar os encaixes, prender as peças, trançar o assento e, por fim, polir a madeira com cera de abelha.

"O trabalho", escreveu Mark Twain, "é um mal necessário a ser evitado." De fato, houve época, até apenas algumas décadas atrás, em que era amplamente aceito que o trabalho estava destinado, de maneira inevitável, a ser enfadonho. Mas esse não é mais o caso. Uma das maiores mudanças culturais de nosso tempo foi a crescente expectativa de um trabalho mais pessoalmente gratificante do que qualquer coisa que Adam Smith poderia imaginar. Hoje buscamos empregos que sejam não apenas prazerosos, mas que enriqueçam nossas vidas. Queremos que nossas carreiras ampliem nossos horizontes, expressem nossos ideais, ofereçam oportunidades de aprendizagem, despertem nossa curiosidade e proporcionem amizade e até amor.[9] Uma importante razão para essa mudança de atitude foi a prosperidade material do Ocidente desde o fim da Segunda Guerra Mundial. Agora que tantas pessoas têm suas necessidades básicas atendidas, há um apetite por formas mais profundas de satisfação individual. Sociólogos referiram-se a isso como a emergência de "valores pós-modernos", como o desejo de aperfeiçoamento ético e de uma vida ética, levando muitos a procurar um trabalho que não apenas financie a hipoteca, mas alimente suas almas.[10] Essa tendência foi reforçada por mudanças mais recentes no equilíbrio entre trabalho e lazer, com as horas de trabalho crescendo, pouco a pouco, em toda a Europa e nos Estados Unidos. O fato de que, nas duas últimas décadas, nossos empregos passaram a tomar uma parte cada vez maior de nosso tempo significa que, se não pudermos tornar o nosso trabalho gratificante, restarão poucas horas no dia para vivermos uma vida boa.

Infelizmente nossas elevadas expectativas nos deixam com um novo dilema: como satisfazer nossa fome de trabalho mais significativo quando ainda estamos oprimidos pela herança da fábrica de alfinetes? Uma resposta comum é encontrar sentido e motivação na busca de dinheiro. O trabalho é encarado como um meio para um fim, não como algo intrinsecamente valioso, e optamos por tolerar o tédio e as tensões de nossas ocupações como um custo necessário. O dinheiro, acredita-se, pode ser usado não só para pagar as contas, mas para comprar nossa qualidade de vida.

O desejo de dinheiro, e de outras formas de riqueza, como imóveis, é uma ambição antiga. Em 1504, ao chegar às Américas, o conquistador espanhol Hernán Cortés declarou: "Vim para obter ouro, não para lavrar o solo como um camponês." Logo os invasores tornaram-se obcecados por encontrar Eldorado, reino legendário na Amazônia que, segundo se supunha, era governado por um chefe tribal que cobria seu corpo com pó de ouro. Durante dois séculos, centenas de aventureiros morreram de doença e fome em sua procura vã da cidade dourada. A busca do Eldorado passou a simbolizar o temerário desejo de riqueza prevalente na sociedade contemporânea.

Poucas pessoas interessadas em ganhar somas substanciais chegariam a tanto, mas qualquer um que sinta que a principal finalidade de nosso trabalho é ganhar dinheiro deveria se acautelar, pois tê-lo em grande quantidade raramente é um meio eficaz de alcançar a realização pessoal. No último meio século, as rendas reais elevaram-se substancialmente nas nações industrializadas, mas os níveis de "satisfação com a vida" ou "bem-estar" permaneceram quase invariáveis nos Estados Unidos e nos países europeus. Um importante estudo realizado na Universidade Johns Hopkins mostrou que os advogados – os profissionais de mais alta remuneração na economia americana – formam o grupo ocupacional com maior incidência de depressão, com probabilidade três vezes maior de manifestá-la que o trabalhador médio.[11]

Não surpreende, portanto, que muitos acabem procurando empregos que proporcionem um sentido mais profundo de propósito; trabalho que seja um fim, não um meio para um fim, e que os ajude a sentir que não estão desperdiçando suas vidas. Quais são as formas mais importantes de propósito que motivaram os seres humanos? Quatro se destacam na história do trabalho: ser conduzido por nossos próprios valores; perseguir metas significativas; obter respeito; e usar a série completa de nossos talentos. Todas elas podem nos ajudar a superar a lida enfadonha que herdamos da divisão do trabalho, e considerar por quais delas nos sentimos atraídos é um guia para encontrarmos nosso caminho através da confusão das escolhas de trabalho.

Valores: a fidelidade às próprias crenças

Albert Schweitzer foi um dos mais consumados polímatas de sua geração. Nascido em 1875, na Alsácia-Lorena, obteve doutorados em filosofia, teologia e música, escreveu uma importante biografia de Johann Sebastian Bach e um livro revolucionário sobre a vida de Jesus, e também conseguiu ser um dos mais exímios organistas da Europa. Realizou a maior parte dessas coisas na casa dos vinte anos. Aos trinta, porém, Schweitzer optou por uma grande mudança de rumo, abdicando da música e de uma brilhante carreira acadêmica para fazer um novo curso, dessa vez de medicina. Em 1913 ele partiu para a África Equatorial francesa, onde fundou um hospital para leprosos, e em 1952 recebeu o prêmio Nobel da Paz por décadas de trabalho médico pioneiro na selva africana. Schweitzer foi motivado pelo desejo de prestar serviço e contribuir para o que chamou de "a grande tarefa humanitária" de levar o conhecimento médico às colônias. Ele se sentia no dever, na obrigação, de trabalhar em benefício dos outros. "Mesmo que seja uma coisa pequena", disse, "faça algo por aqueles que precisam de ajuda humana, algo pelo que você não obtenha nenhuma paga a não ser o privilégio de fazê-lo."[12]

O caminho clássico para uma carreira dedicada a um propósito é trabalhar por uma causa que encarne nossos valores, algo que transcenda nossos próprios desejos e faça uma diferença para outras pessoas ou o mundo à nossa volta. O serviço, um dos motivadores mais poderosos na história do Ocidente, está enraizado na ideia medieval cristã de servir a Deus mediante boas obras. Os primeiros hospitais da Europa, que começaram a aparecer em cidades como Paris, Florença e Londres, no século XII, eram fundações

Albert Schweitzer, um dos maiores organistas da Europa, mudou de carreira e fundou um hospital na África. Levou consigo seu bigode.

religiosas criadas para servir tanto aos indigentes e doentes quanto a Deus – atitude que se reflete no antigo termo francês para hospital, *hôtel-Dieu*, "albergue de Deus". Por volta do mesmo período, ordens cristãs fundadas pelos cruzados, como os cavaleiros de São João de Jerusalém e os cavaleiros templários – mais conhecidas por sua matança de incréus –, também construíram hospitais por todos os países mediterrâneos e de língua alemã como forma de serviço sagrado.[13] Albert Schweitzer foi impulsionado por essa ética cristã de serviço, tal como os fundadores da moderna profissão da enfermagem no século XIX, como Florence Nightingale e Clara Barton. No século XX, o ideal de prestar serviço espalhou-se além das fronteiras religiosas, de modo que aqueles que trabalham hoje no serviço público – seja como trabalhadores sociais na linha de frente, seja como estatísticos nas secretarias de educação – muitas vezes o fazem não apenas porque talvez lhes seja oferecida uma renda estável ou perspectivas de promoção, mas por sentirem que seu trabalho contribui para o bem público.

Os valores que impulsionam tanta atividade humana são muitas vezes respostas às necessidades e ideias do tempo. A Revolução Francesa divulgou "os direitos do homem" como reação ao absolutismo do governo monárquico. No século XIX, igualdade e justiça social também emergiram como valores centrais, quando as tenebrosas desigualdades resultantes da industrialização se tornaram flagrantes. Nessa época, contudo, a menos que você fosse empregado pela Igreja – por exemplo, como uma freira que trabalhasse num asilo de pobres –, encontrar um trabalho que lhe permitisse ser fiel a suas crenças não era nada fácil. Você poderia se dedicar ao crescente movimento sindical ou à incipiente causa do sufrágio das mulheres, mas era improvável que alguém lhe pagasse por seus esforços. Isso só começou a mudar perto do fim do século, quando se desenvolveram novos setores da economia baseados em valores, como instituições de caridade independentes. Em 1905, os lares para crianças órfãs e indigentes do dr. Barnardo cuidavam de mais de 8 mil jovens em quase uma centena de lugares, e precisavam de um conjunto de profissionais, inclusive professores, enfermeiros e administradores. Outro setor crescente – em particular na Grã-Bretanha, Dinamarca e Alemanha – foi o movimento cooperativo, que na virada do século empregava centenas de milhares de pessoas em negócios de varejo e atacado, a maioria das quais se beneficiava do ethos da distribuição igualitária dos lucros.

As possibilidades de pôr em prática os próprios valores sociais e políticos no trabalho cotidiano cresceram exponencialmente após a Segunda Guerra Mundial. Em toda a Europa Ocidental, e também nos Estados Unidos, houve uma rápida expansão de instituições de caridade, ou do que chamaríamos hoje de "terceiro setor" (para distingui-lo dos setores privado e público). A Oxfam e a Care USA foram fundadas nos anos 1940, a World Vision em 1950, a Anistia Internacional em 1961, e os Médicos sem Fronteiras uma década depois, oferecendo oportunidades de trabalho para aqueles motivados a fazer face às violações dos direitos humanos e à pobreza nos países em desenvolvimento. Organizações voltadas para os direitos dos animais e a ecologia também ganharam crescente preeminência, e em 2007 cerca de meio milhão de trabalhadores britânicos estavam empregados em tempo integral no terceiro setor. Ao lado deles havia dezenas de milhares de profissionais desejosos de fazer a diferença trabalhando no setor público, por exemplo, como professores na educação pública ou médicos e profissionais de saúde mental em clínicas do governo.

No passado, se quisesse que seus valores e seu trabalho coincidissem, você tinha de fazer votos religiosos. Nada mais. Os valores sempre estiveram conosco, mas somente nos últimos cinquenta anos tornou-se realístico expressá-los em nossa carreira. Embora talvez não queiramos fazer os mesmos sacrifícios pessoais que Albert Schweitzer, que continuava trabalhando em seu hospital na selva, quando morreu, aos noventa anos de idade, a satisfação de viver segundo nossas crenças e princípios é uma opção genuína e inspiradora.

Metas: uma tarefa concreta

Durante a Idade Média, admitia-se, em geral, que o trabalho era um fardo penoso, não um caminho para a realização pessoal. A doutrina cristã enfatizava que a labuta era uma punição pelos pecados de Adão, ao passo que a tradição clássica grega via virtude numa vida de lazer, não no suor do trabalho braçal. Mas tudo isso mudou com a Reforma Protestante, nos séculos XVI e XVII. Teólogos como Martinho Lutero e João Calvino promoveram a ideia de que o trabalho árduo – mesmo o de um humilde sapateiro – era uma atividade digna e um dever religioso que nos aproximava de Deus. A preguiça era vista como um pecado terrível, e, nas palavras do historiador R.H. Tawney, a "faina trivial" tornou-se "ela mesma uma espécie de sacramento".[14]

Essa pretensa "ética protestante" é muito criticada hoje, sendo com frequência censurada como a causa original de nossa cultura de trabalho excessivo, em especial no norte da Europa e nos Estados Unidos, e como a razão pela qual tantas vezes nos sentimos culpados por esticar o horário do almoço por mais meia hora numa tarde ensolarada, antes de voltar ao escritório. No entanto, a veneração pelo trabalho árduo foi apenas um elemento da nova ideologia. Um segundo fio do pensamento protestante foi a ideia de um "chamado" ou vocação. Para Lutero, isso se referia a um evento decisivo que compelia uma pessoa a dar sua vida a Deus, por exemplo, como pastor. Para pensadores puritanos posteriores, porém, isso representou a concepção de que cada pessoa devia seguir a vocação pela qual se sentia atraído – digamos como carpinteiro ou negociante de roupas – e que contribuía para o bem-estar público. Nesse sentido, isso se assemelhava à ética do serviço cristão antes mencionada. A contemplação monástica não era mais o ideal. "O gênero de vida monacal é condenável", escreveu o clérigo puritano William Perkins, no fim do século XVI, pois "todo homem deve ter uma vocação particular e pessoal, para que possa ser um bom e profícuo membro de uma sociedade".[15]

Seguir nossa vocação era supostamente bom para nossa saúde espiritual, mas seu benefício mais prático era nos dar um claro objetivo e direção na vida. Essa talvez seja a razão por que "ter uma vocação" ainda parece uma perspectiva tão atraente hoje, embora o conceito tenha sido secularizado para descrever como podemos nos sentir atraídos de maneira inextricável por uma ocupação particular que nos absorve por completo. Tipicamente, uma vocação inclui uma meta específica que proporciona tanto um profundo senso de significado quanto um caminho a seguir, e pode ser ou não conduzida por nossas crenças éticas. Assim, poderíamos nos sentir impelidos por uma vocação ou "missão" a devotar nossas vidas a pesquisar as causas do autismo, a fazer esculturas em pedra ou a manter vivo o negócio da família – mesmo que nem sempre nos pareça fácil explicar por quê.

A mais profunda formulação moderna da noção de vocação aparece nos escritos do psicoterapeuta austríaco Victor Frankl. Em *Man's Search for Meaning* (1946), baseado em suas experiências em campos de concentração nazistas, Frankl procura explicar "o aparente paradoxo de que alguns prisioneiros de constituição menos resistente muitas vezes pareciam sobreviver à vida no campo melhor que aqueles de natureza robusta". Ele observou que os sobreviventes eram os que tinham alguma meta futura, além da mera sobrevivência, o que dava uma dimensão espiritual às suas vidas e uma "vontade de sentido". Frankl cita o caso de um cientista que ainda não tinha terminado de escrever a série de livros que iniciara antes que a guerra eclodisse; ele se dava conta de que ninguém completaria seu trabalho, por isso precisava continuar vivo para fazê-lo. O segundo caso foi o de um homem que queria se suicidar, mas manteve-se vivo pelo pensamento de que poderia reencontrar o filho, que adorava, e que sabia ainda estar vivo. Esses prisioneiros tinham uma força interior que refletia o dito de Nietzsche: "Aquele que tem *por que* viver pode tolerar quase qualquer *como*."

Frankl percebeu que era crucial ter uma razão pela qual viver, um objetivo futuro vital que ele chamava de "tarefa concreta", embora isso faça eco à ideia mais antiga de vocação.

> Não é de um estado livre de tensões que o homem realmente precisa, mas do esforço e da luta por alguma meta digna dele. ... Não deveríamos procurar um sentido de vida abstrato. Todos têm sua própria vocação ou missão específica na vida, realizar uma tarefa concreta que exige ser levada a cabo.[16]

Podemos todos perguntar a nós mesmos: tenho uma tarefa concreta? Talvez a sua seja trabalhar como biólogo marinho para salvar o arrecife da Grande Barreira, ou reinventar os parques infantis nas áreas centrais das cidades. Mas o desafio é como descobrir qual poderia ser a sua vocação. Na realidade, muito poucas pessoas têm uma revelação fulgurante ou epifania que lhes revela milagrosamente a missão de sua vida. Quando descobrem de alguma maneira sua vocação, ela muitas vezes cresce neles de maneira sub-reptícia depois que passaram alguns anos trabalhando num campo, ou só se torna clara depois que experimentam muitas carreiras diferentes. Considere o exemplo de Vincent van Gogh. Ele começou como marchand, trabalhou como mestre-escola na Inglaterra, tentou a vida como vendedor de livros e depois percebeu, subitamente, que sua verdadeira vocação era ser pastor protestante. Assim, após um período de estudos teológicos, trabalhou durante dois anos como missionário entre mineiros de carvão pobres da Bélgica. Foi só depois de reconhecer que pregar não era o trabalho dos seus sonhos que começou a desenhar com afinco. Por fim, com vinte e tantos anos, começou a compreender que queria se dedicar à pintura, o que fez com absoluta intensidade, em meio a acessos de doença mental, até sua morte, em 1890, aos 37 anos.

Embora a vida de Van Gogh tenha sido extraordinária, sob muitos aspectos sua experiência com uma vocação foi típica. Ela lhe chegou depois de muito ensaio e erro, e foi mais uma questão de usar seus talentos e expressar sua personalidade que de tentar "fazer o bem" no mundo. Além disso, como para muitos que obedecem a uma vocação, a jornada muitas vezes esteve longe de ser prazerosa. A atividade artística de Van Gogh forçou-o a viver na pobreza e no isolamento. Poucos apreciavam seu trabalho, e ele vendeu apenas uma pintura em toda a sua vida.

Os que perseguem uma vocação, como Van Gogh, também descobrem que seu trabalho se funde ao resto de sua vida. Em razão de seu compromisso obstinado, suas amizades são encontradas por meio de sua atividade, eles não vivem pensando nos fins de semana e com frequência os dedicam inteiramente ao trabalho. Seguir uma vocação é questionar a ideologia do "equilíbrio entre o trabalho e a vida" – expressão usada pela primeira vez nos anos 1970 –, segundo a qual nossas atividades profissionais e nossa "vida real" são de certo modo distintas. Quando tanto sentido deriva de nosso trabalho, a necessidade de procurar equilíbrio parece menos importante, até uma distração. Embora possa ser difícil descobrir uma vocação, se você for capaz de fazê-lo e de transformá-la numa carreira, ganhará um senso de propósito que o transporta ao longo dos anos, e que proporcionará muito mais que a monotonia e o torpor mental de uma fábrica de alfinetes.

Respeito: a busca de reconhecimento

Ao longo de toda a história do trabalho, o desejo de reconhecimento – que outros reconheçam nossa existência e mostrem apreciação por nosso mérito – rivalizou com o dinheiro como ambição primordial. Uma das formas mais procuradas de reconhecimento é o status: chegar a uma posição ou classe elevada na hierarquia social. Na China, por mais de mil anos, o status mais elevado foi concedido aos literatos, uma elite instruída conhecida como *puo che*, ou "bibliotecas vivas", cujos membros eram recompensados com cargos como funcionários do governo. Na Europa pré-moderna, os que recebiam o maior respeito em geral não eram os ricos, mas indivíduos que se destacavam como guerreiros consumados, clérigos piedosos ou homens (e ocasionalmente mulheres) de grande sabedoria. Hoje, embora haja uma associação muito mais estreita entre riqueza e status que no passado, ainda há profissões – como a de advogado ou cirurgião – cujo grau de prestígio social não pode ser reduzido simplesmente a seu poder aquisitivo.

Sempre houve algo vazio no reconhecimento através do status. Podemos ser reverenciados por trabalho que nós mesmos não consideramos relevante ou socialmente valioso, ou nos sentir admirados pela imagem que representamos – "empresário importante" ou "eminente diplomata" –, e não por nossa individualidade. No fim, descobrimos que o modo como a sociedade nos classifica não é tão importante quanto aquele como somos percebidos por nossa família, nossos amigos e colegas. Há também o problema de que o desejo de status pode se transformar com facilidade em ânsia de fama, tornando-nos obcecados pela dimensão de nosso renome público. É bem sabido, contudo, que os muito famosos são também com frequência extremamente infelizes, aprisionados em vidas públicas e relacionamentos superficiais, e mantendo sua própria sanidade mediante um rico coquetel de antidepressivos e outras drogas. Foi isso que instigou Louis Armstrong a dizer: "O sujeito não se diverte nada quando fica famoso demais." De qualquer maneira, a possibilidade de alcançar um renome genuíno é extremamente limitada. Quantas pessoas podem alcançar a fama como pop star, jogador de futebol ou chef da TV?

Durante os últimos cem anos, uma forma alternativa de reconhecimento foi cada vez mais cobiçada: o respeito.[17] Este difere do status porque envolve ser tratado com consideração e humanidade, e ser valorizado pelas próprias contribuições pessoais, e não por ocupar uma posição particular na hierarquia. Uma profissão em que o respeito sempre esteve ausente é a jardinagem.

Até meados do século XX, os jardineiros eram tratados, em geral, como empregados domésticos, com pouco ou nenhum respeito. Nos anos 1830, o paisagista John Loudon observou que até experientes jardineiros de grandes propriedades que haviam estudado botânica recebiam a metade do salário pago a pedreiros analfabetos, e que "não há nenhuma classe de empregados de cavalheiros tão mal-alojada quanto costumam ser os jardineiros".[18] Muitas vezes a acomodação dada aos cavalos era melhor que a concedida aos jardineiros, que congelavam durante os meses de inverno em barracões improvisados. Durante todo o século XIX, jardineiros indigentes podiam ser encontrados mendigando nas ruas de Londres com um ancinho na mão. Abandonados nas ruas, eles foram também excluídos dos livros de história, que se referem aos grandes jardins planejados de Capability Brown* e outros paisagistas, sem mencionar as centenas de horticultores que criaram os belos panoramas, cercas vivas e canteiros herbáceos. Os ingleses sempre amaram seus jardins, mas claramente não respeitaram seus jardineiros.

A situação não está muito diferente hoje, como posso atestar com base em minha própria experiência de trabalhar como jardineiro numa faculdade de Oxford. Como os outros jardineiros-assistentes, eu recebia pouco mais de £ 6 por hora – não muito mais que o salário mínimo nacional –, embora todos tivéssemos qualificações profissionais como horticultores. Mais impressionante que a baixa remuneração, porém, era a maneira como éramos tratados. Quando eu estava agachado arrancando ervas daninhas, membros da faculdade e estudantes costumavam passar direto por mim sem dizer sequer um "Olá" amistoso. Apesar de todos os nossos esforços para criar beleza no terreno, era raro que alguém nos agradecesse por nosso trabalho. Na hora do almoço, tínhamos permissão para comer a mesma comida que os professores, mas não para nos sentar com eles na "mesa alta": éramos relegados à mesa do pessoal, que ficava tanto física quanto simbolicamente mais abaixo, como se ainda estivés-

---

* Lancelot "Capability" Brown (1716-1783) foi o mais famoso paisagista inglês de seu tempo. (N.T.)

semos no feudalismo. Com o tempo, o orgulho inicial que eu sentia de meu trabalho foi erodido por essa falta de respeito, e sem isso o respeito que sentia por mim mesmo começou a se desintegrar. Sentir que minha presença não importava estava causando um dano sutil à minha alma. Foi quando decidi abandonar esse trabalho. Olhando para trás, eu poderia ter ganhado mais respeito trabalhando como jardineiro em algum lugar menos hierarquizado e mais orientado para a comunidade, como um projeto de terapia pela horticultura.

O respeito é uma condição necessária para uma vida de trabalho enriquecedora, dotada de propósito. Sendo assim, onde, e como, podemos encontrá-lo? Ele tende a florescer onde há espaço para o desenvolvimento de relações humanas genuínas – onde temos contato direto com colegas e clientes, em vez de ficar presos atrás de um computador o dia inteiro, e onde não nos sentimos como um dente de engrenagem anônimo na máquina. O problema é que a tendência geral no século passado foi para organizações cada vez maiores, projetadas para promover a eficiência, não o respeito. Ao fundar sua enorme fábrica de carros Highland Park, em Michigan, em 1910, Henry Ford afirmou que preocupações com a qualidade dos empregos na linha de montagem "não passavam de uma quimera", e que seus empregados ficariam felizes em tolerar o trabalho repetitivo, desde que os salários fossem altos o bastante. De fato, seus operários eram tratados não como seres humanos merecedores de respeito, mas como um recurso econômico, um insumo para o processo de produção, exatamente como o aço e os parafusos para as portas dos carros.

A boa notícia é que mesmo organizações grandes e burocráticas por vezes oferecem respeito a seus empregados. Meu pai, que trabalhou para a IBM durante cinquenta anos, sempre se sentiu apreciado pela contribuição que dava, apoiado pelos colegas e parte de uma comunidade de "IBMers". Só em seus últimos anos, quando muitos de seus velhos amigos se aposentaram e a companhia começou a tratar os empregados como se fossem descartáveis, ele sentiu o espírito comunitário e o respeito se desintegrar. Vale a pena reconhecer também que pequenas organizações têm o potencial de gerar respeito, pois todos nos conhecem pelo nome;

mas podem ser dirigidas por tiranos, com pouco interesse em tratar os empregados com humanidade. No fim, o respeito é função mais da cultura organizacional que do tamanho. Por que a companhia de bebidas Innocent é regularmente votada como um dos melhores lugares para se trabalhar no Reino Unido, e por que ela tem uma rotatividade tão baixa entre seus duzentos empregados? A resposta está menos em salários elevados do que em respeito elevado. Ela tem a reputação de tratar seus trabalhadores como seres humanos, oferecendo-lhes amplo aconselhamento para tomadas de decisão, fins de semana aventurosos na natureza, férias extras para quem está em lua de mel, cerveja gratuita nas tardes de sexta-feira e bolsas pessoais de desenvolvimento para que eles possam perseguir seu interesse fora do trabalho. Não raro o pessoal da companhia é avistado brincando com bambolês no estacionamento.

O respeito também emerge nas profissões mais inusitadas. Conheço uma pessoa que deixou de ser mecânico de refrigeração para se tornar embalsamador numa agência funerária. A razão pela qual ama seu trabalho é a grande e genuína valorização que recebe de pessoas por fazer seus entes queridos parecerem serenos, dignos e até bonitos. "Tenho uma pasta cheia de cartas de agradecimento de parentes", contou-me ele.

Talentos: especializados ou variados?

Ter um trabalho que expresse nossos valores, possua metas significativas e proporcione respeito talvez não seja suficiente, se houver um escopo limitado para usarmos e explorarmos nossos talentos. A maioria de nós gostaria de relembrar nossas vidas de trabalho e ver que cultivamos nossos dons e realizamos nosso potencial individual. Isso suscita uma das grandes questões do trabalho moderno, que é se deveríamos aspirar a ser especialistas, canalizando nossos talentos para uma só profissão, ou pretender ser generalistas, que os desenvolvem em uma ampla variedade de campos. Em outras palavras, deveríamos buscar ter aptidões especializadas ou variadas?

A escolha é importante, porque, durante o século passado, tanto a educação quanto o trabalho nos estimularam a uma crescente especialização, e o ideal dominante é ser um especialista que sobressai numa área estrita. Por que isso se tornou o ideal aceito? Primeiro, em razão do legado da divisão do trabalho: a fábrica de alfinetes de Adam Smith criou um trabalho que não era apenas tediosamente repetitivo, mas superespecífico nas habilidades que exigia, de modo que em geral fazíamos apenas parte de uma tarefa – por exemplo, desenhar uma logomarca ou criar um plano de marketing –, e não toda a tarefa do princípio ao fim, como faria um artesão.

Uma segunda razão é que o conhecimento acadêmico tornou-se muitíssimo especializado, levando à veneração daqueles que sabem muito sobre um assunto preciso e com frequência obscuro. Isso é o que ocorre com o doutorado, uma invenção alemã do século XIX que se espalhou com rapidez pela Europa e pelos Estados Unidos. Sei muito bem disso, porque passei sete anos escrevendo uma dissertação de doutorado sobre o pensamento político e social da oligarquia guatemalteca nos anos 1990. As áreas de conhecimento também se dividiram em múltiplos subcampos. Duzentos anos atrás, a ciência era um só campo conhecido como "filosofia natural", mas hoje especialistas em química inorgânica e biologia molecular têm cada qual um conhecimento e uma linguagem técnica tão específica que sentem dificuldade em conversar entre si.

Uma terceira explicação para o culto da especialização é que o volume de informação no mundo se tornou tão vasto que é impossível adquirir uma compreensão profunda de uma diversidade de assuntos ou profissões, o que nos deixa com pouca escolha senão nos tornarmos especialistas numa área. No século XVII, René Descartes deu importantes contribuições para a filosofia, a teologia, a matemática e a física, ao mesmo tempo que se dedicava à anatomia e à teoria musical como amador. Dominar campos tão diversos seria impraticável hoje. Há simplesmente coisas demais para ler e coisas demais para saber.[19]

Sendo assim, deveríamos simplesmente seguir a tendência? Há, sem dúvida, benefícios em ser especialista. O trabalho como engenheiro aeronáutico pode nos dar esplêndidas oportunidades para usar nossos talentos matemáticos, ao mesmo tempo que é uma profissão socialmente útil: claro que não queremos que as asas de aeronaves sejam projetadas por chefs especializados em *sushis* ou por leigos curiosos fanáticos por aeromodelismo. Deveríamos, contudo, estar alertas para a possibilidade de, ao nos especializarmos, transformarmos nosso trabalho em algo limitado e desinteressante. A especialização excessiva é uma armadilha que nos impede de fomentar de maneira plena toda a gama de nossas habilidades. Theodore Zeldin escreve que "uma crescente proporção dos que buscam uma carreira sente que tem talentos que uma só profissão não alimentaria e desenvolveria".[20] Precisamos considerar se nosso trabalho está nos permitindo explorar os vários aspectos de quem somos.

Minha própria abordagem foi seguir o itinerário do generalista; eu aspiro a ter aptidões variadas. Foi por isso que trabalhei como jardineiro e professor universitário, mas também como observador dos direitos humanos, carpinteiro, jornalista, editor de livros, trabalhador comunitário, técnico de tênis e consultor sobre empatia e desenvolvimento internacional. Essa trajetória errática de carreira significa que por vezes sou visto como um faz-tudo e um especialista em coisa nenhuma.

No entanto, a ideia de ser generalista não deveria ser descartada depressa demais. Durante o Renascimento italiano, esse era considerado o supremo ideal humano. Um dos mais famosos polímatas da era foi Leon Battista Alberti (1404-1472), escritor, pintor, poeta, linguista, criptógrafo, filósofo e músico. Ao que parece, ele era ginasta também: com os pés juntos, podia saltar acima da cabeça de um homem. E escreveu uma oração fúnebre solene para seu cachorro. Alberti foi festejado como um dos grandes "homens multifacetados", como eram conhecidos, e sem dúvida viveu de acordo com sua crença de que, "se quiserem, os homens podem fazer todas as coisas".[21] Ele foi acompanhado por outros como Leonardo da Vinci, Dante e Michelangelo, que difundiram a ideia da expressão da própria individualidade mediante a aplicação de toda a gama de talentos que se possui.

Acredito que, em nossa era dominada pela especialização, precisamos redescobrir o ideal renascentista do generalista. Ainda que não sejamos tão multitalentosos quanto Alberti e Leonardo, podemos ser inspirados pelas três maneiras diferentes pelas quais as pessoas no passado se aproximaram da arte de ser generalista.

Primeiro, é possível ingressar em profissões que exijam o domínio de muitas habilidades ou áreas de conhecimento. O ensino foi, historicamente, uma das saídas mais apreciadas pelo generalista. Aristóteles, cujos alunos incluíram Alexandre Magno e Ptolomeu, ensinou grande variedade de assuntos, entre os quais física, metafísica, poesia, teatro, música, política, ética, biologia e zoologia. Um equivalente moderno é o professor do ensino elementar, de quem se exige conhecimento sobre uma variedade de matérias, como ciência, história e aquisição da linguagem; que possua capacidade para cantar, contar histórias e desenhar; que tenha sensibilidade para oferecer apoio emocional a crianças; e que seja um pensador criativo, capaz de pôr as diretrizes curriculares em prática e manter os inspetores satisfeitos. Os melhores professores do ensino elementar são generalistas consumados, que rivalizam com Aristóteles e Alberti pela amplitude de conhecimento, pela compreensão e a experiência.

Uma segunda maneira de se tornar generalista é seguir várias carreiras ao mesmo tempo. Esse foi o caminho traçado no século XII pela quase inacreditavelmente talentosa abadessa alemã Hildegarda de Bingen. Além de fundar mosteiros beneditinos e ser reverenciada como mística cristã, ela foi naturalista, herbolária, linguista, filósofa, dramaturga e poeta, além de compositora, com músicas litúrgicas ainda hoje executadas. A abordagem de Hildegarda aproximou-se da visão do trabalho ideal de Karl Marx, que consistia em "caçar de manhã, pescar à tarde, pastorear à noite, fazer crítica depois do jantar, sem por isso tornar-se caçador, pescador, pastor ou crítico". Hoje isso se chama carreira "portfólio", em que a ideia é trabalhar como freelance e possivelmente em vários campos, em vez de se comprometer com só um empregador ou uma profissão. Assim, você poderia trabalhar como contador três dias por semana e passar dois montando uma empresa de paisagismo. Apesar de toda a liberdade ganha, talvez você trabalhe mais horas do que jamais planejou e se estresse com a insegurança de não ter um salário garantido no fim do mês. Em vez disso, você poderia seguir uma variante da carreira portfólio, que consiste em seguir várias carreiras diferentes em sucessão: tornar-se, de fato, um "especialista serial". Conheci certa vez um homem que começou a vida como bailarino no Royal Ballet, depois se tornou um importante executivo musical na EMI e posteriormente seguiu a carreira de escultor – suas obras podem ser vistas na National Portrait Gallery –, e, durante todo esse tempo, ainda conseguiu manter uma coluna regular em *International Sheep Dog News*. Diz-se que só vivemos uma vez, mas talvez seja possível viver muitas vidas de trabalho, uma após outra.

A última opção é levar o modo de pensar de outras profissões e disciplinas para seu campo de atuação, de modo a se tornar um generalista sem ter de mudar de trabalho. Em 1931, Harry Beck, engenheiro projetista que trabalhava no London Underground Signals Office, observou que o mapa do metrô era incrivelmente confuso, mais parecia um prato de espaguete. Em seu tempo livre, usou seu conhecimento de diagramas de circuitos elétricos para redesenhá-lo num formato simplificado, esquemático. O resultado é o mapa icônico usado até hoje – um clássico do desenho gráfico –, em que a posição das estações e interseções do metrô é extremamente clara, embora não geograficamente precisa. Isso nos ensina que adotar diferentes profissões pode valer a pena, estimulando-nos a formular novas questões ou contestar nossos pressupostos e o pensamento convencional. Assim, se você for músico, pode passar algum tempo conversando com um engenheiro, e ver se isso o ajuda a repensar seu modo de tocar piano ou de compor uma sonata. Essa maneira de ser generalista já foi aperfeiçoada por Leonardo da Vinci no século XV: embora especialista em muitos campos intelectuais, ele foi também um virtuose na arte de tomar o entendimento que tinha de uma área e aplicá-lo em outra. Por exemplo, os estudos de anatomia influenciaram suas ideias sobre pintura, e as investigações sobre o voo de aves e morcegos teve impacto direto em seus projetos de máquinas voadoras.[22]

A vida de um generalista é cada vez mais atraente nesta época em que desejamos um trabalho que alimente nossa multiplicidade de talentos, interesses e aspirações. Galgar as alturas de uma única profissão pode passar a ser visto como meta antiquada, e talvez um dia os conselheiros de carreira sejam formados para fornecer o conselho de que você precisa para se tornar uma pessoa de múltiplas aptidões. Mas, até que isso ocorra, você terá de descobrir uma maneira própria de praticar a arte do generalista e transformar um ideal do Renascimento em realidade pessoal.

Seu trabalho é grande o bastante para seu espírito?

Se Adam Smith estivesse vivo hoje, creio que teria a humildade de se envergonhar de sua presença na nota de £ 20. A divisão de trabalho levou a um "grande aumento na quantidade de trabalho", mas pouco fez para beneficiar a qualidade de nossas vidas de trabalho. Das *sweatshops* têxteis de Daca aos *call centres* telefônicos de Dublin, muitos empregos continuam condicionados pelos ônus cotidianos da divisão de trabalho. No entanto, não precisamos aceitar essa herança sem lutar. Mesmo para aqueles cujas oportunidades são restritas, e até em tempos de dificuldades econômicas, em geral há muito mais escolhas disponíveis do que nos damos conta, mais brechas no mundo do trabalho através das quais espiar para entrever algo mais compensador.

Encontrar nosso caminho em meio às possibilidades talvez pareça uma tarefa desanimadora. É possível se guiar e se inspirar por uma reflexão séria sobre como seria realmente um trabalho dotado de propósito – um trabalho que nos fizesse sentir plenamente vivos e nos proporcionasse mais que os prazeres superficiais de riqueza ou status. Não precisamos mais enfrentar as restrições do feudalismo, que nos mantinham firmes em nosso lugar, e a história do trabalho sugere que podemos encontrar carreiras que não só encarnem nossos valores, mas tenham metas significativas, nos deem um senso de respeito e usem nossos talentos. Algumas dessas coisas, se não todas, estão a seu alcance, oferecendo-lhe um trabalho grande o bastante para seu espírito.

Para que essas possibilidades se tornem realidades, precisamos encontrar maneiras de superar os medos e a falta de confiança que nos impedem de agir. E se fizermos a escolha errada? Tenho realmente as habilidades para o sucesso? Correrei o risco financeiro de mudar de emprego? Não estaria desperdiçando todos esses anos que levei para chegar onde estou? Há muitas maneiras de encarar esses temores e iniciar um percurso rumo à mudança. Por exemplo, comece a fazer uma pesquisa por meio de conversas, vendo o que pode aprender ao falar com pessoas que fizeram o mesmo tipo de mudança de carreira que você cogita. Ou inicie "projetos secundários"; em vez de tomar a medida drástica de descartar por completo seu antigo emprego, primeiro experimente a mão como massoterapeuta à noite, ou no fim de semana, para ver se isso de fato fornece aquela centelha que parece faltar em sua vida. Sejam quais forem as estratégias tentadas, deveríamos procurar tratar nossas vidas de trabalho como experimentos na arte de viver, prestando atenção às palavras do escritor Ralph Waldo Emerson, no século XIX:

> Não seja tímido e melindroso demais no tocante às suas ações. Toda a vida é um experimento. Quanto mais experimentos você faz, melhor. Que mal faz se eles forem um pouco grosseiros e seu paletó ficar sujo ou rasgado? Que mal faz se você fracassar e rolar na lama uma ou duas vezes? De pé novamente, nunca mais terá tanto medo de um trambolhão.[23]

5. Tempo

Meu primeiro relógio foi presente de meu pai, que o trouxe de uma viagem de negócios ao Japão. Fiquei fascinado porque ele contava não apenas segundos, mas décimos de segundo, e eu podia ver cada instante correr para o futuro em algarismos pretos piscantes. Lembro que o mostrei com orgulho para meus amigos e que registrei com que rapidez conseguia ir de bicicleta até a escola. Oito minutos e quarenta segundos. Depois que minha mãe morreu, quando eu tinha dez anos, desenvolvi um hábito compulsivo e supersticioso de olhar para esse relógio cada vez que dava uma raquetada numa partida de tênis. Eu sabia que isso me distraía do duelo de jogadas, mas não conseguia deixar de olhar, pelo mais breve instante. O que de início havia sido um presente tornara-se uma dependência.

Saber que horas são é uma droga, e a maioria de nós é viciada nisso. Se você esquecer seu relógio em casa por acidente, talvez comece a perceber a frequência com que lança um olhar para o pulso ao longo do dia, quase como se tivesse um tique nervoso. Não saber a hora nos deixa ansiosos e frustrados. Estamos atrasados? Vamos terminar a tempo? Mas felizmente nosso vício pode ser satisfeito, porque vivemos num mundo cheio de relógios: nos telefones celulares, no canto direito da tela dos computadores, no forno de micro-ondas, na cozinha do escritório, em painéis de carro, nas fachadas das torres de igreja, em lojas e estações ferroviárias.

Um antropólogo extraterrestre que visitasse nosso planeta provavelmente concluiria que, entre essa estranha espécie, os relógios eram ídolos merecedores de veneração religiosa, ou talvez talismãs para evitar o mal. Foi precisamente isso que os liliputianos pensaram ao observar Gulliver olhar tantas vezes para o relógio. Ele lhes assegurou que raramente fazia alguma coisa sem consultá-lo. Eles o tiraram para examiná-lo, comentando: "Supomos que isso é ou um animal desconhecido ou o deus que ele adora; mas estamos mais inclinados a esta última opinião."

Nossa obsessão aprofundou-se à medida que as pessoas no mundo ocidental se defrontaram com uma fome de tempo cada vez mais grave. Enquanto as jornadas de trabalho crescem, os engarrafamentos se alongam e as caixas de entrada de nossos e-mails se superlotam, parece simplesmente não haver tempo que chegue. Cerca de um quarto dos americanos "sente-se sempre com pressa", segundo um levantamento nacional, número que se eleva a 40% para as mães que trabalham. Na Grã-Bretanha, 20% dos trabalhadores dizem que não têm tempo para almoçar, ao passo que a *siesta* quase desapareceu da vida espanhola: hoje, apenas 7% da população se dá ao luxo de tirar o tradicional cochilo da tarde.[1] Ansiamos por mais tempo, mas não inventamos nenhuma maneira de esticar um dia além de 24 horas. Estamos constantemente nos apressando para poupar tempo, mas não há bancos onde depositar aquilo que economizamos. A sensação de estar sempre tentando chegar a tempo, além de nos deixar estressados e produzir úlceras, também impõe tensões aos relacionamentos, obscurece o julgamento, limita os passatempos e embota a curiosidade e os sentidos.

Mas há esperança. A humanidade conseguiu sobreviver durante séculos sem essa fixação no tempo, sem ser capaz de dividir os dias em porções minúsculas e precisas. Sócrates inventou a filosofia ocidental sem saber se eram 3h10 ou 14h50. Hildegarda de Bingen revolucionou a música medieval sem jamais ter ouvido falar de minutos ou segundos. Leonardo da Vinci não ficou consultando seu relógio quando pintou a *Última ceia*, nem gozava dos benefícios de um calendário eletrônico para organizar seu tempo.

Criamos nossa obsessão com o tempo e estamos agrilhoados por correntes que nós mesmos fabricamos. Isso significa que também temos o poder de reinventar nossa cultura do tempo. Mas como? Precisamos compreender como três aspectos da história do tempo moldaram nossos dilemas atuais: a medição do tempo desde a Idade Média, sua manipulação desde a Revolução Industrial e o crescente culto à velocidade desde o século XIX. Somente então estaremos em condições de repensar nossas abordagens pessoais ao tempo e considerar como poderíamos desenvolver uma relação mais suave e significativa com os momentos passageiros de nossas vidas.

A tirania do relógio

Toda manhã quebramos o silêncio do sono com bipes e toques de campainha que chocam nossos corpos para despertá-los. Horários nos chamam para pegar trens, relógios despacham-nos para reuniões, chamam-nos de volta do almoço e impedem-nos de ir para casa, mesmo quando estamos doentes ou somos improdutivos. É como se tivéssemos feito cursos de obediência e sido treinados a nos submeter ao tempo. Como ficamos tão subjugados pela tirania do relógio?

As primeiras civilizações a sentir um sério interesse pelo tempo foram as dos babilônios e dos antigos egípcios. Vivendo como viviam em sociedades agrícolas, sua principal preocupação era medir a passagem das estações: eles precisavam saber quando plantar os produtos agrícolas ou irrigar seus campos. Por isso, criaram calendários para refletir os ciclos e movimentos da Lua, do Sol e de outras estrelas. Os babilônios, por exemplo, viviam pelo mês lunar, mas como os ciclos da Lua não se encaixavam precisamente no ano solar, em 432 a.C. eles conceberam um calendário de dezenove anos, em que alguns anos tinham doze meses, e outros, treze, o que se revelou complicado demais para uso cotidiano. Judeus e muçulmanos ainda vivem segundo calendários lunares semelhantes, por isso, o mês de jejum do Ramadã não tem data fixa, recuando onze dias a cada ano.[2] Com os olhos e sua grande habilidade matemática concentrados no céu, os babilônios e os egípcios tiveram pouco interesse em encontrar maneiras precisas de segmentar os dias. A maior parte dos dispositivos usados no mundo antigo para fazer isso era inexata e inconstante. Os romanos tinham treze tipos de relógio de sol, mas nenhum deles era de grande valia num dia nublado ou à noite. Os relógios de água encontrados em toda parte, do Egito à corte imperial chinesa, sofriam da dificuldade de manter a velocidade do fluxo numa taxa constante.

A invenção do relógio mecânico na Europa, no século XIII – ninguém sabe ao certo onde e por quem –, foi a grande revolução na história do tempo, um evento que mudou a consciência humana para sempre. Desde cerca de 1330, o dia foi dividido em 24 períodos iguais, com o soar dos carrilhões a cada hora introduzindo um novo tipo de regularidade e disciplina nas atividades cotidianas. Os primeiros relógios, que podiam ser encontrados em mosteiros, foram projetados para informar aos monges exatamente quando deviam se encaminhar para os serviços de preces, como as vésperas e as matinas. No final do século XIV, eles estavam se tornando populares nas cidades. Os comerciantes abriam e fechavam suas lojas em conformidade com o relógio local, que também passou a determinar quando as refeições seriam feitas e quando os amantes teriam seus encontros secretos. Em 1370, um relógio público foi erguido na cidade alemã de Colônia; em quatro anos foi aprovado um estatuto que fixava o início e o fim da jornada de trabalho para os trabalhadores e – sinal sinistro do que estava por vir – limitava seus intervalos para almoço a "uma hora, não mais". Esses relógios primitivos não segmentavam as horas em pequenas porções: a indicação mais precisa que davam era bater a cada quarto de hora. Em geral eles tampouco tinham mostradores, sendo, portanto, ouvidos, e não vistos, criando uma nova paisagem sonora quando o toque dos sinos reverberava pela paisagem.[3] Os que tinham mostradores, como o relógio astronômico construído em Praga, em 1410 – até hoje fixado na parede sul da Prefeitura da Cidade Velha –, conservava o antigo interesse pelo céu, descrevendo os movimentos sazonais do Sol, da Lua e do anel zodiacal.

Somente no século XVII, após a invenção do pêndulo, por Galileu, a maioria dos relógios passou a ter ponteiros de minutos, e mais cem anos se passaram antes que o ponteiro de segundos começasse a aparecer regularmente nos mostradores dos relógios de pé. Cada vez menos relógios tinham algum indicador astronômico. No século XVIII, mostrar as fases da Lua era considerado menos interessante que fatiar o tempo em divisões cada vez menores, com pouco ou nada a ver com o mundo natural. Uma cultura fabricada de precisão cronológica se apoderava de nossas mentes. No século XIX, o relógio de bolso, antes um item de luxo, havia se tornado barato o bastante para que até trabalhadores carregassem seus próprios indicadores de hora por toda parte, acorrentados às roupas – embora não ficasse claro quem estava acorrentado a quem. Os relógios de pulso só apareceram nos anos 1880, quando foram produzidos pela primeira vez para oficiais navais alemães por ordem do kaiser Guilherme I. Finalmente chegara a algema voluntária.[4]

De início essa medição cada vez mais precisa do tempo parecia um desenvolvimento positivo. As pessoas podiam se certificar de que não estavam atrasadas para o almoço de domingo com o tio idoso e conseguiam pegar o último trem a vapor de volta para casa. Não era útil saber quando um armazém fecharia as portas e por quanto tempo exatamente se devia manter o rosbife no forno? No entanto, à medida que a Revolução Industrial avançou, consequências mais negativas revelaram-se pouco a pouco: o tempo transformou-se numa forma de controle social e de exploração econômica.

Hoje, a maior parte dos colecionadores de antiguidades que apreciam a excelência artesanal da cerâmica Wedgwood ignora que o fundador da firma, Josiah Wedgwood, era um rigoroso disciplinador, a quem cabe considerável responsabilidade pela maneira como o tempo passou a dominar nossas vidas. A fábrica que ele fundou em 1769, em Staffordshire, no norte da Inglaterra, não só foi a primeira do país a usar energia a vapor, mas também introduziu o primeiro sistema de ponto registrado. Caso se atrasassem, os oleiros perdiam o direito a uma parte de suas diárias. A folha de ponto logo se tornou elemento presente não só em oficinas de olaria, mas também em usinas têxteis e outras indústrias.[5] Em seu romance de 1854, *Tempos difíceis*, Charles Dickens criticou essa crescente cultura da eficiência utilitária com o personagem sr. Gradgrind, cujo escritório continha "um relógio mortalmente estatístico, que media cada segundo com uma batida semelhante a uma pancada sobre uma tampa de caixão".

Controlar o tempo era tão compensador para homens de negócios que eles o manipulavam sempre que podiam. O autor anônimo de *Chapters in the Life of a Dundee Factory Boy* (1850) recordava como:

Os Estados Unidos da América do Norte (1861), por Yoshikazu. Esta gravura japonesa representa um americano exibindo orgulhosamente seu relógio de bolso à esposa. O texto descreve como o povo americano é "patriótico e, além disso, muito engenhoso".

... na realidade, não havia horários regulares: patrões e administradores faziam conosco o que bem entendiam. Os relógios nas fábricas eram muitas vezes adiantados de manhã e atrasados à noite, e em vez de ser instrumentos para a medição do tempo, eram usados como disfarces para a trapaça e a opressão. Embora os operários tivessem conhecimento disso, todos tinham medo de falar, e naquele tempo um trabalhador receava usar relógio, pois não era incomum que alguém que se atrevesse a saber demais sobre a ciência da horologia fosse demitido.[6]

Desenvolveu-se uma nova linguagem para refletir a cultura cambiante do tempo. As pessoas passaram a falar de "duração" de tempo como se falassem de comprimentos de tecido. Agora o tempo era algo que podia ser "poupado" e "gasto" como dinheiro. Trabalhadores vendiam seu tempo de trabalho para donos de fábrica, transformando-o em mercadoria. No século XIX, "Tempo é dinheiro", uma frase supostamente pronunciada pela primeira vez por Benjamin Franklin em 1740, havia se tornado um mantra do sistema capitalista, e o trabalhador ideal era "regular como um mecanismo de relógio". A pontualidade foi elevada a virtude suprema, ao passo que "perder tempo" era um pecado.[7]

Perto do fim do século XIX, as tarefas na linha de montagem, de início medidas em minutos, começaram a ser medidas em segundos. Trabalhadores lentos eram despedidos. Os operários protestavam contra as novas formas de disciplina "ficando vagarosos". No início do século XX, o mundo industrial foi submetido a estudos de "tempo e movimento". Seu arquiteto intelectual foi Frederick Taylor, cujo livro de 1911, *A administração científica*, explicava como era possível aumentar a eficiência dos trabalhadores estudando a velocidade com que desempenhavam cada tarefa, e depois simplificando as tarefas e exigindo que fossem feitas com maior rapidez. Dois anos depois, Henry Ford, aconselhado por Taylor, instalou a primeira linha de montagem móvel em grande escala em sua fábrica de automóveis de Detroit. A produção dobrou de imediato. Em 1920, uma equipe composta por marido e mulher, Frank e Lillian Gilbreth, observou que pedreiros usavam dezoito movimentos diferentes para as-

A primeira linha de montagem móvel de Henry Ford, instalada em 1913. Ela usava as técnicas de "administração científica" de Frederick Taylor para aumentar o ritmo da produção de automóveis.

sentar um tijolo. Examinando uma sequência de filme, eles descobriram como esses movimentos poderiam ser reduzidos a apenas cinco, aumentando o número de tijolos assentados a cada dia de mil para 2.700. Esses cronometristas fanáticos chegavam a filmar os próprios filhos tomando banho para lhes proporcionar maior eficiência. Os estudos de tempo e movimento podem ter aumentado a produtividade, mas, para os empregados, obrigados a trabalhar cada vez mais depressa, representavam uma perigosa aliança entre o relógio e o capitalista.[8] Esses desenvolvimentos levaram o historiador e filósofo Lewis Mumford a concluir que "a máquina essencial da era industrial moderna não é o motor a vapor, é o relógio".[9]

Hoje, é pouco provável que tenhamos especialistas em tempo e movimento examinando por sobre os nossos ombros, ou que nosso salário seja reduzido por chegar atrasado ao trabalho. É possível até que nos seja permitido trabalhar num horário flexível e em casa. Apesar disso, a cultura do tempo controlado persiste. Não podemos chegar tarde ao escritório com a desculpa de que a manhã estava tão bonita que decidimos dar um passeio. Somos enviados a cursos sobre "administração do tempo" para nos tornarmos mais eficientes, e espera-se que cumpramos inúmeros "prazos finais" (a expressão inglesa equivalente, *deadlines*, "linha da morte", referia-se originalmente a uma linha em torno de uma prisão militar nos Estados Unidos, cuja transposição pelos prisioneiros provocava seu fuzilamento).

Enquanto você lê estas linhas, a tirania do relógio opera não apenas em todas as escolas, em que as crianças são ensinadas a obedecê-lo pelo incessante toque de campainhas, mas nas *sweatshops* do mundo em desenvolvimento. As mulheres que costuraram as camisas que usamos só mantêm seus empregos se cumprirem os prazos estipulados. Somos controlados pelo relógio, mas somos também cúmplices de seu domínio regimental sobre os outros.

A medição cada vez mais precisa do tempo e sua emergência como meio de controle social foram acompanhadas por um terceiro desenvolvimento histórico: o culto da velocidade. Todos temos a experiência de viver numa sociedade de alta velocidade, em perpétuo estado de aceleração. Apressamo-nos para chegar ao trabalho, comemos fast food, procuramos amor pelo *speed dating** e tentamos nos ajustar a *power naps*.** Queremos plantas de crescimento rápido para nossos jardins e encaixamos o maior número possível de coisas em nossas agendas, como se uma lacuna fosse a evidência condenatória de que estamos perdendo alguma coisa da vida.

---

* Sites de encontros para casais que prometem achar o parceiro ideal em minutos. Para uma definição, ver: http://www.speeddatingbrasil.com.br/. (N.T.)
** Forma de sono curto e reparador. (N.T.)

A indústria da publicidade nos diz que mais rápido é melhor: computadores mais rápidos, carros mais rápidos. Viver a vida na pista de velocidade. Hoje é improvável que digamos "Devagar e sempre": a tartaruga jamais alcançará a lebre.

O culto da velocidade infiltrou-se em nossas vidas de três maneiras, a primeira delas por meio do transporte. Talvez nada tenha alterado o ritmo da vida diária mais que o advento do trem a vapor nos anos 1830. Essas bestas de fumaça e ferro atravessavam a paisagem numa velocidade que ninguém jamais experimentara. Imagine um mundo em que nada acontecia a mais de cerca de quinze quilômetros por hora, sendo subitamente empurrada para um lado por máquinas capazes de viajar três vezes mais depressa, ultrapassando facilmente uma diligência.[10] Nos anos 1840, J.M.W. Turner pintou um trem que se aproximava em meio ao chuvisco e ao nevoeiro, numa cena dourada, rústica. *Chuva, vapor e velocidade* não só representa a intrusão da Revolução Industrial na zona rural inglesa, mas também transmite a percepção de Turner de que o futuro arremessava-se agora em direção à sociedade vitoriana. Coisa demais, depressa demais. Naquela época, as pessoas ficavam apavoradas com a velocidade dos trens a vapor; parecia óbvio para muitos observadores que ela era antinatural e até perigosa. Um cientista renomado da época expressou seu temor: "A viagem sobre trilhos em alta velocidade não é possível porque os passageiros, incapazes de respirar, morreriam de asfixia." Mas logo a sociedade se acostumou à cultura da velocidade, alimentada depois pela chegada do carro a motor e do avião. Hoje poucos de nós ficaríamos satisfeitos em tomar uma carruagem puxada a cavalos para ir de Londres a Edimburgo numa viagem de negócios; queremos chegar lá depressa, e ficamos exasperados quando o trem se atrasa ou nosso voo é adiado.

Se o trem a vapor permitiu a nossos corpos viajar mais depressa que nunca, a invenção da comunicação elétrica – em particular o telégrafo – permitiu às nossas ideias viajar ainda mais céleres. Uma das primeiras demonstrações públicas do telégrafo ocorreu em 1844, quando Samuel Morse enviou a seguinte mensagem de Washington para Baltimore: "Que obra fez Deus!" Dificilmente algo poderia ter sido mais apropriado, porque essa nova tecnologia estava destinada a transformar a vida econômica e social, encolhendo o mundo de maneira ainda mais radical do que faria a internet 150 anos mais tarde. Pense como teria sido viver na Austrália antes da conexão telegráfica com a Inglaterra em 1872. Uma carta que você enviasse de Sydney para sua irmã em Liverpool, transportada por navio, levaria 110 dias para chegar; na melhor das hipóteses você receberia uma resposta sete meses depois de escrever-lhe. Nos anos 1850, os australianos estavam ansiosos por notícias da Guerra da Crimeia, mas só ouviam falar dos acontecimentos três meses depois que haviam ocorrido. Os fazendeiros do país exportavam sua lã para a Europa sem ter a mínima ideia dos preços vigentes da mercadoria. Depois que a Austrália foi conectada à Inglaterra por cabo telegráfico – monumental feito tecnológico que levou décadas para ficar pronto –, a informação passou a viajar de um lado para outro quase instantaneamente em código Morse. Como o historiador Henry Adams escreveu em 1909, a velocidade do telégrafo "extinguiu tanto o espaço quanto o tempo".[11]

Inovações na comunicação, como telégrafo, telefone e internet, aumentaram continuamente o ritmo da vida diária. O que nos restou hoje? Mercados financeiros que funcionam 24 horas por dia. Colegas de trabalho que se irritam se não respondemos a seus e-mails em poucas horas. Sites de redes sociais que solicitam constante verificação. Uma sobrecarga de informação on-line nas pontas de nossos dedos que precisamos encontrar tempo para peneirar e processar. E por meio de um insidioso efeito catraca, nós nos habituamos à maior velocidade da tecnologia mais recente – tal como a velocidade de nossa conexão de internet ou computador –, e podemos nos frustrar com qualquer coisa mais lenta. Ficamos viciados em comunicação rápida e no tipo de hiperconectividade que ela permitiu. Resultado: quando o servidor fica mais lento ou perdemos nossos telefones celulares, sentimo-nos eletrônica e existencialmente perdidos, mais ou menos como aqueles primeiros colonos australianos antes do advento do telégrafo.

Uma terceira área da vida cotidiana que se rendeu aos deuses da velocidade foi a alimentação. Os fundadores do fast food foram dois irmãos,

Richard e Maurice McDonald, que emigraram de New Hampshire para o sul da Califórnia durante a Grande Depressão. Depois de trabalhar na construção de cenários nos estúdios da Columbia Film, em 1937 os dois fundaram um dos primeiros restaurantes drive-in, uma nova indústria alimentada pela explosão de carros particulares. Eles ganharam uma fortuna empregando garçonetes – chamadas *carhops* – para servir cachorros-quentes e hambúrgueres diretamente nas janelas dos carros. Em 1948, porém, eles tiveram uma ideia que aumentaria a velocidade do serviço, reduziria os preços e elevaria o volume de vendas: o McDonald's Speedee Service System. Os irmãos dispensaram as garçonetes e construíram um novo restaurante em San Bernardino, no fim da Rota 66, em que os fregueses teriam de sair de seus carros e fazer fila para pedir comida. O antigo cardápio foi reduzido em ⅔, com a eliminação, inclusive, de tudo que exigia talheres, de modo que os únicos sanduíches disponíveis passaram a ser hambúrgueres ou cheeseburgers, e todos os hambúrgueres eram vendidos com os mesmos condimentos – cebolas, mostarda, ketchup e dois picles. A louça foi substituída por pratos e copos descartáveis, e a comida era preparada numa linha de produção, de modo que os trabalhadores tinham de executar uma tarefa simples, como retirar pazadas de batatas já fritas. Os irmãos McDonald – e o dono posterior, Ray Kroc, que comprou a firma em 1961 – haviam descoberto uma maneira de fazer comida com a mesma eficiência com que Henry Ford fabricava seus automóveis, e comer nunca mais foi a mesma coisa. Hoje o McDonald's serve 58 milhões de fregueses por dia, cada um dos quais, como foi observado antes, termina sua refeição, em média, em pouco mais de dez minutos.[12]

Nem todas as pessoas sucumbiram ao fast food. Há um movimento Slow Food global, que começou na Itália, nos anos 1980, e conta agora com 100 mil integrantes. Lançado pelo crítico gastronômico Carlo Petrini, em reação à abertura de um MacDonald's bem em frente à Praça da Espanha, em Roma, ele é o oposto da cultura veloz do McDonald's e outras cadeias de fast food; defende a refeição sossegada com os amigos e a família, usa produtos frescos, locais e sazonais, apoia a produção sustentável de alimentos e, claro, prega o prazer das delícias culinárias.[13] O Slow Food –

cujo símbolo é uma lesma – ainda é o ideal de uma minoria num mundo voltado para a alimentação rápida e conveniente. Mas não deveríamos perder a esperança. Assim como deu origem a novas abordagens às artes da pintura e da escultura durante o Renascimento, é bem possível que a Itália, hoje, faça o mesmo no que diz respeito à arte de comer.

NÃO PODEMOS MAIS PENSAR no tempo como fenômeno natural, um fio invisível que costura um momento ao seguinte, expressão das leis imutáveis de um Universo infinito. Nós capturamos o tempo e o tornamos artificial, cortando-o em minúsculas porções, usando-o para controlar nosso semelhante e aumentando sua velocidade. O tempo, como o conhecemos, é uma invenção social. Como podemos forjar uma nova relação com ele?

Administração eficiente do tempo. Essa, pelo menos, é a solução mais comum hoje oferecida. Podemos ler livros sobre como "fazer cada segundo render" e fazer cursos corporativos que nos deixam com listas de maneiras de controlar o tempo. Não faltam conselhos úteis por aí, como só checar o e-mail uma vez por dia, aprender a estabelecer prioridades entre nossas tarefas e nos tornarmos mais capazes de delegá-las. Mas é raro que essas técnicas tratem nossas dificuldades com profundidade suficiente. A administração do tempo, na verdade, é uma ideologia que nos ensina a fazer coisas mais depressa e com mais eficiência, de modo a podermos enfiar cada vez mais coisas em nossos dias – como a teoria da "administração científica" de Frederick Taylor, cujo objetivo era nos tornar mais produtivos. Ela lida com os sintomas, não com as causas subjacentes de nossos dilemas, e quase nunca nos estimula a pensar sobre o tempo de maneiras fundamentalmente novas.

Precisamos fazer muito mais que "administrar" o tempo. A história oferece um quarteto de ideias que nos ajudam a resistir à tirania do relógio. Elas envolvem mudar nosso modo de falar sobre o tempo, celebrar a lentidão habitual, aprender com culturas alternativas do tempo e mergulhar numa perspectiva de longo prazo.

Metáforas segundo as quais vivemos

Metáforas nos ajudam a pensar e a nos expressar, e muitas vezes as usamos sem perceber. Você poderia, por exemplo, dizer: "Ela atacou meu argumento", "Eu demoli sua opinião", "Suas afirmações são indefensáveis", "Ele se entrincheirou em seus pontos de vista", ou "Eu de fato finquei pé e me recusei a dar um passo no tocante àquela questão". Todas essas expressões usam a linguagem da guerra. A metáfora subjacente é "discussão é guerra".

Nosso conceito de tempo também é estruturado por metáforas, e precisamos tomar consciência das maneiras sutis como elas operam sobre a nossa mente.[14] Uma das metáforas mais correntes já mencionada, que emergiu durante a Revolução Industrial, é a do tempo como mercadoria: gastar tempo, comprar tempo, desperdiçar tempo, poupar tempo, "Tempo é dinheiro", "Viver em tempo emprestado". Outra, que data do mesmo período, é o tempo como uma posse: "Esse tempo é meu", "Dar um minuto de seu tempo". Essas duas metáforas, juntas, constituem as raízes psicolinguísticas de nossos problemas com o tempo. Se nosso tempo é como uma propriedade privada, torna-se possível não só cedê-lo gratuitamente aos outros, mas que eles o comprem, ou dele se apropriem por um preço injusto, contra a nossa vontade.

Uma manifestação da metáfora do "tempo como mercadoria e posse" ocorre quando os anglófonos falam em "tirar *time off*" do trabalho, referindo-se a uma interrupção temporária do trabalho. Essa expressão diz essencialmente que cedemos a nosso patrão a propriedade de nosso tempo, tal como Josiah Wedgwood teria desejado. A cada ano a firma nos restituirá um pouquinho de nosso tempo, em geral na forma de algumas semanas. Esse período de férias em geral é chamado, em inglês, de *time off*; é o presente que os patrões nos dão, uma pausa temporária no padrão regular, em que estar no trabalho, por implicação, é *time on*.

Mas imagine se pensássemos em nosso tempo de lazer como *time on*; não poderia isso alterar o modo como encaramos o trabalho? Alguns anos atrás, minha mulher começou a fazer exatamente isso, invertendo a linguagem convencional. Ela queria dar mais valor às suas férias e aos fins de semana, por isso começou a se referir a eles como seu *time on*. A seu ver, ela ainda é a dona de seus dias, e concede alguns deles a seu patrão durante 47 semanas por ano. Essa mudança teve resultados tangíveis. Ela não se sente mais tão culpada quando não está trabalhando, seja de férias, seja por estar doente. Está muito menos propensa a trazer trabalho para casa nos fins de semana: por que estaria cedendo mais de seu precioso *time on* ao patrão? Além disso, tornou-se mais dedicada a suas paixões fora do trabalho, como fotografia, na qual deixou de pensar como um hobby em seu *time off*, uma trégua temporária do trabalho. Quando lhe ofereceram um aumento, ela foi estimulada por sua nova maneira de pensar e, em vez disso, pediu mais tempo livre, solicitando uma "revisão do número de dias de férias", em vez de "revisão da remuneração".

Reconhecer como usamos essas metáforas, submetendo-as a um exame minucioso e fazendo experimentos com outras, representa o início do desenvolvimento de uma relação diferente com o tempo. Precisamos nos tornar detetives das metáforas segundo as quais vivemos, observando quando usamos expressões como "fazer o tempo render" ou "poupar tempo", e perguntar a nós mesmos se elas são de fato apropriadas. Deveríamos falar em "matar o tempo" com uma distração, ou simplesmente "usufruir" o tempo corresponderia melhor aos nossos desejos? Quando elevamos nosso nível de consciência metafórica, as ideias do século XIX sobre o tempo como mercadoria e posse não terão mais um domínio tão grande sobre nós, e o tempo pode se tornar, pouco a pouco, algo que nós mesmos fabricamos.

A arte de viver devagar

"A vida é mais que uma questão de aceleração", disse Gandhi. A maioria de nós compreende as virtudes de avançar mais devagar, de dedicar mais tempo a visitar os amigos, brincar com os filhos, contemplar um belo pôr do sol, saborear uma refeição deliciosa ou desenvolver uma reflexão. Mas nos parece dificílimo fazer isso. Nossa cultura da alta velocidade de prazos finais, mensagens instantâneas e lanches rápidos dificilmente o permite. Desenvolvemos até o notável hábito de equiparar "estar ocupado" – sem tempo – a ser bem-sucedido. As pessoas por vezes se cumprimentam não com a pergunta "Como vai você?", mas com "Anda muito ocupado ultimamente?". Costuma-se responder algo como, "Sim, estou atolado até o pescoço". Responder "Não, não particularmente" é considerado autodepreciativo e evidência de fracasso.

Diminuir a velocidade, ao que parece, tornou-se um luxo reservado sobretudo aos ricos ociosos e aos que vivem em países como o México e a Indonésia. Nesses lugares, o ritmo de vida é muito mais lento, sendo prática comum chegar com uma hora de atraso para o almoço e depois demorar-se nele até o meio da tarde, e partir então para uma sesta. Quando passei alguns meses numa aldeia remota, na selva da Guatemala, fiquei surpreso ao descobrir que o ônibus para a cidade de fronteira mais próxima não tinha hora para passar. Ele vinha quando vinha, e era muito normal esperar quatro ou cinco horas por sua chegada. Pensei que a Guatemala havia me ensinado a ter paciência, mas, algumas semanas depois de voltar para Londres, eu estava como todo mundo, resmungando e batendo o pé no chão ao ouvir que o próximo trem estava atrasado. Não há como escapar da cultura da velocidade.

Por que nos parece tão difícil ir mais devagar? Podemos, em parte, ser os herdeiros de uma ética protestante que nos encoraja a acreditar que o tempo deve ser usado "de maneira produtiva" e "de maneira eficiente". Sentimos que deveríamos estar completando tarefas, riscando-as de uma lista. Mas é possível que muitos de nós sejamos impelidos pelo medo. Temos tanto medo de ter horas mais longas, vazias, que as enchemos de distrações, esforçamo-nos para nos manter ocupados. Quantas vezes nos sentamos tranquilamente no sofá por meia hora, sem ligar a televisão, pegar uma revista ou dar um telefonema, para, em vez disso, ficar simplesmente pensando? Dentro de minutos nos vemos zapeando os canais de TV e nos dedicando a várias tarefas. De que temos medo? Em certo nível, tememos o tédio. Uma explicação mais profunda é que temos medo de que uma pausa prolongada nos dê tempo para perceber que nossas vidas não são tão significativas e satisfatórias quanto gostaríamos. O tempo para a contemplação tornou-se um objeto de medo, um demônio.

Considerar aspectos da vida cotidiana mais devagar, depois do questionamento de nossas metáforas, é a segunda maneira de desenvolver uma nova relação com o tempo e o modo mais óbvio de nos opormos à nossa herança da velocidade. Infelizmente não temos nenhum museu dedicado aos que foram ícones do viver vagaroso. Mas, se tivéssemos, quem seria homenageado? Deveria, no mínimo, haver uma exposição dedicada ao escritor francês do século XIX Gustave Flaubert, que disse: "Tudo fica interessante se você o considera com suficiente vagar." Com seu olhar de romancista, ele compreendeu o mundo lentamente, absorvendo seus múltiplos significados. Isso, sem dúvida, influenciou sua abordagem meticulosa à própria escrita: enquanto a maioria de seus rivais, como Émile Zola, produzia um romance por ano, Flaubert levou cinco anos para terminar *Madame Bovary*. Mas Flaubert era rápido se comparado ao romancista austríaco Robert Musil, que começou sua obra-prima modernista, *Um homem sem qualidades*, em 1921 e ainda não o havia terminado ao morrer, em 1942, embora tivesse trabalhado nele quase todos os dias por mais de duas décadas. Ele também merece um canto no museu.

Isso em relação à inspiração. Mas que medidas práticas poderíamos tomar para desacelerar nossas próprias abordagens à arte de viver? Meus esforços pessoais começaram cerca de quinze anos atrás, quando deixei de usar relógio, como um ato de protesto simbólico contra meio milênio de medição excessivamente zelosa do tempo. Mas os resultados foram mais que simbólicos. Libertado de uma obsessão de infância por meu relógio digital, descobri os prazeres de ignorar e contrariar o tempo. Fiquei menos propenso a interromper uma conversa ou um pensamento com uma olhadela para o pulso que me enviaria correndo para alguma nova tarefa. Parei de devorar sanduíches às pressas e desenvolvi um gosto por caminhadas longas e sinuosas. Ao contrário do que você espera, não comecei de repente a chegar atrasado a tudo. Esconder seu relógio numa caixa de sapatos por uma semana é um experimento que vale a pena.

Os telefones celulares tornam essa tática de desaceleração menos eficaz, pois a hora aparece automaticamente na maioria dos mostradores, e nós a vemos com muita facilidade. Quando afinal adquiri um celular, minha primeira providência foi desativar a função de hora. Mas a luta não termina aí. Os relógios tornaram-se parte da mobília de nossa casa, pousados sobre o console da lareira ou dominando o vestíbulo, seus olhos maldosos vigiam todos os nossos movimentos. Em reação, eliminei esses cronômetros de minha casa, exceto os que estão embutidos em aparelhos. Para lidar com estes últimos, fiz uma pequena aba para esconder o verde fluorescente do relógio digital no fogão. O fato de ter filhos que acordam ao raiar do dia significa que não preciso de despertador.

Minhas aventuras com o tempo não se limitam a uma rejeição do relógio, sendo antes a adoção de um ritmo mais suave no meu modo de sorver o mundo. Quando vou a uma galeria de arte, tento ver apenas duas ou três pinturas. Toda manhã, caminho pelo jardim e procuro alguma coisa que tenha mudado – talvez um botão recém-aberto ou uma nova teia de aranha –, o que ajuda a conferir calma ao início do dia. Tento comer devagar, saboreando os gostos. Quase todo mundo ri de minha minúscula agenda, que reserva para cada dia um espaço com a extensão de metade de meu dedo mínimo. Sendo tão fácil preenchê-la, ela ajuda a manter o número de compromissos reduzido. Artificial? Sem dúvida. Mas funciona para mim. A melhor maneira que conheço para ter mais tempo, sentir-me menos afobado e apreciar a vida ao máximo é planejar menos atividades.

Apesar desses esforços, a arte do viver devagar continua a me desafiar. Exerço enorme pressão sobre mim no plano do trabalho, estabelecendo prazos exíguos. Meus filhos de dois anos não me deixam tempo para vagar em livrarias. Eu gostaria de tentar imitar os camponeses franceses do século XIX, que, num esforço para poupar alimentos e energia, realmente hibernavam durante os longos e escuros meses de inverno, ficavam dentro de casa e dormiam, levantando apenas de vez em quando para comer um naco de pão, alimentar os porcos e manter o fogo aceso.[15] A maioria de nossos patrões dificilmente nos permitiria o luxo da hibernação. Ainda assim, deveríamos considerar como alterar nosso ritmo ao longo do ano, mantendo-nos mais próximos do ritmo das estações. Talvez fosse bom cultivar um dos hábitos exemplares de Winston Churchill, que ele seguiu mesmo durante a Segunda Guerra Mundial: "Deve-se dormir algum tempo entre o almoço e o jantar, e nada de meias medidas. É preciso tirar a roupa e meter-se na cama. É o que sempre faço."[16]

A flecha, a roda e a escapada do tempo

A cultura ocidental é dominada por uma noção linear do tempo, a flecha do tempo que vem do passado, atravessa o presente e ruma para o futuro. Situados nesse caminho, nos preocupamos com o que aconteceu ontem e com o que acontecerá amanhã, e temos uma clara incapacidade de nos localizar no presente, de experimentar o agora. Nossa imaginação e nossas conversas estão em perpétuo estado de agitação para trás e para a frente no tempo. No entanto, há culturas que oferecem maneiras atraentes de expandir nosso repertório de abordagens ao tempo e descobrir uma rota para o aqui e agora. Uma é a ideia balinesa do tempo como uma roda, outra, a prática zen-budista de escapar do tempo.

Na ilha de Bali, uma fusão singular de hinduísmo e animismo ajudou a criar uma concepção cíclica do tempo que despertou a curiosidade de visitantes europeus desde o século XVII. O calendário, chamado Pawukon, compreende uma série de rodas dentro de rodas, entre as quais os principais ciclos repetidos de cinco, seis e sete dias juntos ajudam a constituir o ciclo anual de 210 dias. Conjunções das várias rodas determinam quais dias têm um significado ritual específico. Assim, a principal finalidade do calendário não é dizer às pessoas quanto tempo se passou (por exemplo, desde um evento anterior) ou quanto tempo resta (por exemplo, para concluir um projeto), mas indicar a posição no ciclo de dias. Os ciclos não indicam que dia é, mas *que tipo de dia é*.

Um resultado disso é que o tempo balinês se divide basicamente em dois tipos: "dias cheios", em que alguma coisa de importância acontece, como um ritual no templo ou uma feira local; e "dias vazios", em que não acontece grande coisa. Nesse sistema, a passagem linear do tempo é mitigada, e o tempo se torna mais pontual que contínuo, como no Ocidente. O tempo "pulsa", em vez de correr para diante como uma flecha. Quando você pergunta a um balinês quando ele nasceu, é bem possível que responda com algo equivalente a "quinta-feira, dia nove". O momento no ciclo é mais significativo que o ano.[17]

A ideia do tempo cíclico não nos é inteiramente estranha. Temos consciência da passagem recorrente das estações, e o corpo das mulheres está em sincronia com a Lua. A maioria das religiões é estruturada por rituais cíclicos. Há o jejum anual da Quaresma e do Ramadã, e o *shabat* semanal – sábado para os judeus e domingo para a maioria dos cristãos –, que deve ser um dia de observância religiosa e abstinência do trabalho e de diversões. A própria palavra *shabat*, sabá, vem da palavra hebraica para "descanso". As pessoas de inclinação mais secular poderiam pensar na possibilidade de adotar seu próprio *shabat* regular ou a divisão ao estilo balinês entre dias cheios e vazios. Os freelancers experimentariam vários dias cheios, em que trabalham com incrível intensidade, seguidos por um dia vazio, em que se refestelam num sofá e praticam o ócio. Ou tentaríamos resistir à tentação de encher o fim de semana de atividades, e reservar parte dele como "tempo vazio", em que, de maneira intencional e diligente, não fazemos grande coisa. Essa talvez seja uma descrição perfeita das manhãs de domingo que passamos deitados na cama, lendo o jornal entre um cochilo e outro. Talvez o espírito do repouso cíclico já resida dentro de todos nós.

Uma alternativa ao pensamento cíclico sobre o tempo é a abordagem encontrada no zen-budismo, que consiste em escapar do tempo, abandonando o passado e o futuro para viver completamente no presente. A maneira clássica de entrar nesse mundo diferente é oferecida pela meditação. Como o monge zen Thich Nhat Hanh disse em tom brincalhão: "Não faça nada, fique aí parado."[18] Técnicas de meditação típicas exigem que a pessoa se concentre na respiração, ou nas sensações que vêm de uma parte particular do corpo como meio de chegar ao agora. O turbilhão de pensamentos sobre o passado e o futuro que invade regularmente nossa mente deveria começar a se aquietar e ser substituído por um quadro de clareza mental e presença espiritual. Talvez seja possível conseguir isso num retiro para meditação na zona rural do País de Gales, mas fazê-lo toda manhã, quando nossos filhos estão vendo televisão no térreo, é mais difícil. Talvez só um monge consumado seja capaz de manter um estado de serenidade meditativa quando está sentado num escritório, cercado por colegas frenéticos, toques de telefone e fotocopiadoras ruidosas.

Apesar dos desafios, é importante reconhecer que a crescente popularidade da meditação oriental no Ocidente durante o último meio século foi um evento importante na história da arte de viver. É surpreendente que vários milhões de ocidentais da Califórnia à Catalunha estejam envolvidos em práticas de meditação budista surgidas na Índia no século I, e que o governo britânico esteja pressionado por médicos a oferecer a meditação no âmbito do Serviço Nacional de Saúde, para ajudar os pacientes que sofrem de depressão. Precisamos agradecer a figuras pioneiras como o mestre zen japonês Daisetz Teitaro Suzuki, que desde os anos 1890 até sua morte, em 1966, visitou os Estados Unidos regularmente, estimulando as pessoas a lidar com complicados *koans* zen, como "Qual é o som da mão batendo palmas?", cuja contemplação poderia conduzir à *satori*, ou iluminação. De igual importância foram os ousados europeus e norte-americanos que transmitiram sua experiência pessoal de budismo no Oriente a um público não iniciado, como o filósofo alemão Eugen Herrigel. Nos anos 1920, ele passou seis anos estudando a arte de manejar o arco e meditação zen em Tóquio, e disso resultou sua obra clássica *A arte cavalheiresca do arqueiro zen*.[19] Esse livro inspirou todo um gênero que imitou seu título, entre os quais se destaca o best-seller dos anos 1970, *Zen e a arte da manutenção de motocicletas*.

Por meio de práticas como a meditação budista, temos oportunidade de escapar do legado do tempo linear em nossas mentes temporais obsessivamente limitadas a uma só ideia. A velocidade pode ser substituída pela quietude, o fazer pelo ser. Uma vez topei com o monge tibetano que dirige o centro de meditação próximo à minha casa. "How are you doing?", perguntei-lhe. Ele sorriu e respondeu, para meu deleite: "Nothing doing." *

---

* A pergunta significa "Como está passando?"; o monge dá ao *"do"* o sentido de "fazer" e responde: "Fazendo nada." (N.T.)

Tempo e responsabilidade

Alterar nossas metáforas, cultivar o vagar e aprender com tradições não ocidentais – todas essas são maneiras de renegociar nossa relação pessoal com o tempo e fazer frente à tirania do relógio. Há mais uma abordagem, importante não apenas para nossas vidas individuais, mas para a sociedade como um todo: nos libertarmos do hábito de pensar a curto prazo. As civilizações modernas desenvolveram um tempo de atenção patologicamente curto. Os políticos não conseguem enxergar além das próximas eleições, ao passo que a economia orientada pelo mercado presta pouca atenção a consequências a longo prazo, como demonstram as bolhas e explosões recorrentes no mercado de ações. Combinada com a cultura de alta velocidade da vida diária e a rápida mudança tecnológica, toda a nossa cultura tornou-se obcecada pelo imediato e cega para a visão de futuro. O tempo foi comprimido e não se estende mais para a distância. O tempo profundo, geológico, não significa quase nada para nós, e dificilmente somos capazes de pensar para a frente, mesmo por uma ou duas gerações.

Essa incapacidade de adotar uma perspectiva de longo prazo gerou a cultura de irresponsabilidade social. Desperdiçamos recursos do planeta sem considerar o impacto disso sobre gerações futuras, para as quais estamos legando um clima alterado, biodiversidade depauperada e fragilidade ecológica. Ainda devemos encontrar métodos seguros de lidar com o lixo radioativo produzido pelas usinas nucleares, que continuará perigoso por milhares de anos. Ficamos empolgados com a engenharia genética e a biotecnologia, mas será que pensamos com suficiente afinco sobre a maneira como a clonagem humana, por exemplo, poderia afetar as sociedades futuras? O futuro é um lugar que cada vez mais só existe nas criações imaginárias de romances e filmes de ficção científica.

Precisamos encontrar maneiras de sentir a presença do futuro na vida cotidiana e forjar uma nova unidade entre tempo e responsabilidade. Poderíamos nos imaginar como guerreiros vikings, que não só sentiam seus ancestrais fitando-os a partir dos edifícios de Valhalla, mas anteviam a longa linhagem de seus descendentes julgando seus atos presentes. Ou, como os índios tewas, do sudeste dos Estados Unidos, poderíamos dizer, "Pin peyeh obe" – "Olhe para a montanha" –, o que lhes lembrava de olhar para a vida como se estivessem no topo de uma montanha, percebendo a si mesmos como apenas uma de muitas gerações a passar lá embaixo, que habitarão a mesma paisagem por incontáveis séculos.

Outro antídoto poderoso para o pensamento a curto prazo é reconsiderar o significado do presente. Temos uma concepção extraordinariamente estreita do que constitui o "agora". Pensamos nele como hoje, ou talvez esta semana, mas nunca um ano ou um milênio. Quando alguém nos pergunta em que momento estamos, dizemos são quatro da tarde, não 2012. Mas imagine expandir nossa ideia do presente para um "longo agora", em que o agora abrange milhares de anos.

Esse é precisamente o objetivo de um projeto visionário chamado "Relógio do longo agora", concebido, entre outros, pelo escritor Stuart Brand e o músico de vanguarda Brian Eno. Eles estão por trás da construção de um relógio do tempo vagaroso, numa montanha de calcário no deserto de Nevada, que só avança uma vez por ano e durará 10 mil anos. Ele representa o oposto dos relógios que herdamos da Revolução Industrial, com seus obsessivos minutos e segundos. Quando um protótipo foi construído em 1999, no momento em que o segundo milênio chegou, ele bateu muito lentamente, duas vezes – uma para cada mil anos. "No mundo da pressa", diz Brand, "esse relógio é uma máquina de paciência."[20] Os projetistas acreditam que o relógio no deserto estimulará a reflexão sobre o longo prazo e uma atitude mais responsável em relação a nosso ambiente devastado. Sua esperança é de que surja uma nova mitologia do tempo, em que o agora esteja não apenas no presente, mas também no futuro distante, em que o próximo milênio comece a se assemelhar à próxima semana. O que poderia acontecer se todos nós começássemos a viver no ritmo do "Relógio do longo agora"?

6. Dinheiro

Todos os sábados de manhã, até onde minha memória alcança, meus pais subiam a rua até o jornaleiro local para comprar um bilhete da Big One, a loteria nacional de muitos milhões de dólares da Austrália. Eles compravam também algumas "raspadinhas" – cartelas que ofereciam prêmios em dinheiro instantâneos se os quadrados prateados que o comprador raspava correspondessem a eles. Quando vivi na Espanha, país obcecado por loterias, em quase toda esquina havia um cego, homem ou mulher, vendendo bilhetes, e no dia 22 de dezembro a nação parava para ouvir os números premiados do El Gordo, a maior loteria do planeta. Esses rituais acontecem no mundo todo desde a invenção das loterias públicas, nos Países Baixos, no século XV, onde se tornaram grandes ensejos cívicos para arrecadar fundos destinados à construção de asilos para doentes mentais e lares para idosos.[1] Vivemos há muito tempo na esperança de que a antiga deusa Fortuna gire sua roda a nosso favor e nos entregue não amor, amizade ou satisfação no trabalho, mas algo possivelmente mais sedutor: dinheiro.

Por que nos interessamos tanto pelo dinheiro? Porque ele pode ser usado para satisfazer nossas necessidades básicas – alimentos, roupas, abrigo – numa era em que poucos são autossuficientes ou independentes da sociedade moderna. Mas o dinheiro é também atraente em razão de uma qualidade singular: ele é desejo congelado.[2] Possui uma versátil capacidade de se transformar numa miríade de vontades e anseios. O dinheiro pode ser usado para qualquer coisa, desde comprar uma arma de caça antiga até sexo com uma prostituta, de fazer uma cirurgia plástica de abdome a investir na educação privada dos filhos. Os sonhos de todos que têm um bilhete de loteria se fundam na crença de que a realização dos desejos é uma questão financeira.

Apesar de universalmente cobiçado, o dinheiro já teve má reputação. Aristóteles estava convencido de que a busca de dinheiro não era a rota para a vida boa, ideia que ele ilustrou com a fábula do rei Midas, da Frígia, que teve realizado seu desejo de transformar em ouro tudo que tocava. Em uma versão da história, ele morre de fome após tentar comer e beber. Em outra, ele toca a filha e ela se transforma numa estátua. A ganância por riqueza pode ter um efeito fatal sobre nossos relacionamentos. Todos os principais credos nos acautelam contra a riqueza excessiva: "É mais fácil um camelo passar pelo buraco de uma agulha do que um rico entrar no reino de Deus", declara a Bíblia – embora isso não impeça os papas de viver em palácios nem os magnatas imobiliários de ser crentes devotos. Na *Divina comédia* de Dante, escrita no século XIV, os usurários eram lançados nas profundezas do Inferno com os sodomitas. Muitos pensam que os banqueiros de hoje merecem sorte semelhante. Embora a ânsia por dinheiro sempre tenha estado presente, quase todas as culturas deram origem a seitas e movimentos que rejeitam os valores materiais associados ao dinheiro e exaltam as virtudes de uma vida mais simples e de um compartilhamento mais equitativo da riqueza.

Essas dúvidas persistentes em relação ao dinheiro explicam por que não nos surpreendemos ao ler notícias sobre ganhadores da loteria cujas vidas foram arruinadas pela boa sorte. Há histórias de casamentos que se desintegram, batalhas ferozes por heranças, amigos que subitamente exibem cifrões nos olhos, vício em drogas. O que prometia ser uma vida de luxo muitas vezes se torna uma existência estressante, enfadonha ou solitária. E admiramos aqueles ganhadores que dão toda a sua fortuna inesperada para obras de caridade ou se esforçam por manter seus velhos hábitos e valores, como a mulher britânica que conservou o emprego, continuando a vender produtos para o lar de porta em porta, apesar de milionária. "As pessoas pensam que estou louca por continuar no meu trabalho, mas a verdade é que gosto dele", declarou ela. "Tudo é uma questão de pessoas. O dinheiro não nos faz felizes, as pessoas, sim."[3]

As concepções contrastantes do dinheiro como fonte de realização pessoal ou estrada para a miséria e o pecado suscitam questões sobre que tipo de relação deveríamos ter com ele. De quanto dinheiro precisamos para viver sensatamente e bem? Como ele molda nossa maneira de trabalhar, nossas prioridades éticas e nosso senso de quem somos? Como podemos nos sentir mais no controle do dinheiro e menos dependentes dele? Para destrinchar essas questões, é preciso explorar dois aspectos simétricos da história do dinheiro: como o consumismo se tornou a ideologia dominante de nossa era; e se podemos prosperar na frugalidade, tornando-nos especialistas em vida simples. Nosso ponto de partida são as origens de uma das invenções mais superestimadas da civilização ocidental: fazer compras.

Como fomos consumidos pelas compras

Pela primeira vez na história, fazer compras tornou-se uma forma de lazer. Na Grã-Bretanha, as compras vêm logo após a televisão como uma das atividades de lazer preferidas. Mas se entregar-se a uma pequena terapia "comprista" soa como atividade inofensiva, pense que quase um entre dez ocidentais são viciados em compras – quando estão se sentindo deprimidos ou estressados, entram numa farra comprista em sua loja favorita como modo de levantar o ânimo ou a autoestima.[4] Embora possamos não gostar de perambular por shoppings numa tarde de sábado, a maioria das pessoas deseja os confortos, conveniências e belezas do consumismo. Mesmo que já tenhamos uma televisão, somos tentados a trocá-la por uma *widescreen*. Presenteamo-nos com a mais recente iEngenhoca. Uma promoção no trabalho? Talvez seja hora de comprar um carro novo. Porque, como dizem os anúncios, nós merecemos. Cada ano termina com uma orgia comprista que teria impressionado os glutões romanos. Chamamos isso de Natal, um festival de comércio que leva o adulto médio a gastar cerca de £ 500 em presentes e diversão, ao passo que a criança média de menos de quatro anos recebe presentes no valor de mais de £ 120.[5]

Numa sociedade de consumo, a maneira mais óbvia de expressar quem somos é através do que compramos: compro, logo sou. Por que tantas pessoas – de várias faixas de renda – possuem mais de uma dúzia de diferentes bolsas, suéteres ou pares de sapatos? Por que podemos gastar £ 1.000 num sofá de couro quando poderíamos perfeitamente comprar outro muito sólido, de segunda mão, por menos de ¹⁄₁₀ do preço? Por que compramos uma camisa nova em vez de consertar a velha, e pagamos tanto por cortes de cabelo? Embora poucos o admitam abertamente, a maioria quer ser vista como elegante e se importa com o que os outros pensam sobre nossa aparência, nossas casas e o carro que dirigimos. Nas diferentes classes sociais, as pessoas forjam suas identidades por meio das compras. Queremos pertencer à multidão, mas também, por vezes, nos destacar dela, e em ambos os casos nos julgamos pelos olhos dos outros. Se sentíssemos que ninguém podia nos ver, nosso consumo cairia a prumo e passaríamos muito mais tempo relaxadamente por aí, com os moletons das manhãs de domingo. Muitos afirmam que suas compras refletem gostos puramente individuais e que não são influenciados pelo que está na moda. Mas essas preferências pessoais – seja por sapatos de salto lustrosos ou salas de estar zen – muitas vezes assemelham-se notavelmente às modas dominantes. Isso fica muito claro quando você observa – como fiz – que tem o mesmo sofá Habitat que três de seus amigos. E tudo isso custa dinheiro, mesmo que evitemos as marcas mais exclusivas ou nos orgulhemos de conseguir pechinchas.

Essa cultura consumista é um desenvolvimento recente. A ideia de fazer compras como atividade de lazer ou terapia teria feito pouco sentido na Europa pré-industrial. Naturalmente, as pessoas compravam aquilo de que precisavam para a vida cotidiana, mas o ato de comprar, em si, não era considerado uma rota para a satisfação pessoal ou a autorrealização. Na verdade, até meados do século XVIII a palavra "consumidor" era pejorativa e designava esbanjador ou perdulário, assim como "consumpção" era uma doença que definhava o corpo.[6] Foi só a partir do início do século XX, escreve William Leach, historiador das compras, que nos tornamos "uma sociedade preocupada com o consumo, com o conforto e o bem-estar físico, com o luxo, o gasto e a aquisição, com mais bens este ano que no ano passado, mais no próximo ano que neste".[7] O resultado é que confundimos a vida boa com uma vida de bens. Talvez não haja nenhuma causa maior de insatisfação com a vida entre os cidadãos afluentes do mundo ocidental. Como aconteceu, isso é um dos episódios mais importantes na história de nossa relação com o dinheiro.

A origem da ascensão do hábito de fazer compras pode ser encontrada em novas atitudes em relação à riqueza que emergiram no início do período moderno, entre os séculos XVI e XVIII.[8] Antes desse tempo, a vasta maioria das pessoas estava muito mais preocupada em evitar a pobreza do que em enriquecer, e aquelas que buscavam acumular riqueza eram vistas muitas vezes com desconfiança e hostilidade. Pouco a pouco, no entanto, adquirir riqueza tornou-se ambição pessoal muito difundida. Em 1720, Daniel Defoe visitou Norfolk e encontrou todos os homens "dedicados à principal ocupação da vida, isto é, ganhar dinheiro".[9]

Uma razão para essa mudança cultural talvez tenha sido o surgimento da ética protestante, no século XVI, ensinando que abrir um negócio era um passo piedoso numa carreira. Mais importante foi uma mudança sísmica ocorrida no pensamento econômico no século XVII, quando pensadores da economia e da filosofia passaram a afirmar cada vez mais que os seres humanos buscam naturalmente maximizar seus interesses materiais, e que, ao fazê-lo, beneficiam a sociedade em geral – o bolo econômico ficaria maior para todos.[10] Um século depois, essas ideias, centrais para a ética capitalista, tornaram-se os componentes básicos da obra de Adam Smith, *A riqueza das nações*.

Esse novo modelo do homem econômico, apoiado e difundido pelas partes interessadas, como os comerciantes, legitimou socialmente a busca de riqueza e foi o motor da sociedade de consumo. À medida que o crédito tornou-se mais acessível e as contas bancárias cresceram, a classe burguesa de elite passou a ter as rendas disponíveis para comprar cada vez mais bens de luxo. Nasceu a ida às compras tal como a conhecemos. Por volta de 1700, as feiras tradicionais davam lugar a um dilúvio de lojas – estabelecimentos varejistas individuais num prédio próprio, que ficavam abertos durante a maior parte da semana, em vez de operar apenas a intervalos, como as feiras. Era possível entrar numa loja em Londres ou Paris e encantar-se com a esmerada exposição de chás exóticos da China, móveis estofados suntuosos e espelhos com cabo de osso. Vagando pelas ruas próximas à Plaza Mayor, em Madri, você encontraria tecidos finos vendidos na Calle Nueva e comerciantes de joias estabelecidos ao longo da Calle Mayor. Se viajasse até Veneza, rumaria diretamente para as opulentas lojas da Marzaria, travessa estreita entre a Piazza San Marco e o Rialto que até hoje abriga estabelecimentos ostentosos, como Gucci e MaxMara.

Até artesãos, artífices e agricultores puderam participar da revolução do consumo, agora com condições de adquirir pequenos luxos, como objetos de cerâmica, agulhas, luvas e roupa branca. Eles começaram a imitar a incipiente burguesia dividindo seus lares em dois. Metade era cheia de bens de "palco", inclusive jarros de peltre e móveis macios, para impressionar as visitas, ao passo que nos "bastidores" ficavam os bens usados na vida diária. Hoje algumas pessoas conservam esse costume, tendo uma sala de visitas destinada apenas a convidados ou a ocasiões especiais.

O resultado dessas mudanças, escreve o historiador Keith Thomas, foi uma nova cultura do "desejo ilimitado", em que ser consumidor era considerado cada vez mais uma maneira de viver. Além disso, o status social passava por uma mudança fundamental. Honra e reputação não se baseavam mais na posse de sangue nobre ou em habilidades como a de esgrimir. Em vez disso, o status passou a se confundir com a exibição de riqueza. Ser conspícuo no próprio consumo – desfilando com um chapéu elegante ou usando louça especial para visitas – se tornava uma maneira de se sentir bem consigo mesmo.[11] Porém, por mais importantes que fossem essas mudanças, no final do século XVIII o consumismo estava longe de dominar culturalmente, como ocorre em nossa época. Para compreender como isso ocorreu, devemos examinar a fase seguinte da história da ida às compras: a ascensão da loja de departamentos.

EM 9 DE SETEMBRO DE 1869, Aristide Boucicaut, filho de um chapeleiro normando, parou na junção dos sexto e sétimo *arrondissements* em Paris. Sem que a maioria dos passantes notasse, ele se curvou e assentou a pedra fundamental da que seria aclamada a maior loja de departamentos do mundo, o Bon Marché. Com esse único gesto, ele inaugurou uma nova era na qual o consumismo se tornou uma força social tão poderosa que alterou radicalmente nossa concepção da vida boa.

A invenção da loja de departamentos, no século XIX, transformou o hábito de comprar. Mediante o uso de técnicas sofisticadas de marketing, ausentes no período pré-industrial, fazer compras tornou-se a experiência de entretenimento sedutora e abrangente que conhecemos hoje. Com sua panóplia de produtos num único e imenso edifício, a loja de departamentos criou uma terra da fantasia distante das ruas imundas, onde a cultura virgem do desejo ilimitado podia correr solta. O Bon Marché foi a maior e mais fantástica delas. Era maior que a Macy's ou a Wanamaker's, nos Estados Unidos, e apequenou os esforços britânicos como Whiteleys e Harrods. Quando Émile Zola decidiu escrever um romance sobre essa extraordinária forma de vender a varejo para representar o que chamou ironicamente de "a poesia da atividade moderna", baseou a história no Bon Marché.

Boucicaut, o fundador da loja, nasceu em 1810. Após galgar posições à custa de trabalho em vários estabelecimentos varejistas, em 1863 tornou-se proprietário de uma loja discreta na Rive Gauche chamada Bon Marché – o que se traduz mais ou menos por "bom negócio". Mas logo compreendeu que seu movimento crescente exigia novas instalações; assim, em 1869, mandou construir um prédio grandioso, cuja estrutura colossal foi projetada por um jovem e promissor engenheiro, Gustave Eiffel, que duas décadas mais tarde projetaria, para marcar a Exposição Universal de 1889, uma torre que teria grande importância para Paris.

O que fez do Bon Marché um sucesso tão fenomenal e um dos empreendimentos capitalistas mais inovadores na história ocidental? Como outras lojas de departamentos do século XIX, sua ambição era democratizar o luxo – usar a vantagem da compra em grandes volumes e da fabricação em massa para manter os preços acessíveis, de modo que bens de consumo previamente só acessíveis à elite pudessem ser comprados pela classe média em expansão. O gênio de Boucicaut foi usar técnicas engenhosas de venda e marketing para tornar as compras não apenas convenientes, mas uma forma de prazer.

Segundo Michael Miller, o historiador do Bon Marché, a loja era "parte ópera, parte teatro, parte museu".[12] A experiência de fazer compras começava com a arquitetura. Os visitantes ficavam atordoados com as colunas de ferro ornamentadas e os vastos painéis de vidro. Havia largas escadarias levando a balcões onde eles podiam se tornar espectadores, observando o palco armado embaixo. Sob uma esplêndida iluminação, mercadorias suntuosas estavam expostas para todo mundo ver. Cascatas de sedas orientais pendiam das paredes, tapetes turcos guarneciam balaústres. Os fregueses eram atraídos para dentro da loja por balcões de pechinchas situados logo além da porta. Espremendo-os através de corredores estreitos, Boucicaut criava a ilusão de multidões frenéticas disputando os produtos. Dezenas de milhares acorriam para a famosa Liquidação Branca, no início de fevereiro, quando lençóis, toalhas, cortinas e flores brancas enchiam todas as vitrines. Combinada com a liquidação de moda de verão, em abril, e a liquidação de móveis todo mês de setembro, o Bon Marché criou um novo calendário para os parisienses, assim como o governo revolucionário fizera em 1793 ao dar nomes novos aos meses, como Brumário, Germinal e Termidor. Se algum dia você esteve numa liquidação de janeiro, pode agradecer a Monsieur Boucicaut pelo privilégio.

O Bon Marché não era apenas uma loja. Era um complexo de lazer. Havia uma sala de leitura, onde era possível ler as últimas revistas e jornais, um Grande Salão onde ocorriam exposições de arte gratuitas, apresentações de música clássica, em que até 7 mil pessoas podiam se reunir para ver as estrelas da ópera da cidade, e um enorme restaurante em que garçons de libré se azafamavam. As pessoas transformavam a visita à loja numa excursão de dia inteiro, para comprar, comer, beber e encontrar os amigos. Para muitas mulheres burguesas, o Bon Marché tornou-se o centro de suas vidas sociais, uma fuga dos limites do lar. Comprar nunca tinha sido tão fácil ou agradável. Em contraste com as pequenas lojas locais em Paris, onde se esperava que o freguês regateasse o preço, o Bon Marché tinha preços fixos, e era possível vagar por seus magníficos salões sem ser abordado pelos vendedores. Para ajudar as pessoas a absorver a opulência, todas as tardes, às três horas, a loja oferecia um tour guiado por suas instalações. E para incutir a mensagem de que o Bon Marché era um monumento público, tanto quanto a Notre-Dame ou o Louvre, a gerência distribuía mapas impressos da França em que Paris era representada por uma imagem da loja.

O Bon Marché pode ter sido descrito com um "palácio encantador" por seus fregueses, mas era também um negócio realista. Ele alcançou o objetivo supremo na era do consumo: fabricar novos tipos de desejo – induzir as pessoas a comprar coisas que jamais imaginaram necessitar. Ao fazê-lo, estabeleceu novos padrões de respeitabilidade burguesa. Se você folheasse o catálogo de encomendas da loja, descobriria que as mulheres deviam ter não apenas um casaco, mas toda uma série deles, para diferentes ocasiões – para visitar as amigas, para viajar, para o teatro, para ir a um baile. Um lar respeitável devia ter uma variedade de garfos para todas as finalidades: comer carne, peixe, ostras, azeitonas e morangos. E não se esqueça de colheres especiais para sopa, sobremesa, açúcar, sal e mostarda. Sua casa devia ter uma abundância de lençóis, cortinas estampadas e uma sala de jantar separada, onde você deveria pôr um belo aparelho de louça sobre uma toalha de mesa acompanhada por guardanapos combinados. Novos trajes seriam necessários para férias à beira-mar e jogar tênis. As crianças deviam ter um terninho de marinheiro à mão para passeios. Os catálogos e outras formas de publicidade difundiam essas modas e gostos em meio a trabalhadores de colarinho branco e por todas as províncias, com um consequente efeito de homogeneização da sociedade francesa. O Bon Marché – que ainda existe, embora seja um pouco menos grandioso – não só refletiu a cultura do consumo, mas ajudou a criá-la. Logo ele teve imitadores no mundo inteiro, ávidos por criar seus próprios impérios do desejo.[13]

Somos descendentes diretos de todos aqueles fregueses que entravam aos borbotões pelas portas do Bon Marché no século XIX. Nossos shoppings, com lojas, restaurantes, cinemas e áreas para as crianças brincarem são fiéis à tradição do Bon Marché, em que compras e estilo de vida se fundiram numa coisa só. Essa fusão transformou por completo a arte de viver, de três maneiras diferentes: promovendo valores consumistas, aprofundando a ansiedade de status e roubando nossa liberdade pessoal.

Dinheiro

A escadaria principal do Bon Marché, por volta de 1880. A loja de departamentos era "parte ópera, parte teatro, parte museu".

Devemos reconhecer, em primeiro lugar, que nossos hábitos consumistas são muito menos escolhidos por nós do que gostamos de imaginar. "A cultura do capitalismo de consumo talvez tenha sido uma das culturas públicas menos consensuais que já criamos", afirma o historiador social William Leach.[14] Ele e outros historiadores da atividade de ir às compras mostram como corporações varejistas, do Bon Marché à Coca-Cola, forjaram, pouco a pouco, essa cultura ao longo dos últimos 150 anos. Para isso, uma de suas principais ferramentas foi a publicidade. Os primeiros catálogos do Bon Marché metamorfosearam-se desde então num incessante bombardeio de imagens sedutoras para nos fazer gastar nosso dinheiro. Seja na televisão, em revistas, em outdoors ou on-line, estamos submetidos a um ataque constante. Se virmos imagens suficientes de um belo casal relaxando numa casa espaçosa, em meio a elegantes móveis escandinavos, laptops de design atraente, acessórios de iluminação minimalistas e usando roupas de tecidos naturais orgânicos, acabamos acreditando que esse mundo é valioso e aquilo a que deveríamos aspirar. Queremos nos tornar como eles. John Berger descreveu esse poder da publicidade de consumo uma geração atrás em *Ways of Seeing*:

> A publicidade não é apenas uma reunião de imagens concorrentes: é uma linguagem em si mesma, que está sempre sendo usada para fazer a mesma proposta geral. Na publicidade são oferecidas escolhas entre este creme e aquele creme, este carro e aquele carro, mas a publicidade como sistema faz apenas uma única proposta. Ela propõe a cada um de nós que nos transformemos a nós mesmos, ou às nossas vidas, comprando algo mais. Esse algo mais, ela propõe, nos tornará de alguma maneira mais ricos – embora fiquemos mais pobres por termos gasto nosso dinheiro.[15]

Tornamo-nos também espiritualmente mais pobres. O consumismo nos estimula a definir a liberdade como escolha entre marcas. Ele nos pede que expressemos quem somos pela linguagem de produtos, ao mesmo tempo que molda nossos ideais do que é importante possuir. Vida boa torna-se uma questão de satisfazer desejos consumistas em detrimento de alternativas como passar o tempo com nossas famílias, desfrutar nosso trabalho ou viver de maneira ética. Nossos valores tornam-se valores materiais. Esse é um legado histórico a que poucos escapam e ninguém pode ignorar. Sempre que compramos alguma coisa além de nossas necessidades essenciais, devemos pensar como chegamos a ter esse desejo. Podemos honestamente dizer que isso é uma livre escolha, ou deveríamos admitir que os marqueteiros de Nike, Gap, L'Oréal ou Ford têm alguma coisa a ver com isso? E, nessa segunda hipótese, estamos satisfeitos em aceitar a visão de vida boa que eles fabricaram para nós?

A ascensão do hábito de fazer compras produziu também uma segunda dificuldade, a "ansiedade de status", expressão popularizada pelo escritor Alain de Botton. Desde pelo menos o século XVIII, nosso sentido de valor pessoal e de posição na sociedade tornou-se intimamente vinculado ao dinheiro que ganhamos e ao modo como o gastamos. O dinheiro foi dotado de uma qualidade ética, escreve ele, de modo que "um estilo de vida próspero indica mérito, ao passo que ter um carro velho e enferrujado ou uma casa em mau estado pode inspirar suposições de deficiência moral".[16] Se não exibimos sucesso financeiro, não usamos as roupas certas ou dirigimos o carro certo, nos sentimos diminuídos aos olhos do mundo, uma pessoa menor. E isso é importante para a maioria de nós.

Num esforço para evitar a ansiedade de status e desfrutar os confortos e prazeres de um estilo de vida consumista, iniciamos a busca de acumular bens materiais e experiências de luxo, exatamente como Aristide Boucicaut nos teria aconselhado. Mas nas duas últimas décadas a pesquisa psicológica mostrou que não leva à satisfação humana, exceto para os que se encontram nos níveis mais baixos de renda. Os gurus da felicidade nos dizem que quando a renda nacional chega a £ 12.500 per capita, aumentos adicionais da renda não contribuem para maior satisfação com a vida.[17] Em outras palavras, comprar mais bens de consumo não aumenta nosso nível de bem-estar pessoal a longo prazo. Depois que nos presenteamos com um carro esporte, o bem-estar terá uma elevação imediata, mas em seguida voltará ao nível anterior. Esse é um padrão que usuários de drogas conhecem bem. Comprar um carro novo, ou uma casa de férias no sul da França, ou um terno Dolce & Gabbana simplesmente não faz tanta diferença assim no nível de bem-estar da maioria das pessoas.

Parte do problema é que, à medida que ficamos mais ricos, o dinheiro começa a deformar a relação entre vontade e necessidades. Passamos a acreditar que "precisamos" tirar umas férias de inverno num lugar ensolarado ou construir uma extensão da cozinha, e raramente estamos satisfeitos com o que temos. É por isso que assombrosos 40% dos britânicos com rendas de mais de £ 50 mil por ano – isto é, na faixa dos 5% mais ricos – sentem não ter meios para comprar tudo de que realmente necessitam.[18] Vemo-nos então trabalhando cada vez mais arduamente para ganhar dinheiro a fim de satisfazer os desejos consumistas; nesse processo, elevamos nossos níveis de endividamento pessoal, mas não recebemos em troca os benefícios que havíamos imaginado. Isso pode produzir anseio por mais luxo, mantendo-nos num ramerrão que acaba por gerar angústia e depressão. Adam Smith reconheceu os perigos do consumismo no século XVIII. Os prazeres da riqueza, disse ele, produzem "algumas conveniências frívolas para o corpo", mas deixam as pessoas igualmente expostas "à ansiedade, ao medo e à dor; a doenças, ao perigo e à morte".[19] A Nike pode nos dizer "Just do it", mas, quando se trata de compras, seria prudente de nossa parte perguntar: por quê?

Mesmo que tenhamos uma mente excepcionalmente firme, imune à influência da indústria da propaganda e aos dilemas da ansiedade de status, a história do hábito de fazer compras deixou-nos um terceiro problema com potencial devastador de liquidar nossa liberdade pessoal. Ele foi identificado nos anos 1850 pelo naturalista Henry David Thoreau. "O preço de uma coisa", escreveu ele, "é a quantidade do que chamarei de vida necessária para ser trocada por ela, imediatamente ou a longo prazo."[20] Na visão de Thoreau, o custo daquela jaqueta de couro nova que você comprou não foi o preço escrito na etiqueta – foram os três dias de seu tempo de trabalho necessários para comprá-la. Um sofá pode custar vinte dias, e um carro, trezentos. Pagamos não com nossas carteiras, mas com os preciosos dias de nossas vidas.

Talvez você goste tanto de seu trabalho que não se importe de trabalhar com afinco extra para fazer frente às exigências financeiras da lista de coisas que deseja comprar. Mas só uma minoria pode alegar isso honestamente; a maioria diz que preferiria trabalhar menos, se pudesse. Quando adquirimos o iPod mais recente, saímos para uma noitada ou contraímos uma hipoteca pesada, deveríamos calcular instintivamente o número de horas ou dias que teremos de trabalhar para pagar a conta. Os números podem ser alarmantes. Para participar da cultura do consumo, temos de pagar o ingresso na forma de dias de nossas vidas. Mas será que cada um de nossos pactos faustianos para comprar realmente vale a pena?

A resposta, segundo Thoreau, é um claro "não". Ele acreditava que o caminho para uma vida satisfatória e aventurosa residia não em fazer compras até cair, mas em descobrir os prazeres de um estilo de vida não materialista, que oferece uma abundância de tempo livre. Como veremos, ele foi um grande estimulador dos esforços para criar uma alternativa aos vícios do consumismo e ajudou a transformar a vida simples numa forma de arte.

Simplicidade, simplicidade, simplicidade

Se nos consideramos afluentes, estamos errados. Isso é o que diz o antropólogo Marshall Sahlins, ao afirmar, nos anos 1970, que as sociedades realmente afluentes eram as comunidades de caçadores-coletores. Nosso desejo de bens de consumo nos compele a passar a maior parte de nossas horas de vigília trabalhando para pagar por eles, deixando-nos pouco tempo livre para a família, os amigos e os prazeres do ócio. Mas os aborígines no norte da Austrália e o povo indígena !Kung, em Botswana, trabalhavam apenas de três a cinco horas por dia para se sustentar, e, salienta Sahlins, "em vez de ser um trabalho contínuo, a busca de alimento é intermitente, abundante em lazer, e há maior quantidade de sono durante o dia per capita a cada ano que em qualquer outra condição na sociedade".[21]

Essa talvez tenha sido uma descrição excessivamente rósea do que era uma existência difícil e precária, em que o alimento estava muitas vezes longe da abundância, e a fome, nunca longe da mente. Não há nada de invejável na pobreza. Apesar disso, a ideia de Sahlins ainda é pertinente: uma vez satisfeitas as nossas necessidades de subsistência, talvez estivéssemos em melhor situação se vivêssemos com mais simplicidade e dependendo de menos dinheiro. Isso é especialmente relevante numa época em que as jornadas de trabalho estão aumentando, e muitos sentem que o trabalho rouba tempo de outras partes de suas vidas. A dificuldade em que nos encontramos é estranha, pois os vitorianos acreditavam que as jornadas de trabalho diminuiriam progressivamente à medida que a produtividade aumentasse, de modo que o grande dilema para as gerações futuras – para nós – seria como ocupar o tempo ocioso. Como expressou o economista John Maynard Keynes num ensaio otimista publicado em 1930, "Economic possibilities for our grandchildren", o principal desafio a ser enfrentado pelo homem no futuro seria "como usar sua liberdade de preocupações econômicas prementes, como ocupar o tempo disponível que a ciência e o juro composto terão ganhado para ele, para viver com sabedoria, agradavelmente e bem".

Se Keynes ao menos estivesse certo... Sem dúvida é verdade que desde 1900, aproximadamente, até os anos 1980, as jornadas de trabalho diminuíram tanto na Europa quanto nos Estados Unidos. Nas duas últimas décadas, porém, essa tendência foi invertida. Em 1997 os Estados Unidos superaram o Japão como o país com as mais longas jornadas de trabalho no mundo industrializado, com uma média de 47 horas por semana.[22] Em toda a Europa Ocidental as jornadas de trabalho aumentam, em particular no Reino Unido. O empregado em tempo integral típico na União Europeia trabalha quarenta horas por semana, ao passo que no Reino Unido o número é de 44 horas, e os empregados ali têm maior probabilidade que os suecos, franceses ou dinamarqueses de trabalhar mais de cinquenta horas por semana.[23] Esses números deixam também de registrar o modo como o trabalho vai conosco para casa muito mais que no passado: Keynes não fazia ideia de que poderíamos passar nossos fins de semana checando o telefone a todo momento para ver se há mensagens urgentes de trabalho. Embora nós ocidentais estejamos trabalhando agora muito menos horas que no século XIX, e também quando comparados aos operários de fábrica em países em desenvolvimento, levantamentos mostram de maneira invariável que muitos sentem estar trabalhando arduamente demais e tempo demais. Isso ocorre em parte porque eles notaram o aumento de suas jornadas de trabalho ao longo de um período relativamente curto, mas também em razão dos altos níveis de estresse, à medida que se exige dos empregados uma produção cada vez maior em prazos cada vez mais exíguos. Um terço dos canadenses, por exemplo, descreve-se como *workaholics*.[24]

Um estilo de vida mais simples, menos dispendioso, poderia ser a forma mais eficaz de nos libertarmos de nossa cultura de trabalho excessivo, bem como dos dilemas da ansiedade de status e de nosso vício de comprar. Mas como poderíamos nos libertar do consumismo e nos exercitar como especialistas na vida simples? Que inspiração podemos extrair do passado, de modo que a simplicidade não seja uma matéria de mesquinha frugalidade, mas sim uma forma de tornar nossas vidas mais belas e dotadas de sentido?

A vida simples tem uma história venerável em quase todas as grandes civilizações. Sócrates acreditava que o dinheiro corrompia a mente e a moral, e que deveríamos buscar vidas de moderação material, em vez de nos encharcar de perfumes ou reclinar na companhia de cortesãs. Quando questionaram o sábio descalço sobre sua vida frugal, ele respondeu que gostava de visitar o mercado "para ver todas as coisas sem as quais sou feliz". Seu discípulo, o filósofo cínico Diógenes – filho de um rico banqueiro – sustentava ideias semelhantes, vivendo de esmolas e tendo por morada um velho barril de vinho. Jesus acautelou continuamente seus discípulos contra "o caráter enganoso das riquezas", e os cristãos devotos logo decidiram que o caminho mais curto para o céu era imitar sua vida simples. Muitos seguiram o exemplo de santo Antônio, que no século III abandonou a propriedade da família e rumou para um deserto do Egito, onde viveu por décadas como eremita, criando uma moda de monasticismo no deserto.

Sem dúvida alguns buscaram a simplicidade como uma afetação extravagante: Maria Antonieta construiu em Versalhes uma aldeia de brinquedo, onde podia escapar temporariamente da vida suntuosa da corte vestindo trajes de camponesa e ordenhando leite de vacas perfumadas junto de um pitoresco moinho de água. Essa simulação foi levada ainda mais longe por adeptos empedernidos da vida simples, como Mahatma Gandhi, que passou décadas em comunidades rurais praticando a autossuficiência, fazendo as próprias roupas e cultivando verduras, ao mesmo tempo que tentava derrubar o Império Britânico. Na Paris do século XIX, pintores e escritores boêmios como Henri Murger – autor de um romance autobiográfico que foi a base para a ópera *La Bohème* de Puccini – preferiam gozar da liberdade artística a ter um emprego sensato e estável, vivendo à base de café barato e conversa, enquanto seus estômagos roncavam de fome.[25] Para todos esses indivíduos, a vida simples foi uma escolha pessoal, compelida por um desejo de subordinar o material ao ideal – quer esse ideal fosse baseado na ética, na religião, na política ou na arte. Todos eles acreditavam que abraçar algo diferente do dinheiro podia conduzir a uma existência mais significativa e satisfatória.

O último lugar onde esperamos encontrar uma forte tradição de vida simples é o lar do excesso material e do culto de Mamon, os Estados Unidos. No entanto, experiências radicais de simplicidade tiveram lugar no país por mais de quatrocentos anos. Essa história oculta encerra a busca de alternativas para o capitalismo de consumo e ideias para a adoção de uma vida mais simples.

A América colonial foi o refúgio de radicais religiosos que fugiam da perseguição na Europa e estavam decididos a estabelecer uma vida santa no Novo Mundo. Os mais conhecidos foram os puritanos, que pregavam a simplicidade e não admitiam a execução de música, os jogos de azar ou outras atividades imorais em seus lares. Mas os verdadeiros radicais foram os quacres – oficialmente, a Sociedade Religiosa dos Amigos –, seita protestante cujos seguidores começaram a se estabelecer no vale do Delaware no século XVII. Além de serem pacifistas e ativistas sociais, eles acreditavam que a riqueza e os bens materiais nos distraíam do desenvolvimento de uma relação pessoal com Deus. Os primeiros quacres eram fanáticos em relação ao que chamavam de "simplicidade". Era fácil distingui-los: eles usavam roupas escuras despojadas, sem enfeites, bolsos, fivelas, rendas ou bordados. Normas suntuárias publicadas em 1695 decretavam que "ninguém Use Mangas longas sobrepostas ou Casacos franzidos dos Lados, ou Botões Supérfluos, ou Fitas Largas em volta de seus Chapéus, ou Perucas longas e aneladas ... e outras Coisas inúteis e supérfluas".[26] A simplicidade também era buscada na fala. Eles se recusavam a tratar as pessoas por seus títulos honoríficos e usavam o familiar "thee" e "thou" em vez do mais respeitoso "you". Faziam objeção até aos nomes dos meses e dias da semana,

Roupas simples e sem adornos numa reunião quacre por volta de 1640. Normas religiosas proibiam o uso de trajes elegantes com renda, fitas ou fivelas. Hoje os quacres seguem o espírito dessa tradição evitando roupas de grifes.

porque se referiam a deuses romanos ou nórdicos, como Marte (*March*) e Thor (*Thursday*). Assim, janeiro tornou-se o "Primeiro Mês", fevereiro o "Segundo Mês", enquanto *Sunday* passou a ser o "Primeiro Dia", *Monday* o "Segundo Dia", e assim por diante.

O culto da simplicidade não durou muito. Como ocorreu com os puritanos, muitos quacres, não resistindo às tentações da terra da abundância, fundaram empresas de sucesso e entregaram-se a luxos proibidos. Um de seus membros mais eminentes foi William Penn – fundador da Pensilvânia –, que se converteu ao quacrismo aos 22 anos. Embora declarando, "não preciso de nenhuma riqueza, apenas de suficiência", ele conseguiu viver como um aristocrata pelos cinquenta anos seguintes, até sua morte em 1718. Penn não tinha uma peruca apenas, tinha quatro. Possuía também uma casa imponente com jardins desenhados e cavalos puros-sangues, na qual mantinha cinco jardineiros, vinte escravos e um administrador francês para o vinhedo. Isso estava longe do bom exemplo para os quacres ortodoxos, que rejeitavam não só a riqueza material, como também a instituição da escravatura.

Nos anos 1740, um grupo de Amigos determinados liderou um movimento para devolver o quacrismo às suas raízes espirituais e éticas na simplicidade e na piedade. Sua principal figura foi o filho de um fazendeiro chamado John Woolman. Hoje esquecido, ele foi descrito como "o mais nobre exemplo de vida simples produzido nos Estados Unidos".[27] Woolman não tinha um intelecto brilhante nem habilidades oratórias superiores. O poder de sua mensagem vinha do fato de ser um homem humilde e humano que vivia segundo suas crenças. Ele fez muito mais que usar as tradicionais roupas não tingidas e o chapéu dos primeiros colonos quacres. Após se estabelecer como alfaiate e comerciante de roupas em 1743, para assegurar sua subsistência, ele logo se defrontou com um dilema: seu negócio era bem-sucedido demais – sentiu que ganhava dinheiro em excesso. Num gesto provavelmente não recomendado por qualquer escola de negócios hoje, propôs-se a tarefa de reduzir seus lucros, por exemplo, tentando persuadir seus fregueses a comprar itens menos numerosos e mais baratos. Mas isso não funcionou. Assim, para reduzir ainda mais sua renda, ele abandonou por completo o varejo e passou a sustentar sua família trabalhando um pouco como alfaiate e cuidando de um pomar de maçãs.[28]

Woolman era um homem de princípios. Em suas viagens, sempre que um senhor de escravos o hospedava, insistia em pagar diretamente aos escravos com moedas de prata, por terem proporcionado a ele os confortos de que gozara durante a visita. A escravidão, dizia, era motivada pelo "amor ao ócio e ao ganho", não poderia haver nenhum luxo sem que outros sofressem para criá-lo.[29] Num exemplo precoce de compra ética e comércio justo, Woolman boicotava artigos de algodão por serem produzidos por trabalhadores escravos; hoje, ele certamente se recusaria a comprar roupas baratas feitas em *sweatshops* asiáticas. Após mover durante anos uma campanha pioneira contra a escravatura, em 1771 tomou conhecimento da pobreza causada pelo cercamento de terras comunais na Inglaterra, e decidiu viajar para lá como missionário. Ao embarcar no navio, porém, ficou tão incomodado com o madeiramento excessivamente ornamentado em sua cabine que passou as seis semanas seguintes dormindo na terceira classe, com os marinheiros, compartilhando "sua exposição, as roupas de cama encharcadas, as acomodações miseráveis, as roupas molhadas e muitas vezes pisoteadas".[30] Após chegar a Londres, sentiu-se compelido a visitar Yorkshire, onde ouvira dizer que as condições sociais eram mais severas. No entanto, ao descobrir a crueldade infligida aos cavalos usados para a viagem de diligência, Woolman, à sua maneira característica, decidiu ir andando – uma distância de cerca de 320 quilômetros. Não muito depois da viagem exaustiva, ele contraiu varíola. A doença logo o matou. Foi enterrado em York, enrolado em flanela barata, num caixão simples de freixo.

Hoje John Woolman nos parece um tanto excêntrico, até temerário na defesa de sua causa. Mas sua história é instrutiva. Ela certamente mostra que a vida simples está longe de ser a opção mais fácil. Caso a pessoa não esteja disposta a sacrificar alguns luxos e comodidades, como viajar em carruagens puxadas a cavalos, a simplicidade provavelmente não é para ela. Também ajuda ser impelido por algo maior que o interesse pessoal, como Woolman por sua ética religiosa. Há algum sistema de crenças – como justiça social ou vida com baixo teor de carbono – que possa funcionar como um farol guiando nossas ações e livrando-nos da tentação? Talvez a maior lição emerja da conclusão de um historiador, de que Woolman "simplificou sua vida para desfrutar o luxo de fazer o bem".[31] Para ele, luxo não era dormir num colchão macio, mas ter tempo e energia para empreender trabalho social, como a luta contra a escravatura. Esse foi seu caminho para a realização pessoal. A vida simples não é uma questão de abandonar o luxo, mas de descobri-lo em outras coisas.

No século XIX, os Estados Unidos testemunharam o florescimento de experimentos utópicos de vida simples. Muitos tinham raízes socialistas, como a efêmera comunidade fundada em 1825, em New Harmony, Indiana, por Robert Owen, reformador social galês e fundador do movimento cooperativo britânico.[32] Outros foram inspirados pela filosofia transcendentalista do poeta e ensaísta Ralph Waldo Emerson, que pregou a simplicidade material como caminho para a verdade espiritual, a autodescoberta e a união com a natureza. Enquanto os quacres viviam segundo seus ideais numa comunidade religiosa cheia de normas e regulamentos, os transcendentalistas eram muito mais apóstolos do individualismo. O mais famoso deles, até hoje um ícone para adeptos da vida simples no mundo todo, foi uma personalidade um tanto irascível, com certa queda por trocadilhos infames e a desobediência civil: Henry David Thoreau.

Após completar seus estudos em Harvard, em 1837, Thoreau rejeitou carreiras tradicionais como os negócios ou a Igreja, preferindo trabalhar como professor, carpinteiro, pedreiro, jardineiro e agrimensor. Desprezava o crescente mercantilismo na Nova Inglaterra e encolerizou-se quando, ao tentar comprar um bloco em branco para anotar seus pensamentos poéticos, a única coisa que conseguiu encontrar foi um livro-razão pautado para contabilidade financeira. O dinheiro estava colonizando a mente americana. A reação de Thoreau foi tornar-se defensor da "simplicidade, simplicidade, simplicidade". Sua grande oportunidade ocorreu em 1845, quando Emerson lhe ofereceu o uso de umas terras em Walden Pond, perto da cidade de Concord, em Massachusetts, onde ele poderia pôr seus ideais à prova.

Durante dois anos Thoreau viveu sozinho numa cabana de 3 × 4,5 metros na mata, construída por ele próprio ao custo de US$ 28,12 – menos do que pagava por um ano de aluguel em Harvard. Ela continha pouco mais que uma cama, uma escrivaninha, algumas cadeiras e os livros favoritos. "Fui para a mata porque desejava viver de maneira reflexiva", registrou ele em *Walden*, "queria viver profundamente e sugar toda a seiva da vida, viver de maneira tão resoluta e espartana que rechaçasse tudo que não fosse vida, abrir um caminho largo e bem-roçado, simples e ordeiro, encurralar a vida e reduzi-la a seus termos mais elementares." Como parte de seu experimento de autossuficiência, cultivou feijão, batata, ervilha e milho, que constituíam a maior parte de suas refeições. Com a venda do excedente, ganhava o suficiente para comprar gêneros de primeira necessidade como centeio, fubá e sal, com que fazia pão não fermentado. Ocasionalmente pescava para o jantar, e certa vez assou uma travessa marmota que devastara sua plantação de feijão.

Apesar dos invernos longos e gélidos, e do ambiente árido, Thoreau apreciou a experiência, e passou o tempo escrevendo, lendo e observando a natureza. Cada dia começava com um revigorante e restaurador mergulho no lago, muitas vezes seguido por uma imersão extasiada na vida selvagem que o cercava:

> Por vezes, numa manhã de verão, depois de tomar meu banho costumeiro, eu ficava sentado no vão ensolarado da porta, do nascer do sol até o meio-dia, arrebatado em devaneios, em meio a pinheiros, nogueiras e sumagres, em serena solidão e quietude, enquanto as aves cantavam em volta ou esvoaçavam em silêncio pela casa. ... Eu crescia nessas estações como milho à noite.

Dessas manhãs tranquilas e das tentativas de autossuficiência germinou uma filosofia da simplicidade. "Estou convencido, tanto por fé quanto por experiência, que nos mantermos nesta terra não é uma dificuldade, mas um passatempo, se vivermos com simplicidade e sabedoria", escreveu. "Um homem é rico na proporção do número de coisas de que é capaz de abrir mão." Enquanto os quacres pregavam austeridade e abstinência, a inovação de Thoreau foi mostrar como uma vida simples podia ser enaltecedora e arrebatadora em sua beleza.

Hoje a aventura de Thoreau parece um sonho utópico: não podemos todos partir e construir uma cabana no meio do mato (especialmente nas terras de um amigo). Mas Thoreau nunca pensou que a vida simples significava abandonar a civilização. Na verdade, sua cabana ficava cerca de 1,5 quilômetro de Concord, e, como admite francamente em *Walden*, ele ia lá com poucos dias de intervalo, para ouvir os mexericos locais e ler os jornais. Thoreau era pragmatista e acreditava que podíamos aprender a dar as costas para a economia do dinheiro continuando ao mesmo tempo a conviver com a sociedade comum. Nossa verdadeira tarefa era evitar as tentações do consumismo e nos entregar a prazeres de baixo custo, como observar o pôr do sol, conversar com pessoas interessantes, ler os clássicos e pensar.

A lição mais vital de Thoreau diz respeito ao trabalho. Ele deveria ser lembrado como um dos supremos mestres norte-americanos da preguiça. Sua estada em Walden Pond foi menos uma busca espiritual que um esforço para aprender a viver com tão pouco dinheiro quanto possível, de modo a minimizar as horas de trabalho e maximizar o tempo de lazer. E nisso teve êxito. Após voltar a viver em Concord, ele trabalhava como agrimensor em tempo parcial, o que lhe proporcionava amplas horas para fazer caminhadas na mata, escrever e ler. Segundo ele, em seis semanas podia ganhar o suficiente para viver durante um ano inteiro. Hoje, os herdeiros de seu legado são menos os que vivem sozinhos no meio do mato do que os moradores de cidades pequenas e grandes que se disciplinaram o suficiente para reduzir suas despesas a tal ponto que lhes basta trabalhar três ou quatro dias por semana. Como Thoreau, eles descobriram que a simplicidade é um caminho para ganhar o que no Ocidente sobrecarregado de trabalho tornou-se uma das formas mais valiosas de afluência e riqueza: o próprio tempo.

A HISTÓRIA DA VIDA simples nos Estados Unidos não termina com Thoreau. Houve as comunas hippies dos anos 1960, seguidas pela ascensão do movimento anticonsumista ecologicamente consciente dos anos 1970, inspirado por livros *cult* como o de E.F. Schumacher, *O negócio é ser pequeno* (1973), recomendando como objetivo "obter o máximo de bem-estar com o mínimo de consumo". Muitos de seus adeptos tornaram-se defensores da "simplicidade voluntária", filosofia que promove o consumo consciencioso em vez do consumo conspícuo e uma vida "exteriormente simples, internamente rica".[33] Mas nós, instalados aqui no século XXI, precisamos perguntar que passos devemos dar para levar uma existência desse tipo. Podemos viver profundamente e sugar toda a medula da vida sem tirar a carteira do bolso a todo instante?

O ponto de partida mais prático é fazer como Thoreau e reduzir o consumo cotidiano. Se ele vivesse em nossos dias, tenho certeza de que compraria a maior parte de suas roupas de segunda mão em bazares de caridade. Posso vê-lo procurando utensílios de cozinha em brechós, na casa dos proprietários e em carros, aquela reunião peculiarmente britânica em que as pessoas vendem coisas de casa – as mais variadas, de roupas de bebê a bicicletas – a baixíssimo preço, diretamente em seus automóveis. Ele cultivaria a maior parte de suas hortaliças numa horta comunitária, apoiaria a feira de produtores locais e raramente comeria em restaurantes, preferindo reunir pessoas em volta da mesa de sua cozinha. Sua casa teria uma beleza rústica, com móveis feitos por ele, de madeira reaproveitada, colhida em caçambas próximas. O que ele próprio não pudesse fazer, seria encontrado em websites como Freecycle, através do qual pessoas doam bens que não querem mais. Imagino que moraria num barco ancorado num canal ou numa habitação cooperativa administrada pelos locatários, não numa casa grande num subúrbio elegante, ávido por evitar o ônus de uma grande hipoteca. Provavelmente Thoreau teria um laptop recarregável por energia solar e usaria software de código aberto, gratuito, como OpenOffice, em vez de pagar à Microsoft pelo privilégio de digitar suas palavras. Para se deslocar, usaria bicicleta e transporte público, tendo vendido há muito tempo o carro que seus pais lhe deram de presente de formatura. Suas férias consistiriam numa excursão a pé em um parque acessível por trem, e não numa temporada na praia no Sri Lanka. Ele prometeria solenemente nunca trabalhar mais de 24 horas por semana. E a principal questão financeira de sua vida não seria "Quanto dinheiro eu gostaria de ganhar?", e sim "Qual o mínimo de que preciso para viver?".[34]

É compreensível que numa cultura voltada para o desfrute de bens de consumo de luxo, em que a posição social está tão estreitamente relacionada a exibições de riqueza, muitos relutem em abraçar um modo de vida mais frugal. Queremos que nossos filhos usem roupas novas, imaculadas, suspeitando que aquelas vindas de um bazar de caridade são um bocadinho gastas e malcheirosas. Queremos que nossos amigos ou colegas admirem nossas casas de bom gosto e gostamos quando alguém comenta nosso corte de cabelo na moda. Para a maioria de nós, a ansiedade pelo status é uma sombra que obscurece as possibilidades da vida simples. Dificilmente conseguimos evitar o desejo de ficar à altura dos que nos parecem bem-sucedidos, sejam eles vizinhos, colegas de trabalho, ex-colegas de escola ou uma família idealizada, inventada pela indústria da publicidade ou pela TV, e escondida no fundo de nossas mentes. O escritor boêmio Quentin Crisp, que passou a maior parte da vida morando numa quitinete alugada, tinha uma solução: "Nunca tente subir até o nível dos que lhe parecem bem-sucedidos. Faça-os descer até o seu. É mais barato." A realidade é que provavelmente não se pode puxá-los para o nosso nível. Que podemos fazer, então? Comparar-nos com outras pessoas.

Uma das liberdades mais poderosas que possuímos, no que diz respeito a nosso senso de valor social, é a de escolher com quem nos comparamos. Para dar um exemplo pessoal, quando minha companheira e eu anunciamos que teríamos gêmeos, alguns de nossos amigos mais prósperos disseram: "Oh, vocês terão de se mudar, pois moram numa casa tão pequena." Mas amigos em nossa vizinhança disseram: "Mas que sorte vocês morarem numa casa tão grande!" Qual das duas perspectivas adotar? Pudemos escolher quem formaria nosso grupo de pares e optamos por nos inspirar em amigos que prosperavam com suas famílias em casas não maiores que a nossa. Ninguém determina quem cada um de nós deve escolher como par. Temos liberdade até para imaginar que eles incluem os fantasmas de adeptos da vida simples do passado, como Thoreau, Woolman ou Gandhi. Duvido que eles se incomodassem se você lhes servisse uma refeição em pratos desemparelhados.

Mas a vida simples envolve mais que reduzir as próprias despesas diárias ou repensar os próprios termos de comparação social. É também uma questão de vida comunitária. O florescimento humano é algo que dificilmente se alcança sozinho. Um dos resultados deletérios da ideologia consumista foi encorajar uma cultura extrema de individualismo possessivo, em que estamos interessados nos nossos próprios prazeres e de olho no Número Um. É por isso que o Banco Imobiliário é o jogo de tabuleiro mais apreciado no Ocidente: o único objetivo é acumular riqueza pessoal e propriedades.³⁵ Cinquenta e cinco por cento dos americanos com menos de trinta anos pensam que acabarão ficando ricos. "E se você vai ser rico", escreve Bill McKibben, "para que precisa de qualquer outra pessoa?"³⁶ Essa obsessão pelo interesse pessoal nos cegou para o papel que a comunidade desempenha na criação de vínculos sociais que muito contribuem para o nosso senso de bem-estar. Deveríamos lembrar o que Aristóteles nos disse – que somos animais sociais, tão gregários quanto abelhas. O problema é que uma associação de forças que incluem a suburbanização, as longas jornadas de trabalho, a televisão e o próprio impulso consumista erodiram a vida cívica em todo o mundo ocidental. Mal conhecemos nossos vizinhos, fazemos compras em hipermercados sem rosto e não temos mais tempo para cantar no coral. Dada a incapacidade do materialismo de consumo elevar nosso nível de bem-estar pessoal, seria uma medida sábia recuperar a vida comunitária.

O que muitas pessoas não percebem é que isso pode ser extraordinariamente barato. Na verdade, poupa o nosso dinheiro, uma vez que não precisamos mais extrair tanta sustentação existencial de dispendiosas expedições às compras. Algumas atividades comunitárias em que estou pensando são projetadas em parte para propiciar economia de dinheiro, como o ingresso em círculos de pessoas que se revezam para tomar conta de crianças, clubes de compartilhamento de carros ou redes de permuta de tempo, como o Local Exchange Trading Schemes.* Outras, por acaso, são pouco dispendiosas, como fazer música com amigos na sala de estar, conhecer pessoas de diferentes culturas na horta comunitária e nos oferecer como voluntário para trabalhar num hospital para doentes terminais ou como chefe de um grupo de bandeirantes. Cercamo-nos, assim, de uma teia de relações humanas que nos sustenta pelo menos tanto quanto um fim de semana fora, num hotel suntuoso. É curioso que Thoreau não tenha enfatizado a importância da comunidade para sugarmos toda a seiva da vida. Isso talvez ocorresse porque ele não sentia sua ausên-

---

* Também chamado Lets, é um sistema em que a moeda de troca são bens e serviços provenientes do trabalho de seus membros. (N.T.)

cia, vivendo perto de uma pequena vila onde conhecia tantos moradores quando andava pela rua principal. Mas se pudesse observar as vidas isoladas, hiperindividualistas, que temos hoje, acredito que recomendaria uma saudável dose de imersão comunitária, que oferece a perspectiva de uma vida profunda sem que sejam necessárias idas regulares ao caixa eletrônico.

Podemos, portanto, reduzir os gastos com luxos, evitar comparações com os mais prósperos e redescobrir nossas raízes comunitárias. Mas podemos extrair da história do dinheiro uma lição final para a arte da vida simples: expandir os espaços gratuitos, livres de dinheiro, em nossa vida. Imagine traçar um quadro de todas aquelas coisas que tornam sua vida satisfatória, dotada de sentido e prazerosa. Ele poderia incluir amizades, parentes, estar enamorado, as melhores partes de seu trabalho, visita a museus, artesanato, ativismo político, prática de esportes e de música, trabalho voluntário, viagem e observar pessoas. Há uma boa chance de que as coisas mais valiosas entre estas custem muito pouco ou sejam até gratuitas: não custa muito montar um teatro de fantoches com seus filhos ou caminhar à margem de um rio com seu amigo mais próximo. O humorista Art Buchwald expressou isso bem: "As melhores coisas da vida não são coisas." O que Thoreau e outros amantes da simplicidade sugeririam é que tivéssemos em vista, ano após ano, aumentar essas áreas de vida gratuita e simples no mapa de nossa existência. Que as deixássemos tomar o espaço antes ocupado por férias dispendiosas no exterior ou peças de butique para nosso guarda-roupa.

Reduzir o papel do dinheiro em nossas vidas e livrar-nos da dependência dele não significa que ficaremos privados de luxos. A palavra "luxo" vem do termo latino "abundância". Fomos ensinados a pensar nele em termos materiais – vinhos finos, carros velozes, viagens de primeira classe. Mas podemos também ter uma abundância de relacionamentos íntimos, trabalho significativo, dedicação a causas, gargalhadas incontroláveis e sossego para sermos nós mesmos. Não há lojas que vendam esses luxos, nem é possível comprá-los com os ganhos provenientes de um bilhete de loteria. No entanto, esses são os luxos que, em última análise, mais importam para nós e constituem nossa riqueza oculta.

A descoberta do mundo

7. Sentidos

Como gostamos de nos maravilhar com nossos sentidos. O milagre do toque: bebês prematuros que recebem massagens regulares ganham peso 50% mais depressa que os que não as recebem. As maravilhas do olfato: o odor delicado das violetas logo desaparece porque contém ionona, que interrompe o sentido do olfato – mas um ou dois minutos depois a fragrância volta. Ou o caráter intrigante da sinestesia, condição neurológica que cria conexões entre os sentidos: para Rimsky-Korsakov, o tom do dó maior era branco, ao passo que para Duke Ellington um ré evocava estopa azul-escura.[1]

Esses são os tipos de exemplo que você poderia encontrar num livro sobre a ciência da percepção sensorial, que se concentra nos aspectos físicos e biológicos dos sentidos. Mas nossas experiências sensoriais são também produto da cultura e da história. A sociedade em que vivemos nos ensina como usar olhos, ouvidos e outros órgãos dos sentidos, moldando nossa jornada através das portas da percepção. Diferentes culturas entendem o mundo cada uma à sua maneira. Se você estivesse visitando as ilhas Andaman, na baía de Bengala, e conhecesse uma nativa ongee, em vez de dizer "Como vai?", ela o cumprimentaria dizendo "Como vai seu nariz?". Se ela desejasse referir-se a si mesma no meio da conversa, apontaria para o próprio nariz. A razão disso é que o olfato é o sentido mais importante para os Ongee, e o odor é considerado a força vital que mantém o Universo coeso.[2] Na cultura ocidental, em contraposição, é a visão que tem preeminência, razão por que tantas de nossas expressões comuns se baseiam na vista: "Vejo o que você quer dizer", "Esta é a minha perspectiva", "Ficar de olho", "Sua visão de mundo", "Fazer vista grossa",

"É ótimo vê-lo". É improvável que um caloroso "É ótimo cheirá-lo!" fosse bem-recebido por seu novo colega de trabalho.

A história dos sentidos revela uma verdade inquietante: muitos de nós vivemos em estado de aguda privação sensorial, uma forma oculta de pobreza que impregna o mundo ocidental. A menos que, por acaso, sejamos músicos de ouvido apurado ou perfumistas de fino olfato, há boa chance de que deixemos de cultivar a plena gama de nossas faculdades sensoriais. Você pode dizer que todos os seus sentidos estão extremamente afinados, que você os alimenta com regularidade e lhes dá a atenção que merecem? Quando você toma café da manhã ou caminha até o trabalho, em que medida está alerta para todos os sons, sabores, texturas e aromas à sua volta?

Ao deixar de alimentar nossos sentidos, não só aviltamos nossa apreciação das sutilezas e belezas da experiência cotidiana, como retiramos camadas de significado de nossas vidas. Apesar disso, a cura de nossa privação sensorial não é, como você poderia esperar, uma questão de se entregar a luxos como degustar trufas no jantar ou se fechar numa sala escura e ouvir uma sinfonia de Beethoven no volume máximo, por mais inebriante que isso pareça. É muito mais questão de adquirir uma compreensão mais profunda de como nossos vários sentidos vieram a moldar, filtrar e até distorcer nossas interações com o mundo – e também de como a cultura configurou nossas experiências sensoriais.

O que o passado pode dizer sobre nossas maneiras de sentir? Primeiro, precisamos contestar o antigo mito de que temos cinco sentidos, libertando-nos de suas restrições e reconhecendo que possuímos vários sentidos adicionais. Depois devemos descobrir como a visão tornou-se tão dominante entre os sentidos tradicionais, durante os últimos quinhentos anos, em especial como os olhos exerceram tirania sobre ouvidos e nariz. Nesse ponto estaremos prontos para buscar inspiração em dois dos indivíduos mais sensualmente perceptivos da história – um deles uma criança enjeitada que passou a maior parte da juventude trancada sozinha numa masmorra escura, o outro uma escritora brilhante que era surda e cega. Eles possuem a chave que permite desvendar o poder latente de nossos eus sensoriais.

O mito dos cinco sentidos

Se você compartilha a crença comum de que há cinco sentidos – visão, audição, tato, olfato e paladar –, é tempo de pensar de novo. Os cinco sentidos são um mito, uma invenção histórica que vem nos induzindo em erro há mais de 2 mil anos, deixando-nos com uma concepção excessivamente estreita do que podemos perceber do mundo. Como os cinco sentidos tornaram-se conhecimento aceito, quem merece ser culpado por isso e por que isso é importante?

Na Grécia Antiga, onde os cinco sentidos tornaram-se pela primeira vez objeto de constante discussão, não havia nenhum consenso sobre o que eles eram ou quantos deles tínhamos. Platão acreditava que nossos sentidos incluíam não só visão, audição e olfato, mas também a percepção de temperatura, medo e desejo, enquanto o paladar nem fazia parte de sua lista. No século I, Fílon de Alexandria afirmou que havia sete sentidos, um dos quais era a fala, ideia que hoje nos parece estranha, pois pensamos sobre os sentidos como receptores passivos de dados. Na era clássica, contudo, os sentidos tinham papel mais ativo e eram considerados quase meios de comunicação. Pensava-se que o olho, por exemplo, enviava raios que tocavam o objeto que percebia, mais ou menos como as palavras emanam de nossas bocas.

Coube a Aristóteles a responsabilidade pela doutrina dos cinco sentidos. Refletindo a obsessão dos gregos por ordem e simetria, ele afirmava que devia existir uma correlação perfeita entre os elementos e os sentidos. Como havia cinco elementos – terra, ar, água, fogo e a misteriosa quintessência, ou "quinta-essência", conhecida como éter –, devia haver cinco sentidos também. Assim, ele rejeitou as sugestões de Platão de medo e desejo, e condensou as várias sensações de temperatura, umidade e dureza no sentido único do tato. Acrescentando isso a visão, audição, olfato e paladar, ele chegou ao número mágico que queria. A imensa autoridade intelectual de Aristóteles significou que essa teoria bastante arbitrária de que havia cinco sentidos físicos tornou-se a norma durante a Idade Média, e continuou tão poderosa culturalmente que até hoje é ensinada às crianças na escola.[3]

No entanto, durante a Idade Média, uma concepção nova e mais vasta também se tornou popular – e sobre ela quase nenhum estudante terá ouvido falar. Era a crença de que, além dos cinco "sentidos externos" identificados por Aristóteles, havia cinco "sentidos internos". Esses sentidos internos agora estão esquecidos, mas por centenas de anos, até o século XVII, foram considerados um fato científico. Seu mais famoso proponente foi Avicena, médico e filósofo persa do século XI que fez uso das teorias do antigo anatomista romano Cláudio Galeno para afirmar que uma parte essencial de nosso aparato sensorial podia ser encontrada nos ventrículos, três cavidades cheias de fluido em nossa cabeça.

Pensava-se que o ventrículo frontal abrigava o vital *sensus communis*, o "senso comum", órgão que funcionava como uma usina processadora, organizando a informação proveniente dos sentidos externos como a visão e o paladar, que fluía para ele através dos nervos. O senso comum era necessário, por exemplo, para distinguir a percepção da brancura da doçura. Embora tudo isso fosse um absurdo anatômico, e hoje possamos rir da ideia de um "senso comum", até pensadores do Renascimento avançado como Leonardo da Vinci acreditavam nela firmemente. "O senso comum", ele escreveu, "é aquele que julga as coisas que lhe são oferecidas pelos outros sentidos." Logo atrás do senso comum, dentro do ventrículo frontal, situava-se um segundo sentido interno chamado imaginação, onde imagens recebidas do exterior eram armazenadas. O ventrículo médio continha um órgão usualmente conhecido como fantasia, que nos permitia visualizar coisas que jamais víramos, como uma montanha dourada ou um unicórnio. A seu lado estava o instinto, faculdade que, segundo Avicena, nos incitava a fugir se víssemos um lobo, ao passo que o ventrículo posterior continha o sentido interno da memória.

Quando o estudioso inglês Robert Burton debateu os sentidos internos em seu tratado de 1621, *A anatomia da melancolia,* ele estava particularmente desejoso por acautelar os leitores em relação aos perigos da fantasia. Embora ela pudesse estimular poetas e pintores, durante o sono "essa faculdade está livre, e muitas vezes concebe formas estranhas, estupendas, absurdas". Nas pessoas melancólicas, acrescentava ele, esse sentido interno

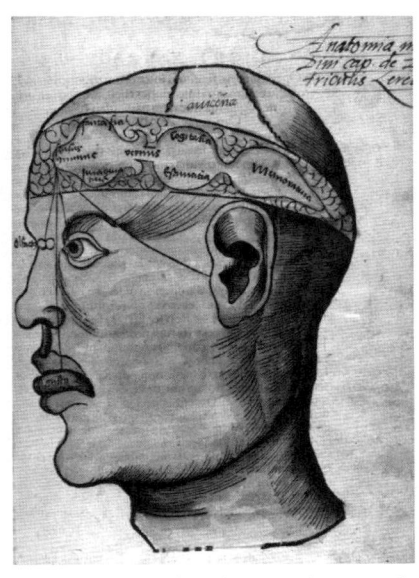

Os três ventrículos do cérebro e a localização dos sentidos interiores; figura tomada da *Margarita philosophica* (1503), enciclopédia ilustrada amplamente utilizada como livro-texto nas universidades da Alemanha no século XVI. Ela mostra como todos os sentidos exteriores de audição, visão, paladar e olfato se encontram, no senso comum – o *sensus communis* –, no ventrículo frontal.

"é extremamente poderoso e forte, produzindo muitas coisas horrendas e prodigiosas".[4]

A doutrina dos sentidos internos não durou além do Iluminismo. Ela foi solapada, em primeiro lugar, por descobertas científicas feitas no século XVI, mostrando não haver absolutamente nenhuma conexão direta entre os ventrículos e qualquer dos nervos sensoriais. Ficou ainda mais obsoleta um século depois, quando a distinção estabelecida por Descartes entre mente e corpo sugeriu que o pensamento podia ter lugar puramente na mente, sem qualquer input sensorial. Ele chegou a essa conclusão pelo famoso método da dúvida, afirmando que um demônio mau poderia estar criando maliciosamente todas as suas experiências sensoriais – o que as transformaria em ilusões –, mas que a única coisa de que tinha certeza era que ele, René Descartes, estava pensando. O resultado, *Cogito ergo sum*, estabeleceu uma nítida distinção entre estados mentais e nossos mundos sensoriais.[5]

Não deveríamos, contudo, olhar com excessivo desdém para essa ideia dos sentidos internos. As pesquisas neurológicas atuais mostram que partes particulares do cérebro, ou relações neurais dentro dele, são responsáveis por capacidades como a memória e a imaginação, de modo que, afinal, talvez os médicos medievais não estivessem tão errados. E a maioria de nós experimentou aqueles momentos misteriosos, celebrados por Proust, em que um cheiro ou um gosto inesperado evocam subitamente uma lembrança há muito perdida, talvez de umas férias da infância, ou da cozinha de nossa avó. Esse tipo de conexão íntima entre nossos mundos exterior e interior decerto não teria surpreendido Avicena. E, mais importante: o reconhecimento de que durante séculos as pessoas acreditaram que tínhamos cerca de dez sentidos é um lembrete de que nossa própria concepção dos cinco sentidos talvez seja estrita demais, e talvez haja mais possibilidades sensoriais do que imaginávamos. Isso é apenas senso comum.

Na verdade, o consenso científico atual é de que possuímos até dez sentidos trabalhando em estreita união para criar as experiências perceptuais – um "sentido" é definido como um mecanismo físico pelo qual informação proveniente do mundo exterior penetra em nosso sistema nervoso central. Além dos cinco sentidos aristotélicos tradicionais, cerca de cinco outros foram identificados durante o século passado. A termocepção é um sentido fisiologicamente distinto do tato e nos permite detectar diferenças de temperatura – exatamente como Platão sugeriu. Agora feche os olhos e mova lentamente a ponta de um dedo para tocar seu nariz. Se você não o acertar, sua propriocepção está distorcida. Por vezes também chamada de cinestesia, a propriocepção é a consciência das partes de nosso corpo em relação umas às outras e a sensação de seu movimento pelo espaço. Peça que alguém o belisque, e você terá encontrado a nocicepção, o sentido de dor. Pratique malabarismo mantendo-se de pé sobre uma perna só, e estará cultivando a equilibriocepção, o senso de equilíbrio, cujo principal órgão, o sistema labiríntico-vestibular, pode ser encontrado nos ouvidos internos. Por fim, é possível que os seres humanos possuam um fraco senso de direção, a magnetorrecepção. No osso etmoide, exatamente entre os olhos e atrás do nariz, há um minúsculo cristal de magnetita como uma bússola que nos orienta no campo magnético da Terra. Animais como pombos-correio, morcegos, abelhas, o salmão migratório e golfinhos também possuem esse mineral magnético. Ninguém sabe ao certo como isso funciona, mas se você é o tipo de pessoa que parece nunca se perder quando está perambulando por uma cidade desconhecida, talvez isso se dê porque seu sentido da magnetorrecepção está funcionando otimamente.[6]

Talvez Aristóteles fosse um dos melhores cérebros da Grécia Antiga, mas sua ideia dos cinco sentidos certamente não foi das melhores. Abandonar esse mito é uma libertação sensorial e o início de uma nova aventura da experiência humana. Poderíamos começar, por exemplo, cultivando o senso de equilíbrio. Uma das razões pelas quais faço ioga – mal – é o desejo de melhorar meu equilíbrio na quadra de tênis, pois tenho uma tendência a me desequilibrar quando dou golpes de fundo. Poderíamos também trabalhar para desenvolver o sentido cinestético, útil para qualquer pessoa que passe longas horas diante de um computador. Muitas pessoas acabam curvadas sobre o teclado porque os ombros vão arqueando, pouco a pouco, enquanto elas digitam. Mas se você se tornar cinesteticamente consciente da posição de seus ombros em relação ao tronco e aos quadris, perceberá o arqueamento quando ele ocorrer, o que lhe permitirá corrigir a postura. Caso você procure uma maneira mais drástica de educar seus novos sentidos, siga o exemplo de Lawrence da Arábia, que parece ter adotado o hábito de testar os limites de seu sentido de dor vendo por quanto tempo conseguia segurar um fósforo aceso antes que ele se transformasse em cinza nas pontas de seus dedos. Mas antes de levar tudo isso longe demais, precisamos explorar o lamentável episódio de como a visão passou a dominar os outros sentidos na cultura ocidental.

A tirania dos olhos

Durante os últimos quinhentos anos, a maneira como percebemos o mundo passou por uma transformação radical. Embora a visão seja, em geral, considerada nosso sentido biologicamente dominante – o córtex visual é o maior centro sensorial no cérebro –, ela adquiriu importância exageradas em nossas vidas. Estendemos a influência da visão além do que a natureza jamais pretendeu, e nossos outros sentidos, em especial a audição e o olfato, foram desaparecendo no segundo plano, sofrendo o que os historiadores culturais chamam de "declínio sensorial".[7] Houve um tempo em que havia maior igualdade entre os sentidos, em que as pessoas tinham mais consciência do que ouviam e cheiravam. Mas agora somos menos propensos a ouvir o canto dos pássaros quando vamos às pressas para o trabalho e engolimos o café sem prestar atenção aos aromas que flutuam no ar – crime que os Ongee jamais cometeriam. O olho tornou-se um tirano sensorial que nos distrai do cultivo das demais faculdades. Segundo David Howes, eminente antropólogo dos sentidos, devemos nos libertar da "hegemonia que a visão exerceu por tanto tempo sobre a vida social, intelectual e estética de nossa própria cultura".[8]

Embora algumas pessoas nasçam com uma sensibilidade particular para os sons ou os cheiros, há esmagadoras evidências de que vivemos numa cultura fundamentalmente visual. Os supermercados nos vendem tomates que parecem vermelhos e suculentos, mas muitas vezes são insossos. A publicidade vale-se mais de imagens – na televisão, em outdoors, em websites – que de quaisquer outros inputs sensoriais. Exibimos nossa riqueza e status visualmente, tendo uma casa elegante ou dirigindo um carro de último tipo. Normalmente, julgamos as pessoas atraentes com base na aparência: os traços faciais, a forma do corpo, as roupas que usam. É por isso que falamos em "amor à primeira vista", e não "amor à primeira fungada" – ainda que muitas vezes tenhamos consciência do perfume ou do odor corporal de uma pessoa. Meninas adolescentes aspiram a ser supermodelos, admiradas pela aparência, não pela mente. A principal maneira pela qual aprendemos e acumulamos conhecimento não é ouvindo ou fazendo, mas lendo e olhando – o mundo visual de livros, quadros e telas de computador. As férias nunca são completas sem um conjunto de fotos que podem ser abertas instantaneamente no telefone, originalmente um aparelho auditivo, e agora aperfeiçoado com características visuais. Fale com um cego e você se dará conta de que nossa linguagem comum está cheia de expressões visuais – "É de encher os olhos", "A beleza está nos olhos de quem vê", "Custa os olhos da cara". "Ver é crer", dizemos, sem perceber que a expressão original do século XVII era "ver é crer, mas a verdade é sentir".[9] Hoje os sentimentos estão fora de moda, e só importa o que os olhos podem ver. Passamos a habitar um mundo de aparências superficiais.

Seria possível alterar nossa abordagem da percepção e nos tornar mais sintonizados com sentidos como audição e olfato, que foram erodidos pela cultura visual? Poderíamos recuperar a curiosidade sensorial que tivemos outrora quando crianças – sempre a provar, cheirar, tocar? É aí que a história desempenha uma função. Precisamos retornar a um tempo anterior ao século XVIII, quando a visão passou a monopolizar os sentidos, quando nossa consciência aumentada de sons e aromas conferiam mais profundidade e complexidade à vida cotidiana. Se desejarmos desenvolver uma abordagem mais equilibrada dos sentidos, cabe compreender como os olhos vieram a exercer seu domínio sobre os ouvidos e o nariz.

Ao pensar nas civilizações clássicas, evocamos imagens de filósofos trajando togas, batalhas sangrentas e escravos explorados. Mas que cheiro tinha o mundo antigo? Ficaríamos, sem dúvida, impressionados com o uso muito difundido de perfumes. Enquanto hoje aplicamos uma leve batidinha de perfume ou água de colônia para sair à noite, um ateniense abastado podia aplicar-se vários odores diferentes: manjerona no cabelo, hortelã-doce nos braços e tomilho no pescoço. Se o acompanhássemos a um jantar elegante, nós o veríamos adornado com uma grinalda de rosas, depois bafejado com aromas por pombas perfumadas que esvoaçavam sobre sua cabeça. No século II a.C., quando o rei Antíoco Epifânio, da Síria, promovia jogos públicos, todos que entravam no estádio eram ungidos com perfumes como açafrão, canela e nardo, e ao sair recebiam coroas de olíbano e mirra. Os romanos perfumavam não apenas a comida e seus lares, mas também os animais domésticos, e o palácio de Nero era juncado de pétalas de rosas. O incenso e outras fragrâncias eram extensamente usados em rituais religiosos; acreditava-se que eles uniam os seres humanos aos deuses. Perfume não era apenas uma questão de gosto individual, mas uma característica da vida pública.

A apreciação dos perfumes foi propagada na Idade Média pelos cruzados, que trouxeram condimentos exóticos e perfumes do Oriente para a Europa. A caixa de condimentos tornou-se fator essencial da cozinha medieval, e a comida era preparada não apenas para estimular as papilas gustativas, mas para proporcionar deleites olfativos. Hampton Court Palace, lar de Henrique VIII, continha uma *spicery*, cômodo especial onde as especiarias eram moídas. Durante séculos, o comércio internacional de especiarias ligando Ásia, África e Europa foi alimentado pelo desejo não apenas de lucros comerciais, mas de satisfazer nossos sentidos cada vez mais refinados.[10]

O uso muito difundido de condimentos, perfumes e *pomanders* – pequenos estojos contendo perfumes usados muitas vezes em volta do pescoço – que prevaleceu na Europa até o século XVIII ajudou a criar uma cultura extremamente perfumada, com uma sofisticada abordagem do cheiro que hoje nos escapa. Quando os parisienses saíam para um passeio, eram tão propensos a observar os cheiros quanto o que viam pelo caminho, em decorrência do que um historiador chama de "sensibilidade coletiva a odores de todas as sortes".[11] Poetas metafísicos como John Donne eram tão encantados com o perfume de suas amantes quanto com sua beleza visual. "Como o doce suor de rosas num alambique,/Como aquele que dos poros de um almiscareiro irritado emana,/Como o bálsamo todo-poderoso do antigo Oriente,/Como as doces gotas do seio de minha amante."

A fragrância não era, porém, apenas um prazer sensorial. Era também uma necessidade, um instrumento para bloquear os odores fétidos e pestilentos que constantemente assaltavam as narinas. Considere essa descrição de uma cidade do século XVIII tomada do romance *O perfume* (1985), de Patrick Süskind:

> Reinava nas cidades um mau cheiro que nós homens e mulheres modernos mal podemos conceber. As ruas fediam a estrume, os pátios, a urina, as escada-

rias fediam a madeira em decomposição e fezes de rato, as cozinhas, a repolho estragado e gordura de carneiro; as salas de visitas pouco arejadas cheiravam a poeira velha, os quartos, a lençóis engordurados. ... As pessoas fediam a suor e roupas não lavadas; de suas bocas saía fedor de dentes podres, de seus ventres, o cheiro de cebolas, e de seus corpos, se elas já não fossem tão jovens, vinha o fedor de queijo rançoso, leite azedo e doença tumorosa. Os rios fediam, as feiras fediam, as igrejas fediam, fedia sob as pontes e nos palácios.

Hoje, em nossa sociedade desodorizada, mal podemos imaginar o cheiro fétido do passado. Mas tampouco conseguimos mentalizar com facilidade a obsessão por perfumes e outros odores finos. Perdemos a aguda vigilância para o cheiro que nossos ancestrais possuíam outrora. Desde a ascensão da higiene pessoal e da saúde pública, no século XIX, ele não parece mais matéria de grande importância – o olfato foi rebaixado em nossa hierarquia dos sentidos. Embora devamos ficar satisfeitos por não ter mais urinóis fedorentos sob a cama, o vácuo de odor que emergiu no Ocidente é uma perda para a arte de viver. Como salientou o antropólogo cultural Edward Hall: "O amplo uso de desodorantes e a supressão do odor em espaços públicos resulta numa terra de insipidez olfativa difícil de reproduzir em qualquer outro lugar do mundo. Essa insipidez produz espaços indiferenciados e nos priva de riqueza e variedade em nossas vidas."[12] A história nos convida a redescobrir a antiga sensibilidade para o odor e a nos tornarmos mais sensíveis à paisagem de cheiros que nos cerca.

O DECLÍNIO DO OLFATO não pode explicar por si só por que a visão, em particular, tornou-se tão preponderante hoje, dominando os sentidos não visuais. Devemos nos voltar agora para outros desenvolvimentos históricos que alteraram o equilíbrio dos sentidos na direção dos olhos, o primeiro dos quais foi a mudança gradual da cultura auditiva para a cultura visual ocorrida a partir do século XV.

Uma importante descoberta da antropologia do século XX foi a vitalidade da palavra falada em muitas sociedades pré-letradas. A narrativa de histórias estava muitas vezes no centro da vida comunitária, e o conhecimento – o referente à religião, à caça ou ao cuidado das crianças – era transmitido verbalmente. Na África Ocidental, essa tradição oral continua encarnada no *griot*, espécie de enciclopédia cultural ambulante que narra a história e o folclore local em poesias e canções, e que pode também ser um competente satirista, além de músico. Na sociedade inglesa e celta medieval, esse papel pertencia aos bardos, poetas profissionais cujas canções e histórias eram repositórios da crônica marcial e de famílias numa era anterior ao amplo uso da escrita. Fora da aristocracia e do clero, poucos sabiam ler ou escrever. Na Idade Média as pessoas não liam a Bíblia, ouviam a palavra de Deus falada em voz alta. Não mantinham livros de endereços ou diários nem aprendiam sua profissão a partir de manuais. A fala era o meio preeminente de conhecimento humano, e a memória, a arte que a sustentava.[13]

Em seguida veio Johannes Gutenberg. Sua invenção da prensa tipográfica de tipos móveis nos anos 1430 foi o evento mais importante na história dos sentidos. Segundo o crítico cultural Marshall McLuhan, ela produziu "uma torção para o caleidoscópio de todo o sensório", desencadeando uma revolução nas comunicações em que "o olho se acelerou e a voz se aquietou".[14] A prensa tipográfica tornou o processo de aquisição de conhecimento não só mais acessível, como também mais privado e visual. Informações e ideias eram cada vez mais transmitidas na página, e as tradições orais começaram a se desfazer devagar. À medida que a indústria editorial e a educação pública se expandiram em séculos posteriores, e ficamos cada vez mais soterrados sob uma proliferação de livros, jornais e revistas, a cultura tipográfica instigada por Gutenberg tomou conta de nossas vidas pouco a pouco. Nossos antepassados pré-modernos ficariam chocados com o número de horas que a maioria de nós passa todos os dias lendo, escrevendo e olhando para letras, números e imagens em monitores eletrônicos. Se há um fator isolado que explique a crescente tendência a privilegiar a visão, este é a prensa tipográfica.

A segunda força que distorceu os sentidos em favor dos olhos foi a Reforma Protestante nos séculos XVI e XVII. Sempre houve uma desconfiança dos sentidos no seio do pensamento cristão. Na Idade Média, Tomás de Aquino afirmou que "o homem é impedido de ter uma aproximação mais estreita com Deus" pelos prazeres da carne e dos sentidos.[15] Os ideais de castidade e virgindade negavam de maneira inequívoca o sentido do tato. A emergência da flagelação no século XIII, quando se infligia dor física ao próprio corpo numa imitação do sofrimento de Cristo, era uma punição dos sentidos – mesmo que os devotos se açoitassem ocasionalmente até chegar a um estado próximo do êxtase sexual. Mas os reformadores protestantes radicais adotaram uma abordagem mais sistemática da repressão dos sentidos. Baniram a queima de incenso em suas igrejas, o que foi parte de um ataque mais amplo ao cheiro. Em *The Anatomy of Abuses*, publicado em 1583, o puritano inglês Phillip Stubbes avisou às mulheres que viria o tempo em que, "em vez de *pomanders*, almiscareiros, bálsamos, doces odores e perfumes, elas irão feder e se horrorizar no mais profundo inferno". O estímulo às papilas gustativas foi também objeto de reprovação: a comida devia ser simples, e os banquetes suntuosos eram tratados com desconfiança. Os olhos foram, em geral, poupados de críticas nesse ímpeto puritano rumo à austeridade sensorial, pois permitiam às pessoas contemplar a grandeza da criação de Deus.[16]

A visão recebeu considerável empurrão no século XVIII. No Iluminismo, afirma a historiadora dos sentidos Constance Classen, "a visão tornou-se aliada do crescente campo da ciência".[17] O microscópio era a ferramenta visual no centro de campos emergentes como a biologia, o telescópio tornou possíveis as descobertas da astronomia, e os experimentos químicos registravam o que era observado quando gases se misturavam. As verdades empíricas do Universo eram vistas, e não ouvidas ou detectadas com outros sentidos. O conhecimento científico foi depositado em acessórios visuais como mapas, cartas e diagramas. Ver transformou-se em crer, a visão se tornou compreensão. O Iluminismo foi uma era visual, em que uma luz brilhante nos ajudou a ver melhor as estruturas da realidade. O método científico prestava-se naturalmente ao uso dos olhos, e a crescente importância da ciência na cultura pública serviu para aprofundar a desigualdade entre os sentidos.

Uma quarta força que também emergiu no século XVIII foi a exibição visual de riqueza e propriedades em meio à burguesia europeia. A cultura burguesa privilegiava os olhos. O objetivo de usar um belo casaco, andar numa carruagem rebuscada ou viver numa casa grandiosa não era simplesmente desfrutar essas coisas por si mesmas, mas permitir aos outros admirá-las visualmente. O nexo entre olhos, riqueza e status social era evidente na pintura de paisagens. Considere a conhecida obra de Gainsborough, *Sr. e sra. Andrews* (1750), exposta na National Gallery de Londres. Sua característica mais interessante não é o esplêndido manejo do pincel na formação de nuvens, mas o desejo evidente do afortunado casal de que todos vejam sua vasta propriedade rural estendendo-se a distância. "Entre os prazeres que o retrato proporcionou ao sr. e à sra. Andrews", escreve o crítico de arte John Berger, "estava o prazer de se verem representados como proprietários de terras, e esse prazer foi acentuado pela habilidade da tinta a óleo para representar sua terra em toda a sua substancialidade."[18] Você pode sentir o cheiro do dinheiro? Não, mas com certeza pode vê-lo.

Nem sempre é fácil detectar os legados do passado na vida diária. Teríamos nos tornado de fato tão viciados na visão quanto parece sugerir a história dos sentidos? Alguém que escute *podcasts* avidamente enquanto dirige de casa para o trabalho de manhã; ou que não seja capaz de resistir ao cheiro de bacon; ou que esteja fazendo um curso de aromaterapia – essa pessoa diria que seu ouvido e seu nariz estão em ótima forma, que não sucumbiu à tirania dos olhos. Entretanto, dê uma olhada no típico jardim de subúrbio.

A jardinagem é um dos passatempos mais apreciados em muitos países ocidentais: na Grã-Bretanha ela tem mais de 20 milhões de devotos. Embora algumas pessoas tratem seus jardins como minissantuários de vida selvagem ou hortas, a maioria concebe a jardinagem como exercício de estética visual. O que importa, mais que qualquer outra coisa, é a aparência do jardim aos olhos. Tem a borda mista uma combinação agradável de cores, alturas e formas? Há plantas suficientes "que resistam ao inverno", que sejam bonitas o ano todo? O gramado é um tapete imaculado? Há espaço nas janelas para alegres jardineiras cheias de flores anuais vivas e

Sr. e sra. Andrews (1750), de Thomas Gainsborough. A propriedade do casal na zona rural de Suffolk estende-se até onde a vista alcança, uma paisagem não apenas de beleza naturalística, mas de prosperidade material.

vibrantes, ou para uma área de coloridas flores de canteiro? Que tal uma camélia de flores duplas no canteiro da frente, e uma admirável clematite "Polish Spirit", de um roxo carregado, subindo por trás? Quando trabalhei como jardineiro, ficou óbvio para mim que o principal objetivo do planejamento de jardins contemporâneo é criar um quadro visualmente agradável.

A maioria dos jardineiros, porém, não se dá conta de que antes de 1700 a beleza visual na jardinagem estava longe de ter a importância que tem hoje. Tome, por exemplo, a história do cultivo da rosa. Até os tempos modernos, as rosas eram cultivadas principalmente pelo odor, não pela aparência. Em *História natural*, escrita no século I, Plínio, o Velho, apresenta uma discussão detalhada de que climas produzem rosas com os melhores perfumes e como colher uma rosa de modo a preservar-lhe o aroma. As rosas tinham importância em jardins medievais e renascentistas, em especial pela fragrância, o que explica por que Shakespeare declarou: "Uma rosa por outro nome teria o mesmo doce perfume" – em vez de dizer "seria igualmente linda". Num dos livros de jardinagem mais populares do século XVII, o primeiro prêmio vai para a rosa-damascena por possuir "o mais excelente odor doce e agradável". Mas em paralelo à extinção do odor no Ocidente, a fragrância desapareceu como atributo desejado da rosa desde o século XVIII, aproximadamente. Cada vez mais, novos cultivares foram produzidos em razão de tamanho e cor, com pouca atenção ao odor. Nos anos 1890, um historiador da jardinagem foi levado a escrever: "Um roseiral de hoje assombraria os donos de jardins na Idade Média, e a variedade de formas e cores os deixaria perplexos, contudo, em algumas das rosas mais belas, eles sentiriam falta do que, a seu ver, era a característica essencial de uma rosa, seu doce perfume!"[19] As rosas desodorizadas que hoje enchem tantos jardins são um símbolo da força repressora que os olhos exercem sobre os demais sentidos.

História semelhante pode ser contada sobre a evolução do planejamento dos jardins. Os primeiros jardins foram criados não apenas para efeito de prazer e beleza, mas para transmitir significados simbólicos – para estimular a mente por meio de alegoria e metáfora. Ao entrar num antigo "jardim paradisíaco" persa, você tinha de cruzar canais de água que representavam os quatro rios do céu. Uma vez dentro, encontraria uma profusão de árvores frutíferas, simbólicas dos frutos da terra criada por Deus. Os jardins chineses também eram cheios de significados alegóricos. Cem anos antes do nascimento de Cristo, o imperador Wei, da dinastia Han, projetou um parque contendo lagos artificiais e ilhas para representar o antigo mito sobre as moradas de deuses imortais. Na Europa medieval, as plantas eram com frequência cultivadas por seu simbolismo, muitas vezes baseado em tradição bíblica ou folclore antigo. Um lírio aludia à pureza da Virgem Maria, uma violeta, à humildade e paciência. O rosmaninho era símbolo da recordação, ao passo que murta e rosas representavam o amor. Essa tradição foi mais tarde revivida, mas apenas brevemente, pela linguagem das flores na era vitoriana.[20]

Assim como as rosas perderam a fragrância, o simbolismo também foi extirpado do projeto do jardim em favor do prazer visual. Isso começou com a ascensão do plantio geométrico e da topiaria no Renascimento francês, refletindo o entusiasmo clássico pela ordem visual e a simetria. A mania do paisagismo, liderada por Capability Brown no século XVIII,

Sentidos 187

dava precedência à criação de belos panoramas pastorais. A mudança mais significativa, porém, foi a crescente popularidade do jardim de chalé inglês, no século XIX, que transformou o jardim privado numa tela visual a ser coberta de cores harmoniosas. A suma sacerdotisa desse movimento foi Gertrude Jekyll, que ainda é uma das projetistas de jardim mais influentes dos últimos duzentos anos. "O objetivo de um jardim é proporcionar felicidade e repouso à mente", escreveu ela, "pela representação da melhor espécie de beleza pictórica de flores e folhagens." As cores à disposição de um jardineiro deviam ser tratadas como a "paleta de um pintor", e o projeto era, em essência, um exercício de composição de cores. Gertrude Jekyll, que sempre quisera ser pintora, tratava o jardim como uma aquarela impressionista, em que a principal preocupação era transmitir imagens visuais delicadas.[21]

É verdade que alguns jardineiros contemporâneos estão ficando mais interessados nos estímulos sensoriais do odor e da textura, e alguns experimentos ocasionais são feitos com projeto simbólico, como o "Jardim de Especulação Cósmica", de Charles Jencks, na Escócia, baseado na estrutura do DNA. Mas hoje a jardinagem continua basicamente presa ao modo pictórico do século XIX. Um foco excessivo em satisfazer os olhos eliminou a complexidade sensorial, as múltiplas camadas de significado e a autoexpressão que impregnavam os jardins do passado, substituindo-as pelo "espetáculo de cores" celebrado nas revistas de jardinagem. "Em nosso século", conclui um historiador do simbolismo das plantas, "as flores foram banalizadas."[22]

OCUPAMOS AGORA UMA sociedade hipervisual. A visão tornou-se cada vez mais o filtro-padrão para nossas experiências sensoriais, e nossas percepções de som e odor talvez estejam mais embotadas que em qualquer outro momento da história ocidental. O paladar tampouco foi capaz de competir com a visão, ainda que tenhamos nos tornado mais aventurosos à mesa durante o último meio século, fazendo experimentos com coisas como tabule e camarão *à la* Sichuan. O resultado é que não só a maioria de nós deixa de desenvolver a sofisticação sensorial que está à nossa disposição biológica, como também estamos nos acostumando às realidades fugazes das impressões superficiais. Apreciaremos um filme por seus efeitos especiais em 3-D, mesmo que o enredo e a atuação sejam ruins, ou admiramos um político que tem boa imagem na televisão, mesmo que suas políticas careçam de substância.[23]

No entanto, há uma maneira de escapar de nossa privação sensorial, um meio de reabastecer o pleno espectro das sensações. Precisamos nos pôr no lugar de pessoas que desenvolveram níveis tão extremos de consciência sensorial que tiveram uma experiência mais nuançada da vida cotidiana. Voltemo-nos para duas pessoas que podem nos fornecer inspiração que nos permita cultivar nossos sentidos negligenciados e expandir a própria consciência humana.

As possibilidades da escuridão

Na tarde da segunda-feira, 26 de maio de 1828, um sapateiro na cidade alemã de Nuremberg notou um jovem desnorteado vestido como camponês que vagava sem rumo pelas ruas. Ele só conseguia murmurar algumas palavras incoerentes, e descobriu-se que carregava uma carta declarando que havia nascido em 1812 e era filho de um falecido oficial da cavalaria. A única coisa que era capaz de escrever era seu nome: Kaspar Hauser.

Após passar várias semanas detido na cadeia local por vadiagem, foi acolhido pelo dr. Georg Friedrich Daumer, professor e filósofo que, pouco a pouco, o ensinou a falar. Por fim, Kaspar revelou sua incrível história: desde quando podia se lembrar, vivera trancado numa cela escura de dois metros de comprimento por um metro de largura. Recebia pão e água todos os dias de um homem que nunca via, dormia num leito de palha e seu único bem era um cavalo entalhado em madeira. Quem era essa estranha criança enjeitada, de apenas 1,45 metro, que revelava talento incomum para desenhar e parecia ter vindo do nada? Será que era o herdeiro do trono de Baden, sequestrado e preso por rivais inescrupulosos para impedir que subisse ao poder? Os mistérios que envolviam o adolescente aprofundaram-se em 1829, quando ele foi atacado por um agressor desconhecido. Em 1833, o rapaz sofreu novo ataque – segundo afirmou, também de um desconhecido –, recebendo uma punhalada no peito esquerdo. Em poucos dias estava morto. Alguns acharam que fora vítima de intriga política. Outros, que tirara a própria vida por acidente. O enigma de Kaspar Hauser nunca foi solucionado.

A despeito de todas as incertezas, o que sabemos é que ele tinha extraordinárias habilidades sensoriais. Estas foram meticulosamente registradas por um respeitado jurista, Anselm von Feuerbach, que desenvolvera interesse pessoal pelo seu caso. Feuerbach notou "a argúcia e intensidade quase sobrenaturais de suas percepções sensoriais", que talvez tenham se desenvolvido graças ao fato de ele ter passado tantos anos preso no escuro, obrigado a concluir o máximo a partir dos poucos estímulos disponíveis. Cuidadosos experimentos revelaram que Kaspar tinha uma vista fora do comum e podia praticamente ver no escuro. No crepúsculo, quando a maioria das pessoas só detectava algumas estrelas, ele era capaz de ver centenas delas nas várias constelações; a sessenta passos de distância, distinguia bagas individuais de sabugueiro num cacho e diferençava-as das groselhas-pretas adjacentes. Seu ouvido, extremamente afinado, era capaz de reconhecer pessoas pelo som dos passos. Sua sensibilidade ao cheiro tornou-se famosa. Podia distinguir macieiras, pereiras e ameixeiras a grande distância simplesmente pelo cheiro das folhas. Mas o olfato lhe causava também considerável sofrimento. "Os odores mais delicados e deliciosos de flores, por exemplo, da rosa, eram percebidos por ele como fedores insuportáveis, que lhe afetavam penosamente os nervos", registrou Feuerbach. Ele sentia o cheiro de cadáveres enterrados, o que lhe provocava violenta ansiedade. Tendo vivido na temperatura constante da masmorra, era hipersensível a calor e frio: a primeira vez que tocou a neve, gritou de dor.

O mais extraordinário de tudo era a percepção que Kaspar tinha de campos magnéticos. Quando o polo norte de um ímã estava apontado na sua direção, ele se sentia atraído para ele, como se uma corrente de ar estivesse vindo do ímã. O polo sul, dizia, soprava sobre ele. Quando dois incrédulos professores conduziram vários experimentos projetados para enganá-lo, descobriram que Kaspar realmente possuía um claro e poderoso sentido magnético – um dos sentidos "extras" que, como já se observou, os cientistas contemporâneos identificaram.[24]

Que podemos aprender com a biografia sensorial de Kaspar Hauser? Sem dúvida que o ambiente pode alterar as habilidades sensoriais, aguçando-as até níveis inesperadamente altos. Sua sensibilidade ao cheiro era semelhante à encontrada entre muitas crianças selvagens, sugerindo, segundo Constance Classen, "que esse sentido pode ser, por natureza, de grande importância para seres humanos, e que só perde seu destaque quando reprimido pela cultura".[25] Assim, se fizéssemos um esforço regular, talvez também fôssemos capazes de sentir o cheiro das folhas de uma árvore frutífera, ou de aprender a distinguir sutis diferenças de odor entre variedades de maçã. É também digna de nota a rapidez com que a sensibilidade super-humana de Kaspar foi desaparecendo. Meses depois de ter fugido da masmorra, ele já estava tão acostumado à luz natural e artificial que sua visão noturna começou a desaparecer, e embora ainda conseguisse andar no escuro, não lia nem discernia objetos muito pequenos. Seu paladar ajustou-se depressa: de início avesso a quase qualquer comida além de pão – sua dieta básica durante anos –, logo passou a comer a maioria das carnes. Ele se queixava também de que a audição tornara-se menos aguçada após a imersão na sociedade. Cultura e contexto, ao que parece, jogam um jogo constante com os sentidos, alterando o equilíbrio entre eles, estimulando-os a florescer, mas também a embotar-se. A oportunidade que se abre para nós é participar do jogo, procurando meios de ajudar a expandir nossas faculdades sensoriais.

Como Kaspar Hauser, há outro ícone sensorial que nunca deveríamos esquecer: Helen Keller. Nascida numa família próspera no norte do Alabama, em 1880, Helen teve uma infância normal até os dezenove meses, quando sofreu uma terrível doença – provavelmente meningite – que a deixou surda e cega. Nos anos seguintes, ela se tornou uma criança voluntariosa e agressiva. Trancava membros desavisados da família em seus quartos e depois escondia a chave, e tinha violentos acessos de raiva quando não conseguia impor sua vontade ou se frustrava pela incapacidade de se comunicar. Mas quando a menina tinha sete anos, sua vida mudou por completo. Seu pai pediu conselho ao dr. Alexander Graham Bell – não apenas o inventor do telefone, mas um renomado especialista em surdez –, que lhe sugeriu contratar uma professora da Perkins Institution for the Blind em Boston. Alguns meses depois, Anne Mansfield Sullivan chegou para morar com a família no Alabama.

O método que Anne adotou para ensinar Helen a se comunicar foi "falar" em sua mão, usando uma série de sinais manuais que representavam as letras do alfabeto, uma espécie de código Morse dedilhado. A princípio Helen era incapaz de fazer qualquer conexão quando a palavra b-o-n-e-c-a era grafada numa de suas mãos enquanto ela segurava sua boneca na outra. Mas logo ocorreu um dos momentos mais transformadores da história sensorial, quando Anne enfiou a mão da aluna sob um jorro d'água. Como Helen registrou em sua autobiografia:

> Quando o jorro fresco esguichou sobre a mão ela grafou na outra a palavra água, primeiro devagar, depois depressa. Fiquei parada, toda a minha atenção fixada nos movimentos de seus dedos. De repente, senti uma vaga consciência, como que de algo esquecido – a emoção de um pensamento que retorna; e de alguma maneira o mistério da linguagem me foi revelado. Eu soube então que "á-g-u-a" significava aquela maravilhosa coisa fresca que fluía sobre minha mão. O mundo vivo despertou em minha alma, deu-lhe luz, esperança, alegria, libertou-a!

Helen tinha aprendido que tudo tinha um nome, e que o alfabeto manual era a chave do conhecimento. "Quando voltamos para a casa, cada objeto que eu tocava parecia palpitar com vida."[26] Em poucas horas ela havia acrescentado mais trinta palavras a seu vocabulário. Logo estava lendo em braille, e três meses apenas após a revelação da água, Helen escreveu sua primeira carta. Embora amortalhado num mundo escuro, sem sons, seu intelecto floresceu. Em 1900 ela ingressou no Radcliffe College, e quatro anos depois foi a primeira pessoa surda e cega a se formar numa instituição de ensino superior. Após cursar a universidade, estabeleceu-se como escritora e conferencista, defensora apaixonada dos surdos e cegos e militante socialista. Sua fama espalhou-se, e ela conheceu os grandes e os bons de seu tempo – de Mark Twain ao presidente Kennedy –, em geral com Anne Sullivan a seu lado, traduzindo em sua mão. Sua autobiografia, *A história da minha vida*, vendeu milhões de exemplares e foi transformada no filme ganhador do Oscar *O milagre de Anne Sullivan*, produzido durante sua vida, e que ela nunca pôde ver.

A vida de Helen é lembrada muitas vezes como uma história edificante de triunfo pessoal sobre a extrema adversidade física. Mas ela também é uma inspiração sobre maneiras de nos desenvolvermos sensorialmente. Como Kaspar Hauser, Helen possuía habilidades sensoriais extremamente aguçadas. Ao contrário dele, porém, ela se deliciava com os prazeres dos sentidos, e era capaz de expressar suas experiências perceptuais com uma beleza poética. Seus escritos nos introduzem ao mais sublime e complexo mundo sensorial imaginável. Helen possuía o que chamava de "mão que vê":

> Ideias compõem o mundo em que vivemos, e impressões fornecem ideias. Meu mundo é feito de sensações táteis, desprovido de cor física e som; mas sem cor e som ele respira e pulsa com vida. ... O frescor de um nenúfar desenvolvendo-se em flor é diferente do frescor de um vento da tarde no verão, e diferente ainda do frescor da chuva que penetra no coração das coisas que crescem e lhes dá vida e corpo. O veludo da rosa não é o de um pêssego maduro ou o da bochecha marcada por uma covinha de um bebê. A dureza da rocha é para a dureza da madeira o que a voz de baixo profundo de um homem é para a voz de uma mulher, quando ela é grave. Encontro o que chamo de beleza em certas combinações de todas essas qualidades, e ela provém em grande parte do fluxo de linhas curvas e retas que está sobre todas as coisas. ... Lembre-se de que você, que depende de sua visão, não se dá conta de quantas coisas são tangíveis.[27]

Sentidos 193

Helen Keller em comunhão sensorial com a natureza, por volta de 1907.

Helen ouvia música clássica através de suas vibrações e era capaz de determinar a idade e o sexo de estranhos pela ressonância de seu andar nas tábuas dos assoalhos. Um dia, quando passeava por uma mata favorita, ela sentiu uma lufada de ar inesperada vindo de um lado, e soube que árvores próximas, que amava, deviam ter sido derrubadas recentemente. Era capaz de reconhecer todos os seus amigos pelo cheiro. Afirmava até compreender o que era cor pelo poder da analogia: "Compreendo como escarlate pode ser diferente de carmim porque sei que o cheiro de uma laranja não é o de uma toranja." Mas reconhecia os limites de seu conhecimento, pois nunca podia sentir uma sala ou uma escultura em sua inteireza, e estava sempre juntando as pequenas porções do mundo que seus dedos podiam tocar em qualquer momento.

Qual a mensagem de Helen Keller para a arte de viver? "Andei com pessoas cujos olhos estão cheios de luz, mas que não veem nada na mata, no mar ou no céu, nada nas ruas das cidades, nada nos livros. Que estúpida pantomima é essa visão! ... Quando eles olham para as coisas, enfiam as mãos no bolso. Sem dúvida essa é uma razão por que seu conhecimento é muitas vezes tão vago, impreciso e inútil." Nossa tarefa, ao que parece, é tirar as mãos do bolso e cultivar todos os nossos sentidos. É assim que podemos alimentar nossa mente e, em última análise, aprofundar nossa experiência de vida.[28]

Os joelhos de Lázaro

Os sentidos podem ser uma dimensão desafiadora da vida cotidiana. Algumas pessoas sentem-se vítimas de um ataque sensorial – um constante bombardeio de imagens e ruídos cacofônicos as compele a buscar calma e silêncio, a dessintonizar seus sentidos. Outras levam vidas tão agitadas que não têm tempo para apreciar o universo sensorial. No entanto, se tivéssemos Helen Keller como companheira constante durante cada dia, haveríamos por certo de reconhecer que os sentidos são uma dádiva, e seríamos encorajados a fazer de seu cultivo uma prioridade pessoal. Como deveríamos começar a sintonizá-los em vez de dessintonizá-los?

Certa vez pedi a uma amiga cega que planejasse um percurso turístico sensorial através de Oxford. O ponto de partida, disse ela, teria de ser a capela do New College, na Universidade Oxford, onde se encontra uma escultura de Lázaro da autoria de Jacob Epstein. Perguntei-lhe por quê. "Toque-o", disse ela, "ele tem os joelhos mais bonitos do mundo."

Dali, uma excursão até o Covered Market, para a pessoa se perder em meio aos odores medievais de peixe defumado, serragem de açougueiro, cogumelos selvagens e couro de sapateiro, seguida de uma caminhada às cegas pelo caminho de sirga do Tâmisa. Mais uma vez fiquei intrigado. "Não é só uma questão de sentir a brisa fresca do rio ou de ouvir o bater das asas dos gansos-do-canadá", ela explicou. "Há uma tensão em caminhar pelo caminho de sirga, uma sensação de que poderíamos cair a qualquer momento, se escorregássemos. Isso nos mantém alertas, num estado de completa atenção." O passeio terminaria no Ashmolean Museum. "Uma vez tive um historiador da arte para me mostrar seu retrato favorito ali", ela me contou. "Pedi-lhe que o descrevesse, e ele começou a me falar sobre manejo de pincel, composição e toda sorte de tolices. Perguntei-lhe então – *mas como o pintor fez o rosto parecer humano?* Ele não teve uma resposta para isso, porque nunca havia olhado realmente para sua pintura favorita." Se minha amiga fosse o guia da excursão, os visitantes seriam solicitados a descrever pinturas para ela, para aprenderem a vê-las com um novo olhar.

Vamos imaginar que somos viajantes sensoriais iniciando excursões em nossa paisagem local para descobrir as profundidades e belezas ocultas. Você seria capaz de criar um itinerário sensorial para explorar seu bairro, ou mesmo sua própria casa? Ou simplesmente podemos concentrar a atenção no cheiro e textura da comida que comemos toda noite, à procura das palavras certas para descrever essa experiência culinária. Que cheiro tem a pele de uma ameixa madura, que sensação ela provoca na boca? Vale também se esforçar para afiar os sentidos não tradicionais, por exemplo, praticando ioga ou a "técnica de Alexander", para desenvolver a sensação cinestésica de movimento corporal e equilíbrio. Deveríamos apreciar nossos sentidos como uma fonte potencial de consolo. Certa vez superei uma grande mágoa fazendo uma excursão a pé ao longo da costa galesa, concentrando-me cada dia num sentido diferente – olfato, audição, visão. Não foi apenas uma distração de minha dor pessoal, mas uma imersão mais positiva no presente, quase um ato de meditação.

Os sentidos são uma das maneiras mais preciosas de aprender sobre o mundo e sobre nós mesmos. A maioria de nós mal começou a explorar seu poder latente. A ativação dos sentidos é uma liberdade esquecida que todos possuímos e pode acrescentar novas dimensões de significado e experiência a nossas vidas. É tempo de nos abrirmos para todos os deleites, surpresas, curiosidades e lembranças que estão à nossa espera.

8. Viagens

"Viajar é dispersar a névoa da fábula, limpar a mente do preconceito ensinado desde a primeira infância e facilitar o perfeito entendimento."[1] Este era o credo de Thomas Cook, o improvável inventor do pacote de férias e fundador da agência de viagens de maior sucesso do século XIX. Hoje a firma que ainda leva seu nome vende a variedade usual de viagens a preço baixo para resorts à beira-mar, cruzeiros de luxo e escapadas de fim de semana para cidades românticas. Mas tudo começou com uma missão muito diferente. No início da década de 1840, Cook, pregador batista leigo e membro fanático do movimento da temperança nas Midlands inglesas, teve uma ideia brilhante. Ele organizaria uma excursão que permitiria a trabalhadores pobres de Leicester comparecer a uma assembleia em prol da temperança na cidade próxima de Loughborough, onde uma série de pastores piedosos os exortaria a se absterem da bebida do demônio e a tomar o caminho de Deus.

Embora isso possa não corresponder à nossa ideia de passeio perfeito para um feriado, em 5 de julho de 1841 mais de quinhentas pessoas embarcaram no trem especialmente fretado por Cook e fizeram a viagem de 35 quilômetros até Loughborough, acompanhadas por uma banda de metais que se espremeu no trem com elas. Os excursionistas, que pagaram cada qual um xelim pela viagem, ouviram discursos estimulantes em defesa dos benefícios da abstenção do álcool, desfrutaram um piquenique à guisa de almoço e terminaram o dia com jogos de cabra-cega, danças em grupo e uma partida de críquete. Depois dessa experiência inovadora de turismo de massa organizado, Cook passou a promover pacotes de excursão para a Europa e a Terra Santa, mantendo preços tão baixos que a viagem para o exterior ficava ao alcance de operários e empregados de escritório, deixando de ser um monopólio da burguesia e da classe alta. Em 1861, mil pessoas, inclusive duzentos operários de cotonifícios de Bradford, viajaram a Paris pagando apenas uma libra por uma passagem de ida e volta. Cook acreditava que suas excursões deviam oferecer aos trabalhadores não apenas uma pausa para descansar de suas tarefas rotineiras, mas oportunidades para que ampliassem a mente por meio de novos confrontos culturais. Viagens, ele afirmava, podiam criar "fraternidade universal".

Apesar dessa visão, Cook morreu amargurado em 1892, aos 83 anos. Nessa altura, sua firma era um nome famoso e uma das primeiras marcas globalmente reconhecidas do mundo. Mas desde os anos 1870, quando seu filho John Mason Cook assumiu a direção, a companhia havia se tornado cada vez mais comercial nos objetivos. Agora ela cultivava uma clientela rica, que incluía membros de famílias reais europeias e marajás indianos, e só promovia as rotas mais lucrativas. Vender os novos travellers' cheques tornou-se mais importante que organizar excursões espirituais ou forjar o entendimento mútuo através das fronteiras. Thomas acabou excluído das operações da companhia por seu ambicioso filho. Com isso, a história da viagem perdeu seu principal missionário.[2]

A história da Thomas Cook & Son é uma parábola para nossos dias e nos convida a considerar de que maneira viajamos e que papel queremos que isso desempenhe em nossas vidas. É suficiente passar as férias deitados ao sol com um coquetel ao lado, ou fazendo curtas perambulações a partir de um chalé alugado no campo, ou deveríamos, como Thomas Cook, ver a viagem como uma maneira de mudar a pessoa que somos? Por que deveríamos fazer fila tão prontamente para ter um vislumbre da *Mona Lisa* ou tirar uma foto em frente ao Taj Mahal? Como deveríamos nos envolver em outras culturas nas viagens, que tipos de jornada têm mais probabilidade de transformar nossa arte de viver?

É pouco provável que os consultores em nossa agência de viagens local forneçam respostas para essas questões. Os consultores mais informativos, creio, são os viajantes da história. Eles podem nos inspirar a viajar de maneiras que Thomas Cook teria admirado, levando em conta a advertência do poeta romano Horácio, que escreveu: "Mudam seu clima, não sua alma, aqueles que se precipitam através do mar." Há quatro tipos históricos que poderíamos tentar imitar, cada qual representando um estilo diferente de viagem: o peregrino, o turista, o nômade e o explorador. Você pode se identificar com um ou mais deles. Eles nos guiam em viagens que acentuam nossa alma, não apenas nosso bronzeado.

O peregrino

Todo ano, mais de meio milhão de pessoas faz a peregrinação a Graceland, o antigo lar de Elvis Presley em Memphis, Tennessee. Elas prestam homenagem a seu túmulo, depois desfilam, obedientes, diante de sua *memorabilia*, que inclui uma seleção dos famosos macacões cobertos de lantejoulas, e por fim partem, após comprar uma camiseta escrita Elvis. Mas seria "peregrinação" a palavra certa para descrever uma visita a Graceland? A tradicional peregrinação religiosa – central para todos os credos mais importantes do mundo e que arrasta os fiéis para beijar o gasto dedo do pé de são Pedro em Roma, girar em torno da Caaba ou se banhar nas águas sagradas do Ganges – tem dois ingredientes vitais: um destino significativo e uma viagem árdua e potencialmente capaz de transformar a vida de quem a empreende. Ainda que os fãs de Elvis possam chorar à visão de sua lápide, poucos terão feito grande esforço para chegar a Graceland. Muito provavelmente voaram até Memphis ou chegaram numa excursão de ônibus. Isso não se compara à expedição de santa Helena, mãe do imperador romano Constantino, que com mais de setenta anos fez uma viagem por terra com sua comitiva passando por Bizâncio e Anatólia, pernoitando em sessenta lugares diferentes, para fazer a primeira peregrinação cristã a Jerusalém, em 327. E assemelha-se menos ainda à viagem de Ibn Battuta, o Marco Polo muçulmano, que visitou Meca quatro vezes em uma odisseia de 120 mil quilômetros no século XIV que o levou de sua Tânger natal até lugares tão distantes quanto a Índia e o Ceilão, e que durou quase trinta anos.[3]

A peregrinação continua importante hoje porque sugere uma maneira de viajar perdida em nossa era mais profana. Os peregrinos da história tinham pouco interesse em gozar umas férias sossegadas. Eram verdadeiros viajantes no sentido original da palavra inglesa "travel" – que deriva de "travail", que significa sofrer ou labutar. Suas viagens eram um rito de passagem desafiador que dava a suas vidas um senso de propósito e expandia suas experiências e imaginação. Esse foi, sem dúvida, o caso de dois dos peregrinos mais originais, um deles um poeta japonês do século XVII, o outro um peregrino da paz que andou de Déli a Washington como ato de protesto político.

Nascido em 1644, numa família de samurais, Matsuo Bashô distinguiu-se na juventude como escritor da forma de poesia haicai, de dezessete sílabas. Após formar-se em meditação zen com um sacerdote budista, tornou-se recluso, escrevendo versos numa choça nos arredores de Edo, hoje Tóquio. Nos últimos dez anos de vida, contudo, Bashô empreendeu várias peregrinações pelo Japão, levando consigo pouco mais que sua pedra de tinta, pincel, papel e um sobretudo. Ao explicar o propósito de suas viagens, ele escreveu:

> Seguindo o exemplo do antigo sacerdote que, ao que se diz, viajou milhares de quilômetros sem se importar com seus mantimentos e alcançou o estado de êxtase sob os raios puros da Lua, deixei minha casa destruída no rio Sumida, no final de agosto do primeiro ano de Jyokyo (1684), em meio aos gemidos do vento de outono.[4]

Bashô pertenceu a uma tradição japonesa de peregrinação budista em que a própria viagem era considerada um caminho de progresso pessoal rumo à iluminação – ou, como dizem os textos atuais de autoajuda, a viagem era mais importante que o destino.[5] O que de fato o motivava não era simplesmente curvar-se diante de santuários budistas, mas ter em suas viagens experiências que desenvolvessem o autoentendimento. Ele buscava viagens interiores, não exteriores. Na mais famosa delas, registrada em *A estreita estrada para o norte profundo*, Bashô vendeu sua casa e em seguida passou mais de dois anos como caminhante pelas províncias do norte da ilha de Honshu, por vezes sozinho, por vezes com um companheiro. Naturalmente ele visitava sítios de peregrinação budistas, como templos nas montanhas, mas a característica singular de sua viagem era também peregrinar por lugares não religiosos com grande significado pessoal para ele. Assim, foi ao eremitério isolado de seu mestre de meditação Bucchô, visitou velhos amigos e parentes e prestou homenagem a salgueiros e pinheiros famosos, mencionados nas obras de seus predecessores poéticos. A sensibilidade emocional de Bashô era igualada por sua aguda percepção sensual. O idoso poeta parava para ouvir o canto de uma cigarra ou sentir a brisa na face:

É na verdade bendito
Este Vale do Sul
Onde o vento suave sopra
O tênue aroma da neve.

Bashô percebia que a melhor maneira de fazer uma viagem espiritual interior era a pé, mesmo que isso tornasse o viajar mais extenuante. Andando com sandálias de palha, em vez de correr no lombo de um cavalo, ele tinha tempo para contemplar as belezas de uma cerejeira, para conversar com outros viajantes na estrada, admirar o luar de outono e deleitar-se com a paisagem natural à sua volta. O ritmo regular de seus passos induzia um estado de calma meditativa, permitindo à sua mente "ganhar certo equilíbrio e serenidade, não mais vítima de irritante ansiedade".[6] Ele também tinha uma veia aventurosa, e parecia divertir-se fazendo desvios aleatórios nas viagens ou perdendo-se e descobrindo aldeias inesperadas. Bashô era a última pessoa que teria enterrado o nariz num mapa, e foi a primeira a transformar a perambulação numa forma de arte.[7]

Enquanto a maioria dos peregrinos é inspirada por um deus a empreender suas viagens, um dos peregrinos mais radicais do século XX foi inspirado por um filósofo ateu. Em 1961, Satish Kumar, ex-monge jainista, estava sentado num café em Bangalore quando leu que Bertrand Russell havia sido preso numa manifestação antinuclear em Londres. Virando-se

Apuradamente vestido com o traje de gala do peregrino, Bashô faz uma pausa na perambulação para participar de um festival de meados do outono com dois fazendeiros.

para seu amigo Prabhakar Menon, ele disse: "Aqui está um homem de noventa anos que praticou a desobediência civil e foi para a cadeia. E nós, o que estamos fazendo?"

Essa questão inspirou uma ideia: eles fariam uma "Peregrinação pela paz", andando da Índia até Moscou, Paris, Londres e Washington, visitando as quatro capitais nucleares em protesto contra a bomba. Se você acha que era um plano maluco, mais extraordinário ainda foi que eles decidiram, por uma questão de princípio, empreender a viagem sem absolutamente um tostão, acreditando que o dinheiro seria um obstáculo ao contato humano genuíno. Sem vintém, eles seriam forçados a falar com as pessoas, pedir-lhes hospitalidade, e assim teriam melhores condições de difundir sua mensagem política.

Partindo do túmulo de Gandhi em Déli, em 1962, os dois viajaram quase 13 mil quilômetros durante um período de dois anos, quase sempre a pé. Onde quer que fossem, encontravam defensores de sua causa que lhes davam generosamente alimento e abrigo. O anfitrião em Cabul os presenteou com um barrete de pele, como preparativo para uma jornada através das montanhas até Herat. No Irã, alguém os viu andando com sapatos rotos e lhes comprou outros novos. Uma mãe armênia lhes deu quatro pacotes de chá, que eles por sua vez deveriam dar aos quatro líderes do mundo, com a mensagem de que, se ficassem loucos e pensassem em apertar o botão nuclear, deveriam parar, tomar uma xícara de chá recém-preparada e acalmar-se. "Isso lhes dará uma chance de lembrar que as pessoas simples do mundo querem pão, não bombas, querem vida, não morte", disse ela.

Embora Kumar e Menon tenham finalmente chegado às quatro capitais nucleares, não lhes foram concedidas audiências com presidentes e primeiros-ministros. Eles escaparam da tentativa de deportá-los de parte das autoridades soviéticas fugindo de Moscou e andando 45 dias pela neve até a fronteira polonesa. Em Paris, foram jogados numa cadeia imunda por protestarem contra armas nucleares diante do palácio presidencial. A peregrinação arrebatou a imaginação de ativistas pela paz no mundo inteiro, e onde quer que fossem eles se tornavam celebridades da mídia. Tomaram chá e comeram bolo com seu herói Bertrand Russell em seu remoto chalé galês, e quando estavam nos Estados Unidos conheceram Martin Luther King, que os recebeu com alegria em sua casa.

Sob alguns aspectos, a peregrinação foi um fracasso. "Não encontramos alguém na caminhada que não quisesse paz, mas ninguém parecia saber como alcançá-la", escreveu Kumar em sua autobiografia. Contudo, ele encontrou consolo na dimensão espiritual das viagens. "Em minhas andanças, eu experimentava uma sensação de união com todo o céu, a terra e o mar infinitos. ... Era como se, caminhando, eu estivesse fazendo amor com a própria terra." Ao depender da ajuda de estranhos durante as viagens sem dinheiro, eles descobriram quanta bondade e solidariedade havia no mundo todo. "Uma humanidade comum emerge – quer dormíssemos em camas confortáveis, no chão de um estábulo ou debaixo de uma árvore, tudo era uma dádiva."[8]

Que significaria empreender uma peregrinação hoje? Uma lição que nos vem das viagens de Bashô e Satish Kumar é que deveríamos escolher um destino pessoalmente significativo, envolvendo uma jornada às raízes ou à fonte de algo importante – a história de nossa família, ou talvez nossas crenças políticas. Você poderia viajar à aldeia na Irlanda onde sua bisavó nasceu, visitar o túmulo dela e as ruas onde teria brincado quando criança. Se tiver se formado em enfermagem, faria uma peregrinação a locais inspiradores da história de sua profissão, como o quartel militar em Üsküdar, na Turquia, onde Florence Nightingale tratou soldados feridos na Guerra da Crimeia.

A segunda lição é que a viagem deveria ser um desafio, e idealmente envolve a caminhada. Tomar um avião para nosso destino e depois seguir de táxi para um hotel cinco estrelas é algo que não teria impressionado Bashô. Deveríamos despender tempo viajando, deixando espaço livre em nossa mente para a contemplação e seguindo num ritmo lento o bastante para apreciar as belezas e as torpezas da paisagem, quer ela seja uma cadeia de montanhas, quer seja um bairro miserável no centro de uma cidade. Esqueça o carro: calce umas sandálias de palha e comece a caminhar a céu aberto. Deveríamos também enfrentar situações de adversidade, para que a viagem se torne uma busca de aprendizagem sobre nós mesmos. Isso não quer dizer que devemos sair de casa sem dinheiro no bolso, como Satish Kumar, com a perspectiva de mendigar o jantar a cada noite. Significa apenas que pode ser uma experiência edificante abandonar os confortos habituais por algum tempo e sermos forçados a exigir de nós mesmos para alcançar um objetivo. Uma vez empreendi uma peregrinação com minha companheira, saindo de nossa casa em Oxford para visitar meus pais na Alemanha. Ela começou com uma viagem pelo ônibus 5 até a estação ferroviária. Depois, múltiplas viagens de trem, primeiro para Londres, em seguida no Eurostar, até Bruxelas, e mais uma viagem de trem através da fronteira até o vale do Mosela. De lá tomamos um barco para descer o rio, depois caminhamos com as mochilas nas costas por vários dias, ao longo do rio, circundando montes, armando acampamento nas florestas de faias. Foi uma experiência árdua, as mochilas eram pesadas e incômodas, nossos pés doíam. Numa noite, nossa barraca foi quase arrebentada por um javali brincalhão. Mas, como se costuma dizer, aquilo é formador do caráter. Quando por fim batemos à porta de meus pais, precisando desesperadamente de um chuveiro, senti que era de algum modo apropriado ter feito tamanho esforço para me reunir a duas das pessoas mais importantes em minha vida.

A última lição, pela qual podemos agradecer a Bashô, é que deveríamos cultivar a nós mesmos como vagabundos. A maioria das pessoas quer chegar a seu destino nas férias o mais rápido possível, e veem a viagem até o apartamento à beira-mar ou chalé de esqui como um mal necessário, que devem tolerar antes que as verdadeiras férias comecem. Mas a tradição da peregrinação sugere que não deveríamos ser obcecados por nossos destinos. Podemos estabelecer um objetivo, mas não importa que nunca o alcancemos, contanto que a viagem nos tenha ensinado alguma coisa sobre a arte de viver. Talvez nosso destino final seja algo a evitar. Bashô nos aconselharia a não planejar a rota das viagens com excessivo rigor, e até a jogar fora o mapa ou o GPS, se tivermos coragem para tanto. Permita a si mesmo ficar perdido – essa é a melhor maneira de se encontrar, certamente ele diria. Quando você anda por uma grande cidade, permita que o Sol seja seu guia, ou siga cheiros curiosos ou sons incomuns, usando os sentidos como bússola. Antes de chegar ao destino, desça do trem numa estação cujo nome o intrigue, ou onde ninguém mais desembarca, depositando suas esperanças na descoberta agradável que o acaso talvez lhe reserve. Como um peregrino, você descobrirá que a viagem não é um meio para um fim, mas um fim em si mesmo, assim como Constantine Cavafy reconheceu em seu poema "Ítaca" (1911).

> Mantenha Ítaca sempre em sua mente.
> Você está destinado a chegar lá.
> Mas não apresse de modo algum a viagem.
> É melhor que ela dure anos,
> de modo que você esteja velho quando alcançar a ilha,
> rico de tudo que ganhou no caminho,
> não esperando que Ítaca o enriqueça.

O turista

Quando eu tinha catorze anos, meus pais me tiraram da escola em Sydney durante três meses para viajar pela Europa, acampando. Visitamos mais de uma dezena de países e vimos todas as atrações turísticas, em especial na Itália. Subi na inclinada Torre de Pisa, desfilei diante das grandes obras de arte do Renascimento na Galeria Uffizi, em Florença, fiz um passeio de gôndola em Veneza, e em Roma vaguei pela basílica de São Pedro e contemplei o teto da capela Sistina. Ao longo do caminho, enviei cartões-postais desses lugares para amigos e parentes, comprei cópias do que vira como lembrança, admirei todas as mais belas vistas e posei para centenas de fotografias diante de estátuas e catedrais.

Por quê?

Por que visitamos tantas galerias quando meu pai e eu tínhamos pouco interesse por arte, e logo nos sentíamos sonolentos numa sala cheia de pinturas dos velhos mestres ou de estátuas romanas? Por que entrar com reverência em tantas igrejas quando nenhum de nós tinha crença religiosa? Por que fazer um caro passeio de gôndola com apenas meia hora de duração, sabendo perfeitamente que aquilo era um engodo para turistas? Por que me deixar fotografar tomando sorvete diante da casa de Dante, quando eu mal sabia quem era ele?

A razão, claro, é que é nisso que consiste ser um turista e "fazer" uma cidade. Visitar obras de arte famosas, monumentos arquitetônicos e paisagens sublimes passou a ser o itinerário normal para milhões de viajantes. Mas como podemos explicar por quê, ao chegar a Paris pela primeira vez, saímos correndo no mesmo instante para o Louvre, para a Torre Eiffel e depois para Versalhes? O desvendamento desse mistério histórico pode nos revelar maneiras mais originais de ser turista e descobrir culturas diferentes.

O turismo europeu emergiu no século XVII, quando aristocratas, em especial os da Inglaterra, começaram a viajar pelo continente, no que se tornou conhecido como "o Grand Tour". Acompanhados por um séquito de criados, professores particulares e guias, rapazes abastados – e por vezes moças – iniciavam uma viagem cultural de vários anos de duração que, em geral, os conduzia através da França, da Holanda, da Alemanha, da Suíça e, por fim, ao supremo destino: a Itália. Lá podiam encontrar não só as mais belas obras-primas do Renascimento, mas também as antigas esculturas romanas e outras antiguidades que suas educações clássicas lhes haviam ensinado a reverenciar. Como Samuel Johnson observou em 1776, um "homem que não foi à Itália está sempre consciente de sua inferioridade, por não ter visto o que se espera que um homem veja".[9] Esses turistas privilegiados tinham pouco contato com a população local, fora a elite social, e concebiam a viagem como uma jornada pelo passado artístico, não um encontro com o presente humano.[10]

O turismo experimentou enorme expansão no século XIX, quando a crescente classe média se viu com renda suficiente e tempo livre para viajar, e pôde tirar proveito das novas redes ferroviárias. Mas aonde deveriam ir? A melhor resposta foi dada por um editor alemão, Karl Baedeker. A partir de 1839, ele começou a produzir uma série de guias de viagem de grande vendagem e icônicos, que logo dominaram o mercado internacional. Durante quase um século, Baedeker estabeleceu o itinerário para o viajante burguês na Europa, nos Estados Unidos e grande parte da África e da Ásia. Poucos sairiam de casa sem a última edição, com sua confiável capa vermelha, para seu destino de escolha. Assim como o próprio Baedeker era colecionador de autógrafos, seus viajantes tornavam-se colecionadores de países, ticando-os numa lista imaginária, acumulando pouco a pouco a geografia do mundo com a ajuda dele, como muitos ainda fazem hoje com os Rough Guides e Lonely Planets que exibem nas prateleiras.

O princípio capital do *Baedeker* era que os manuais deviam permitir às pessoas viajar de maneira completamente independente, sem precisar de guias contratados ou criados, como os aristocratas que faziam o Grand Tour, e podiam ficar livres das viagens em grupo organizadas por operadoras como a Thomas Cook. Abra as páginas de um *Baedeker*, e você encontrará informações detalhadas sobre transporte, hotéis, alimentação, gorjetas e compras, bem como dezenas de mapas desdobráveis. Mas a maior parte de cada guia continha importantíssimas recomendações do que ver e como ver. Esse foi o domínio em que o *Baedeker* ajudou a forjar uma duradoura ideologia do turismo, de que somos os ingênuos herdeiros.

Em boa medida, os guias de Baedeker imitavam e popularizavam o itinerário e os gostos do Grand Tour para a nova burguesia. A ênfase recaía nas mesmas obras de arte consideradas educação cultural apropriada pela classe alta europeia.[11] Galerias, museus, igrejas e palácios dominavam as páginas, de modo que viajar tornou-se sinônimo de ver "grande arte", embora também se desse algum espaço para excursões alpinas ou visitas a bazares. O guia para a Itália central observava: "Tanto ao ver os monumentos arquitetônicos quanto ao inspecionar as obras de artes plásticas, o viajante é aconselhado a se render à influência dos maiores e melhores exemplos."[12] Como saber quais os maiores e melhores? Isso podia ser descoberto pelo célebre sistema de classificação por estrelas do *Baedeker*, inovação furtada de seu rival, o editor de viagens britânico John Murray.[13] Duas estrelas eram concedidas a uma atração imperdível, as demais recebiam uma estrela ou estrela alguma.

Baedeker orgulhava-se da precisão e da meticulosidade de seus livros, que chegavam a ser quase obsessivas. Típica é a descrição da catedral de Siena, contemplada com duas estrelas, que se estende por três páginas em letra miúda. Ele nos informa que a catedral tem 89 metros de comprimento, 26 metros de largura, e o transepto, 51 metros de extensão. Por que é importante saber, isso não fica claro. Depois revela que o púlpito de mármore é sustentado por nove colunas de granito, conta que algum interessado teria feito por si mesmo.¹⁴ O *Baedeker* arrola 94 obras de arte na catedral que merecem nossa atenção – sobretudo afrescos e estátuas –, número grande demais para alguém abranger. Apenas uma delas me pareceu genuinamente intrigante: "Um ataúde de prata, de autoria de Francesco di Antonia (1466), contém um braço de são João Batista."

Além da classificação por estrelas, os guias *Baedeker* tornaram-se conhecidos pelas rotas itinerárias numeradas, que diziam aos viajantes o que visitar, em que ordem e quanto tempo deveriam levar. Segundo o guia de 1909, era possível ver tudo que havia de interesse em Siena em dois dias. Na primeira manhã, você deveria visitar a Via Cavour, depois a Piazza del Campo e o Palazzo Pubblico, seguidos pela igreja paroquial de San Giovanni e, por fim, o museu da catedral. A tarde estava reservada para a própria catedral, sua famosa biblioteca, e depois um palácio gótico do século XIV.¹⁵ Os turistas de *Baedeker* ficavam compreensivelmente exaustos depois de correr de local para local, olhos fixos no mapa das ruas, enchendo a cabeça de estatísticas sobre a arquitetura das igrejas.

Não surpreende que o *Baedeker* tenha se tornado objeto de zombaria. Em *Uma janela para o amor*, a adaptação para o cinema, de 1985, do romance de E.M. Forster *A Room With a View* (1908), a heroína, Lucy Honeychurch, tem o seguinte diálogo com o pastor da igreja anglicana em Florença:

O REVERENDO SR. EAGER: Então, srta. Honeychurch, está viajando. Como estudante de arte?

LUCY: Não, lamento dizer que não.

SR. EAGER: Como estudiosa da natureza humana, como eu?

LUCY: Estou aqui como turista.

SR. EAGER: É mesmo? Nós residentes por vezes sentimos muita pena de vocês, pobres turistas. Passados de mãos em mãos, como pacotes, de Veneza para Florença e de lá para Roma, inconscientes de tudo que não está no *Baedeker*, ansiosos por acabar com isso e ir para outro lugar. Eu abomino o *Baedeker*. Arremessaria todos os exemplares no Arno.

Eleanor Roosevelt fazendo um passeio de gôndola durante sua lua de mel em Veneza, em 1905. Quando adolescente, ela havia viajado pela Europa guiada por um *Baedeker*, que recomendava aos recém-chegados a Veneza embarcar imediatamente numa gôndola para uma "Viagem de Descoberta", merecedora de duas estrelas, para ver as sessenta joias arquitetônicas ao longo do Grand Canal.[16]

O reverendo Eager provavelmente manteria essas opiniões hoje. Os guias turísticos fizeram pouco progresso desde a extinção do *Baedeker*, na década de 1940, quando a firma ficou manchada por associações nazistas, tendo chegado a publicar um guia para a Polônia ocupada em 1943, complementado por justificativas da invasão alemã.[17] A maioria dos guias de viagem contemporâneos nos manda visitar as mesmas galerias, igrejas e paisagens, ainda que tenham acrescentado alguma informação sobre praias idílicas, boates da moda e opções baratas de acomodação. Se você algum dia excursionou pela Europa com uma mochila nas costas, talvez tenha notado que está sempre avistando as mesmas pessoas em museus e albergues, em diferentes cidades ao longo da rota – é que todos se orientam por guias parecidos. É absurdo que, no século XXI, ainda sigamos as trilhas turísticas preferidas pelos aristocratas do Grand Tour. Embora Karl Baedeker desejasse fomentar a viagem independente, seu legado foi impedir os turistas de pensar por si mesmos, se guiar por sua própria curiosidade e por seus instintos. Talvez esses guias devessem ser nossos companheiros ocasionais de viagem, mais indicados para uso em emergências.

De maneira ainda mais significativa, Baedeker e seus imitadores nos ensinaram a acreditar que uma fachada de igreja possui mais interesse que outras facetas de uma cidade, como mercados, feiras de rua, cafés, grafites, centros comunitários ou parques infantis. Nos ensinaram também a celebrar as proporções geométricas de uma fachada, em vez de pensar sobre os operários que a construíram. Os guias turísticos supõem que viajar consiste em visitar prédios históricos e outros objetos feitos pelo homem, não em descobrir as pessoas vivas que criam a paisagem humana contemporânea.[18]

Acredito que os reais monumentos dignos de visita são as pessoas. É aí que reside a fascinação de viajar. Após as primeiras viagens pelo Sudão, nos anos 1930, o explorador britânico Wilfred Thesiger escreveu: "Desde o tempo que passei em Darfur do Norte, foram as pessoas, não os lugares, não a caça, nem mesmo a exploração, que mais importaram para mim." Acho que ele está certo. Se você pensar sobre suas férias, muitas vezes as mais memoráveis foram aquelas em que fez amizade com o garçom numa pequena aldeia, ou em que um condutor de riquixá o levou à sua casa para conhecer a família. Experiências desse gênero nos proporcionam vislumbres de mundos desconhecidos. Precisamos reinventar o turismo e ir além do legado da alta cultura de Baedeker e do Grand Tour. Nosso objetivo deveria ser nos tornar observadores – e até participantes – dos modos cotidianos de viver de outras pessoas. Dirigir nossas antenas para as práticas sociais de diferentes países e culturas não só ilumina novas maneiras possíveis de conduzirmos nossas vidas, mas revela como nossas próprias maneiras são estranhas.

A primeira vez que viajei pela Espanha, por exemplo, notei algo incomum nos bares: os pais levavam os filhos consigo, e estes muitas vezes ficavam acordados até tarde da noite. Na Inglaterra, raramente víamos crianças num pub numa noite de sábado, e em geral a entrada delas era proibida. Além disso, havia uma cultura da bebida. Na Espanha, os copos de vinho e cerveja eram bem pequenos, e as pessoas comiam alguma coisa leve enquanto bebiam, ao passo que na Inglaterra elas se sentavam com um enorme copo de um *pint* (0,57 litro) de cerveja e o bebiam de estômago vazio, com o inevitável resultado embriagador. Depois que passei a morar na Espanha, viciei-me em seus hábitos de compras, que envolviam comprar comida todas as manhãs em várias lojas pequenas, independentes, o que me permitia conhecer pessoas de meu bairro e me proporcionava uma sensação de comunidade de que eu nunca desfrutara antes. Algumas dessas formas de encarar a vida me acompanharam depois que deixei a Espanha – ainda faço compras localmente, todo dia, e em casa bebo em pequenos copos espanhóis. Eles me ofereceram uma forma de inspiração muito diferente da que se tem percorrendo os sacrossantos corredores do Museu do Prado.

Visitar outros países, no entanto, se torna uma maneira antiquada de viajar. Na era das mudanças climáticas, voar de avião, que emite muito carbono, para um fim de semana prolongado, cada vez mais é visto como socialmente vergonhoso e eticamente ofensivo. Ao mesmo tempo, a crescente imigração significa que há mais culturas estrangeiras vivas em nosso próprio país que em qualquer momento no passado. Moro numa cidade de mais de 100 mil habitantes, mas só tive conversas genuínas com uma proporção minúscula delas. Quando fui à festa de casamento de meu vizinho muçulmano, minha companheira e eu éramos os únicos rostos brancos em meio a várias centenas de asiático-britânicos que não conhecíamos. Depois de quase uma década em Oxford, ainda estou nos primeiros estágios de exploração.

Deveríamos nos ver como antropólogos de quintal, investigando as mentes desconhecidas pelas quais passamos todos os dias – ou conhecemos no casamento de um vizinho –, descobrindo a sabedoria dentro da cabeça de outras pessoas e criando pontes de compreensão mútua. Você poderia iniciar uma conversa com a mulher que trabalha na oficina de bicicletas e descobrir que ela é uma bahaísta. Poderia se candidatar a fazer trabalho voluntário no centro de apoio a refugiados local e conhecer seu primeiro médico congolês, ou hospedar estudantes de língua estrangeira, de modo a trazer o mundo até você. Talvez possa iniciar cada manhã de sábado com uma visita a uma lanchonete barata diferente, e encontrar um universo de italianos e cipriotas de segunda geração. Você não precisará de um *Baedeker* nessas jornadas, nem terá qualquer necessidade de fazer fila no aeroporto ou gastar uma fortuna em hotéis.

Como sociedade, deveríamos estar pensando em maneiras de alimentar essas possibilidades. Imagine só se os hotéis tivessem creches patrocinadas pelo Estado, abertas tanto para visitantes estrangeiros quanto para a população local, permitindo não apenas que as crianças brincassem umas com as outras, mas que seus pais se conhecessem e conversassem. Ou se os parques públicos promovessem piqueniques regulares em que um turista pudesse se sentar com um aposentado local e debater suas diferentes visões da vida. Uma cidade na Dinamarca lançou a ideia da "biblioteca humana", onde você pode "pegar emprestado" um cozinheiro de bistrô, pessoas em busca de asilo, ex-viciados em drogas e outros voluntários para uma hora de conversa. O movimento da biblioteca humana encontra-se agora espalhado por mais de vinte países. Esse é o tipo de inovação necessário para assegurar ao turismo um futuro promissor.

O nômade

"Nossa natureza consiste em movimento; a completa calma é a morte", escreveu Blaise Pascal, pensador francês do século XVII. Esta citação, que encontrei pela primeira vez em *The Songlines* (1988), a homenagem de Bruce Chatwin ao nomadismo, obsedou-me quando eu estava na casa dos vinte anos. Ela propunha a ideia romântica de que os seres humanos eram em essência nômades, que só podiam se sentir plenos se estivessem em contínuo movimento, como os beduínos tribais que cruzam o deserto de camelo de um oásis para outro. Chatwin descreveu como fomos viajantes permanentes por milhões de anos, caçadores e coletores que seguiam as trilhas migratórias do bisão ou mudavam de acampamento com as estações, e só havíamos nos tornado sedentários 10 mil anos atrás, com a ascensão da agricultura.[19] Segundo ele, éramos por natureza seres inquietos, e o desejo de estar "estabelecido" e ter um lar fixo cheio de bens pessoais era uma novidade histórica que não conseguiria, em última análise, satisfazer nosso anseio íntimo por vagar.

Em seguida, entre os vinte e os trinta e poucos anos, passei grande parte de meu tempo viajando – visitei diferentes países, morei em vários deles, aluguei quartos, compartilhei apartamentos, hospedei-me em albergues –, fazendo o possível para não criar raízes. Fui da Inglaterra de volta para a Austrália, depois para a Espanha e os Estados Unidos, passando longos períodos na Guatemala entre uma coisa e outra. Eu levava uma vida de malas e caixas, mudanças de endereço e carimbos em passaportes. Esse estilo de vida aparentemente nômade não só satisfazia meu sentimento inato de inquietação, como também me deixava livre da parafernália da civilização moderna. Eu não carregava o fardo de ter uma hipoteca que me amarrasse a um emprego regular ou a uma cidade. Vivia de maneira muito simples, sem acumular o detrito doméstico – sofás, camas, aparelhos de televisão, mesas, roupas – que uma sociedade de consumo considerava necessário para a existência sedentária. Eu concordava com o filósofo islâmico do século XIV Ibn Khaldun, ao dizer que os nômades "estão mais distantes de todos os maus hábitos que infectaram o coração dos colonos".[20] Se eu queria aprender espanhol, podia me mudar para a Espanha. Se me apaixonava, podia acompanhar minha amada para qualquer lugar no mundo. Eu me permitia mitificar o nomadismo, esquecendo que para a maioria dos nômades a viagem era uma questão de necessidade econômica, não uma escolha de estilo de vida; que eles, em geral, seguiam rotas estabelecidas, em vez de vagar para lá e para cá, e o faziam com a família e a tribo, não sozinhos, como eu sempre me imaginara como nômade. Com o passar do tempo, senti crescer aos poucos dentro de mim aquele desejo de permanência que tantos alimentam quando ficam mais velhos. Por volta dos trinta anos, estava cansado de ser um pretenso nômade. Sonhava em ter meu próprio quarto, onde pudesse abrir minhas caixas de livros, pintar as paredes com as cores que quisesse e ter o tempo de que precisava para me tornar parte de uma comunidade. Uma década depois, agora com um lar e uma família, sei que minha antiga inquietação não me abandonou por completo. De vez em quando sinto cócegas nos pés, e parte de mim inveja secretamente a tradição hindu, em que os homens de mais de cinquenta anos, depois que cumpriram seus deveres com a família, partem para sempre, tornando-se ascetas errantes, ou *sannyasi*.

Como viajar na condição de nômade, hoje, no mundo moderno? Uma saída é não ter vida sedentária, como fiz durante meu período de "nomadismo global". Esse é o caminho perseguido por muitos dos que não têm lar permanente, desde vagabundos a trabalhadores migrantes itinerantes, passando por funcionários da ONU que prestam auxílio humanitário e professores de inglês como língua estrangeira, que mudam de país a cada ano. Imagino, no entanto, que um nômade genuíno – digamos um pastor bakhtiari do Irã ou um caçador-coletor da Amazônia colombiana – dificilmente veria seu estilo de vida refletido nesses exemplos. A maioria dos nômades não voa de avião para outros países, não mora em cidades, não recebe diária nem mantém suas coisas num depósito.

Maneira mais plausível de explorar a experiência nomádica é uma forma de viagem que as pessoas amam ou odeiam: o acampamento. Os nômades foram os primeiros praticantes de camping do mundo, morando em abrigos temporários e de fácil construção, como meias-águas, *tipis* e *yurts*,* passando a maior parte da vida ao ar livre, na natureza, como parte de uma pequena comunidade e dependendo do fogo para se aquecer e cozinhar. O

---

* O *tipi* é a tenda, em geral cônica, dos índios americanos; o *yurt* é a tenda grande e redonda usada especialmente pelos povos nômades da Ásia Central. (N.T.)

acampamento não só capta o espírito essencial do nomadismo, ele é algo que podemos reproduzir. Requer pouco além de armar uma barraca com amigos e parentes num luxuriante vale rural ou no alto de um penhasco debruçado sobre o mar, e mergulhar num modo de vida mais simples.

O acampamento por prazer, contudo, não é um descendente direto da cultura nômade. Ele emergiu no século XIX, em resposta a uma variedade de forças sociais. Primeiro, o movimento romântico estimulou a comunhão com as belezas naturais, ao mesmo tempo que glorificava a vida do marginal ou outsider solitário que se rebelava contra a sociedade organizada. Segundo os historiadores do acampamento Colin Ward e Dennis Hardy, obras como *Os bandoleiros*, de Friedrich Schiller (1781), e os contos sobre ciganos escritos por George Borrow, no século XIX, "idealizavam o acampamento de bandoleiros ou ciganos, cujos despreocupados ocupantes passavam uma vida simples e heroica sob as estrelas, desdenhando os moradores acomodados das cidades em seu pretenso e tedioso conforto".[21] Uma segunda influência foi a era do colonialismo. As potências europeias estavam ocupadas na África e na Ásia, em marchas rumo às sombrias hinterlândias, armando suas tendas em forma de sino e barracas para soldados à medida que tentavam estender seu controle sobre terras indígenas. O acampamento foi necessário para a expansão colonial e tornou-se um modo de vida não apenas para os soldados, mas para exploradores e missionários que abriam caminho para eles ou seguiam seu rastro. Um fator final foi a ascensão da emigração. Centenas de milhares de pessoas fugiram da Europa no século XIX a fim de criar nova vida na Austrália, nos Estados Unidos, no Canadá e na África do Sul, trabalhando na caça, com armadilhas, como lenhadores e criadores de gado, ou atraídos pela cintilação da corrida do ouro. Uma indústria especializada desenvolveu-se para atender às suas necessidades – tendas, sacos de dormir, fogões, chaleiras, fósforos e café para acampamento. Suas histórias de rude aventura logo se difundiram na imprensa de seus países de origem. Acampar se tornava parte da imaginação cultural.

No início do século XX, o acampamento por prazer estava pronto para se lançar como forma de recreação em massa. Seus líderes foram os movimentos organizados de jovens do período, como o Boys' Brigade e o Church Lads' Brigade, que começaram levando sobretudo meninos da classe trabalhadora em expedições para acampar. O mais conhecido deles, porém, foi o escotismo. No verão de 1907, Robert Baden-Powell, tenente-general do Exército britânico, chefiou o primeiro acampamento escoteiro experimental, em que vinte meninos, durante cerca de uma semana, dormiram sob lona numa ilha ao largo da costa de Dorset. Depois que Baden-Powell publicou *Scouting for Boys*, no ano seguinte, o entusiasmo pelo novo passatempo foi tal que grupos de jovens em toda a Grã-Bretanha começaram a formar suas próprias tropas, antes que qualquer organização central se estabelecesse. Na década de 1930, mais de um milhão de crianças britânicas participavam do escotismo ou do bandeirantismo, e quase todos já haviam feito uma viagem para acampar. Grupos alternativos, menos militarizados, também emergiam, como o Woodcraft Folk, com ênfase na paz internacional, na amizade e cooperação social. Foi em parte a perspectiva de acampar que tornou esses movimentos juvenis tão atraentes para muitas gerações.[22] A única razão pela qual ingressei na Church of England Boys Society, na Sydney suburbana nos anos 1980, foram as viagens para acampar na mato que ela oferecia; religião era a última coisa a passar pela minha cabeça.

Hoje o acampamento existe sob muitas formas, que não se assemelham todas à experiência nômade. Os trailers modernos são tão bem-equipados com aparelhos de televisão e outros luxos que diferem pouco das casas das pessoas. Os parques criados para eles muitas vezes proporcionam complexos de entretenimento, a que não faltam minigolfe, piscinas e telas de cinema. Nada mais diferente de um acampamento beduíno. Você poderia ter mais sorte visitando um acampamento ecológico da Nova Era, onde poderá ficar alojado num *yurt* ou *tipi* dotado de energia solar, embora a lista de atividades diárias provavelmente inclua sessões de meditação, e não uma atividade nômade, como pastorear cabras. Há também a opção de tornar-se o que os australianos chamam de "nômades grisalhos", os aposentados que passam a maior parte do ano acampando em seus *motor homes* ou veículos recreativos, mudando de um lugar para outro pelo país, trocando uma aposentadoria sedentária pela liberdade itinerante.[23]

No entanto, se seu objetivo for entrar em contato com algo de nossa longa história como viajantes nômades, provavelmente seria melhor retornar aos fundamentos. Isso significa pôr uma barraca nas costas e fazer uma caminhada com amigos ou outros membros de sua tribo até algum lugar selvagem e isolado, para uma semana de acampamento. Você não vai precisar do iPod ou do secador de cabelo, só das provisões essenciais, como as que aqueles jovens pioneiros do camping de cem anos atrás levavam consigo: alguma comida, fósforos, uma faca e acessórios para tempo chuvoso. A beleza e a liberdade do acampamento estão na simplicidade. E é sua simplicidade que define em última análise a alternativa nômade. Quando o crepúsculo se aproxima, a única coisa que você precisa fazer é acender uma fogueira, sentar-se sob as estrelas, contemplar as chamas oscilantes, hipnotizantes, como todos os povos nômades que o precederam.

O explorador

Que tipo de viajante você toma implicitamente por modelo? Se não for o peregrino, o turista ou o nômade, talvez você se veja como explorador. Os manuais escolares representam tipicamente os exploradores sob uma luz heroica: Cristóvão Colombo, Fernão de Magalhães e Francis Drake, segundo eles, foram aventureiros e descobridores que arriscaram a vida para preencher os espaços em branco em nossos mapas, expandindo a imaginação geográfica do mundo. No entanto, apesar de todas as associações românticas, há um lado mais obscuro a revelar, visto que a história das explorações é inseparável da história do racismo. Desde os conquistadores hispânicos das Américas até as expedições coloniais à África, no século XIX, os exploradores se uniam numa crença muito difundida de que as culturas que encontravam eram inferiores às deles. Charles Darwin fornece um exemplo. Ao chegar à Terra do Fogo em 1834, a bordo do navio de pesquisa HMS *Beagle*, o naturalista de 27 anos declarou que os habitantes locais eram "selvagens do mais baixo grau". Observando sua pele "suja e oleosa" e os "rostos medonhos lambuzados com tinta branca", escreveu em seu diário:

Vendo homens como estes, é difícil acreditar que são nossos semelhantes e habitantes do mesmo mundo. É um tema comum de conjectura indagar que prazer alguns dos animais inferiores têm na vida: quão mais plausivelmente pode a mesma questão ser formulada a respeito destes bárbaros![24]

É por isso que Mary Kingsley é uma figura tão fora do comum. Nascida em Londres, em 1862, Mary Kingsley não recebeu nenhuma educação formal, mas, mediante investidas à biblioteca do pai, conseguiu aprender química, mecânica e etnografia. Ela também mergulhou nas memórias dos exploradores, e em 1893, cheia de entusiasmo por viagens ao exterior, embarcou em sua primeira expedição à África Ocidental. Foi uma rara mulher num mundo de homens, viajando sozinha a maior parte do tempo, escalando o pico Grande Camarões e descendo de canoa as corredeiras do rio Ogooué. É lembrada por ictiologistas pela descoberta de três espécies de peixes pequenos, devidamente nomeados em sua homenagem, e por ter sido uma das mais intrépidas entre as primeiras exploradoras do sexo feminino, feliz por encarar um leopardo, olho no olho.[25] "Sendo humana, ela devia ter medo de alguma coisa", Rudyard Kipling escreveu a seu respeito, "mas nunca se descobriu do quê."[26] O que a tornou realmente extraordinária, contudo, foi sua atitude em relação às chamadas "raças africanas".

Uma famosa carta escrita por Mary Kingsley ao jornal *Spectator*, em 1895, começava com a crença vitoriana corrente de que "as raças africanas são inferiores às raças inglesa, francesa, alemã e latina". Após fazer essa asserção, porém, ela quebrou os tabus de seu tempo afirmando que os nativos estavam longe de ser selvagens amorais. "Vivi em meio aos africanos e tentei compreendê-los", explicou ela, e em questões mentais e morais o africano "tem senso de justiça e de honra", ao passo que "em retórica ele sobressai, e pelo bom gênio e a paciência se compara favoravelmente a qualquer conjunto de seres humanos". Os africanos não eram, em absoluto, mais cruéis que qualquer outra raça, acreditava ela, e embora seus ritos funerários pudessem parecer estranhos, pouco diferiam daqueles dos gregos antigos. Mary Kingsley esteve à frente de seu tempo ao perceber que o "negro" era algo que não existia, observando que "há tanta diferença nas maneiras de viver entre, digamos, um ingalwa e um bubi da ilha de Fernão do Pó quanto entre, digamos, um londrino e um lapão". Embora os cavalheiros leitores do *Spectator* tenham considerado suas ideias uma desavergonhada defesa de bárbaros e canibais, ela causou ainda mais comoção ao comparar os africanos favoravelmente com missionários protestantes, sugerindo que as boas qualidades dos nativos "são com facilidade eliminadas por um curso de doutrina cristã".[27]

O exemplo de Mary Kingsley sugere que deveríamos repensar o significado de ser explorador. Os mais notáveis exploradores não foram aqueles que empurraram para trás as fronteiras dos mapas coloniais, mas aqueles que viajaram além das fronteiras de seus próprios preconceitos e pressupostos – quer estes se baseassem em raça, classe, gênero ou religião. Uma expedição bem-sucedida é aquela que põe em xeque e altera nossa visão de mundo, libertando-nos da estreiteza de crenças arraigadas que muitas vezes herdamos inconscientemente de cultura, educação e família. As experiências de viagem de Mary Kingsley fizeram exatamente isso, demolindo os preconceitos raciais que faziam parte da sala de visitas vitoriana. Ao retornar de suas viagens, um explorador vem idealmente revigorado não apenas pelo ar da montanha ou pelas paisagens do deserto, mas por novas perspectivas sobre o mundo, e pode se ver inspirado a adotar uma causa política, questionar seus privilégios ou abandonar uma crença profunda sobre Deus ou a natureza humana. Deveríamos retornar à sabedoria de Thomas Cook e acreditar que o objetivo final da viagem é limpar nossa mente de preconceitos.

Devemos reescrever a história da viagem enchendo-a com um novo panteão de exploradores de visões de mundo. Esqueçamos Colombo ou Pizarro, cujas expedições às Américas abriram caminho para séculos de exploração, como a escravização de indígenas pelos espanhóis para trabalhar nas profundezas das minas de prata de Potosí, nos Andes, em que centenas de milhares deles morreram e se degradaram no período colonial.[28] Mary Kingsley é alguém a admirar. Além dela, há dois outros viajantes cujas jornadas fornecem modelos para o futuro da exploração.

Um deles é o fazendeiro, jornalista e político William Cobbett. Como George Orwell um século mais tarde, Cobbett aventurou-se em seu próprio país, empreendendo viagens pela Inglaterra provincial na tentativa de compreender como a ascensão da sociedade industrial afetava a população rural. Viajando na década de 1820 a cavalo, em geral com um dos filhos ou um empregado, ele visitou pequenas cidades e aldeias, percorreu terras agrícolas, conversou com lavradores que caminhavam penosamente pelas estradas, e durante todo o caminho registrou na mente o que via e ouvia para artigos na revista radical que publicava, *The Political Register*, e para o livro de viagens que lançou em 1830, *Rural Rides*.

Cobbett ficou horrorizado com os salários de fome e a pobreza dos trabalhadores agrícolas que encontrou. Em *Rural Rides* ele entrelaça relatos líricos da zona rural com uma descrição devastadora do estrago causado à vida das pessoas pela revolução agrícola e pelo capitalismo do século XIX. Notando a rica abundância de alimentos produzidos no vale do Avon, em Wiltshire, exclama:

> Que injustiça, que sistema diabólico deve ser esse, para transformar os que o constroem em pele, osso e nudez, enquanto quase todo alimento, bebida e lã é levado embora para ser dado em profusão aos cotistas de fundos públicos, aposentados, soldados, peso morto e outros enxames de comedores de impostos! Se não for preciso pôr fim a uma operação como essa, o próprio demônio deve ser um santo.[29]

Cobbett fazia questão de parar para conversar com as pessoas e hospedar-se em estalagens locais. Ele também praticava a autodisciplina, jejuando durante as viagens e dando o que economizava em refeições aos lavradores pobres que encontrava.[30] Sua característica mais admirável, porém, era a capacidade de mudar de ideia. Cobbett era um homem teimoso e preconceituoso, cuja longa lista de aversões incluía pastores anglicanos, banqueiros, escoceses e quacres. É preciso reconhecer, porém, que se dispunha a rever suas opiniões com base nas experiências de viagem. Embora expressasse desdém pelas pessoas do norte da Inglaterra, depois que viajou por lá mudou de opinião e passou a apreciar não apenas suas técnicas agrícolas, mas também sua independência de espírito. De maneira semelhante, em 1816 ele havia criticado publicamente os luddistas pela hostilidade às máquinas. Mas depois de ver com os próprios olhos como as máquinas tinham destruído o emprego de mulheres que antes trabalhavam cardando e fiando lã para fazer casimira, admitiu que essas "invenções mecânicas" haviam "produzido grande calamidade neste país".[31] Viajar, para Cobbett, foi um antídoto para a estreiteza de sua própria visão de mundo.

As jornadas de William Cobbett sugerem que uma maneira de ser explorador e alargar os limites de nossa própria visão de mundo é iniciar viagens que são "projetos sociais". Assim como ele escolheu conhecer a pobreza rural, podemos viajar de maneira a nos proporcionar experiências radicalmente novas que ponham em xeque nossas formas costumeiras de pensar e viver. Isso é precisamente o que muitos (embora não todos) estudantes fazem em seu *gap year** quando optam por passar seis meses trabalhando com crianças de rua em Bogotá ou fazendo trabalho voluntário num orfanato da Romênia. Certa vez passei um verão na Guatemala e me ofereci para trabalhar como observador dos direitos humanos numa aldeia maia de refugiados de guerra. Isso levou a outra viagem, em que passei uma semana com rebeldes zapatistas de balaclava na cabeça e ativistas internacionais na selva mexicana, debatendo estratégias de combate ao neoliberalismo. Essas experiências alteraram minha atitude em relação a política, dinheiro, amizade e à espécie de trabalho que eu deveria fazer. Como William Cobbett compreendeu, esse tipo de viagem facilmente tem lugar perto de casa. Você pode se oferecer para trabalhar num abrigo para doentes mentais, ou para organizar o replantio de cercas vivas destruídas. Todo ano podemos passar uma semana de férias envolvidos numa viagem desse tipo, orientada para um projeto. Mesmo essa única semana tem grande impacto em nossas vidas.

---

* Período (não necessariamente de doze meses) em que os estudantes anglo-saxônicos costumam viajar, fazer trabalhos voluntários ou trabalhar no exterior depois de concluir o curso secundário e antes de ingressar na universidade. (N.T.)

Uma das cidades pelas quais Cobbett passou foi Stroud, nos morros Cotswold, de Gloucestershire. Quase cem anos depois, esse foi o local de nascimento do poeta e escritor Laurie Lee, cuja maneira de ser explorador diferiu da abordagem do "projeto social". Como Cobbett, ele desejava expandir sua visão de mundo, mas a viagem que empreendeu quando jovem foi menos dirigida, mais aberta ao acaso e às possibilidades. Penso em Lee como um "explorador existencial", alguém que procurou, conscientemente, escapar dos confins de suas experiências de vida restritas e dos limites da convenção social, mas sem nenhuma ideia clara de como alargar seus horizontes além da necessidade de fazer face às liberdades da estrada. Assim, numa manhã de domingo em 1934, com apenas dezenove anos, ele abandonou a sonolenta aldeia rural onde vivia e, nas suas palavras, "parti para descobrir o mundo". Como o peregrino errante Bashô, ele levou poucos bens – uma tenda, uma rabeca, alguns biscoitos e queijo – e partiu a pé. Agora estava livre, mas também se sentia "afrontado pela liberdade", sentindo o fardo de sua nova liberdade e responsabilidade por abrir seu próprio caminho na vida. Por que ele deixou o lugar de infância, a mãe, os irmãos e um emprego estável como escriturário em Stroud?

> Fui impelido, claro, pelas forças tradicionais que levaram muitas gerações a pegar essa estrada – pelo vale pequeno e apertado que se fechava à minha volta, sufocando-me com sua boca musgosa, as paredes do chalé estreitando-se como os braços de uma dama de ferro, as moças do lugar cochichando: "Case-se, e tome juízo."

Lee andou 160 quilômetros até Londres, trabalhou ali por alguns meses como operário, depois seguiu viagem até a costa e se meteu num barco para a Espanha. No curso do ano seguinte, andou a pé pelo país, tocou seu violino na rua para sobreviver, dormiu ao relento ou em hospedarias cheias de pulgas. Lendo suas memórias dessas viagens formativas, *As I Walked Out One Midsummer Morning* (1969), observamos seus olhos e sua mente se abrir aos poucos com os encontros com camponeses, ciganos, escritores e soldados. Enquanto vagava pela paisagem espanhola, Lee percebeu as crescentes tensões políticas, e quando por fim chegou ao litoral sul, foi apanhado pela deflagração da guerra civil. Resgatado pela Marinha britânica com outros viajantes e expatriados, acabou voltando para casa.

Mas não pôde permanecer ali. Havia deixado os Cotswolds muito para trás. "Eu passara dois anos fora, mas pouco aprendera com isso", escreveu. "Tinha 22 anos, era confuso e ainda ingênuo em todos os aspectos, mas comecei a compreender que voltara para casa cedo demais." Lee foi atraído de volta para a Espanha. Dessa vez, contudo, não foi como músico ambulante, mas como soldado. Em suas viagens, sem o perceber, adquirira uma educação política, e sentiu-se compelido a ingressar na luta republicana contra os fascistas. "Eu não a escolhera conscientemente como uma causa, mas havia topado com ela por acidente, simplesmente porque, por acaso, estava lá."[32] Assim, partiu mais uma vez da Inglaterra, então rumo aos Pireneus franceses. De lá, com a ajuda de alguns aldeões anarquistas, fez a dramática e perigosa viagem pelas montanhas e desceu na Espanha, onde ingressou nas Brigadas Internacionais e entrou no fluxo que o tomou pelo resto da vida.

Ao contrário de William Cobbett, Laurie Lee jamais poderia ter previsto seu caminho quando deixou sua casa pela primeira vez. Mas sabia que tinha de partir, mesmo que não soubesse ao certo para onde ir. O poder da exploração existencial é essa estranha mistura de certeza e incerteza. Sentimo-nos compelidos a dar as costas para o passado, mas, não conhecendo nosso destino exato, permanecemos abertos o suficiente para abraçar as ofertas de diferentes modos de viver e pensar que podemos encontrar e que estão à nossa espera em lugares nunca imaginados.

HOJE A VIAGEM É VISTA muitas vezes como uma forma de fuga. Ansiamos por férias como derivativo que oferece um alívio temporário das tensões do emprego ou das pressões da vida em família. Queremos relaxar e nos desligar por algum tempo, sem ficar preso no tráfego na ida para o trabalho nem ter de cozinhar para os filhos todo dia. Assim, sonhamos em ficar deitados numa praia isolada, ou nos proporcionar algumas noites num excelente hotel. Com frequência é exatamente de férias assim que julgamos precisar para rejuvenescer antes de nos jogar de volta à vida habitual. Elas são uma espécie de mecanismo de sobrevivência.

À primeira vista, os tipos de viagem que apresentei – peregrino, turista, nômade e explorador – parecem envolver esforço demais se você estiver em busca de uma fuga e pretendendo se refestelar e descansar. Poderia você realmente se dar ao trabalho de partir numa peregrinação sem rumo certo, ou encetar uma jornada de conversas em sua comunidade local? Devemos lembrar, porém, que iniciar uma jornada experimental pode ser visto como "time on" – parte integrante de nossa vida –, não como "time off". Certamente voltamos num estado alterado, depois de descobrir mundos que não aparecem em nenhum mapa, em nenhum guia de viagem.

9. Natureza

"Homem embrenha-se nu nas matas do Maine para viver dois meses sozinho." Esta foi a manchete de uma reportagem publicada pelo *Boston Post* em agosto de 1913 sobre Joseph Knowles, ilustrador em tempo parcial e ex-guia de caça, que havia se despido diante de uma multidão de jornalistas e marchado para a floresta do Maine rumo a um sensacional experimento de "homem versus natureza". Com a intenção de viver da terra exatamente como "Adão viveu", Knowles não levou nenhum equipamento – nada de faca, comida, roupas ou mapa. Seu objetivo, disse ele, era "provar que o homem, embora prejudicado pelos hábitos da civilização, está fisicamente à altura de seus antigos ancestrais".

No curso de sua aventura, Knowles tornou-se celebridade. A alguns dias de intervalo, usando carvão, ele escrevia um diário numa casca de bétula e deixava a mensagem num local secreto, para que um jornalista do *Post* a recolhesse e transmitisse para o mundo. O público, ávido, lia como o homem de 44 anos havia fabricado sapatos com juncos, feito fogo esfregando gravetos, como um homem das cavernas, e comia bagas, truta e até carne de veado no jantar – tendo estrangulado o animal com as mãos nuas. No dia 24 de agosto, todos ficaram pasmos ao descobrir que ele havia atraído um urso para um buraco, para depois matá-lo a porretadas e fazer um casaco com a pele. Quando um Knowles saudável emergiu de novo na civilização, vestindo pele de urso, dezenas de milhares de pessoas saudaram a carreata que atravessou Boston. Knowles falou das virtudes de uma vida simples, primitiva, e declarou ter empreendido uma jornada espiritual. "Meu Deus está na mata", disse ele, "o grande livro aberto da natureza é minha religião. Minha igreja é a igreja da floresta." Em

Joseph Knowles, momentos antes de sua partida para as matas do Maine, em 1913.

seguida, Knowles escreveu um best-seller, *Alone in the Wilderness* (1914), e fez o circuito dos vaudevilles com a sensacional história. Acusações de que a aventura fora uma fraude não enfraqueceram sua popularidade nem impediram as autoridades do Maine de lhe aplicar uma multa de US$ 205 por matar um urso fora da estação.¹

A fama instantânea de Joseph Knowles refletiu um novo fascínio do público pela natureza que não existira nos Estados Unidos um século antes: em 1849, quando Henry David Thoreau publicara seu primeiro livro sobre viagens da natureza, poucas centenas de exemplares foram vendidos. Mas mostrou também o grau em que os americanos haviam se divorciado da natureza. Agora a maioria das pessoas vivia em cidades grandes ou pequenas, não na mata ou nas pradarias como os primeiros pioneiros. Knowles sobressaiu por ser exceção à regra, e foi tratado tanto como extravagante quanto como herói. Quem era esse incrível Tarzan capaz de derrubar um urso numa luta corpo a corpo?

A reação à façanha de Knowles reflete a complexa relação do homem com o mundo natural. Hoje, a maioria de nós não é muito diferente daqueles leitores de jornal de Boston de cem anos atrás. Temos um anseio pela natureza e sonhamos em fugir da cidade para perambular pela zona rural ou subir uma montanha. Mas estamos desesperadamente alienados da natureza. Ela é algo que observamos voyeuristicamente na televisão, em documentários sobre a vida selvagem e programas de sobrevivência ao ar livre, ou cultivamos em nossos inofensivos jardins de subúrbio. Poucos têm o hábito de dormir sob as estrelas ou sozinhos na floresta.

Como então deveríamos nos relacionar com a natureza, e que papel ela pode desempenhar em nossa vida? E por que tratar a natureza como um "isso" – não somos nós, afinal, parte do mundo natural? Nossas abordagens da natureza mudaram radicalmente ao longo dos séculos, com implicações também radicais sobre o modo de viver que escolhemos. Essas mudanças ocorreram em três domínios: a natureza como objeto de beleza, como fonte de bem-estar mental e como recurso econômico.

Como as matas e as montanhas tornaram-se belas

As florestas sempre tiveram um papel na sociedade humana. Foram fonte de madeira para construção, de caça e de alimentos, como cogumelos, e locais de veneração espiritual, sobretudo nas tradições cristãs. Nem sempre, porém, eram consideradas locais de beleza. Durante a Idade Média, especialmente em parte da Europa do norte, elas desenvolveram reputação como local de escuridão e medo, a morada de espíritos malignos, duendes e animais selvagens. Na Alemanha, você seria atacado por lobisomens ou um "homem selvagem" semi-humano, uma espécie de ogro coberto de pelo áspero que comia crianças e violentava donzelas. Lendas folclóricas anglo-saxônicas, como *Beowulf*, ambientavam muitas vezes a ação em florestas ameaçadoras, legado herdado pelas histórias de Tolkien, em que hobbits amigáveis ficam petrificados diante da ideia de cruzar a assombrada floresta de Fangorn ou o sombrio Mirkwood. É dessa visão medieval que provém nossa palavra "selvagem", derivada de *silva*, que significa "floresta", assim como "pânico" tem origem no pavor que os gregos sentiam de deparar com Pã, o senhor das matas, metade homem, metade bode.²

Essa atitude desconfiada e negativa em relação a paisagens incultas, em particular florestas densas e montanhas, começou a impregnar a cultura e a linguagem. Um dicionário poético do século XVII sugeria que palavras apropriadas para descrever uma floresta eram "triste", "horrível", "erma" e "rude"; ao desembarcar do *Mayflower* em 1620, na costa coberta de bosques de Plymouth Harbour, William Bradford descreveu o cenário como "um matagal hediondo e desolado". No final do século XVII, Celia Fiennes, uma viajante pioneira, considerou o Lake District "deserto e árido" e suas montanhas, "muito terríveis", em óbvio contraste com nossa visão atual do lugar como um dos mais idílicos da Grã-Bretanha. De maneira mais geral, em muitas partes da Europa, montanhas eram depreciadas como "deformidades", "verrugas", "furúnculos" e "excrescências monstruosas", provavelmente por serem de cultivo tão difícil. Onde ideias como essas prevaleciam, poucos teriam pensado em parar para admirar a visão de uma montanha, e nenhum artista do Renascimento que se prezasse teria pintado um pico íngreme coroado de neve.

No século XVIII, contudo, montanhas e outras paisagens já haviam se tornado objetos da mais elevada admiração estética. Essa mudança operou-se graças ao movimento romântico, que revolucionou a percepção ocidental da natureza. Segundo o historiador da arte Kenneth Clark, o momento definidor foi em 1739, quando o poeta inglês Thomas Gray, ao visitar os Alpes franceses, declarou a um amigo: "Não há um precipício, uma torrente, um penhasco escarpado que não esteja prenhe de religião e poesia." As montanhas não eram mais um inconveniente improdutivo ou o lar de homens selvagens e bandidos, tornaram-se o lugar ideal para encontrar a alma do homem e comungar com o divino. Não demorou, Goethe se banhava nu com os amigos em lagos das montanhas, e poetas pálidos escalavam as escarpas. Quando Wordsworth estava na meia-idade, acreditava-se que já havia caminhado 300 mil quilômetros, grande parte disso em seu amado Lake District, e no século XIX os ingleses lideravam

Um "selvagem" germânico brande um tronco de árvore arrancado pela raiz numa tela de Hans Holbein, o Jovem (1528). Depois da Idade Média, esses homens tornaram-se progressivamente menos peludos e menos agressivos. Muitas cidades alemãs ainda celebram todo mês de janeiro um festival medieval em que os habitantes se vestem como homens selvagens e saem dançando, brandindo troncos de árvore.[3]

uma nova mania de alpinismo que tomou conta da Europa. Cada vez mais, matas e árvores eram objeto de devoção. Em 1872, um grupo de estudantes alemães da Universidade de Göttingen passou a noite sob o luar, num antigo bosque de carvalhos, fazendo juramentos druídicos de amizade e fraternidade, as mãos ligadas por guirlandas de folhas de carvalho. Os vitorianos publicavam livros que reverenciavam árvores antigas, e em 1879 Gerard Manley Hopkins escreveu sobre sua dor com a derrubada de uma fileira de choupos perto de Oxford. "Ó, se ao menos soubéssemos o que fazemos/ Quando cavamos ou rachamos –/ Entalhamos e torturamos o verde que cresce!" Subvertendo séculos de medo e repugnância, os românticos haviam transformado a natureza em fonte de sublimidade.[4]

A Igreja medieval fizera o possível para reprimir o culto pagão de árvores, rios e outros elementos do mundo natural. Verdadeiros cristãos tinham pouco tempo para antigos festivais folclóricos, como o May Day – que tinha origem na celebração celta do Beltane e na Noite de Walpurgis germânica –, quando as pessoas acendiam fogueiras e se cobriam de folhas para se tornar "homens verdes". Isso era para druidas e camponeses atrasados, não para os Filhos de Deus. O Romantismo representou uma ameaça à Igreja estabelecida porque levou a religião de volta à natureza. Coleridge fez seu personagem poético Christabel rezar debaixo de um velho e frondoso carvalho, e ao subir um desfiladeiro em Lakeland durante uma violenta tempestade, o poeta exclamou: "Deus está em toda parte." Se você podia, como o poeta, ver Deus em toda parte na natureza, que necessidade havia de pregadores, crucifixos e serviços dominicais? A filosofia do transcendentalismo, que emergiu nos Estados Unidos no século XIX, foi influenciada por essas ideias românticas. "A natureza é um símbolo do espírito", declarou Ralph Waldo Emerson em 1836, sintetizando a ideia transcendentalista de que a natureza é a fonte apropriada da religião. A imersão na natureza, acreditava Henry David Thoreau, podia transportar a humanidade da grosseria da vida material para um plano espiritual mais elevado.[5]

Essa surpreendente mudança nas atitudes ocidentais em relação à natureza valeu-se da memória coletiva de tradições pagãs, mas o Romantismo foi também uma resposta a convulsões econômicas e sociais. A veneração da natureza foi um produto de sua degradação e crescente escassez. A agricultura de massa devastava regiões incultas, e a derrubada de florestas maduras era considerada necessária para o avanço da civilização. Milhões de hectares de mata antiga foram destruídos na Inglaterra entre

1500 e 1700. No século XVIII, o país estava repleto de lugares chamados "floresta", "bosque" ou "parque" que haviam se convertido em plantações ou pastos. Esse processo foi exacerbado pelo mais escandaloso exemplo de privatização na história da Grã-Bretanha, o "cercamento" das terras comunais pela classe alta, que se intensificou do período Tudor em diante. Entre 1760 e 1837, usando duvidosos Atos do Parlamento, a elite furtou quase 3 milhões de hectares de terra – grande parte florestada – que haviam antes pertencido ao povo, destinando-os a uso agrícola lucrativo.[6] As mansões grandiosas que tantos admiram e visitam hoje foram muitas vezes construídas com dinheiro ganho com a destruição de matas centenárias.

O Romantismo também foi reativo à urbanização e à industrialização. No século XVIII, o filósofo Jean-Jacques Rousseau popularizou a noção de que a sociedade moderna era uma força corruptora, que gerava desigualdade e alimentava obsessões pela riqueza, o status e o vício moral. No estado de natureza, acreditava ele, éramos essencialmente bons. Embora ele mesmo nunca tenha usado a expressão, Rousseau foi associado à ideia do "bom selvagem", que se tornou um ícone primitivo do movimento romântico. À medida que a Revolução Industrial avançou, os habitantes das cidades viram-se lutando contra a pobreza, sufocados pela fumaça de carvão e sucumbindo a epidemias de cólera. Em 1810, William Blake escreveu sobre "escuras usinas satânicas" que estavam destruindo a "verde e aprazível terra" da Inglaterra e transformando os trabalhadores em máquinas. A vida rural era cada vez mais imaginada como uma alternativa idílica à imundície urbana – exatamente como nos dias de hoje.[7]

A contribuição dos românticos para a arte de viver foi mostrar como a natureza podia ajudar a descobrir nossa alma. A maioria de nós é capaz de apreciar o tipo de beleza e profundidade espiritual que eles começaram a perceber no século XVIII. Se já esteve alguma vez num bosque solitário, silenciado pela beleza das manchas de luz que penetram através de folhas sussurrantes, você ingressou no modo romântico. Se subiu uma montanha e contemplou com reverência e assombro a enormidade da criação, então você viu o mundo através de olhos românticos. Quando tinha vinte e poucos anos, comecei a seguir as pegadas de meus heróis literários românticos.

Em pinturas como *As montanhas em Lauteraar* (1776), Caspar Wolf representou a assombrosa beleza dos Alpes suíços. Alpinistas escalam as rochas para admirar a vista. Antes do surgimento do Romantismo, no século XVIII, poucos viajantes teriam reconhecido nisso uma bela paisagem merecedora de suas atenções.[8]

Escalei os picos no Lake District com os cadernos de Coleridge na mão, caminhando pelas mesmas trilhas. Andei através de florestas alemãs com Goethe olhando por sobre meu ombro. Nadei nas luminosas grutas italianas em que Byron havia brincado nos anos 1820. Ouvi o rachar do gelo num lago de Massachusetts, inspirado por Thoreau. Essas experiências ocorreram sem nenhum pensamento a respeito de Deus: a natureza, compreendi, era impressionante por si mesma. A beleza que encontrei nesses lugares e aquela indescritível sensação de comunhão com a natureza que muitas vezes senti teriam sido compreendidas pelos românticos, ainda que eles pudessem ter zombado de minhas tentativas canhestras de imitá-los.

O problema do Romantismo é que ele pode ser imaculado demais. Lendo os grandes poetas da época, tem-se muitas vezes a impressão de que é tudo uma questão de contemplar panoramas sublimes e apreciar a luz cambiante, e não de se embrenhar no mato e ficar imundo e salpicado de lama. Nas duas últimas décadas, a visão romântica foi atualizada por um novo culto da natureza. Podemos ler livros que nos instigam a vasculhar samambaias e subir em árvores durante tempestades, em vez de seguir o exemplo de Wordsworth e contemplar serenamente o doce balanço de um narciso. Em *Wild* (2006), relato de uma viagem de sete anos ao coração de nossa natureza selvagem, Jay Griffiths nos conta que todos nós somos "nostálgicos do que é natural". O espírito humano, diz ela,

> tem uma lealdade primordial à selvageria, um anseio por realmente viver, por arrancar a fruta e chupá-la, derramar o suco. Podemos pensar que somos domesticados, mas é um engano. Selvagens em feromônios e intuição, selvagens em nosso suor e medo, ... esta é a primeira ordem: viver na fidelidade ao anjo selvagem.[9]

O que ela nos aconselha é ficar com sujeira sob as unhas e sentir o gelo quebrando sobre os lábios, vagar em lugares solitários e experimentar o medo da noite. Não é tanto a beleza que deveríamos buscar na natureza, mas a selvageria.

Realmente é possível escapar dos limites de nossas vidas de matéria plástica, halogênicas, digitais, saindo de nossas casas para mergulhar na natureza, buscando beleza e significado como os românticos, ou talvez uma variedade mais selvagem de natureza, se a encontrarmos. Mas poderíamos também aprender com nossos ancestrais pagãos. Poderíamos nos unir aos que vêm revivendo o antigo festival de primavera do May Day, celebrado em toda a Europa, enfeitando-nos com guirlandas verdes e dançando em volta do mastro enfeitado. De maneira semelhante, talvez decidíssemos observar os solstícios de verão e inverno, tratando-os como ocasiões em que não trabalhamos, preferindo, em vez disso, andar pelos morros ou mergulhar em rios frescos ao nascer do sol. Não é necessário ser um druida para abraçar o espírito pagão, ou nos prostrarmos diante de um carvalho ou de Stonehenge. Cada um de nós pode criar seus próprios rituais para ficar em sintonia com os ritmos naturais que existiam muito antes da batida de iPods.

Biofilia e o eu ecológico

Embora os seres humanos tenham procurado beleza na natureza, uma alternativa foi desafiá-la. Essa relação mais confrontadora com o mundo natural é familiar para os que praticam esportes radicais ao ar livre. Desde a era vitoriana, alpinistas e praticantes de escalada em rocha vêm lançando sua habilidade física e a energia mental contra rochedos verticais e paredões de gelo. Por que o fazem? Nos anos 1920, quando perguntaram ao montanhista britânico George Mallory por que queria escalar o Everest, sua resposta famosa – e talvez apócrifa – foi: "Porque ele está lá." Mas isso não explica muito. Alguns atletas radicais buscam a adrenalina liberada quando correm riscos, ou se realizam com a consecução de metas para as quais passaram meses treinando, ou esperam entrar num estado de "fluxo", em que passado e futuro desaparecem e eles ficam completamente mergulhados num presente atemporal. Há os que amam a solidão de estar num lugar inculto, isolado, enquanto outros, como Joseph Knowles, desejam o renome que as aventuras heroicas proporcionam.

Compreender a mentalidade de pessoas que desafiam a si mesmas nos ambientes naturais mais agrestes permite aquilatar o papel que a natureza pode desempenhar ao alimentar nossas mentes e nossos corpos, alterando até os limites de nosso senso de identidade. Um caso revelador diz respeito a Christopher Johnson McCandless, que no início dos anos 1990 abandonou a civilização pelos ermos remotos do Alasca. Embora pertença ao passado recente, ele é representativo de uma longa tradição de aventureiros e desbravadores de fronteiras americanos que remonta a Daniel Boone no século XVIII, seduzido por sonhos românticos e o desejo de se autodesafiar a sobreviver sozinho na crua natureza.

Chris McCandless cresceu nos subúrbios abastados da Virgínia, onde seu pai era um bem-sucedido cientista espacial que havia projetado sistemas de radar para a Nasa. Chris sempre teve um espírito aventureiro: aos dois anos havia se levantado no meio da noite e rumado com seus passinhos vacilantes para a casa de um vizinho no intuito de atacar a gaveta de doces. Foi um adolescente intenso e sério, mas também tinha um lado gregário e gostava de martelar músicas de cabaré no piano da família. Embora não tivesse desejo de cursar uma faculdade, sucumbiu à pressão dos pais e foi para a Universidade Emory, onde tirou sempre a nota máxima. Imediatamente após se formar, em 1990, porém, Chris desapareceu. Doou suas economias de US$ 25 mil para fins de caridade, dirigiu até o deserto de Nevada, abandonou o carro e em seguida queimou o dinheiro que restava na carteira. Finalmente estava livre. Durante os dois anos seguintes tornou-se vagabundo profissional. Saltava sobre trens, acampava nas regiões ermas de Dakota do Sul e quase se matou descendo o rio Colorado de caiaque. Mudou seu nome para Alexander Supertramp e não revelava seu paradeiro para nenhum conhecido.

Em abril de 1992, Chris estava, por fim, pronto para o que chamou de "grande aventura no Alasca". Foi de carona para o Norte e andou em direção à mata levando pouco mais que um saco de arroz, um rifle de caça e um saco de dormir, decidido a passar alguns meses vivendo da terra em total isolamento. Encontrou por acaso um ônibus abandonado e fez dele seu lar temporário. Durante as semanas seguintes, aprendeu a caçar com o rifle e abriu trilhas de caça com o facão, mantendo enquanto isso um diário simples. "Para não mais ser envenenado pela civilização, ele foge", escreveu Chris na terceira pessoa, "e caminha sozinho pela terra para se perder na mata." Deleitando-se com a liberdade, declarou: "Renasci. Este é meu amanhecer. A vida verdadeira está apenas começando." Outra entrada exultante diz simplesmente: "ESCALAR MONTANHA!" Num pedaço de madeira entalhou "Jack London é rei", prestando homenagem a seu herói de infância, que um século antes havia retratado de maneira romântica a vida ao ar livre no Alasca e no Yukon em obras clássicas como *O chamado selvagem*.

No final de junho a caça tornara-se difícil, a comida estava acabando e ele perdia peso rapidamente. Fez a mochila e voltou pelo mesmo caminho pelo qual viera. Mas agora o rio raso que havia cruzado na jornada para as montanhas enchera, transformando-se numa torrente furiosa, e era perigoso demais atravessá-lo. Sem mapa – ignorava que havia um ponto que permitia uma travessia segura alguns quilômetros rio abaixo –, ele concluiu que não tinha escolha senão voltar para o ônibus. Ali ficou, cada vez mais assustado e solitário. Como o arroz acabara, foi forçado a procurar bagas. Em seguida, em 30 de julho, fez uma anotação funesta no diário: "Extremamente fraco. Culpa de semente de batata. Muita dificuldade só para ficar de pé. Faminto. Grande perigo." Ao que parece, ele havia identificado erroneamente uma planta em seu guia botânico e estava comendo acidentalmente sementes venenosas de batatas-silvestres. Em grandes quantidades, elas causam emaciação e, por fim, morte por inanição.

Chris morreu não muito depois do centésimo dia no ônibus. Três semanas mais tarde seu corpo foi encontrado por caçadores, fechado no saco de dormir.

No livro *Na natureza selvagem* (1996) – também transformado em filme –, Jon Krakauer, biógrafo de Chris, tenta compreender o que o levara a fugir de maneira tão radical da sociedade e a abraçar a natureza inculta. Parte da resposta está numa carta que Chris escreveu a um velho que conhecera pouco antes de partir para o Alasca:

> Tantas pessoas vivem em circunstâncias infelizes, e ainda assim não tomarão a iniciativa de mudar sua situação porque estão condicionadas a uma vida de segurança, conformidade e conservantismo, coisas que parecem dar paz de espírito; mas, na realidade, nada é tão danoso para o espírito aventureiro presente no homem que o futuro em segurança.

Chris pensava que o maior erro que podíamos cometer na vida era trocar a liberdade individual pelos confortos enganosos de estabilidade e segurança financeira. Nunca se poderia encontrar a vida real numa bela casa com jardim no subúrbio. Como Rousseau, ele acreditava que a sociedade e sua obsessão por dinheiro corrompiam nossa bondade inerente. Durante o tempo que passou no ônibus, leu e comentou meticulosamente seus autores favoritos, como Thoreau e Tolstói, revelando sua admiração pelo modo como rejeitaram a sociedade industrial e por sua crença num estilo de vida ascético, próximo da natureza. No século XIX, segundo o historiador cultural Roderick Nash, a jornada rumo às matas americanas atraía o indivíduo romântico "entediado ou desgostoso com o homem e suas obras". Chris foi um desses românticos, reconhecidamente da variedade mais irascível, mais feroz.

Sob a visão romântica, porém, havia uma perspectiva mais profunda, psicológica, de suas ações. Chris fugia de uma família disfuncional. Ele odiava o pai controlador e era assombrado por lembranças de violência no lar da família. Nos últimos anos da adolescência, ficara devastado ao descobrir que o pai, tão rigoroso quanto à moralidade, tivera um caso extraconjugal. Só a natureza podia lhe oferecer o conforto mental de que precisava. O psiquiatra britânico e alpinista John Menlove Edwards via o alpinismo como uma "tendência psiconeurótica", em que o alpinista encontra refúgio do tormento interior que emoldura sua existência. Chris era atormentado, e sua fuga para a mata deveria ser compreendida, em última análise, como cura autoimposta pela natureza – que por acaso deu terrivelmente errado.[10]

A história de Chris McCandless fornece uma pista para a compreensão da topografia da mente humana. Sugere que a natureza está intimamente relacionada ao nosso bem-estar. Desde os anos 1980, esse fenômeno tem um nome: biofilia. Cunhada pelo biólogo evolucionista Edward Wilson, de Harvard, a palavra designa nossa "tendência inata a nos concentrar na vida e em processos vitais". Somos atraídos pela natureza "como mariposas pela luz de um archote".[11] A biofilia explica por que, como Chris McCandless, muitas vezes nos sentimos inexplicavelmente atraídos por lugares selvagens como cura para nossos males. Se estamos ansiosos ou estressados, sabemos que uma caminhada tranquila por uma floresta frondosa ou por uma trilha litorânea que nos permita ver o mar nos ajudarão a restaurar a calma. Até passar uma hora arrancando ervas daninhas do jardim, sentindo o cheiro da terra úmida, ouvindo o canto de um passarinho e notando os primeiros brotos da primavera, pode ser restaurador.

Wilson e outros especialistas em biofilia afirmam que o poder curativo desse toque de vida tem raízes nas profundezas da psico-história humana. Durante milhões de anos nossos cérebros primordiais evoluíram nos desertos semiarborizados da savana africana. Sentimo-nos psicologicamente mais tranquilos quando habitamos paisagens semelhantes, ou quando estamos à beira da água, o que por tanto tempo foi sinal de comida abundante. Inversamente, podemos ter uma resposta biofóbica negativa a paisagens inóspitas, como florestas densas e desertos áridos, que nossos cérebros primitivos registram como lugares a evitar. Um ambiente completamente desprovido de natureza – como as megacidades asfaltadas – pode ser seriamente danoso à saúde. Por que alegramos nossos escritórios com alguns vasos de planta? Biofilia.[12]

Embora a palavra seja nova, a biofilia sempre esteve conosco. Samuel Hammond, advogado americano que começou a acampar nas montanhas Adirondack nos anos 1840, escreveu: "Em geral eu ia para a mata fraco e deprimido. Sempre voltei com saúde e força renovadas, uma digestão perfeita e um espírito animado e alegre."[13] Essa animação era uma reação biofílica: a natureza curando o corpo e a mente. Não há dúvida de que os poetas românticos mesmerizados por regatos que corriam nas montanhas não estavam apenas vendo beleza e religião na natureza, eles tinham uma reação biofílica inconsciente à paisagem, como quando Wordsworth falava das "influências calmantes da natureza".[14] É possível que a aversão pelas matas inóspitas na Idade Média em parte fosse uma reação biofóbica a um ambiente perigoso, mas também é possível que os mitos culturais sobre as florestas escuras e ameaçadoras fossem poderosos demais para que nossa biofilia instintiva os superasse.

As evidências científicas a favor da biofilia aumentaram rapidamente nas últimas décadas. Um estudo mostrou que pacientes num hospital da Pensilvânia que tinham tido a vesícula extraída e desfrutavam um panorama do verde através da janela recuperavam-se mais depressa e exigiam menos analgésicos que aqueles cujos quartos davam para um muro de tijolos. Projetos de terapia horticultural demonstram os efeitos positivos que tem, para os doentes mentais, cavar uma horta ou cuidar de um jardim, ao passo que dúzias de estudos de experiências de recreação na natureza revelam que a mitigação do estresse é um dos benefícios mais notáveis. Neuropsicólogos têm mais sucesso com seus pacientes quando tratam deles em estufas luxuriantes do que em quartos desguarnecidos de clínicas. Os sintomas do distúrbio do déficit de atenção de crianças de apenas cinco anos têm significativas reduções quando elas se envolvem com a natureza, o que levou o jornalista Richard Louv a acreditar que elas talvez sofram, na verdade, de um "distúrbio de déficit de natureza". Ao contrário das crianças de poucas décadas atrás, a garotada de hoje passa a maior parte do dia diante de computadores e da televisão, e tem pouco tempo ou inclinação para subir em árvores ou explorar o mato. Como disse um menino da 5ª série de San Diego, "prefiro brincar dentro de casa porque é lá que estão todas as tomadas elétricas". O resultado pode ser depressão e outros problemas de saúde mental. As crianças de hoje estão privadas do contato com a natureza de que tanto precisam para satisfazer suas necessidades biofílicas inatas.[15]

A extensão historicamente sem precedentes da urbanização no Ocidente é parte importante do problema. Sofremos um déficit de natureza mais que qualquer geração anterior. Podemos não perceber isso até passarmos um tempo maior ao ar livre, longe da vida urbana em alta velocidade e estressante que se tornou nosso pior vício. A maior parte de nós precisa de uma dose curativa de natureza como parte regular da vida – e felizmente é pouco provável que o remédio seja tão extremo como fazer uma longa caminhada rumo à mata virgem australiana. Enquanto andamos por uma mata local ou nos sentamos para ver um rio correr, nossas ansiedades provavelmente declinarão, e saberemos que a biofilia está operando seu trabalho suave, restaurador.

A biofilia nos incita também a repensar radicalmente quem somos. Durante um século, a psicanálise supôs que nosso corpo físico, nossa pele exterior, fornece o limite do eu. Óbvio, não? A mente reside dentro dele, e a terapia é o processo de explorar introspectivamente o ser interior. Mas a biofilia sugere que nossa mente está, pelo menos em parte, localizada fora de nossas individualidades corporais. Essa visão do eu é central para o campo em desenvolvimento da "ecopsicologia", fundado pelo historiador e pensador do meio ambiente Theodore Roszak. A ideia é que, se nosso bem-estar mental está intimamente ligado à natureza através de fenômenos como a biofilia, nosso eu psicológico não está separado da natureza, mas é parte dela. Quando olhamos no espelho, vemos apenas uma porção de quem somos: o resto está refletido no cenário em segundo plano. "A psique", diz Roszak, "permanece solidariamente ligada à Terra que nos gerou."¹⁶ Possuímos um "inconsciente ecológico" que reside no âmago de nosso ser. Quando entramos na natureza, nós a respeitamos e cultivamos. Quando destruímos a natureza e vivemos separados dela, estamos, na verdade, destruindo a nós mesmos. A biofilia revela a intricada relação entre cada um de nós e a biosfera, e nos diz que somos partes da própria Gaia.

Talvez a noção de um senso de individualidade que se estende ao mundo natural tenha poucos precedentes na história ocidental recente, mas soa familiar a muitas culturas indígenas, que veem uma unidade integral entre os seres humanos e a terra. "Não é o céu um pai, e a terra uma mãe, e não são todas as coisas vivas com pés e raízes seus filhos?", disse o pajé indígena Alce Negro. Ou, como explica um ancião indígena australiano: "Somos um povo espiritual que acredita ter vindo da terra; em certo sentido somos a terra, e a terra nos possui."¹⁷ No Popul Vuh, o livro maia da aurora da vida, os seres humanos são feitos de milho. Essas culturas têm entranhada nelas a sabedoria da biofilia profundamente.

A biofilia tem o potencial de transformar drasticamente nosso pensamento sobre identidade pessoal, e de maneira mais geral nos lembra que a arte de viver bem e com sabedoria pode exigir que abracemos uma relação mais estreita com o mundo natural. "I am at two with nature", gracejou Woody Allen.* Irônico, para um homem chamado Woody, mas ele provavelmente estava mais "at one" do que percebia.

Como viver depois do fim na natureza

Há momentos na história em que a arte de viver sofre uma mudança fundamental. Nossa compreensão de nosso lugar no mundo é transformada, os parâmetros de escolha são alterados e somos compelidos a reavaliar

---

* O gracejo é intraduzível: a expressão usual é "to be at one" com alguma coisa, significando estar em perfeita harmonia com ela. (N.T.)

radicalmente o que valorizamos na vida. A última vez que isso aconteceu foi durante a Revolução Industrial, que causou grandes reviravoltas em nossas abordagens de trabalho, tempo, vida em família e amor. Hoje estamos mergulhados em outro momento como esse, que tem origem na destruição ambiental causada pela perda da biodiversidade, mudança do clima e esgotamento de recursos não renováveis. A extinção de espécies acelerou-se exponencialmente durante os últimos cem anos: muitas espécies de peixes, aves, samambaias e besouros desaparecem rapidamente em todos os continentes, ameaçando frágeis ecossistemas de entrar em colapso.[18] Os habitantes das nações ricas são os principais responsáveis pelo abuso do planeta: apenas 14% da população mundial – de países como os Estados Unidos, o Japão e a Europa Ocidental – produziram 60% das emissões de carbono do mundo desde 1850.[19] Esse novo contexto ecológico tem implicações não só para o modo como a sociedade é organizada, mas para nossa concepção de vida boa, uma vez que o desfrute desenfreado do consumismo que envolve uso intensivo de carbono – hoje a abordagem dominante à "qualidade de vida" no Ocidente – não parece mais desejável nem sequer possível. Para compreender como chegamos a esse ponto crítico, e descobrir novos caminhos, precisamos fazer uma incursão na história de nossa relação com a natureza – não a natureza como fonte de beleza, espiritualidade ou bem-estar mental, mas como recurso econômico.

Os seres humanos sempre usaram a terra para sustentar suas vidas. No entanto, só a partir do século XVI a cultura europeia adotou firmemente sua ideologia mais temerária desde a Idade Média: a de que o mundo foi criado em benefício do homem e de que a natureza estava ali para ser saqueada em proveito dele. Essa ideologia, baseada em concepções clássicas da singularidade humana, foi reforçada pelo pensamento cristão, o capitalismo primitivo e o desenvolvimento dos Estados-nação.

A ideia da natureza como recurso do homem teve suas raízes na crença de que os seres humanos eram distintos das demais criaturas que habitavam a Terra, e superiores a elas. Fontes clássicas forneciam uma aparente justificação. Aristóteles havia dito que os seres humanos eram os únicos dotados de racionalidade – e os únicos incapazes de mexer a orelha. Na altura do Renascimento, outros haviam sugerido que eles eram as únicas criaturas a possuir a fala, fabricar ferramentas ou exibir uma consciência espiritual. Mas a razão é que era considerada sua principal qualidade distintiva. Em 1610 o poeta e soldado inglês Gervase Markham afirmou que cavalos não tinham cérebro: ele cortara pessoalmente vários crânios de cavalos mortos e não encontrara nada dentro. A diferença entre o homem e o animal foi traçada de maneira mais incisiva por René Descartes, ao afirmar, nos anos 1630, que os animais eram meras máquinas ou autômatos, como relógios, ao passo que os seres humanos tinham mente e alma. Esta logo se tornou a concepção corrente. Sem dúvida não podia haver nada de errado em usar máquinas sem alma para arar nossos campos, ou assar algumas no espeto para nosso jantar. Os britânicos medievais raramente comiam carne, mas por volta de 1726 os londrinos matavam 600 mil carneiros e 200 mil cabeças de gado vacum.[20]

Historiadores ambientais também atribuem grande parte da culpa pela pilhagem dos recursos naturais às Igrejas cristãs estabelecidas. Entre os séculos XVI e XVIII, impelidos pelo desenvolvimento da economia monetária da Europa, pregadores ofereciam interpretações resolutamente antropocêntricas da Bíblia para justificar a exploração da natureza. Ressaltavam que, no Gênesis, Deus deu a Adão "domínio" sobre a terra: "Tudo quanto se move e vive vos servirá de mantimento", diz Deus ao homem. Em outras palavras, toda a criação física – peixes, aves, vacas, florestas – existia para servir aos objetivos do homem. O direito concedido por Deus de devastar a natureza foi reforçado pela destruição, operada pelo cristianismo, do paganismo, em que cada árvore, rio e animal tinha seu espírito guardião. O resultado, escreve Lynn White, foi que "o cristianismo tornou possível explorar a natureza com uma disposição de indiferença pelos sentimentos dos objetos naturais". Isso era uma receita de desastre ecológico.

Embora alguns eruditos religiosos afirmem que "domínio" significava realmente "administração", não "dominação", e ressaltem que são Francisco pregou para aves e lobos, a doutrina cristã aceita apoiava firmemente, e até estimulava, uma atitude abusiva em relação ao ambiente.[21]

A religião teria causado um estrago muito menor, não fora a influência do capitalismo europeu, cuja ascensão após a Idade Média representou um dobre fúnebre para o mundo natural. O capitalismo requer energia para alimentar o esforço em prol de lucros e crescimento, e a grande revolução tecnológica consistiu no uso de carvão como combustível do desenvolvimento industrial. Ele era usado para produzir tijolos, ladrilhos e vidraças; era a base da fabricação de aço; aquecia fornos de padarias e residências. A produção anual de carvão na bacia de Newcastle – o epicentro da mineração de carvão na Europa – aumentou de 30 mil toneladas em 1563 para cerca de 2 milhões de toneladas por volta de 1800.²² O carvão foi o ingrediente secreto da crescente cultura de consumo. Mas isso não podia acontecer sem que as minas deixassem cicatrizes por toda a paisagem e carbono fosse bombeado para a atmosfera. A ideologia de que a terra existia para o bem-estar econômico da população era tão arraigada que a maioria das pessoas não questionava suas ações nem considerava as consequências. O conceito de conservação da natureza ainda não existia. Todos os textos econômicos usuais, do clássico escrito por Adam Smith no século XVIII (*A riqueza das nações*) em diante, tratavam os recursos naturais tais como o carvão exclusivamente como "fator de produção" – uma ferramenta para o crescimento econômico.²³ O capitalismo requeria a negação de qualquer valor intrínseco aos recursos e regiões incultas do planeta. O impacto da religião e do capitalismo foi exacerbado pelos Estados-nação emergentes, que viam seus territórios – e suas colônias – como recurso disponível para a expansão de seu poder. Na Grã-Bretanha, árvores foram derrubadas numa escala quase inimaginável para a construção de navios para a Marinha Real, dizimando as antigas florestas reais. No fim do século XVIII, um navio de 74 canhões requeria 2 mil carvalhos maduros de duas toneladas cada um. E isso só para a quilha. "Derrubar árvores", escreve o historiador Keith Thomas, "era promover o progresso."²⁴

Seria errado, no entanto, supor que essa ideologia de exploração de recursos esteve associada unicamente ao cristianismo e ao desenvolvimento econômico e político da Europa. Uma pilhagem semelhante das regiões selvagens ocorreu, por exemplo, no Japão entre os séculos XVI e XVIII. O

Japão pré-industrial era tão dependente de madeira como somos hoje de petróleo, e para alimentar a necessidade desse recurso as florestas primárias das três principais ilhas foram em grande parte destruídas. Árvores eram necessárias para tudo, da edificação de castelos, palácios e santuários para a elite – tudo construído quase inteiramente de madeira – ao fornecimento de lenha e carvão para os camponeses. No final do século XVIII, restavam ao país encostas nuas onde antes havia densas florestas, e uma economia cada vez mais frágil em decorrência da escassez de madeira. Segundo o historiador ambiental Conrad Totman, o Japão parecia uma sociedade "decidida a levar a cabo sua própria destruição". Poetas japoneses talvez escrevessem haicais sobre cerejeiras em flor, mas quase todas as outras pessoas, em especial os xóguns que detinham o poder, estavam ocupadas pondo as árvores abaixo.[25]

O dano começou a ser mitigado nos séculos XVIII e XIX, por políticas de reflorestamento no Japão, Inglaterra e outros países europeus. O plantio de árvores tornou-se até uma atividade lucrativa, e aristocratas ingleses as plantavam às dezenas de milhares em suas propriedades. No entanto, a silvicultura manejada dificilmente podia reparar o dano ecológico operado durante centenas de anos, e ninguém podia repor o carvão e outros combustíveis fósseis, como petróleo e gás natural, que eram extraídos do solo. Um sinal de esperança foi o gradual desenvolvimento de uma ética da conservação no século XIX, inspirada em parte pelo movimento romântico e a emergência do estudo da história natural, que fomentou a curiosidade sobre botânica, zoologia e geologia. Os Estados Unidos criaram as primeiras reservas nacionais de proteção da vida selvagem – Yosemite em 1864, Yellowstone em 1872 e o Grand Canyon em 1908. Líderes do movimento de conservação do país, como o transcendentalista John Muir, fundador do Sierra Club em 1892, tornaram-se ícones públicos. Mas nada disso foi suficiente para impedir que o crescimento econômico, o consumismo e uma população global cada vez maior devastassem o mundo natural no século XX.

Os cidadãos dos países mais ricos do mundo são os herdeiros de um legado de quinhentos anos que incita a tratar a natureza como recurso –

um artigo que nos pertence, que podemos devorar ou esbanjar à vontade. Se todas as pessoas no planeta consumissem recursos naturais na mesma taxa que o europeu médio, precisaríamos de mais de dois planetas Terra para nos sustentar. Se o fizessem à taxa de um americano médio, precisaríamos de quase cinco.[26] No entanto, mesmo quando confrontados com estatísticas como estas, pode ser difícil compreender nosso impacto pessoal sobre o ambiente, a menos que vivamos ao lado de uma mina de carvão ou numa região de atividade madeireira na Amazônia. Meus olhos só começaram a se abrir quando visitei o Eden Project da Grã-Bretanha e vi uma escultura chamada *WEEE man* – WEEE é acrônimo de "desperdício [*waste*] de equipamentos elétricos e eletrônicos". Trata-se de uma enorme figura robótica, com 7 metros de altura e pesando 3,3 toneladas, inteiramente construída com produtos elétricos: seus dentes eram feitos de mouses de computador, o cérebro, de monitores velhos e o corpo, cheio de geladeiras, fornos de micro-ondas, máquinas de lavar e telefones celulares. Essa criatura assustadora representa a quantidade média de equipamentos elétricos que cada um de nós usará e jogará fora durante sua existência. O *WEEE man* é o *Doppelgänger* do ocidental típico. Olhando para ele, pude ver que estivera construindo um *WEEE* pessoal durante toda a minha vida, produzindo minha cota de laptops, aparelhos de som e outros detritos elétricos.

Hoje conhecemos o resultado de nossa pilhagem de recursos naturais e vício em combustíveis fósseis: a mudança climática produzida pelo homem. Como absorver o significado dessa realidade? Em um nível, deveríamos procurar nos educar em relação a ela, por exemplo, lendo livros e relatórios de especialistas sobre as causas e consequências do aquecimento global, que ofereçem conhecimento muito mais aprofundado que as breves notícias e reportagens em que baseamos muitas de nossas opiniões. Mas deveríamos também olhar através da lente da história cultural. Ingressamos numa nova era, que o escritor sobre assuntos ligados ao meio-ambiente Bill McKibben chama de "o fim da natureza". Durante a maior parte da história humana, imaginamos a natureza como uma força independente, maior que nós. Suportamos as tempestades violentas e os longos e escuros invernos, maravilhamo-nos com belos pores do sol e sentimos as brisas frescas no rosto. Mesmos quando lhe infligíamos danos – poluindo rios ou arrancando fora os topos de montanhas –, nunca pensávamos realmente que a natureza havia sido destruída de forma irresponsável. Até agora. A mudança do clima alterou o próprio tecido do planeta. Tornamo-nos os fabricantes das condições meteorológicas. Como McKibben explica,

> não somos mais capazes de pensar em nós mesmos como uma espécie jogada para cá e para lá por forças maiores – agora nós somos essas forças maiores. Furacões, tempestades elétricas e tornados tornam-se não atos de Deus, mas atos do homem.

É isso que o fim da natureza significa. É a morte de uma ideia – da natureza como um reino separado, selvagem. Transformamos a natureza em algo artificial. Da próxima vez que você exclamar "Que encanto ver as anêmonas brotarem tão cedo!", deve lembrar que seu aparecimento precoce foi, em alguma medida, reconfigurado por seres humanos, cujas ações estão alterando as estações. "Uma criança nascida agora jamais conhecerá um verão natural, um outono natural, um inverno ou primavera", diz McKibben. "O verão está sendo extinto, substituído por outra coisa que se chamará 'verão'."[27] Embora possamos acreditar que ainda haja na natureza alguns lugares prístinos, em grande parte intocados pelo homem, como as matas do Alasca visitadas por Chris McCandless, estamos errados. A mudança do clima está em toda parte, atinge tudo. Após 12 mil anos da era geológica extraordinariamente estável conhecida como Holoceno, mudamo-nos para o que os cientistas do clima chamam agora de Antropoceno, designação que indica nosso grande impacto sobre os ecossistemas da Terra.

O que o fim da natureza significa para a arte de viver? No nível mais óbvio, ele nos força a nos submetermos a uma dieta de desintoxicação de carbono. Agora compreendemos o que isso envolve: menos voos de avião; bicicletas, trens e ônibus, em vez de carros; usar eletricidade verde ou aquecimento solar; isolar termicamente nossas casas. Isto é, quebrar o hábito entranhado do consumismo que envolve uso intensivo de carbono. Algumas pessoas sentem-se felizes na comunidade criada pela fundação de clubes de compartilhamento de carros e apreciam as alegrias simples de ter um chuveiro aquecido pelos tubos de vácuo do aquecimento solar nos alto de seus telhados. Outras relutam em abrir mão de suas trações nas quatro rodas e tornam-se especialistas na negação do significado do aquecimento global. O que está claro é que não podemos apenas esperar que os governos tomem medidas para limitar a mudança climática descontrolada – temos de contar também conosco.

Num nível mais fundamental, no entanto, trata-se de reconhecer uma assombrosa transformação cultural: no intervalo de apenas duas décadas, a mudança do clima deslocou as fronteiras éticas do que constitui a vida boa. Em especial no Ocidente, habitamos um meio cada vez mais sensível ecologicamente, em que prazeres e opções de estilo de vida que acarretam uso intensivo de carbono são menos invejáveis ou socialmente aceitáveis do que costumavam ser. Um exemplo é a viagem global, até pouco tempo um componente usual do que a maioria das pessoas considerava "qualidade de vida". Nos anos 1990, eu não podia pensar em algo que desejasse mais que voar para destinos exóticos e aventurosos pelo mundo todo. Assim, acumulei em meu passaporte carimbos da Indonésia, do México, da Espanha, de Sydney, de Hong Kong. Mas como, pouco a pouco, compreendi as implicações da mudança do clima e soube que as emissões associadas aos voos eram, de longe, minha maior contribuição pessoal para ela, essa escolha de estilo de vida deixou de me parecer moralmente defensável, pois pessoas nos países em desenvolvimento e as gerações futuras em toda parte – inclusive meus filhos – sofreriam em consequência de minhas ações. Quando o debate público sobre a "vida de baixo carbono" tornou-se lugar-comum no novo milênio, também me senti cada vez mais embaraçado ao admitir para amigos que pegaria um voo barato para umas férias no exterior. O resultado é que venho tentando – com graus variáveis de sucesso – me desabituar de voar.

Essa não foi simplesmente uma escolha pessoal, mas o reflexo de uma mudança contextual mais ampla nos parâmetros éticos da arte de viver.

Natureza

Apesar dos melhores esforços das companhias aéreas, a viagem aérea internacional perdeu sua inocência moral. Mudanças como essa aconteceram antes. Hoje poucos veriam com bons olhos a ideia de possuir um escravo que cozinhasse e limpasse para eles, embora essa tenha sido, no passado, uma aspiração de estilo de vida muito difundida: escravizar outro ser humano para nosso prazer não é mais considerado moralmente aceitável. O fim da natureza está nos desafiando a mudar nossa mentalidade, adotando um novo paradigma da vida boa, baseado não num ethos consumista de alto carbono, mas numa relação sustentável com nosso frágil mundo. Tal como a transição a partir da economia escravagista, a transição a partir da economia do carbono exige que redefinamos liberdade e descubramos a satisfação em novas áreas de nossas vidas, trocando, por exemplo, nossas férias costumeiras numa ilha grega – que requer um voo de avião – por um acampamento numa área agreste perto de casa. Como afirma o ativista contra o aquecimento global e escritor George Marshall, precisamos pensar num estilo de vida de baixo carbono não como opção pelo sacrifício pessoal que nos priva de confortos do consumo, mas como maneira mais leve e inteligente de viver no século XXI.[28]

A NATUREZA PODE TER ACABADO. Mas ainda precisamos ter uma relação com o que ficou em seu lugar. Nossa viagem através da história revelou uma série de possibilidades, de encontrar beleza e significado espiritual até condescender com nossos eus selvagens e ferozes; de satisfazer nossa biofilia e inconsciente ecológico até viver com baixo consumo de carbono, de modo a limitar o aquecimento do planeta. E há uma harmonia interna entre todas essas abordagens. Elas podem ser seguidas sem contradição, e uma leva à outra. Sentar-se à sombra de um velho carvalho é também uma experiência estética, além de nos oferecer uma sustentação biofílica e nos fazer compreender o valor de preservar lugares inexplorados, em vez de pô-los abaixo a fim de abrir novas estradas para nossas economias dependentes do petróleo. Esta é uma extraordinária confluência de virtudes.

A tragédia de nossa sociedade é que o mapa que consultamos com mais frequência é o rodoviário.[29] Precisamos de novos mapas, que nos tirem das rodovias e nos levem para espaços despercebidos, onde possamos explorar os significados de uma paisagem indomada. "Na natureza inculta está a preservação do mundo", escreveu Thoreau. Sim, a do mundo. Mas também a nossa.

A quebra de convenções

10. Crença

No dia 11 de junho de 1963, uma procissão de 350 monges budistas caminhou lentamente pelas ruas de Saigon, tendo à frente um sedã Austin Westminster. Eles carregavam cartazes denunciando a perseguição de budistas pelo regime sul-vietnamita do presidente Ngo Dinh Diem – membro da minoria católica romana do país – e pedindo igualdade religiosa. Quando os manifestantes chegaram ao movimentado cruzamento do bulevar Phan Dinh Phung com a rua Le Van Duyet, três monges saíram do carro. Um pôs uma almofada no chão; outro empunhou um recipiente de cinco galões de gasolina. O terceiro, um sacerdote budista de 65 anos chamado Thich Quang Duc, sentou-se calmamente na almofada, na tradicional posição de lótus. Após ser encharcado de petróleo por seu colega, ele recitou um canto em homenagem a Buda, segurando um cordão de contas de madeira. Em seguida parou por um momento, riscou um fósforo e deixou-o cair sobre seu manto.

No meio da multidão de espectadores estava David Halberstam, jornalista do *New York Times*:

> As chamas vinham de um ser humano; seu corpo murchava e encarquilhava-se devagar, sua cabeça enegrecia e carbonizava. O cheiro de carne humana queimada estava no ar; seres humanos queimam-se com surpreendente rapidez. Atrás de mim eu podia ouvir os soluços dos vietnamitas que agora se aglomeravam. Eu estava chocado demais para chorar, confuso demais para fazer anotações ou perguntas, aturdido demais até para pensar. ... Enquanto ele queimava, em nenhum momento moveu um músculo, emitiu um som, a serenidade exterior em brutal contraste com as pessoas aos prantos à sua volta.[1]

O poder da fé: o monge budista Thich Quang Duc
na fotografia de Malcolm Browne (1963).

A morte de Thich Quang Duc ficou marcada com ferro em brasa na cabeça de milhões de pessoas pela fotografia de Malcolm Browne, "O monge em chamas: autoimolação", publicada nas primeiras páginas dos jornais no mundo todo. Seu singular sacrifício pessoal desacreditou seu governo nacional e internacionalmente, e contribuiu para o colapso final do regime Diem.

Quando Thich Quang Duc ateou fogo a si mesmo, não apenas praticava um ato de discordância política, mas enviava uma mensagem para a humanidade sobre a importância da crença. Nossas crenças são parte essencial do que somos. Poucas pessoas irão abrir mão de suas vidas por elas, mas a maioria tem os valores e princípios segundo os quais aspiramos a viver e que ajudam a definir nossa identidade. Podemos acreditar que o aborto é moralmente errado, ou que é antiético comer carne, ou que todas as crianças deveriam frequentar escolas financiadas pelo Estado. Essas crenças são muitas vezes expressões de ensinamentos religiosos ou credos políticos.

Nossas crenças são uma lente através da qual vemos não só o mundo, como também a nós mesmos. Elas guiam as escolhas que fazemos, mas são, ao mesmo tempo, um padrão contra o qual julgamos nossas ações. Somos fiéis a nossos valores e ideais, ou há uma desconfortável divergência entre o que professamos acreditar e o modo como nos comportamos na realidade? Nossas crenças são o espelho em que podemos ver nossa integridade ou hipocrisia. As crenças são também importantes porque só as questionamos muito raramente. "O senso comum", declarou Einstein, "é a coleção de preconceitos que adquirimos antes dos dezoito anos." Todos podemos ter crenças, mas poucas vezes as expomos numa fileira sobre a mesa e as submetemos a exame sistemático. Se nos pedissem que pegássemos uma folha de papel e escrevêssemos uma lista de nossas crenças fundamentais, nós o faríamos com facilidade – mas será que as justificaríamos? Sócrates nos exortou a não viver a vida sem questioná-la. Como um joalheiro que segura um diamante contra a luz para discernir a sua autenticidade, densidade e jaça, a beleza que ele contém, assim também deveríamos examinar nossas crenças.

Podemos buscar na história uma perspectiva iluminadora sobre as crenças que alimentamos. Primeiro, devemos revelar os meios sutis pelos quais nossas famílias, sistemas educacionais e governos moldam nossos valores, muitas vezes sem o perceber. Segundo, precisamos pesquisar o que é necessário para mudar nossas crenças; para isso, devemos nos inspirar num astrônomo italiano do século XVII e num aristocrata russo que fazia as próprias botinas. Por fim, é possível escavar as lições esquecidas do passado para eliminar a lacuna entre nossas supostas crenças e nossas ações cotidianas. O valor da história, como vamos descobrir, está não tanto em sugerir qual deveria ser o conteúdo de nossas crenças, mas em nos estimular a ser crentes mais perspicazes e informados, de modo a praticar a arte de viver com integridade pessoal.

A herança da crença

Um experimento mental favorito entre filósofos é imaginar que somos não uma pessoa de carne e osso, mas um cérebro numa cuba. Cientistas loucos nos ligaram a um supercomputador que alimenta nossos neurônios com ideias, memórias e imagens, de modo que habitamos um mundo completamente virtual. Achamos que estamos tomando um sorvete, mas na realidade a experiência é simulada por um programa de software. Este é um tema muito apreciado em filmes de ficção científica. Estamos presos na cela de nossa mente, nossas vidas são uma criação artificial?

É improvável que sejamos cérebros em cubas. Mas a maioria reconhece, em algum nível, que não somos inteiramente donos de nossa mente. Sabemos que nosso cérebro foi injetado desde a infância com mensagens publicitárias, valores de nossos pais, propaganda política e doutrinas religiosas não inteiramente de nossa própria escolha. Quando compramos um hambúrguer numa cadeia de fast food ou escovamos os dentes com a pasta de certa marca, estamos pelo menos vagamente conscientes de que talvez o façamos não só por uma questão de preferência pessoal, mas porque as empresas nos falam sempre sobre a excelência de seus produtos.

Nenhum de nós gosta da ideia de que as escolhas que fazemos ou as crenças que alimentamos foram fabricadas. Gostamos de pensar por nós mesmos e tomar nossas próprias decisões. Mas se nos aprofundarmos na origem das crenças que prezamos muito, é provável que encontremos uma verdade perturbadora: elas foram moldadas por forças externas a nós, e muitas vezes sem nosso conhecimento. Esse é o caso quando se trata de crenças associadas a religião, nacionalismo e monarquia.

De onde vêm nossas crenças? Embora teólogos despendam enorme energia debatendo os vários argumentos em prol da existência de um Deus sobrenatural, tal como o do "projeto inteligente", poucas pessoas são de fato impelidas a acreditar em Deus por argumentos intelectuais. A mais provável explicação para a crença religiosa – seja qual for a religião, posição social, idade ou sexo – é ter sido a que se herdou da família e da sociedade em que se cresceu. O mais abrangente levantamento da literatura acadêmica conclui:

> A melhor resposta para a questão "Por que pessoas acreditam em Deus?" continua a ser: "Porque foram ensinadas a fazê-lo." ... A vasta maioria dos

Crença

crentes nasceu na tradição que segue agora, seja ela qual for. ... A maioria dos indivíduos aprende sua religião na infância, como uma identidade específica, dentro de uma comunidade específica.²

A crença religiosa, portanto, é em grande parte um acidente de nascimento, geografia e história. Se você tivesse nascido numa típica família do Teerã contemporâneo, seria quase certamente muçulmano e acreditaria nas verdades do Corão, assim como, se tivesse nascido na Itália rural no século XX, teria sido católico. A aquisição de nossa religião parece semelhante à aprendizagem da língua materna.

Essa conclusão parece reduzir nosso poder – a maioria das pessoas sente que suas convicções religiosas são realmente suas –, mas é difícil escapar às evidências. Nossos pais nos transmitiram não apenas seus genes, mas sua religião, ao nos levar à igreja, à mesquita ou ao templo, ao nos fazer dizer nossas preces, observar rituais em casa e talvez frequentar aulas específicas.³ Um grande estudo sobre a religião nos Estados Unidos desde a Segunda Guerra Mundial, desenvolvido na Universidade de Chicago, mostrou que 90% dos protestantes, 82% dos católicos e 87% dos judeus seguem a religião em que foram criados. Se seus pais eram praticantes regulares, há apenas uma chance em dez de que você tenha abandonado a religião deles. Cerca de ⅓ das pessoas abandona sua religião em algum ponto – muitas vezes durante um período de dúvida na juventude –, mas a maioria retorna a ela ou se converte a uma fé correlata. Em outras palavras, se você cresce acreditando que há um Deus, é improvável que abandone essa crença fundamental e se torne ateu ou agnóstico. Sua visão religiosa do mundo herdada não permitirá facilmente uma escolha fora da variedade de seitas que consideram a existência de Deus ponto pacífico.⁴ De modo geral, os pais têm muito mais sucesso ao transmitir suas crenças religiosas para os filhos do que ao lhes passar suas ideias políticas, interesses esportivos ou hábitos alimentares.⁵

Os pais não têm, claro, o monopólio da determinação de nossa crença religiosa. Quase tão importante quanto a família é a comunidade em que vivemos. Se você cresceu numa sociedade extremamente religiosa, como a Irlanda ou a Polônia, há boa chance de que tenha adotado a religião dominante, mesmo que venha de um lar não religioso, absorvendo-a a partir da escola, dos amigos e da mídia.[6] Essa cultura religiosa pode também ter fortes efeitos psicológicos, em especial no tocante a experiências místicas. Muçulmanos ortodoxos ou taoistas não têm visões da Virgem Maria – só os católicos ou aqueles cercados por ideias católicas.[7]

Uma consequência de herdarmos a religião particular de nossa família ou cultura é que também tendemos a herdar uma crença incondicional nas histórias e tradições em que ela se funda, cujas verdades aceitamos. Um exemplo clássico diz respeito ao Natal. A maioria dos cristãos acredita que esse festival marca um evento histórico concreto – o nascimento de Jesus no dia 25 de dezembro. Fontes eruditas, no entanto, põem isso em dúvida. Os cristãos primitivos nos dois ou três primeiros séculos nem sequer celebravam o Natal: a morte seguida pela ressurreição de Cristo era considerada muito mais importante que seu nascimento. Na verdade, não havia nenhum consenso em relação à data real em que este ocorrera, pois nenhum dos Evangelhos era específico sobre isso. Sugestões até o século IV incluíam 25 de março, 20 de maio e 18 de novembro. Então, quando o Natal começou, e por que 25 de dezembro?

Precisamos nos transportar para a Roma do século IV e para o reinado do imperador Constantino (306-337). Os romanos estavam acostumados a pôr suas inibições de lado em dezembro para celebrar três festivais pagãos de inverno. O primeiro era a festa favorita, as Saturnais, em geral de 17 a 23 de dezembro. Era um período de festejos gerais, devassidão e fogueiras, que tinha lugar desde pelo menos duzentos anos antes do nascimento de Jesus. Depois havia a celebração das Calendas, na véspera do ano-novo, cheia de procissões e muita bebida. Segundo Libânio, escritor do século IV, as casas eram "decoradas com luzes e folhagens" e "uma torrente de presentes jorra de todos os lados". Soa familiar? Por fim, os romanos realizavam rituais para assinalar o nascimento do Deus Sol, Sol Invictus, que tinha lugar na data do solstício de inverno, 25 de dezembro. As evidências sugerem que após a conversão de Constantino ao cristianismo, ele – ou um de seus sucessores imediatos – permitiu aos cristãos celebrar o nascimento de Jesus, contanto que a data do festejo coincidisse com os festivais existentes, possivelmente para apaziguar a população, em grande parte pagã, ou para aumentar a popularidade potencial do império. Como diz o historiador Bruce Forbes, "o aniversário do Deus Sol foi transformado no aniversário do Deus Filho".[8]

Assim, quando líderes da Igreja dizem que deveríamos retornar ao "verdadeiro espírito do Natal" – tema favorito de mensagens papais –, talvez essa seja uma tarefa mais complicada do que parece. A maior lição do Natal é que precisamos abordar as histórias de fundação de todas as religiões antigas com cautela, pois quaisquer verdades que contenham estarão quase certamente misturadas com camadas de mitologia folclórica. Além disso, devemos reconhecer que a religião é, de maneira esmagadora, uma herança de gerações passadas. Deveríamos perguntar a nós mesmos como nos sentimos em relação ao fato de que, para a maioria de nós, as crenças religiosas que temos como adultos poderiam ser previstas com sucesso por outros no momento em que nascemos.

AO LADO DA RELIGIÃO, o nacionalismo é uma de nossas mais poderosas fontes de crença. Quando encontro compatriotas australianos, quase sempre fico impressionado com a intensidade de seu orgulho nacional. Eles parecem ofendidos por eu não torcer pelas seleções esportivas nacionais, e em geral acreditam que a Austrália tem o que há de melhor no mundo em matéria de praias, clima, café, comida e "estilo de vida" em geral. Como é possível que uma pessoa queira viver em qualquer outro lugar, especialmente se – como eu – ela possui um passaporte australiano?

Embora a lealdade à própria nação seja amplamente difundida entre as pessoas de quase todos os países, pode ser difícil definir que crenças estão envolvidas no nacionalismo. Uma forma de crença é a ideia de que nossa nação é superior às outras em aspectos particulares, como realizações culturais, beleza natural ou proezas esportivas. Os australianos podem acreditar que têm a melhor comida do mundo – mas franceses, italianos, espanhóis, peruanos e chineses têm igual convicção. George Bernard Shaw reconheceu o absurdo disso tudo ao observar que "patriotismo é sua convicção de que um país é superior a todos os outros porque você nasceu nele".

Um segundo tipo de crença nacionalista é que temos o dever de proteger a nação quando ela está sob ameaça. O nacionalismo pode encorajar pessoas a sacrificar suas próprias vidas em benefício de seus concidadãos, e também estimulá-los a matar os inimigos.[9] Ele pode ter sido uma força vital nas lutas de povos oprimidos contra o colonialismo, mas foi também causa importante das guerras do século XX, da Primeira Guerra Mundial aos conflitos na antiga Iugoslávia nos anos 1990. Esse potencial destrutivo do nacionalismo era óbvio para o poeta britânico Wilfred Owen. Ao testemunhar os horrores da guerra de trincheiras em 1917, ele escreveu com indisfarçada ironia: *"Dulce et decorum est pro patria mori"* – "É doce e decoroso morrer pela própria pátria." Ele foi morto em batalha sete dias antes do armistício.

O que o nacionalismo tem de fascinante é o fato de ser um fenômeno recente. A maioria dos Estados-nação da Europa e das Américas só emergiu no curso dos últimos trezentos anos. Antes do século XIX, uma pessoa não torceria para uma seleção esportiva italiana ou alemã porque esses países ainda não existiam: eles eram aglomerações de principados ou partes de impérios. Os Estados-nação não surgiram espontaneamente, por obra do simples entusiasmo popular. Para forjá-los, foi necessário enorme esforço da parte de líderes políticos, que tiveram de convencer cidadãos a prestar sua lealdade não a comunidades locais, grupos étnicos ou impérios, mas à própria nação. Como eles realizaram esse feito milagroso de criar identidades nacionais, em resultado das quais as crenças patrióticas são tão profundamente alimentadas hoje?

Uma das ferramentas poderosas à disposição dos construtores de nação foi o uso do sistema educacional, onde havia uma audiência cativa. As escolas estiveram na linha de frente da criação da comunidade imaginada do Estado-nação, afirma o historiador Benedict Anderson, desempenhando papel essencial numa "instilação sistemática, até maquiavélica, de ideologia nacional".[10] Com a emergência da educação pública no século XIX, as crianças passaram a aprender a falar, ler e escrever sua língua nacional, a cantar o hino nacional e a estudar a orgulhosa história de seu país. Assim, uma criança nascida na Provença, na década de 1880 – quando um novo sistema nacional de educação foi introduzido –, teria aulas na escola em francês, e não no dialeto local do provençal, teria aprendido a letra da Marselhesa e estudado grandes momentos da história republicana, como a derrubada da Bastilha em julho de 1789. Em outras palavras, as crianças aprendiam a ser francesas.

A educação ainda desempenha esse papel hoje, e em nenhum lugar mais que nos Estados Unidos, que teve mais sucesso que a maioria das nações em instilar patriotismo na mente de seus jovens cidadãos. Um dos meios eficazes usados para isso foi o ritual diário do juramento de fidelidade. Toda manhã, na vasta maioria dos estados, milhões de crianças são legalmente obrigadas a se postar diante do pavilhão do país e recitar: "Juro fidelidade à bandeira dos Estados Unidos da América e à República que ela representa, uma só nação sob Deus, indivisível, com liberdade e justiça para todos."

Quais são as origens dessa prática inusitada de fazer juramento à bandeira nacional, que não existe quase em nenhum outro país? Muitos sabem que a expressão "sob Deus" só foi acrescentada em 1954, em reação aos temores provocados pela influência do comunismo soviético ateu. Poucos se dão conta de que o juramento não foi criado por um governo estadual ou nacional, mas inventado em 1892 por um socialista cristão, Francis Bellamy, que o publicou pela primeira vez numa revista infantil. Bellamy não tinha pudor em ver o juramento como uma ferramenta de propaganda, admitindo que as crianças mais novas seriam incapazes de compreendê-lo; mas através de sua constante repetição ele poderia promover o orgulho nacional e a lealdade à República, tornando-se um meio de "pensar aqueles pensamentos para elas".[11]

Pouco a pouco, o juramento ganhou popularidade, em especial depois de ser adotado por organizações patrióticas como as Daughters of the American Revolution, numa Convenção Nacional da Bandeira em 1923. No período entre as guerras, políticos americanos acreditavam que o juramento ajudava a unir um país não só ameaçado pelo radicalismo dos sindicatos e divisões raciais, mas que se via diante da tarefa de integrar milhões de imigrantes, potencialmente desprovidos de lealdade pela

Pequenos estudantes americanos de ascendência japonesa fazem o juramento de fidelidade à bandeira dos Estados Unidos, no bairro de Little Tokyo, São Francisco, em 1942, fotografados por Dorothea Lange. Um mês mais tarde o fervor nacionalista de tempo de guerra fez com que fossem vistos como inimigos públicos: todas as pessoas de origem japonesa da cidade foram confinadas à força em campos de internamento.[12]

nova pátria. Ele também ajudava a mobilizar a nação em tempo de guerra. Em 1942, alguns meses apenas depois que os japoneses bombardearam Pearl Harbor, o Congresso dos Estados Unidos designou-o oficialmente juramento nacional. Ao longo das décadas de 1960 e 1970, ele foi objeto de disputas legais, quando tanto alunos quanto professores se recusavam a recitá-lo em protesto contra a Guerra do Vietnã e o tratamento concedido às minorias.[13]

Hoje o juramento de fidelidade é um elemento essencial do que foi descrito como uma cultura de "culto à bandeira", que funciona de fato como uma religião civil nos Estados Unidos.[14] A bandeira é objeto de uma veneração quase sagrada, e foram inúmeras as tentativas de proibir legalmente os atos de queimá-la ou profaná-la de outras maneiras. Atualmente, visitantes estrangeiros muitas vezes comentam a ubíqua presença pública da bandeira – diante das casas das pessoas – e como é estranho que, numa sociedade aparentemente livre, crianças sejam obrigadas a fazer o juramento de fidelidade. Elas estão simplesmente observando a maneira como os governos tentam incutir crenças nacionalistas e lealdade em seus cidadãos. O problema é que somos muito bons para perceber quando isso acontece com outro povo, mas não entre nós.

A CRENÇA NA INSTITUIÇÃO da monarquia pode não ser tão globalmente dominante quanto a religião ou o nacionalismo, mas é ilustrativa da maneira como absorvemos nossas heranças culturais. A Grã-Bretanha, um dos países mais obsedados pela monarquia no Ocidente, fornece um bom exemplo. Cerca de 80% dos cidadãos britânicos aprovam essa forma de governo: apoiam a ideia de que o chefe do Estado deve ser um membro da família real. É extraordinário que na era democrática moderna tantos alimentem a crença antidemocrática na legitimidade do poder hereditário. Uma das razões alegadas para a preservação da monarquia é que ela é uma "grande tradição britânica", símbolo venerável da unidade nacional.[15] Em casamentos e aniversários reais, dezenas de milhares de pessoas se aglomeram para ver passar as carruagens douradas, os mantos de arminho e os chapéus emplumados, as saudações com tiros de canhão, os cortejos imponentes. Os repórteres da televisão reforçam a ideia de que esses são costumes antigos, que se estendem no passado, até se perder nas brumas do tempo, com comentários cômodos do tipo: "Toda pompa e magnificência de uma tradição milenar", "Um fausto que perdura por centenas de anos" e "Toda a precisão que vem de séculos de precedentes".[16]

Em boa medida, para dizer o mínimo, isso é um disparate. A maior parte desses rituais e cerimônias reais são criações do final do século XIX e início do século XX, quando a própria monarquia estava sob ameaça. Elas são o que os historiadores chamam de "tradições inventadas" – esforços conscientes da parte dos que estão no poder para influenciar sutilmente nossas crenças, sugerindo um convincente, mas ilusório, senso de continuidade com o passado.[17] A história de como a monarquia britânica se renovou pelo uso inovador de tradições inventadas é um dos grandes episódios na história das relações públicas.

Durante os primeiros ¾ do século XIX, a monarquia era objeto de escárnio público e uma espécie de piada nacional. Jorge IV era alvo de zombaria por ser extravagante e mulherengo, e seu casamento com a rainha Carolina provocou um escândalo público sem precedentes. Quando ele morreu, em 1830, *The Times* dedicou-lhe um editorial amaldiçoador: "Nunca houve um indivíduo menos pranteado por seus semelhantes que esse falecido rei. Que olhos choraram por ele? Que coração pulsou alguma vez de pesar desinteressado?" Você pode imaginar um jornal nacional lançando veredicto semelhante sobre uma figura real hoje? Além disso, apesar do que muitos pensam, o início do reinado de Vitória foi claramente desprovido de magnificência régia. Sua coroação, em 1838, foi um fiasco não ensaiado: o clero perdeu seu lugar na ordem de serviço, o anel de coroação não serviu e os participantes não se deram ao trabalho de cantar o hino nacional. Desde o início a rainha foi criticada na imprensa por suas intromissões na política e era constantemente satirizada pelos cartunistas. Quando ela efetivamente se afastou da vida pública, nos anos 1860, a pressão sobre a monarquia começou a se elevar. Com a ampliação do direito de voto e a ascensão de organizações de trabalhadores, a consciência de classe começava a rivalizar com a lealdade nacional. Entre 1871 e 1874, foram fundadas 84 agremiações republicanas, e o primeiro-ministro, Gladstone, temeu pela "estabilidade do trono".[18]

Foi nessa atmosfera de crise que se fez um esforço combinado para sustentar a monarquia e a nação que ela representava. A solução? Ressuscitar a crença na instituição da monarquia inventando tradições. A partir dos anos 1870, escreve o historiador Eric Hobsbawm, "a revitalização do ritualismo real foi vista como contrapeso necessário aos perigos da democracia popular".[19] Uma nova era de pompa e circunstância começou em

1877, quando Vitória foi coroada imperatriz da Índia – título inventado, concedido pelo primeiro-ministro, Disraeli –, ficando assim associada às glórias do Império Britânico. Para a celebração de seu Jubileu de Ouro, em 1887, primeiros-ministros coloniais foram convidados pela primeira vez e suas tropas desfilaram numa obra-prima de coreografia cerimonial, enquanto o clero se ataviava num novo guarda-roupa de vestes bordadas e estolas coloridas. Após as festividades, o arcebispo de Cantuária observou com alívio que, "dias depois, todos sentem que se refreou o movimento socialista". O evento foi considerado tamanho sucesso que se repetiu dez anos depois, com mais esplendor ainda, por ocasião do Jubileu de Diamante.

Em 1901, Eduardo VII assegurou que sua coroação seria lembrada pela majestade romântica, fazendo-se conduzir numa nova carruagem, fabulosamente ornamentada, de volta da abadia. Ele também transformou a abertura solene do Parlamento numa cerimônia de gala, desfilando pelas ruas de Londres e lendo pessoalmente o discurso do trono. Eduardo foi um inovador até quando morto, criando em 1910 a tradição de deixar os caixões dos monarcas britânicos expostos ao público: ¼ de milhão de pessoas desfilou diante de seu ataúde em 1910. Outras mudanças se seguiram, por exemplo, em 1917, quando a família real procurou obscurecer sua herança germânica, alterando o nome de Casa de Saxe-Coburgo-Gota para Casa de Windsor, e introduziu o costume de celebrar os casamentos reais em público, e não atrás de portas fechadas.[20]

Foi por meio dessas tradições inventadas que a coroa se reafirmou como símbolo patriótico e assegurou a lealdade das classes trabalhadoras. O êxito desse programa político é evidente, hoje, no apoio esmagador à monarquia e no fato de não haver praticamente nenhum debate público sério sobre uma alternativa republicana. Assim, da próxima vez que você vir pessoas agitando o pavilhão do Reino Unido num casamento real de conto de fadas ou uma parada real suntuosa através de Londres, lembre-se apenas de que está testemunhando os resultados de uma brilhante campanha de relações públicas projetada para moldar as crenças de toda a nação.

Não quero dar a impressão de que somos recipientes vazios, prontos para ter a mente preenchida por qualquer coisa que nossas famílias, escolas ou governos escolham para nós. Mas devemos ficar vigilantes em relação às crenças que absorvemos nos campos da religião, do nacionalismo e da monarquia. O mesmo se aplica a todas as nossas crenças, da política à ética, da ecologia à igualdade. Deveríamos sempre investigar as fontes, as tendenciosidades e a veracidade de nossas crenças. Poderíamos também nos beneficiar aprendendo um dos aspectos mais vitais da arte de acreditar: como mudar de opinião.

Quando os fatos mudam, mudo de opinião

Durante a Grande Depressão, o economista John Maynard Keynes mudou suas ideias e recomendações sobre política monetária. Quando criticado por incoerência, saiu-se com a resposta: "Quando os fatos mudam, mudo de opinião. E o senhor, o que faz?" O raciocínio de Keynes era convincente e suscita uma questão. Com que frequência mudamos nossas crenças? Talvez não haja nada mais difícil que isso, em especial porque tantas delas – como as que têm origem no nacionalismo e na religião – são heranças culturais inculcadas durante nossas impressionáveis juventudes. Além disso, nossas crenças podem estar tão entranhadas em nossas psiques que se tornam elemento inconsciente de nossa visão de mundo. Poucos brancos, por exemplo, reconhecem que têm preconceito contra negros, no entanto as evidências se opõem a isso: entrevistadores brancos para empregos discriminam regularmente – de maneira consciente ou não – os candidatos negros numa grande quantidade de campos de trabalho.[21]

Precisamos compreender o que é necessário para mudar nossas crenças. Teremos de ser confrontados com novos fatos, como o sr. Keynes, ou talvez com novas experiências ou novos argumentos? Se não soubermos o que altera nossas crenças, ou se estivermos convencidos de que nada poderia mudá-las, corremos o risco de cair presos no dogma. A inspiração para o desenvolvimento da capacidade de mudar nossas opiniões vem de

Crença

duas figuras pioneiras do passado que descartaram suas velhas crenças e adotaram outras. Galileu Galilei e Lev Tolstói.

NO FINAL DOS ANOS 1590, quando estava na metade da casa dos trinta anos, Galileu ainda acreditava no velho sistema geocêntrico, supondo que a Terra era um ponto fixo no centro do Universo, com o Sol e tudo o mais girando em torno dela numa sinfonia de círculos perfeitos. Essa doutrina, proposta por Ptolomeu no século II, era uma pedra angular da crença católica e protestante, e devidamente confirmada pelas Sagradas Escrituras: Josué ordenou que o Sol – não a Terra – parasse no céu, e o rei Salomão havia dito que o Sol "retorna a seu lugar".[22] Galileu, professor de matemática da Universidade de Pádua que também ganhava a vida como fabricante de instrumentos topográficos, começou a ter dúvidas depois de ler o livro de Copérnico, *De Revolutionibus*, que propusera em 1543 que a Terra, na verdade, girava em torno do Sol. Mas Copérnico oferecera apenas uma hipótese, não uma evidência científica; de qualquer maneira, a ideia do heliocentrismo contrariava o senso comum: se a Terra estava girando, por que todos nós não caíamos dela, e por que um objeto derrubado de uma torre caía em linha reta?

O evento que mudou a maneira de pensar de Galileu – marcando talvez o momento mais explosivo na história da crença – aconteceu em janeiro de 1610. No ano anterior ele havia aperfeiçoado uma então recente invenção flamenga, construindo um telescópio tão poderoso que lhe permitia avistar um navio no horizonte duas horas antes que ele se tornasse visível a olho nu. Depois, porém, fez uma coisa ainda mais assombrosa: apontou o telescópio para o céu.

Galileu ficou tão entusiasmado com o que viu que em março de 1610 publicou um panfleto de 24 páginas, *O mensageiro das estrelas* (*Sidereus Nuncius*), que apresentava uma imagem completamente nova do Universo. Ele descobriu que havia pelo menos dez vezes mais estrelas do que se podia pensar. Descobriu que a Lua "não possui uma superfície lisa e polida, mas árida e acidentada, e, assim como a face da Terra, é em toda parte cheia de vastas protuberâncias, profundas ravinas e sinuosidades". A galáxia, ele percebia agora, não "passava de uma massa de inúmeras estrelas semeadas em bandos". E, o mais espantoso de tudo, ele tinha detectado quatro novos planetas orbitando em torno de uma estrela brilhante – Júpiter e seus satélites. Essa última descoberta foi seu momento de conversão, porque ele deduziu que se essas luas podiam estar girando em torno de Júpiter enquanto o próprio Júpiter girava em torno do Sol – observação já estabelecida há muito –, então, a Terra, com sua própria Lua, estava fazendo o mesmo. Todo o sistema de Ptolomeu desabara.

Mas desabara de fato? Ainda que fosse capaz de admitir que as Escrituras estavam erradas no tocante às verdades da natureza, Galileu não conseguiu convencer a Igreja de Roma. Durante os vinte anos seguintes, o professor moveu uma constante campanha publicitária em prol da aceitação da perspectiva heliocêntrica do Universo, pensando ingenuamente que o fato científico deveria ser suficiente para mudar a crença religiosa. Em 1616 e novamente em 1624, ele se apresentou ao papa, mas não conseguiu convencer nem o papado nem os poderosos padres jesuítas de que a Terra se movia. Sem que Galileu soubesse, a polícia secreta da Igreja, o Santo Ofício da Inquisição, passara mais de uma década recolhendo provas para mover um processo de heresia contra ele. Em 1633, após a publicação de mais um tratado heliocêntrico, com setenta anos e doente, ele foi intimado a comparecer a Roma para o julgamento do século.

Galileu não teve nenhuma chance contra a Inquisição. Dos dez juízes, um era irmão do papa e outro seu sobrinho. Após ser ameaçado duas vezes de tortura, ele divulgou uma humilhante retratação, abandonando "a falsa opinião de que o Sol é o centro do mundo e imóvel, e que a Terra não é o centro do mundo e se move". Como punição, foi condenado a prisão domiciliar permanente, proibido de deixar os limites de sua casa perto de Florença. Morreu ali, totalmente cego, oito anos depois. A Igreja Católica, em sua própria cegueira, não aceitou oficialmente a visão do Universo de Galileu até 1822.[23]

Qual o significado da história de Galileu para a arte de viver em nossos dias? Ao contrário dele, a maioria de nós nunca mudou a direção do telescópio. Não voltamos nosso olhar para o que poderia pôr em xeque nossas crenças antigas ou escolhas de estilo de vida. Aqueles que acreditam na monarquia raramente querem examinar com atenção os rituais e as cerimônias reais inventados, o que poderia solapar a ideia de que são uma "notável tradição britânica". Preferimos continuar negando a maneira como fomos alimentados com propaganda nacionalista durante nossas vidas inteiras, o que serve para evitar que vejamos os laços comuns entre todos os seres humanos e impõe um limite a nossos universos morais. Queremos fechar os olhos para a origem de nossas crenças religiosas e das ideias que herdamos em grande parte de nossos pais ou da comunidade em que crescemos.

Mas se quisermos promover uma revolução galileana em nossas próprias vidas, precisamos decidir para onde apontar o telescópio. Para onde aventurar nosso olhar? Que informações ou argumentos buscar? Estamos prontos para os sacrifícios envolvidos, como sentir-se rejeitado por amigos e pela família? Galileu teve extraordinária coragem e curiosidade ao fixar os olhos no céu estrelado, pois isso tinha o potencial de subverter suas crenças profundas sobre o Universo e contestar a autoridade da Igreja. Nós também poderíamos descobrir essa coragem e a curiosidade, e olhar com novos olhos para nossas crenças em áreas como política, religião, dinheiro e amor.

LEV TOLSTÓI FOI o mais famoso romancista do século XIX. Mas os leitores de *Anna Karenina* (1876) e *Guerra e paz* (1866) em geral ignoram que ele foi também um dos pensadores sociais e políticos mais radicais de seu tempo – tão revolucionário, à sua maneira, quanto Galileu. Durante uma longa vida que se estendeu de 1828 a 1910, Tolstói rejeitou, pouco a pouco, as crenças em geral aceitas pela aristocracia, casta de que provinha, e abraçou uma visão do mundo surpreendentemente anticonvencional, baseada em pacifismo, anarquismo e ascetismo cristão. Como e por que o fez?

Tolstói nasceu na nobreza russa. Sua família possuía uma propriedade e centenas de servos. A juventude do conde foi turbulenta e devassa, e um imprudente vício em jogo custou-lhe uma fortuna. Como reconheceu em *Uma confissão* (1885):

> Matei homens na guerra e desafiei homens a duelos para matá-los. Perdi no jogo, consumi o trabalho dos camponeses, sentenciei-os a punições, vivi de maneira desregrada e enganei pessoas. Mentira, roubo, adultério de todos os tipos, embriaguez, violência, assassinato – não havia crime que eu não cometesse, e apesar disso as pessoas elogiavam minha conduta e meus contemporâneos me respeitavam e me tinham na conta de um homem comparativamente moral. Assim vivi por dez anos.

Suas crenças e a maneira de viver começaram a mudar nos anos 1850, quando ele era oficial do Exército. Tolstói lutou no sangrento cerco de Sebastopol durante a Guerra da Crimeia, uma experiência horrível, base de seu pacifismo posterior. Um acontecimento decisivo teve lugar em 1857, quando ele testemunhou uma execução pública na guilhotina, em Paris. Nunca esqueceu a cabeça cortada batendo no cesto. Isso o convenceu de que o Estado e suas leis eram não apenas brutais, mas serviam para proteger os interesses dos ricos e poderosos. Escreveu a um amigo: "A verdade é que o Estado é uma conspiração projetada não apenas para explorar, mas acima de tudo para corromper seus cidadãos. ... Doravante, nunca servirei a nenhum governo em lugar algum."[24] Tolstói estava a caminho de se tornar anarquista. Suas críticas ao regime czarista na Rússia tornaram-se tão veementes que apenas sua fama literária o livrou da prisão; outros que esposaram ideias semelhantes não tiveram tanta sorte, como o anarquista príncipe Peter Kropotkin, que ficou preso por três anos como subversivo antes de fugir.

As viagens de Tolstói pela Europa o puseram em contato com pensadores radicais de seu tempo, como Pierre-Joseph Proudhon e Alexander Herzen, e estimularam sua crença na igualdade econômica e seu interesse pelos escritos educacionais de Rousseau. Ele fundou uma escola experimental para crianças camponesas, baseada em princípios libertários, onde ele mesmo lecionava. Depois da emancipação dos servos, em 1861, e influenciado por um movimento crescente em toda a Rússia que exaltava

Tolstói arando (c.1889), de Ilya Repin. Tolstói abandonava regularmente a pena para trabalhar nos campos. Ele mantinha uma foice e um serrote apoiados contra a parede, perto da escrivaninha. Uma cesta de instrumentos de sapateiro ficava no chão.[25]

as virtudes do campesinato, Tolstói não só adotou o traje tradicional camponês, como passou a trabalhar ao lado deles em sua propriedade, arando os campos e reparando as casas deles com as próprias mãos. Para um conde de sangue azul, essas ações eram nada menos que extraordinárias. Embora com um toque de paternalismo, Tolstói gostava da companhia de camponeses e começou a evitar conscientemente a elite literária e aristocrática das cidades.

Em parte alguma sua dedicação aos camponeses ficou mais evidente que no trabalho que fez para mitigar-lhes a fome. Depois do fracasso da colheita de 1873, Tolstói parou temporariamente de escrever *Anna Karenina* para organizar a ajuda aos famintos, comentando com um parente: "Não posso me obrigar a abandonar criaturas vivas para me preocupar com outras imaginárias." Ele voltou a fazê-lo após a fome de 1891, e, com outros membros de sua família, passou os dois anos seguintes levantando dinheiro no mundo todo e trabalhando em cozinhas de distribuição de sopa.[26] Você pode imaginar um autor de sucesso, em nossos dias, pondo de lado seu último livro para se dedicar à ajuda humanitária durante dois anos?

Um dos maiores dons de Tolstói – e também fonte de seu tormento – foi seu vício relativo à questão sobre o sentido da vida. Ele nunca cessou de perguntar a si mesmo por que e como deveríamos viver, e qual era o significado de todo o seu dinheiro e fama. No fim dos anos 1870, incapaz de encontrar qualquer resposta, teve um colapso mental e ficou à beira do suicídio. Mas, depois de mergulhar nas obras do filósofo alemão Schopenhauer, em textos budistas e na Bíblia, adotou um tipo revolucionário de cristianismo, que rejeitava toda religião organizada, inclusive a Igreja Ortodoxa em que fora criado, e se voltou para uma vida de austeridade espiritual e material. Deixou de beber e de fumar, e tornou-se vegetariano. Além disso, inspirou a criação de comunidades utópicas para uma vida simples, autossuficiente, em que a propriedade era comunal. Essas comunidades "tolstoianas" espalharam-se pelo mundo e levaram Gandhi a fundar uma *ashram** em 1910, chamada Fazenda Tolstói.[27]

A nova vida de Tolstói, porém, não era livre de lutas e contradições. Afora o fato de que ele pregava o amor universal, mas estava em constante conflito com a mulher, o apóstolo da igualdade nunca foi capaz de abandonar por completo sua riqueza e o estilo de vida privilegiado, e morou até a velhice numa casa imponente, com servos. Quando o escritor considerou a ideia de doar sua propriedade aos camponeses, a mulher e os filhos ficaram furiosos, e ele recuou. Mas no início dos anos 1890 conseguiu, contra o desejo deles, renunciar aos direitos autorais sobre grande parte de suas obras literárias, sacrificando uma fortuna.[28] Nos últimos anos, quando escritores e jornalistas iam prestar homenagem ao sábio barbudo, sempre ficavam surpresos ao encontrar o escritor mais famoso do mundo rachando lenha com alguns trabalhadores ou fazendo as próprias botinas. Dada a posição privilegiada em que Tolstói começara a vida, sua transformação pessoal, se não completa, ainda assim merece nossa admiração.

---

* Residência de uma pequena comunidade religiosa de hindus. (N.T.)

Enquanto Galileu mudou suas crenças pela descoberta científica, Tolstói alterou as suas por meio de experiências e conversas, bem como das ideias que reuniu a partir de suas aventurosas leituras. Ele compreendeu que a melhor maneira de mudar sua visão do mundo, e pôr em xeque seus pressupostos e ideais, era cercar-se de pessoas cujas ideias e maneiras de viver fossem diferentes das suas. Por isso deixou de frequentar a sociedade moscovita e passava tanto tempo com lavradores na terra. Em *Ressurreição* (1899), Tolstói observou que a maioria das pessoas, fossem elas abastados homens de negócios, políticos poderosos ou ladrões comuns, considera suas crenças e modo de vida admiráveis e éticos. "Para manter sua visão da vida", escreveu ele, "essas pessoas atêm-se instintivamente ao círculo daqueles que compartilham suas ideias sobre a vida e o lugar que nela ocupam."[29] Mimados dentro de nosso grupo de pares ou em nosso meio social, podemos considerar normal e justificável possuir duas casas, ou ser contra o casamento de pessoas do mesmo sexo, ou bombardear países do Oriente Médio. Não vemos que essas ideias podem ser perversas, injustas ou falsas porque estamos dentro de um círculo que nós mesmos fabricamos, o qual reforça constantemente nossa visão de mundo. Se quisermos questionar nossas crenças, precisamos seguir o exemplo de Tolstói, passando um tempo com pessoas cujos valores e experiências cotidianas contrastam com os nossos. Nossa tarefa deve ser viajar para além dos perímetros de nosso círculo.

O preço da coerência

Qual o valor de uma crença se não a pomos em prática? Ficamos frustrados por políticos que falam de paz e em seguida se metem em guerra, ou que se dizem solidários com os pobres, mas vivem de maneira luxuosa, ocupando cargos de diretoria em empresas. "Que hipócritas!", exclamamos. Muitas vezes, no entanto, estamos menos conscientes de nossas próprias incoerências, ou menos preocupados com elas. Raramente é fácil eliminar a divergência entre nossas crenças e ações. Tolstói não conseguiu. A compatibilização de crenças com comportamentos oferece a perspectiva de um sentimento de integridade e totalidade, mas para isso é preciso, em geral, pagar algum tipo de preço. Historicamente, os seres humanos fizeram cinco sacrifícios no esforço para ser fiéis a suas crenças: o sacrifício da vida, do poder, da liberdade, da riqueza e de relações pessoais.

Os casos mais extremos são pessoas que deram a vida por suas crenças, como o monge vietnamita Thich Quang Duc. Muitas vezes passei de bicicleta pelo ponto no centro de Oxford onde Thomas Cranmer, ex-arcebispo de Cantuária, e dois bispos, Hugh Latimer e Nicholas Ridley, foram queimados na fogueira por suas crenças protestantes na década de 1550. Além dos mártires religiosos, pensemos em Sócrates, que preferiu a morte por envenenamento a renunciar às suas ideias filosóficas. Há também aqueles que arriscaram a vida em lutas coletivas por seus ideais políticos, como os trabalhadores republicanos e simpatizantes internacionais – entre os quais George Orwell e Laurie Lee –, que nos anos 1930 pegaram em armas contra os fascistas na Espanha. Quando estava na Guatemala, na década de 1990, senti grande respeito por ativistas dos direitos humanos, líderes camponeses e sindicalistas a quem conheci, que enfrentavam ameaças regularmente em suas campanhas para levar as Forças Armadas à Justiça pelo uso de violência durante a guerra civil, ou para obter melhores salários nas fazendas de café e açúcar. Muitos deles foram assassinados por esquadrões da morte.

Um segundo grupo compreende aqueles que abandonaram o poder e a fama em nome de uma coerência, como o pensador espiritual indiano Jiddu Krishnamurti. Em 1909, aos catorze anos, foi "descoberto" pelo movimento teosófico místico, que declarou ser ele o "Mestre do Mundo" que eles haviam profetizado. Krishnamurti foi nomeado chefe de sua Ordem da Estrela Brilhante, organização religiosa com 60 mil seguidores no mundo todo. Em 1929, chocou a todos, não só renunciando à liderança como dissolvendo a ordem. Havia – como Tolstói – chegado à crença de que a descoberta da verdade tinha de ser uma jornada espiritual, e todas as instituições religiosas eram essencialmente autoritárias e dogmáticas, enquanto os crentes as usavam cada vez mais como forma de sustento.

Reafirmo que a Verdade é uma terra sem caminhos. ... Uma crença é uma questão puramente individual, não podemos e não devemos organizá-la. Se o fizermos, ela morre, fica cristalizada; ela se torna um credo, uma seita, uma religião a ser imposta a outros.[30]

É preciso ter genuína integridade e humildade para recusar o papel de messias de sua própria religião.

Um sacrifício mais comum que o da vida ou do poder foi pôr a liberdade pessoal em risco por uma crença. A história dos movimentos sociais é um registro de indivíduos que se dispuseram a violar a lei e a enfrentar a prisão por seus valores e princípios. Pense nas sufragistas que lutaram pelo direito de voto para o seu sexo no início do século XX, ou nos milhares presos durante o movimento pelos direitos civis nos Estados Unidos, tendo cometido atos de desobediência civil. Pegue o relatório anual da Anistia Internacional ou do Human Rights Watch, e verá como é comum que as pessoas ponham em risco sua liberdade em nome de suas crenças, quer seja um jornalista iraniano decidido a expressar seu pensamento, quer seja um ativista ambiental alemão escalando uma usina de energia nuclear. Suas ações deveriam nos levar a perguntar: há alguma crença pela qual eu estaria disposto a enfrentar uma noite na cadeia?

"Seja você mesmo a mudança que quer ver no mundo", disse Mahatma Gandhi. Esse poderia ser o credo de todos aqueles que desejam eliminar a discrepância entre suas crenças e ações. A especialidade de Gandhi foi abrir mão de riqueza e conforto material em prol de suas crenças. Quando trabalhava como jovem advogado na África do Sul, ele se sentiu cada vez mais constrangido por ter criados, por isso começou a esvaziar os urinóis e aprendeu a lavar e engomar os próprios colarinhos. Mais tarde, fundou *ashrams*, onde o objetivo era "viver a vida das pessoas mais pobres" em condições de absoluta igualdade. Como outros membros, ele cuidava das cabras, tecia panos a mão e limpava as latrinas – serviço tradicionalmente feito pela casta dos intocáveis ou *dalits*.[31] Gandhi praticou o que pregava e morreu praticamente sem nenhum bem pessoal além de seus escritos. Num mundo moderno propenso ao ganho material e ao consumo elevado, o sacrifício da própria riqueza é uma perspectiva desafiadora. Estamos dispostos a pôr nossas economias num fundo de investimento ético, mesmo que ele proporcione ganhos inferiores aos de um fundo normal? Estamos preparados para nos unir àqueles que prometem dar 10% de sua renda para fins filantrópicos, mesmo que isso nos impeça de gozar nossas férias anuais ao sol? Recusaríamos um emprego altamente remunerado para uma empresa cujos valores estão em conflito com os nossos?

Uma forma final de sacrifício envolve relações pessoais. No final de sua autobiografia, *Long Walk to Freedom* (1994), Nelson Mandela escreveu:

> Nunca me arrependi de meu compromisso com a luta, e sempre estive preparado para enfrentar as privações que me afetavam pessoalmente. Mas minha família pagou um preço terrível, talvez alto demais, por meu compromisso. ... Tentando servir ao meu povo, descobri que era impedido de cumprir minhas obrigações como filho, irmão, pai e marido.[32]

O custo de suas ações políticas não foi apenas 27 anos na prisão, mas a penosa compreensão de que havia ferido seus entes queridos. Na luta para implantar nossas crenças, podemos não enfrentar os mesmos riscos que Mandela, mas o potencial de causar dano a nossos parentes ainda está presente. Como nossa mãe se sentirá se rejeitarmos suas crenças religiosas e tomarmos um caminho diferente? Se não acreditamos em escolas particulares, estamos dispostos a sacrificar as perspectivas educacionais de nossos filhos em nome de nossos próprios princípios? Pôr crenças em prática nunca é fácil quando temos múltiplas obrigações.

A história nos diz que o sacrifício é parte do significado da crença. O grau em que estamos dispostos a renunciar é uma medida de nosso compromisso. Se não admitimos a ideia de pagar um preço, nossa crença e dedicação a uma causa talvez sejam mais fracas do que pensamos ser. Contudo, sacrifícios podem render dádivas valiosas em troca. A cada vez, devemos nos dar um tempo para considerar aquilo a que, depois de tudo pesado e medido, seríamos capazes de renunciar para implantar nossas crenças, de modo a gozar a rara dádiva da integridade pessoal.

O que a transcendência faz por você

Um dos mantras mais comuns presentes em livros de autoajuda é "Acredite em si mesmo". Embora a autoconfiança tenha um papel na arte de viver, também é importante que você acredite em seus ideais. O filósofo moral Peter Singer afirma que é nos comprometendo com uma "causa transcendente" – algum valor ou projeto "maiores que o eu", como os direitos humanos, a proteção dos animais ou a justiça ambiental – que temos maior probabilidade de encontrar satisfação pessoal na vida. Viver por nossas crenças, diz Singer, nos sustentará mais que o compromisso com desejos egocêntricos como riqueza ou status social, por mais prazerosos que eles pareçam.[33]

No entanto, devemos tratar nossas crenças com cuidado, pois não há muita virtude em ser um ideólogo cego ou uma pessoa que tenta fazer o bem de maneira irrefletida, mesmo que por uma causa nobre. É por isso que deveríamos pegar nossas crenças básicas, dispô-las diante de nós e examiná-las uma a uma. Nossas abordagens da arte de viver deveriam ser informadas por um saudável ceticismo, capaz de pôr em xeque a influência que família, pressão dos pares, governos e outras forças sociais exercem sobre nossos valores e ideais.

Depois que tiverem sobrevivido a esse exame, nossas crenças estarão prontas para se transformar em realidade. É possível, porém, que obstáculos esmagadores se oponham a isso. Diante de interesses econômicos poderosos, intransigência política e complexidade global, parece não valer muito a pena lutar por uma causa social ou ética transcendente como a que Singer sugere. Por conseguinte, muitas vezes nos refugiamos na desilusão, na apatia ou na paralisia. Mas a história de nossas crenças não precisa terminar aí. Sempre é possível começar por si mesmo e se esforçar para encarnar a mudança que queremos ver no mundo. Esse pode ser um primeiro passo, que damos com a coragem de Galileu ou Gandhi, para a criação de futuros alternativos que nos inspirem.

11. Criatividade

Vou a pé até a sede da agência humanitária Oxfam. Em geral, volumosos relatórios sobre direitos dos gêneros e desigualdade global empilham-se sobre as mesa de centro, e um *video wall* mostra entrevistas com aldeões afetados pela seca na África subsaariana ou agricultores de arroz vitimados pelas enchentes em Bangladesh. Hoje, porém, o saguão está cheio de arte: pinturas, cerâmica, escultura, tecelagem, bijuterias, tapeçaria e curtas-metragens. Estes não são os frutos de algum novo projeto de desenvolvimento nas favelas do Rio de Janeiro, mas uma exibição de trabalhos feitos pelo staff. São obras de analistas políticos, auxiliares de escritório, arrecadadores de recursos, guardas de segurança, encarregados de ajuda emergencial e contadores. A instituição filantrópica está claramente pulsando de artistas que passam as noites e os fins de semana de pé diante de cavaletes ou entalhando madeira no telheiro do jardim. Um grupo de jazz do staff toca num canto. A canção que ecoa por todo o átrio é "All of me". Dificilmente uma música poderia ser mais apropriada, porque os empregados querem mostrar que não são apenas seus "eus trabalhadores", mas também seus "eus criativos", uma parte oculta de suas vidas que em geral não levam para o escritório todos os dias.

A exposição de arte é um lembrete de quanto a criatividade importa para as pessoas. A palavra "criatividade" vem do latim *creare*, "fazer" ou "produzir", e os seres humanos sempre se expressaram e se cultivaram fazendo e inventando coisas. Algumas pessoas poupam sua criatividade para as horas vagas, como o poeta americano Wallace Stevens, que trabalhava como executivo de uma companhia de seguros durante o dia e escrevia poemas até altas horas da noite. Outras procuram por ela no trabalho, usando a imaginação para arquitetar uma nova estratégia de marketing ou produzir um relatório original e inovador. Hoje há uma concordância geral entre os psicólogos de que a criatividade nos faz bem e que todos têm eus criativos apenas à espera para jorrar de nós. O mundo dos negócios captou o *zeitgeist*, e as companhias levam seu staff a fazer cursos para libertar o potencial criativo e transformar todas as pessoas em pensadores arrojados.

A criatividade pode ser muito apreciada, mas o que é ela exatamente, e por que é importante? Quais são as melhores maneiras de cultivar a criatividade para a arte de viver? Acho que criatividade, tal como comumente compreendida, é um ideal perigoso. Ela está ligada de maneira estreita demais às ideias de originalidade e talento inato, legados de atitudes do Renascimento que continuam a assombrar nossa mente e que são responsáveis por uma escassez de autoconfiança criativa. A concepção mais recente de que a criatividade pode ser ensinada não foi capaz de compensar essa história. Em vez disso, precisamos ampliar o significado de criatividade, de modo a persegui-la de uma variedade de modos: concedendo-nos uma dose diária de autoexpressão, redescobrindo nossas habilidades artesanais e uma filosofia de viver que nos liberte das restrições da convenção social.

Como Michelangelo destruiu o espírito criativo

Sempre me vi como pessoa desprovida de talento artístico. No curso secundário, a única disciplina de que eu não gostava era arte. Considerava aquilo tedioso e inútil pela simples razão de que tudo me parecia penosamente difícil, fosse desenhar, pintar ou esculpir. Ao contrário do que acontecia com outras matérias, como matemática ou história, em que usualmente eu me saía bem, minhas tentativas de esboçar um prato de frutas ou um rosto humano eram risíveis. Havia pouca relação entre o modelo diante de mim ou a visão em minha mente e o que minha mão produzia em seguida na folha de papel. Meus professores de arte não ajudavam: criticavam-me repetidamente, mostrando como minha perspectiva estava "errada" ou minhas figuras "fora de proporção" (se ao menos eu tivesse retrucado que grande parte da arte de Picasso exibia os mesmos erros). Por volta dos meus catorze anos, havia me dado por vencido e me condenado a ser desprovido de criatividade. Essa experiência foi agravada pela minha falta de habilidade musical. Na escola primária, fui uma das três crianças da minha turma a ser reprovadas num teste cantando "Pisca, pisca, estrelinha"; toda semana, na hora em que todos saíam para cantar, nós éramos levados a uma salinha para brincar com Lego. Humilhação. Também passei sete anos aprendendo violino, piano e clarinete sem muito entusiasmo, mas no fim ainda lutava com os rudimentos. Embora meu pai fosse excelente músico, tendo ganhado uma bolsa para estudar piano na juventude, eu havia fracassado em herdar um pouco que fosse de sua habilidade, por isso acabei desistindo. Quando deixei a adolescência para trás, sentia uma completa falta de autoconfiança artística. Dizia para mim mesmo e para os outros que não conseguia desenhar e era completamente desafinado. Não via sentido em tentar cultivar meu eu artístico. O dom da criatividade passara longe de mim.

Os que compartilham minha falta de autoconfiança não deveriam lançar a culpa sobre si mesmos. Em vez disso, deveriam culpar Michelangelo Buonarroti. Ou, mais precisamente, o culto do gênio criativo que se desenvolveu à sua volta. O Renascimento pode ter produzido parte do que houve de mais extraordinário em matéria de arte e literatura na história europeia, mas é também responsável por promover uma atitude tão elitista e incapacitante em relação à criatividade que ainda hoje tentamos nos livrar dela.

Essa atitude teve origem nas duas grandes invenções do Renascimento. A primeira foi a ideia da individualidade. Segundo o historiador suíço Jacob Burckhardt, na Europa medieval, "o homem só tinha consciência de si mesmo como membro de raça, povo, grupo, família ou corporação – somente através de alguma categoria geral". Isso mudou perto do fim do século XIII, quando a Itália "começou a ficar repleta de individualidade".[1] Entre os cidadãos abastados de Veneza, Florença e outros centros culturais, tornou-se não só socialmente aceitável, mas positivamente admirável expressar a própria singularidade. Isso se refletiu em novas formas de individualismo, como pôr um lacre pessoal nas próprias cartas, escrever um diário íntimo e distinguir-se dos demais pelos próprios gostos em moda, arte e literatura. O individualismo pode ter ido longe demais no século XXI, tendo se tornado um narcisismo autocentrado, mas no Renascimento foi um progresso, ajudando as pessoas a se livrar dos grilhões do feudalismo e do dogma religioso que haviam esmagado a autoexpressão e o livre-pensamento por centenas de anos.

A segunda maior invenção do Renascimento, que se baseou na nova admiração pela individualidade, foi a ideia de gênio criativo.[2] Durante a Idade Média, a ideia de "criação" era associada exclusivamente ao ato bíblico de Deus criar a Terra *ex-nihilo*, "a partir do nada". Nenhum ser humano podia alimentar a esperança de reproduzir essa proeza divina. Os homens se tornavam artesãos habilidosos ou copistas da natureza, mas nunca criadores. Os pensadores do Renascimento puseram fim ao monopólio de Deus sobre a originalidade e o poder de criação.[3] No século XV, o humanista florentino Giannozzo Manetti declarou audaciosamente "o gênio do homem", acreditando que a mente humana tinha extraordinárias capacidades de inventiva e imaginação. E houve uma figura cujo brilho, dizia-se, eclipsava todas as outras, que elevou a criatividade humana a um nível de perfeição sublime não atingido sequer por Dante ou Leonardo da Vinci. Essa pessoa foi Michelangelo – escultor, pintor, arquiteto, poeta.

Nascido em 1475, Michelangelo foi o primeiro artista a se tornar uma lenda em seu próprio tempo. Embora fosse descendente de família nobre, tinha origem humilde e foi criado entre os trabalhadores nas pedreiras acima de Florença, onde desde os seis anos aprendeu a cortar e cinzelar blocos de pedra. Aos catorze anos tornou-se aprendiz de um estúdio de pintor, mas logo o abandonou para se dedicar à sua mais profunda paixão, entalhar pedra. Na casa dos vinte anos ele estarreceu a Europa com obras como a *Pietà* e a gigantesca estátua de *Davi*, ambas trazidas à vida a partir de blocos de mármore de Carrara. Uma sucessão de papas sedentos de poder começou a requisitar seus serviços, o que deu lugar à incumbência de pintar o teto da capela Sistina quando ele tinha trinta e poucos anos. De início o impertinente Michelangelo recusou o serviço, afirmando não ter

O rosto da Virgem Maria, detalhe da *Pietà* de Michelangelo, concluída em 1499, quando ele tinha apenas 24 anos. "É um milagre", declarou seu contemporâneo Giorgio Vasari. "É absolutamente assombroso que a mão de um artista possa ter executado de maneira apropriada algo tão sublime."[4]

nenhum interesse ou talento como pintor, mas após quatro anos de solidão e intenso trabalho no alto de andaimes, ele havia criado o maior afresco que o mundo já conhecera. Perto do fim da vida, o artista voltou-se para a arquitetura, projetando a cúpula da basílica de São Pedro em Roma, pela qual recusou qualquer pagamento, vendo-a como um serviço à glória de Deus. Durante uma carreira que se estendeu por ¼ de século, Michelangelo continuou a espantar com sua inventividade artística. Ele atraiu um grupo de entusiastas que lhe dedicava uma espécie de veneração, e várias biografias idolátricas já haviam sido publicadas antes de sua morte, quase aos noventa anos, em 1564.[5]

Embora possamos arfar maravilhados diante de suas realizações, a veneração a Michelangelo prejudicou o cultivo da arte de viver durante os últimos quinhentos anos. Os talentos criativos do artista eram vistos como um dom de Deus. Seu amigo e admirador Giorgio Vasari descreveu-o como o "Divino Michelangelo", que em todas as principais artes tinha "uma mestria perfeita que Deus não concedeu a nenhuma outra pessoa, no mundo antigo ou moderno, em todos os anos em que o Sol tem girado em torno do mundo".[6] Vasari – e o próprio Michelangelo – ajudou a gerar o mito de que ele era um gênio solitário, escondendo o tanto que dependeu da ajuda dos outros; no entanto, os arquivos históricos referentes às encomendas mais importantes feitas a Michelangelo estão cheias de faturas apresentadas pelo uso de assistentes, pelo menos uma dúzia dos quais trabalhou no teto da capela Sistina.[7] Essa descrição dos talentos de Michelangelo ajudou a gerar a crença renascentista de que o gênio criativo não era uma construção da própria pessoa, só podendo ser concedido por Deus.

O legado dessa ideia – poderosa corrente no pensamento ocidental por séculos – é que a criatividade não é apenas uma questão de originalidade, mas produto de talento inato: ou você tem o dom ou não tem. Mais ainda, o dom da criatividade só é concedido aos escolhidos; assim, a menos que você tenha nascido por acaso dentro da minoria afortunada, não pode ter muita esperança de sobressair na carreira artística. Desse modo, a criatividade emergiu como um conceito inteiramente antidemocrático, a ser desfrutado apenas por uma elite exclusiva, e não algo acessível ao comum dos mortais.

Desde o tempo de Michelangelo, é assim que pensamos sobre pessoas criativas, seja nas artes, seja em outros campos. Ficamos assombrados, por exemplo, com o gênio musical de Mozart. Aos seis anos ele compunha minuetos, aos nove tinha escrito sua primeira sinfonia e aos doze completara uma ópera. Não admira que seu pai o descrevesse como o "milagre que Deus deixou nascer em Salzburgo".[8] As cartas do próprio Mozart reforçam a ideia de que criatividade não é questão de aprendizado ou prática, mas um processo misterioso e inexplicável que vem de dentro:

> Quando sou, por assim dizer, completamente eu mesmo, quando estou inteiramente a sós, e animado – digamos, viajando numa carruagem ou andando

depois de uma boa refeição, ou durante a noite quando não consigo dormir; é nessas ocasiões que minhas ideias fluem melhor e com mais abundância. De onde e como elas vêm, não sei; não posso tampouco forçá-las.[9]

No século XVIII, no período iluminista, a ideia de criatividade passou pouco a pouco a ser associada à ciência, e hoje muitas vezes pensamos sobre a história das descobertas científicas em termos de "momentos de heureca", em que pensadores consumados fizeram descobertas ofuscantes sobre as estruturas do mundo natural. Considere Isaac Newton, cuja revelação sobre a gravidade brilhou de súbito em sua mente quando ele viu a maçã cair da árvore, ou o matemático francês do século XIX Henri Poincaré, cujas ideias revolucionárias emergiram de repente de seu inconsciente quando ele subia num ônibus ou caminhava no topo de um penhasco.[10] Mais recentemente, o matemático britânico Andrew Wiles completou sua prova do "último teorema de Fermat" depois do que descreveu como uma "incrível revelação" que lhe veio inexplicavelmente numa manhã de segunda-feira, em setembro de 1994.[11] Embora a ideia de que a ciência avança por lampejos venha sendo cada vez mais contestada, a descoberta científica ainda é retratada como um momento inesperado de gênio criativo.

Quando eu estava sentado à mesa de artes de minha sala de aula no início dos anos 1980, produzindo mais uma natureza-morta irreconhecível, a sensação esmagadora de incompetência criativa que sentia era mais que angústia espontânea. Era também uma reação cultural, refletindo o fato de que eu absorvera uma concepção estreita de criatividade transmitida desde o Renascimento, de geração em geração. Sem me dar conta disso, eu tinha o fantasma de Michelangelo olhando por sobre meu ombro, sussurrando em meu ouvido que a habilidade artística é uma questão de talento natural, e, sinto muito, rapazinho, você simplesmente não o possui. Quantos de nós, pergunto-me, não sentiram a presença do Divino Michelangelo erodindo de maneira sutil nossa autoconfiança criativa?

Durante meus tempos de escola, ninguém me contou que havia uma mudança importante ocorrendo na história da criatividade, o que poderia ter me proporcionado a confiança que me faltava. Tratava-se da emergência de um novo movimento que via a criatividade com "técnica" que podia ser aprendida, exatamente como aprendemos a datilografar ou a andar a cavalo. Era uma ideia potencialmente libertadora e democratizante, sugerindo que cada um tem um potencial criativo à espera de realização, e que originalidade e invenção não são fundamentalmente dons inatos de Deus, ou o resultado de uma herança genética favorável. A criatividade origina-se antes de uma base de técnica apropriada e trabalho árduo, visão sustentada por pesquisa recente, mostrando que 80% da criatividade são adquiridos por educação ou treinamento. Isso foi reforçado por estudos sugerindo que, para se tornar expert, quer seja um criativo como o violinista ou o romancista, quer seja numa área como o esporte, precisamos investir cerca de 10 mil horas de prática – o equivalente a três horas por dia, todos os dias, durante dez anos.[12] Portanto Thomas Edison não estava tão distante da verdade quando afirmou que "gênio é 1% inspiração e 99% transpiração", ideia que teria pouca aceitação no Renascimento.

A ideia de criatividade baseada em técnica surgiu em 1967, quando Edward de Bono cunhou a expressão "pensamento lateral". A ênfase incidia sobre o uso de estratégias inventivas como hipóteses contrafatuais e a contestação de pressupostos convencionais para resolver problemas corriqueiros e treinar nossa mente. O exercício clássico de pensamento lateral de De Bono foi o enigma dos nove pontos, em que a tarefa consiste em unir os pontos entre si usando quatro linhas retas sem tirar a caneta do papel.

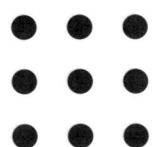

Parece fácil, mas a maioria das pessoas faz muito esforço, presumindo que as linhas não devem se estender além dos limites dos pontos externos. A solução é romper esse pressuposto, e esta, acredita-se, é a origem da frase "pensar fora da caixa".[13]

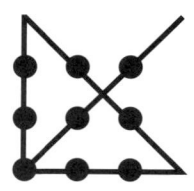

Engenhoso, mas o problema do trabalho de De Bono – e da indústria dos manuais de pensamento que ele gerou – foi reduzir a criatividade ao domínio de um conjunto de habilidades analíticas que nos permitiria solucionar enigmas e encontrar respostas. Isso talvez fosse apropriado para enfrentar problemas difíceis de engenharia, ou para descobrir por que sua loja estava vendendo menos gravatas mesmo depois de você ter abaixado os preços; mas era pouco provável que o ajudasse como artista criativo em busca de beleza e autoexpressão.

Foi por isso que, nos anos 1980, tornou-se popular uma segunda técnica de criatividade, que consistia em cultivar o hemisfério direito do cérebro. O pressuposto era que a sociedade ocidental é excessivamente dependente do lógico e racional hemisfério esquerdo do cérebro, e que precisamos cultivar o outro hemisfério, mais artístico, holístico e intuitivo, se quisermos realmente descobrir nossos eus criativos. Era uma ideia poderosa, embora a divisão esquerda/direita seja considerada simplista demais pelos neurocientistas hoje. Um típico exercício para o hemisfério direito do cérebro nos pedia que delineássemos uma árvore concentrando-nos nos espaços "negativos" entre os galhos, não nos próprios galhos, de modo a evitar a ideia convencional da aparência que se espera que um galho tenha. Outra atividade, chamada "páginas da manhã", desenvolvida por Julia Cameron, sugeria que escrevêssemos a mão três páginas de fluxo de consciência cada manhã, o que aliviaria nossa mente de uma sobrecarga racional, deixando-a livre para os esforços criativos.[14]

A tragédia desse crescente movimento de promoção da criatividade foi que, na altura dos anos 1990, ele havia sido apropriado em grande parte pelo mundo comercial. Livros e cursos eram cada vez mais projetados para o setor dos negócios e destinados a ajudar organizações a prosperar, não os indivíduos dentro delas. Gurus da criatividade com livros nas listas dos mais vendidos tornaram-se consultores extremamente bem-remunerados de multinacionais, aplicando suas ideias sobre mapas da mente e chapéus pensadores para fomentar "a inovação nos negócios". Esperava-se então que os trabalhadores "pensassem fora da caixa", ao planejar estratégias de vendas ou simplificar os processos de administração. Enquanto a criatividade, outrora, era uma atividade atribuída a Deus, aos artistas ou aos cientistas, as autodenominadas "indústrias criativas", como as relações públicas e a publicidade, viam-se como importantes fontes de invenção e imaginação na sociedade. Firmas de publicidade começaram até a chamar seus próprios executivos de "criativos".[15] Aliciavam-se fotógrafos a fim de fazer fotos de moda para revistas lustrosas, e músicos compunham jingles fáceis de lembrar para ajudar a vender carros, tênis de corrida e *junk food*. No início do século XXI, a criatividade era dirigida para o marketing. Seu espírito e potencial democráticos haviam sido completamente eliminados.

A HISTÓRIA NOS enviou mensagens conflitantes sobre a criatividade. O legado do Renascimento nos diz que ser criativo é apanágio dos que têm talento inato, e requer a busca de originalidade em campos rarefeitos como as belas-artes e as ciências. Essa abordagem permanece excessivamente intimidante para a maioria de nós. Os movimentos da criatividade como técnica concebe-a como estratégia de negócio, uma habilidade não muito diferente de dirigir um carro; ao mesmo tempo que sugere que, se quisermos nos elevar até o nível dos experts nos campos criativos, precisamos de milhares de horas de prática. Nenhuma dessas abordagens deixa óbvio como a criatividade pode se tornar um aspecto enriquecedor da vida cotidiana. Se quisermos recuperar a criatividade para a arte de viver, temos de repensar seu significado e seu objetivo, arrancando-a das paredes das galerias e levando-a de volta do céu azul das corporações para a terra. As três estratégias seguintes para fazê-lo não lhe valerão a encomenda para pintar o teto de uma capela do Vaticano, nem o ajudarão a vender uma nova geração de telefones celulares. A única coisa que posso prometer é que elas o farão se sentir mais criativamente vivo. A primeira requer pouco mais que um estômago vazio.

Autoexpressão: cozinho, logo existo

Um dos segredos da prática budista tradicional é dedicar uma consciência atenta a tarefas rotineiras como lavar a louça ou andar de bicicleta, em vez de confinar esse tipo de consciência àquela hora que passamos sentados de pernas cruzadas numa aula de meditação, na noite de terça-feira. O mesmo deveria ser feito com a criatividade. Precisamos identificar os momentos de cada dia em que podemos cultivar nosso eu criativo, em vez de restringi-lo a um prazer a ser desfrutado apenas num curso semanal de cerâmica. Talvez você já tenha encontrado maneiras de fazer isso, talvez ao tocar piano após o jantar todas as noites, ou ao cuidar de seu jardim com mãos amorosas e olho artístico. Mas um dos campos mais óbvios para uma dose regular de criação é a culinária. A maioria de nós passa de trinta minutos a uma hora preparando comida todos os dias, sejam simples ovos mexidos com torrada, seja um prato mais elaborado, como risoto de frutos do mar.[16] Aí reside nossa oportunidade.

A culinária foi considerada uma arte criativa desde os tempos clássicos. Décadas antes do nascimento de Jesus, o historiador Lívio escreveu que no século II a.C. os romanos começavam a levar a comida a sério: "O cozinheiro, que os antigos consideravam e tratavam como o mais inferior dos criados, crescia em valor, e o que fora um ofício servil passou a ser encarado como arte superior."[17] Os romanos são conhecidos pela obsessão por jantares luxuosos e por se regalarem com banquetes excessivos. Entretanto, uma mesa bem-posta também exigia chefs criativos para enchê-la, não sendo, pois, de surpreender que os romanos tenham inventado o livro de receitas. Abra as páginas da compilação do século IV intitulada *Apicius* – nome de um famoso apreciador da boa comida –, e você encontrará uma multidão de receitas sedutoras, entre as quais flamingo assado com mel e tâmaras, ouriços-do-mar com hortelã e uma saborosa versão de quiche de aspargos que leva levístico e coentro fresco.[18]

Seria errado, porém, pensar que a culinária criativa é apenas uma questão de pratos novos e deliciosos para estarrecer seus convidados no jantar. Isso seria cair na armadilha montada pelo Renascimento, a crença de que a criatividade deveria se igualar à brilhante originalidade. Não, acho que cozinhar permite o que há de realmente importante nos esforços criativos, que é nos assegurar um espaço para a autoexpressão.

Aprendi isso no início dos anos 1990, quando passei um ano morando em Madri. Uma tarde, meus três colegas de apartamento resolveram me ensinar a sagrada arte de fazer uma *tortilla española*, a famosa omelete espanhola. Prato quase nacional, ela envolve, tradicionalmente, fritar devagar batata crua e cebola em muito azeite, jogar tudo numa tigela de ovos batidos, depois devolver a mistura para a frigideira. Após a complicada manobra de jogar a omelete para o ar, você deveria terminar com um disco macio, de um belo dourado, com cerca de 2,5 centímetros de espessura. Após algumas tentativas fracassadas, acabei conseguindo fazer uma tortilha que recebeu a aprovação de meus colegas de apartamento espanhóis. Mas depois comecei a brincar com aquilo. Como a omelete me pareceu um pouco insossa, tentei acrescentar-lhe mexilhões, berinjela e até maçã, abacate e figos. Meus patrióticos colegas de apartamento ficaram completamente horrorizados. Eu havia profanado a sagrada tortilha, maculando-a com corpos estranhos. Deixei-os ainda mais chocados ao aferventar as batatas para usar menos óleo. Eles me instaram repetidamente a retornar à pureza da receita original. Mas eu estava ocupado demais me divertindo – respeitando a lei básica de usar batata, cebola e ovos, mas acrescentando um toque pessoal de sabor e inspiração.

Fazer uma tortilha tornara-se nada menos que um ato de autoexpressão criativa. Ele me permitia experimentar algumas de minhas ideias e pôr parte de mim mesmo no processo de cozinhar. Eu adoro mexilhões, então, por que não os jogar na frigideira? Mesmo quando, mais tarde, descobri que essa era uma prática comum na costa leste da Espanha, não me incomodei, já que minha intenção não fora revolucionar a culinária ibérica. Fui capaz de desenvolver minha própria estética culinária – minha concepção do que tem sabor, cheiro e aparência agradável num prato. Para mim havia algo de belo em cruzar tiras assadas de pimentões vermelho e verde sobre a tortilha, como se ela fosse uma tela de Mondrian.

Havia também campo para a improvisação, elemento crucial de muitas atividades criativas. Assim como um trompetista de jazz improvisa

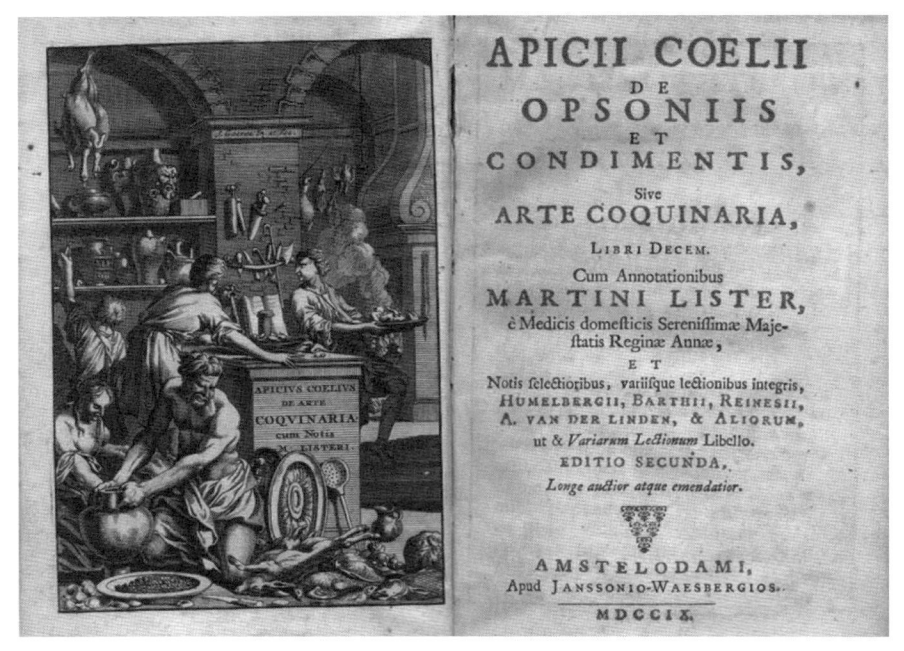

Edição holandesa de 1709 do antigo livro de receitas romano *Apicius*, aqui subintitulado *A arte culinária*. Na edição londrina, publicada quatro anos antes, os custos da impressão foram cobertos por alguns dos mais criativos luminares da época, entre os quais Isaac Newton e Christopher Wren.[19] Seriam eles cozinheiros secretos de fim de semana, capazes de improvisar um maravilhoso flamingo assado?

em torno dos acordes da melodia principal, eu podia fazer o equivalente na cozinha, que era abrir a porta da geladeira para ver o que calhava de estar lá dentro aquele dia, e acrescentar aquilo à mistura da tortilha numa elaboração não planejada, mas respeitosa, da receita essencial. Qual era a pior coisa que podia acontecer se eu misturasse um resto de pipoca na tortilha? Quando a vida está cheia de horários e de longas listas de coisas a fazer, cozinhar proporciona uma válvula de escape vital para as liberdades da improvisação. "A vida é muito parecida com o jazz", disse George Gershwin, "é melhor quando a gente improvisa."

Cozinhar a tortilha corporificava para mim um aspecto final da autoexpressão, o fato de que a refeição que eu preparava podia se tornar uma dádiva a ser compartilhada com amigos, parentes e estrangeiros em visita como um ato nutritivo de generosidade. A arte genuína, escreve Lewis Hyde, é uma dádiva cujo valor não tem relação com seu preço, e é uma oferenda que cria um "vínculo de sentimento" entre artista e espectador.[20] Quando um vizinho aparecia com uma torta de peixe, depois que meus filhos nasceram e eu não tinha tempo para cozinhar, ela possuía todas as qualidades de uma dádiva artística. Satisfazer a fome de outrem é satisfazer sua necessidade humana mais básica, mas é também uma forma sublime de autodoação.

Uma das grandes alegrias de cozinhar, hoje, é que houve meio século de chefs-escritores pioneiros, como Irma Rombauer, Julia Child, Auguste Escoffier, Elizabeth David e Fuchsia Dunlop, que removeram a mística envolvendo a gastronomia e tornaram possível para qualquer pessoa aprender a ser um cozinheiro competente, sem necessidade de um diploma da escola Le Cordon Bleu. Com um pouco de experiência e a coragem de se desviar das receitas que estão na página, preparar o jantar após um longo dia de trabalho se transforma num ato revigorante de criação que supera os prazeres de desabar diante da televisão e pedir uma refeição pelo telefone. Até uma pizza congelada pode ser incrementada com uma inventiva cobertura extra, talvez arrumada numa magnetizante espiral, assemelhando-se a uma *drip painting* de Jackson Pollock. Ao investir parte de nós mesmos na comida que fazemos, damos novo significado à frase "Você é o que você come". Ao mesmo tempo, chegamos a compreender por que realmente o gourmet francês Jean-Anthelme Brillat-Savarin declarou em 1825: "A descoberta de um novo prato contribui mais para a felicidade da humanidade que a de uma estrela."[21]

Por isso, digo: presenteie-se com uma dose diária de autoexpressão, seja cozinhando, aprendendo a tocar violão ou alguma outra atividade potencialmente criativa. Permita que ela se torne um hábito tão regular quanto levar o cachorro para passear ou escovar os dentes. Vingue-se do legado de Michelangelo e resgate a criatividade do campo exclusivo da arte elevada e do culto do gênio criativo.

Homo faber: fazer coisas nos faz bem

Em 1914, o psicólogo alemão Wolfgang Köhler realizou um experimento nas ilhas Canárias com um chimpanzé chamado Sultão. Ele pôs uma banana do lado de fora da jaula de Sultão, um pouco além do alcance de seu braço, e deixou lá dentro um arbusto coberto de pequenos galhos. Em seguida introduziu Sultão na jaula. O chimpanzé olhou em volta e avistou a sedutora mas distante banana. Em seguida, notando o arbusto, ele passou de imediato a mão num galho fino, quebrou-o com um brusco puxão, correu de volta às barras, enfiou o galho através delas e o usou para puxar a banana; logo em seguida devorou seu prêmio. Num segundo experimento, Sultão conseguiu – após muitos esforços baldados – encaixar duas varetas ocas uma na outra para puxar mais uma banana para a jaula. Essa nova descoberta "deu-lhe tão imenso prazer", relatou Köhler, que Sultão ficou repetindo o truque e se esqueceu de comer a banana.[22]

A habilidade de Sultão para fazer ferramentas e o evidente prazer que isso lhe proporcionava são profundas pistas evolutivas para a solução de nossos dilemas sobre como viver. Fazer e usar ferramentas é um elemento fundamental de quem e do que somos, mais ainda que para nosso parente próximo, o chimpanzé. *Homo erectus*, o ancestral do *Homo sapiens*, já empregava ferramentas de pedra 2,5 milhões de anos atrás. Foi com nossas mãos, tanto quanto com nossa mente, que transformamos o mundo, construindo, fiando, capinando, martelando e caçando. Por milhares de anos moldamos potes, tecemos panos, cultivamos grãos, erguemos paredes, juntamos espiga e mecha. Quando as crianças fazem uma torre de blocos cambaleantes ou correm para a mesa de trabalhos manuais para cortar estrelas de massa de modelar, elas são *Homo faber*. Quando você experimenta as satisfações de tricotar um cachecol ou ladrilhar o banheiro, você é *Homo faber*. Ser humano é ser um fazedor de coisas. Negar essa dimensão de nós mesmos é – de maneira quase literal – como perder um membro.[23]

Trazer mais *Homo faber* para nossas vidas é uma segunda maneira, fundamental, de expandir nosso ser criativo. Historicamente, o principal meio que temos para isso é o artesanato, que envolve o desenvolvimento de uma habilidade prática como a carpintaria ou a tecelagem, e a fabricação de objetos como colheres ou camisas, úteis no dia a dia, ao contrário de uma pintura que fica pendurada na parede do corredor. O desafio é que a cultura do artesanato está em declínio desde o século XVIII, e a maioria de nós perdeu as habilidades que nossos ancestrais possuíam outrora.[24] Você fez alguma das roupas que está usando, ou a cadeira em que está sentado? Sem dúvida, não.

Ninguém teria lamentado isso mais que William Morris, escritor, socialista, reformador e artífice do século XIX. Tendo se exercitado como tecelão, designer de tecidos e impressor, Morris liderou um renascimento dos trabalhos manuais tradicionais como resposta à Revolução Industrial, que destruía a economia do artífice e condenava os seres humanos à labuta enfadonha nos empregos fabris. As ideias de Morris, corporificadas no movimento Arts and Crafts, que ele fundou e que prosperou entre 1880 e 1910, ajudaram a definir o significado e o objetivo do artesanato no Ocidente durante o século passado.

O principal benefício de ser artesão, acreditava Morris, é "proporcionar prazer a nós mesmos em nosso trabalho". Isso se deve em grande parte ao fato de que esse tipo de trabalho usa "o homem todo", exigindo uma combinação de atividade cerebral e manual, em vez de nos entorpecer com tarefas especializadas e repetitivas. Em lugar de nos fazer passar o dia todo sentados diante de uma tela de computador, o trabalho manual nos permite fundir mente e corpo. Outro benefício é o orgulho que sentimos ao aprender uma habilidade e produzir objetos comuns, não apenas funcionais, mas também esteticamente agradáveis. "Não tenha nada em sua casa que você não saiba ser útil e acredite ser belo", aconselhava ele. O verdadeiro artesão sente um orgulho saudável por seu trabalho, fazendo bem a tarefa, por ela mesma, ainda que a recompensa financeira não se equipare a seu tempo e esforço e ainda que seu nome não adorne os objetos que fez. O artesanato deveria ser valorizado adicionalmente por ser um ato de desafio político, uma rejeição ao que Morris chamou de "o sistema comercial".[25] Ele substitui a escravidão assalariada da economia capitalista por autossuficiência e independência, oferecendo a perspectiva de maior liberdade e bem-estar individual. Quando Mahatma Gandhi fundou o movimento *khadi*, nos anos 1920, que reviveu a tecelagem a mão, para substituir os tecidos britânicos importados, como protesto contra o domínio colonial britânico, ele seguia as pegadas de Morris e usava o trabalho artesanal como instrumento político.

William Morris é um incontroverso defensor do *Homo faber*, um dos pensadores que melhor desenvolveram a ideia de que fazer coisas nos faz bem. Mas se os trabalhos manuais são tão bons para nós, por que não os praticamos mais? A história começa na Europa pré-industrial, quando o fazer estava no centro da vida cotidiana. Quem vagasse pelas ruas de Paris, Londres ou Mainz no fim da Idade Média, teria visto oficinas de sapateiros, ourives, ferreiros e tanoeiros. Aprendizes adolescentes instruíam-se aplicadamente nas habilidades de seu ofício, sonhando com o dia em que produziriam a "obra-prima" – talvez um lindo armário marchetado – que lhes valeria o prestigiado título de mestre e lhes permitiria abrir seu próprio estabelecimento. Alguns, claro, eram brutalmente tratados por seus empregadores, e se fizessem seu aprendizado num curtume teriam de suportar anos esmagando excremento de cachorro contra peles de animais. Mas pelo menos se tornariam membros de uma guilda de ofício, espécie de sindicato que funcionava como sociedade de ajuda mútua, protegendo os integrantes pela provisão de assistência à saúde e aposentadoria por idade, o controle do emprego no ofício e a imposição de padrões de execução.[26] E a cultura do fazer estendia-se além do local de trabalho. Se o sujeito possuía um cavalo, ele poderia comprar as ferraduras de um ferreiro, mas provavelmente teria construído ele mesmo o estábulo. Se precisasse de um poço, ele o teria furado com a ajuda dos irmãos. Se sua família necessitasse de uma mesa nova para a cozinha, ou de roupas para as crianças, elas teriam sido feitas em casa. Não se chamava o bombeiro nem se faziam encomendas on-line – a Idade Média foi a era original do "Faça você mesmo", em que homens e mulheres passavam a vida inteira com as mãos calejadas.

Ao longo dos últimos trezentos anos, contudo, o *Homo faber* esteve em gradativo e mortal declínio. Perdemos contato com a cultura medieval do fazer, e agora nossas mãos de pele fina servem para pouco mais que batucar num teclado e enviar um texto. Isso começou com a era da máquina, nos séculos XVIII e XIX, precursora de uma época de obliteração criativa.²⁷ Foi então que a arte do fazer começou a declinar. Seu primeiro vilão foi Jacques de Vaucanson, originalmente famoso como o inventor de um engenhoso "pato cagão",* que Voltaire declarou ser a "a glória da França". Luís XV decidiu que ele deveria fazer algo de mais útil, e o pôs à frente da fabricação de seda francesa, o que inspirou Vaucanson a projetar um tear que tecia seda muito mais depressa que as mãos humanas. Nos anos 1740 e 1750, suas máquinas passaram a ser tão amplamente usadas em Lyon que os tecelões o agrediam sempre que ele aparecia nas ruas.²⁸ À medida que fábricas e usinas surgiam na paisagem cada vez mais enfumaçada da Europa e depois se espalhavam para os Estados Unidos, a figura do artesão competente tornou-se em grande parte redundante, só sobrevivendo em bolsões culturais como as comunidades shakers da Nova Inglaterra, uma seita protestante radical que conservou a tradição de excelente marcenaria durante boa parte do século XX.

A extinção do *Homo faber* acelerou-se na era do consumo dos séculos XIX e XX, quando perdemos a arte de consertar. Tornamo-nos cada vez mais dependentes da compra de bens manufaturados para o lar e desenvolvemos, pouco a pouco, um vício de comprar incompatível com a manutenção das velhas habilidades artesanais. A fabricação de cadeiras, por exemplo, foi radicalmente transformada em 1859, quando o marceneiro austríaco-alemão Michael Thonet criou sua renomada "Cadeira Nº 14". Feitas num processo único de encurvamento da madeira com vapor e técnicas de produção em massa, mais de 50 milhões dessas cadeiras foram vendidas entre 1860 e 1930. No início do século XX, quando alguém queria uma cadeira para a mesa de jantar, saía e comprava uma Nº 14 ou um modelo semelhante produzido numa fábrica, sem nem pensar em

---

* Um dos muitos autômatos construídos por Vaucanson foi assim descrito no prospecto: "Um pato artificial de cobre dourado, que bebe, come, grasna, chafurda na água e faz a digestão como um pato vivo." (N.T.)

manufaturá-la. Quando a cadeira ficava com a perna bamba, em vez de consertá-la, a pessoa comprava outra. Basta eu descer a minha rua e dar uma espiada nas caçambas para ver os resultados dessa cultura esbanjadora, do descartável – elas estão cheias de cadeiras, estantes e outros itens domésticos abandonados. Em geral as cadeiras são facilmente reparáveis, mas a maioria das pessoas não sabe como. Sou tão culpado quanto qualquer um: uma das meias que estou usando tem um furo, e, como não sei cerzir, é provável que as meias acabem dentro em breve na lixeira. William Morris – e, sem dúvida, sua mulher também – teria sido capaz de costurar o buraco lindamente.

O estágio final no declínio do *Homo faber* é a era do computador, que começou no final do século XX e na qual ainda estamos submersos. É o período em que perdemos não a arte de fazer ou consertar, mas a compreensão prática. A tecnologia tornou-se tão complexa que não sabemos mais como coisa alguma funciona. Cinquenta anos atrás, um sujeito podia imaginar como sua máquina de escrever funcionava e consertá-la com alguma dificuldade, mas a maioria de nós não faz a mínima ideia de como o computador funciona. O que acontece dentro daquela caixa onde mora o disco rígido, com seu suave zunido? Os carros atuais possuem tantos componentes computadorizados que até mecânicos treinados têm dificuldade em consertá-los. A tecnologia moderna nos faz também desaprender nossas habilidades; assim, arquitetos desenham com a ajuda de um software especializado que os torna incapazes de desenhar, e padeiros fazem pão apertando um botão, não batendo a massa. O resultado é a alienação quase total dos objetos materiais que nos cercam, erodindo as possibilidades de uma cultura do artesanato. O artesanato não parece mais uma opção praticável.[29]

William Morris e seu contemporâneo John Ruskin sonharam com o retorno a uma idade de ouro mítica do artífice medieval.[30] Mas se quisermos que o artesanato se torne uma fonte renovada de criatividade em nossa vida, temos de ir além dessa visão nostálgica. A economia contemporânea fornece pouco campo para se ganhar a vida como oleiro, soprador de vidro ou tecelão com um tear manual. Alguns anos atrás, fiz um aprendizado com um dos últimos mestres da Grã-Bretanha na manufatura de cadeiras, que me ensinou o antigo ofício de fazer cadeiras de "madeira verde", inteiramente a mão, usando madeira fresca e um torno manual, sem usar nenhum prego, cola ou ferramenta elétrica. A experiência foi exatamente como Morris a descreveu: a fusão de mente e corpo, a criação de um objeto rústico ao mesmo tempo belo e funcional, o orgulho de aprender e concluir, a sensação de autossuficiência e conexão com a natureza. Mas, quando voltei para casa e comecei a fabricar as cadeiras em minha oficina, logo ficou claro que eu não teria como me sustentar financeiramente com essa atividade. Cada uma delas demandava um mínimo de trinta horas de trabalho do começo ao fim, e, dado o preço de mercado, mesmo que eu conseguisse vendê-las de imediato, mal poderia pagar o aluguel.

Compreendi então que seria mais realista, e talvez também satisfatório, introduzir uma "mentalidade artesanal" no trabalho que eu já fazia, em vez de perseguir o sonho bucólico de ganhar a vida como *bodger*.*[31] Eu poderia tentar escrever meus artigos e livros tendo sempre em mente o ideal de fazer um bom trabalho por ele mesmo, esforçando-me por refinar e esculpir a prosa, ainda que fosse possível me safar com uma expressão mais tortuosa de meu pensamento. Da mesma maneira, ao dar palestras públicas, eu poderia assegurar que os recursos visuais fossem ao mesmo tempo úteis e bonitos, mostrando slides que transmitissem a ideia com a máxima clareza e tivessem também uma estética minimalista. Embora possa ser mais fácil introduzir uma abordagem artesanal em alguns trabalhos do que em outros, todos nós podemos nos esforçar para descobrir as possibilidades ocultas de artesanato em nossas vidas de trabalho.

Caso você prefira satisfazer uma ânsia de ser *Homo faber* fora das horas de trabalho, e queira realmente que o artesanato alimente sua alma, o melhor a fazer é aderir ao mais vasto movimento social na cultura ocidental, conhecido pelo nome inócuo de DIY (sigla de "Do It Yourself" ou "Faça você mesmo"). Seus integrantes se encontram regularmente nos hipermercados, onde compram pregos, calhas e furadeiras, preparando-se

---

* Segundo o *Collins English Dictionary*, o termo designava o trabalhador que tradicionalmente vivia e trabalhava na floresta, fazendo cadeiras de árvores caídas. (N.T.)

para um vigoroso fim de semana dedicado a fazer por eles mesmos. Sob o pretexto de "melhorias para o lar", o DIY educou milhões de pessoas em habilidades artesanais que vinham desaparecendo há décadas, ajudando toda uma geração de homens e mulheres a entrar em contato com seu usuário interior de ferramentas.

Se esse movimento tivesse seu próprio culto a uma personalidade, ele seria o escritor americano Henry David Thoreau, o adorador da natureza, que foi não apenas um mestre da vida simples, mas o primeiro sábio do DIY da era moderna. Em 1845, quando decidiu viver sozinho nas matas da Nova Inglaterra, Thoreau tomou um machado emprestado, derrubou alguns pinheiros e começou a cortar madeira para fazer uma cabana. Os relatos meticulosos que ele deixou mostram que gastou menos de US$ 30 para construir sua casa, inclusive US$ 3,90 em pregos e US$ 0,14 em dobradiças e parafusos. Ao escrever que "há algo da mesma adequação num homem que constrói a própria casa e numa ave que faz o próprio ninho", Thoreau havia identificado a essência do DIY.[32] Há uma satisfação elementar em criar o lugar em que vivemos, em dar-lhe exatamente as características que queremos, ganhando ao longo do caminho os prazeres da autoconfiança e de usar as próprias mãos.

Thoreau rejeitava conscientemente a era da máquina que emergia à sua volta, buscando um modo de vida mais simples. Encontrei um modelo diferente, embora também inspirador, de DIY na Guatemala. As tradições artesanais continuam fortes em meio à população indígena maia. Nas aldeias dos altiplanos ocidentais, vemos mulheres usando *huipiles*, elaboradas blusas tecidas a mão, cobiçadas pelos turistas, e homens tecendo bolsas e mantas nas ruelas. Mas foi nos bairros miseráveis em torno da Cidade da Guatemala que fiquei mais impressionado com a cultura DIY. Os becos que se espalham pelas encostas estão cheios da arquitetura brilhantemente improvisada dos habitantes mais pobres da cidade. Casas são construídas com qualquer material disponível, de ferro corrugado a blocos de pedra, painéis de madeira, lâminas de plástico e colmo. Na maior parte das vezes, os habitantes fizeram seu próprio encanamento e improvisaram suas próprias pias e fogões básicos, tirando proveito, ao mesmo tempo, de qualquer fiação elétrica que passe pelas proximidades. Não quero romantizar a vida nessas favelas como William Morris romantizou a vida dos artífices medievais, mas as moradias construídas pelos próprios moradores na Cidade da Guatemala e nos bairros miseráveis de outras cidades nos países em desenvolvimento exibem habilidades artesanais que seriam invejadas por qualquer pessoa prestes a se lançar numa aventura DIY no Ocidente.

Certa vez passei quatro meses construindo uma nova cozinha em minha casa. Fiz isso em parte para economizar dinheiro – uma cozinha comprada numa loja, incluindo armários, aparelhos e instalação completa, custaria mais de US$ 10 mil. Fui capaz de completar a nossa por menos de ¼ dessa quantia. Como, em geral, eu passava a maior parte de meus dias lendo e escrevendo, sentia também necessidade de entrar em contato com meu negligenciado *Homo faber*. Quando cometia erros bobos, aparafusando dobradiças ao contrário, imaginava Thoreau rindo gentilmente de mim de um poleiro no canto. Ao recuperar alguns armários velhos numa caçamba e reformá-los segundo meu projeto, senti-me tão engenhoso quanto o morador de uma favela guatemalteca. À medida que fui me tornando cada vez mais hábil no uso de uma plaina, e acrescentava cantos arredondados à bancada de faia, eu me via como um aprendiz medieval aprimorando seus talentos. Quando consegui incorporar o velho armário de brinquedos da infância de minha companheira no balcão para café da manhã, soube que havia feito algo ao mesmo tempo útil e bonito.

O DIY não deixa de encerrar perigos. É tentador nos deixar seduzir por seu caráter comercial e gastar uma pequena fortuna em tintas caras ou furadeiras sofisticadas de que raramente precisamos. Imagino que Thoreau evitaria os hipermercados corporativos de hoje, preferindo fazer suas compras numa loja de ferragens independente e comprando apenas os artigos essenciais. Deveríamos também ter o cuidado de não enfatizar em excesso os aspectos individualistas do DIY. Isso porque sua autossuficiência está banhada de um espírito cooperativo – que se manifesta, por exemplo, quando você pede ferramentas emprestadas ou busca o conselho e a ajuda de um vizinho –, o que faz eco ao aprendizado compartilhado e à ajuda mútua da cultura artesanal da Idade Média. O DIY deveria, na realidade, ser chamado de DIWO, ou "do-it-with-others" (faça com os outros). Feitas essas ressalvas, ingressar no movimento DIY ainda é a melhor oportunidade, na vida moderna, de pôr em prática a crença de William Morris de que fazer coisas nos faz bem.

PARA SEGUIR OS DOIS CAMINHOS para a criatividade que debati – proporcionar-se uma dose diária de autoexpressão e nos cultivarmos como *Homo faber* –, é necessário expandir a esfera da criatividade para além do domínio tradicional das belas-artes e da ciência a fim de incluir atividades mais comuns como cozinhar um jantar ou construir estantes. A terceira abordagem, mais radical, é abandonar a ideia de que a criatividade envolve qualquer atividade definida e tratá-la como uma filosofia de vida.

A ruptura de convenções: em louvor dos vegetarianos comunistas nudistas

Todos os gêneros artísticos têm suas convenções, as "regras do jogo" que moldam tema, estilo e técnica. A pintura chinesa tradicional não tem sombras e dá muito mais destaque que a arte ocidental à paisagem natural. A pintura mural egípcia não apresentou quase nenhuma novidade na representação visual por 3 mil anos: cabeça e pernas estavam invariavelmente de perfil, olhos e peito eram retratados frontalmente. A escultura grega clássica concentrava-se na imagem do homem, manifestando pouco interesse pela figura feminina.[33]

Originalidade na arte é uma questão de romper com esse tipo de convenção profundamente arraigada. Reverenciamos os artistas que descartaram as velhas regras e estabeleceram novos padrões de relevância, que levaram sua liberdade imaginativa além das fronteiras da adequação aos padrões. Em um nível a originalidade envolveu a mudança do assunto ou tema, com o surgimento da pintura não religiosa no Renascimento, ou o desenvolvimento da figuração de cenas da vida urbana diária, no século

XIX. Mas ela esteve ligada também à invenção de novas maneiras de ver, que revolucionam a natureza da percepção. Dois momentos de originalidade na arte ocidental, que alteraram a maneira de ver o mundo, nos ajudam a pensar em como viver.

O primeiro teve lugar em 1425, quando o arquiteto florentino Filippo Brunelleschi descobriu – ou "redescobriu" – a perspectiva linear. Os gregos antigos sabiam tudo sobre o esboço de objetos de modo a fazê-los parecer mais distantes, porém, num dos sumiços mais misteriosos na história da cultura, a técnica ficou perdida durante séculos. Nas pinturas medievais, os objetos a distância estão fora de proporção do ponto de vista do espectador, e com frequência parecem grandes demais. A inovação de Brunelleschi foi o "ponto de fuga". Ele demonstrou, com precisão matemática, como os objetos numa imagem deveriam ser reduzidos na proporção direta da distância que os separa do espectador, gerando a ilusão de espaço tridimensional numa superfície bidimensional. Pintores do Renascimento como Uccello tornaram-se obcecados pela técnica de Brunelleschi, e a partir de então a perspectiva foi adotada como padrão artístico até o fim do século XIX.[34]

O segundo momento-chave ocorreu cerca de quatrocentos anos mais tarde. Foi o nascimento do cubismo, muitas vezes datado de cerca de 1907, quando Picasso e Braque criaram suas surpreendentes obras. A originalidade do movimento residiu na rejeição do ponto de vista único, que se tornara dominante por força da convenção da perspectiva linear. Em vez de adotá-la, os cubistas pintavam o mesmo tema a partir de várias perspectivas ao mesmo tempo. Talvez sua principal influência formativa fosse Cézanne, que numa única tela representava as variações do que ele via quando alterava ligeiramente seu ponto de vista.[35] Em obras como *Árvores à beira da água* (1900-1904), escreve o crítico de arte John Berger, uma árvore torna-se várias árvores possíveis:

> Ele observou que, se mexesse a cabeça um pouco para a direita, via um aspecto diferente do que aquele que veria se mexesse a cabeça um pouco para a esquerda. Toda criança descobre isso deitada na cama e fechando um olho de cada vez. A diferença foi que Cézanne achou que isso era importante.[36]

A história da perspectiva na pintura ocidental importa em razão do que revela para a arte de viver. Assim como a maioria dos artistas se conforma às convenções estilísticas da era em que nasceu, tendemos a nos conformar às convenções sociais correntes sobre como viver. Essas regras não escritas incluem casar-se e ter filhos, possuir a própria casa, fazer compras em supermercados e dirigir um carro, ter um emprego regular, ir e vir rotineiramente entre a casa e o trabalho, voar para o exterior nas férias. Para alguns, essas coisas são realidades, para outros continuam a ser aspirações. É comum sentirmos pressão social para acatá-las. Neste momento da história ocidental, elas estão entre as convenções dominantes que a maioria de nós aceitou com pouco questionamento, mais ou menos como Vermeer e outros pintores barrocos holandeses do século XVII aceitaram a perspectiva linear sem questioná-la. É difícil ver além das limitações da cultura que moldou nossas maneiras de olhar para o mundo e para nós mesmos. Estamos aprisionados na perspectiva de nosso próprio tempo.

Artistas como Brunelleschi, Cézanne e Picasso foram experimentadores que quebraram as regras. Se desejamos viver vidas verdadeiramente criativas e aventurosas, podemos nos inspirar neles e nos tornar experimentadores, rejeitando as normas sociais que nos amarram, descobrindo a liberdade de desenvolver nossa própria perspectiva em relação à arte de viver. Isso não significa que deveríamos quebrar as convenções por quebrá-las – o fato de outros terem filhos não é uma razão para não os termos –, somente deveríamos tomar consciência de sua presença invisível e pensar em contestar aquelas que poderiam limitar nossas possibilidades de viver uma vida gratificante de nossa própria escolha.

A curta vida de Mary Wollstonecraft exibiu essa originalidade criativa. Sua abordagem da existência foi tão multifacetada e chocante quanto uma das primeiras pinturas cubistas. Ela foi a primeira mulher moderna, uma radical do século XVIII, que valorizou sua individualidade acima das convenções sociais.[37] "Cada obrigação que recebemos de nossos semelhantes é um novo grilhão, reduz nossa liberdade inata e degrada a mente", escreveu ela. Mary Wollstonecraft rejeitou os papéis sociais aceitos para as mulheres de seu tempo e lutou continuamente pela própria independência. Iniciou

Menina com um bandolim (1910), tela inacabada de Picasso que demonstrou a nova visão do cubismo, com seus múltiplos pontos de vista.

sua carreira de escritora numa era em que quase nenhuma mulher escrevia; depois, em 1792, redigiu um famoso panfleto feminista, *Uma defesa dos direitos da mulher*, que a classificou como pensadora revolucionária. Teve um caso escandaloso com o artista casado Henry Fuseli, apaixonou-se por uma mulher e teve um filho fora do casamento enquanto permanecia em Paris durante a Revolução Francesa. Após várias tentativas de suicídio que se seguiram a outro relacionamento infeliz, casou-se com o filósofo anarquista William Godwin, mas os dois, fiéis a seus ideais, moravam em casas vizinhas, para manter a independência. Mary Wollstonecraft morreu em consequência de complicações de um parto quando estava perto dos quarenta anos, e depois, durante um século, foi posta no pelourinho tanto pelos homens quanto pelas mulheres, por imoralidade e por adotar um estilo de vida não ortodoxo. Sua reputação ressurgiu no século XX, e ela acabou se tornando um ícone feminista. Mas deveria ser celebrada também como ícone da arte de viver. "A vida de Mary foi um experimento desde o início", concluiu Virginia Woolf, "uma tentativa de harmonizar, de maneira mais estreita, as convenções e as necessidades humanas."[38] Foi uma vida de tragédia, mas também de liberdade.

Mary Wollstonecraft me lembra minha avó Naomi, que chocou Sydney nos anos 1930 com seu radicalismo boêmio. Nascida na Bessarábia – hoje Moldávia – e filha de rabino, ela fugiu para a Manchúria quando moça; depois, mendigando, conseguiu chegar a Xangai, onde pegou um navio parador para a Austrália. Além de ardorosa militante do Partido Comunista, Naomi foi nudista e vegetariana. Ela morava num bonde abandonado e se casou com um homem dez anos mais novo, quando já estava grávida de outro relacionamento. Nos fins de semana, atraía multidões fazendo discursos políticos nas esquinas, e era uma rara voz feminina na rádio nacional, dando palestras sobre seus escritores favoritos, como Lev Tolstói e Anatole France. Não sei se algum dia ela leu Mary Wollstonecraft, mas as duas eram espíritos aparentados. Quando me vejo diante de uma decisão difícil, dividido entre a convenção social e a liberdade individual, olho para a foto de Naomi em meu corredor e pergunto o que ela teria feito se estivesse em meu lugar. Minha avó foi meu guia em mais de uma forma criativa de viver, aconselhando-me silenciosamente a deixar empregos caretas por viagens nômades, ou a me entregar a minhas paixões mesmo quando elas oferecem poucas recompensas financeiras.

"Para florescer", disse Picasso, "uma obra de arte deve ignorar, ou melhor, esquecer todas as regras." Se desejamos que nossa vida floresça, deveríamos fazer o mesmo, e transformar a criatividade numa filosofia de independência pessoal, que molda a maneira como abordamos nosso trabalho, nossos relacionamentos, nossas crenças e ambições.

A criatividade continua a ser um dos aspectos mais mitificados do esforço humano. A maioria das pessoas ainda acredita que ela é apanágio de uma minoria que nasceu com um dom especial – o pintor talentoso, o poeta visionário, o físico inventivo. No entanto, a história nos conta que a criatividade pode se tornar uma busca mais inclusiva, quer por meio da autoexpressão na cozinha, ao experimentar as alegrias do *Homo faber*, quer ao romper convenções sociais. Claro que ainda enfrentamos barreiras formidáveis. Muitas pessoas estão de tal modo aprisionadas em trabalhos excessivamente especializados e entorpecedores da mente que não veem muito campo para o pensamento criativo. Todos podemos ser facilmente seduzidos por formas passivas de entretenimento como a televisão, que rouba de três a quatro horas por dia da média das pessoas – tempo que poderíamos passar trabalhando com nossas mãos ou usando a imaginação.[39] Mas pelo menos não precisamos nos afligir por não sermos Michelangelo, abençoados com um talento inato por nossas divindades. A criatividade não requer a dádiva ou a herança do gênio. Acima de tudo, ela exige a autoconfiança de acreditar que somos capazes de encontrar maneiras de expressar nossa singularidade.

12. Morte

A MORTE ESTÁ MAIS DISTANTE da mente ocidental, hoje, do que em qualquer outro período da história. Isso se deve, em parte, ao impressionante aumento da longevidade em todas as nações industrializadas ao longo do século XX. Se você tivesse nascido na Inglaterra nos anos 1830, provavelmente teria vivido, em média, até os 38 anos; em apenas 150 anos, a expectativa de vida dobrou. Nos Estados Unidos, uma mulher de meia-idade nos anos 1950 tinha 10% de chance de viver para se tornar uma anciã de noventa, número que se elevou agora para quase 30%.[1] Esse enorme salto na longevidade talvez seja a maior revolução social ocorrida na história humana. Em termos de mudanças do cotidiano, nada se compara com o fato de que nossas vidas são décadas mais longas do que eram outrora – nem a invenção da imprensa, ou a elevação dos padrões de vida, ou a extensão do direito de voto, ou o nascimento da internet. Graças aos avanços do conhecimento médico e da saúde pública, desafiamos milênios de evolução e garantimos para nós uma dose extra da droga mais inebriante que a humanidade conhece – a própria existência.

Esse súbito aumento da expectativa de vida, que continua ausente na maior parte do mundo em desenvolvimento, foi acompanhado por um declínio radical da presença pública da morte. O surgimento de uma morte medicalizada, no hospital, e a erosão dos ritos tradicionais de funeral e luto tornaram a morte quase totalmente invisível na sociedade moderna. Agora quase nunca vemos corpos mortos, exceto nas ficções sangrentas dos filmes de terror e de guerra, e a morte tornou-se o último assunto tabu de conversa, a maneira perfeita de criar um silêncio constrangedor num jantar festivo. Como Dorian Gray, a criação de Oscar Wilde cujo sonho era permanecer jovem para sempre, conseguimos empurrar a morte, tanto quanto possível, para um lugar quase irreal no futuro.

Essas mudanças exigem que repensemos nossas atitudes em relação à morte. Enquanto os suplementos de jornal estimulam a se refletir obsessivamente sobre o estilo de vida – se devemos fazer ioga ashtanga ou nos mimosear com um cruzeiro no Mediterrâneo –, creio que deveríamos pensar muito mais aprofundadamente sobre o tema *estilo de morte*. Refiro-me à arte de envelhecer, enfrentar nossa mortalidade e morrer bem. Só podemos dominar essa arte numa cultura que fale sobre a morte aberta e francamente. Eu gostaria de contribuir para a conversa explorando três perspectivas históricas relativas à morte: como a obsessão pela morte durante a Idade Média criou uma intensa apreciação do valor da vida; o mal causado pela gradual extinção da morte como evento social durante o século XX; e como diferentes culturas abordaram os cuidados a dispensar a membros idosos da família. Esses embates históricos podem ajudar a criar os fundamentos de sua própria filosofia de estilo de morte.

Dançando com a morte

É quase impossível imaginar quanto visões, sons e pensamentos ligados à morte permeavam a vida de europeus medievais e renascentistas. Isso não ocorria só porque as elevadas taxas de mortalidade significavam crianças da família mortas na infância, ou porque as epidemias de peste produziam pilhas de cadáveres nas ruas, e os padres estavam sempre aos gritos, ameaçando as pessoas com o fogo do Inferno. Acontecia também porque a própria morte era parte integrante da cultura pública.

Considere apenas o papel social dos cemitérios. Hoje os cemitérios são lugares solenes e vazios, localizados nos subúrbios mais afastados. Embora alguns conservem o aspecto rústico, a maioria é cheia de gramados bem-aparados e lápides polidas. Seiscentos anos atrás – em parte por ter espaço em abundância e ficar próximos a igrejas –, porém, eles equivaliam aos shoppings urbanos. Na Idade Média, os cemitérios de Paris,

Londres e Roma eram apreciados locais de passeio, onde era possível encontrar comerciantes de vinho, cerveja e roupa branca, em especial nos dias santos, quando havia a visita de peregrinos. As pessoas costumavam andar, se conhecer e se divertir entre os túmulos. Crianças brincavam com ossos humanos nos ossários vizinhos às igrejas, em que esqueletos eram empilhados depois de desenterrados a fim de abrir espaço para novos residentes. A antiga tradição de dançar em cemitérios em comunhão com os mortos era tão difundida que a Igreja francesa fez reiterados esforços para proibi-la, embora com poucos resultados favoráveis. Na Idade Média, escreve um historiador das necrópoles, os cemitérios eram "o lugar mais ruidoso, mais agitado, mais turbulento e mais comercial da comunidade rural ou urbana".[2]

A iconografia da morte era tão comum e inevitável quanto são hoje as propagandas em outdoors. Em 1424, a primeira dança dos mortos (ou *danse macabre*) conhecida foi pintada numa parede do cemitério dos Santos Inocentes, em Paris (no século XVIII ele foi fechado por razões sanitárias, e os restos mortais, transferidos para as catacumbas da cidade – hoje muito visitadas pelos turistas). Essas pinturas e afrescos, que se tornaram populares em toda a Europa, representavam indivíduos de todas as posições sociais, de papas a camponeses, dançando com um esqueleto nu e em putrefação que viera levá-los embora da vida terrena. As pessoas muitas vezes parecem atordoadas junto de seu parceiro ósseo e enlevadamente animadas, enquanto empenham-se em uma valsa tétrica com a própria morte. O objetivo alegórico era lembrar ao observador não só que a morte estava sempre perto deles e podia atacar a qualquer momento, mas que todos eram iguais diante dela. Essas ideias eram também simbolizadas pela figura da Ceifeira Implacável, personificação da morte como um esqueleto munido de foice e usando um manto com capuz, que começou a aparecer a partir do século XV, ao mesmo tempo que a dança dos mortos. A difusão dessa obsessão pelo macabro podia ser encontrada em obras de arte que mostravam "transi", cadáveres semidecompostos, muitas vezes com as vísceras saindo, que se tornaram representação comum da morte na Europa do Norte do fim do período medieval.

Uma *danse macabre* tomada de um manuscrito francês em iluminura, do século XV, em que uma desafortunada imperatriz dança com uma sorridente Morte, que a conduz para seu destino.

Essas criações horripilantes faziam parte de um gênero artístico conhecido como *memento mori* ("lembra-te de que vais morrer"), que mais tarde assumiu a forma popular de bugigangas, broches ou anéis mostrando um crânio ou outro símbolo da morte, usados informalmente, como hoje usamos um colar ou um relógio de pulso. Hans Holbein, o Jovem, construiu sua reputação sobre essas imagens mortais. Em 1538, sua série de xilogravuras sobre a *danse macabre* tornou-se sucesso de vendas; enquanto isso, o retrato *Os embaixadores*, exposto na National Gallery de Londres, mostra

Jean de Dinteville usando uma cabeça da morte como *memento mori* no chapéu, enquanto no primeiro plano flutua o célebre crânio anamórfico, distorcido de tal maneira que só pode ser visto quando olhado a partir de um ângulo agudo.[3]

A fascinação mórbida por crânios e cadáveres que ocupava a mente medieval é mais que uma curiosidade histórica: ela tem uma mensagem fundamental para nós, hoje. Na Idade Média, a morte era tão comum que as pessoas apreciavam mais a preciosidade e a fragilidade da vida. Sabendo que ela poderia lhes escapar a qualquer momento, elas se sentiam compelidas a viver com uma intensidade e uma paixão que não mais possuímos. Foi por isso que o historiador Philippe Ariès, em seu estudo sobre atitudes em relação à morte durante o último milênio, concluiu: "A verdade é que provavelmente em nenhum momento o homem amou a vida tanto quanto no fim da Idade Média."[4] Quando somos constantemente lembrados de que a morte pode nos levar embora a qualquer instante, quando crescemos brincando entre fêmures humanos e vendo esqueletos dançar nas paredes, é provável que compreendamos que a vida existe para ser plenamente vivida; que cada momento deve ser desfrutado como uma dádiva; que deveríamos tirar o máximo proveito dos poucos anos que nos são concedidos. A própria ubiquidade da morte impelia toda uma era para um estado de vitalidade radical.[5]

A morte não é mais tão iminente quanto nos tempos medievais: mal vemos sua face ou falamos sobre ela, e imaginamos que vamos viver pelos distantes oitenta ou noventa anos adentro. Portanto, a consciência do raro valor da existência diminuiu, e com ela a capacidade de imergir no presente e sugar toda a medula da vida. Ocupamos o cérebro com planos e ansiedades relativos ao futuro e nos vemos tolerando trabalhos enfadonhos e assistindo a horas de televisão. É como se esperássemos o momento em que a verdadeira vida começará. A perspectiva da morte não nos impele mais a saborear a aventura humana.

Dois grupos de pessoas são exceção a isso, ambos com uma sensação medieval de que a Ceifeira Implacável olha atenta por sobre seus ombros. Os primeiros são os que já estiveram perto da morte. Entre eles está Jane

Whiting, consultora e artista comunitária que conheci quando dirigia um projeto, colhendo histórias sobre momentos decisivos na vida das pessoas. Durante uma caminhada pela mata australiana, quando estava na casa dos trinta anos, Jane escorregou ao cruzar um rio cheio e turbulento. Ela conseguiu se agarrar a uma rocha, mas a água branca e revolta empurrou sua cabeça para baixo impedindo-a de respirar. Não podia se soltar porque logo adiante havia uma cachoeira com uma queda de sessenta metros. Arfando desesperadamente em busca de ar, Jane teve certeza de que ia morrer. No último instante, porém, foi puxada da rocha por um de seus companheiros.

Essa quase tragédia foi um momento transformador, que alterou por completo a visão de mundo e as ambições de Jane. "Toda a minha vida mudou", disse ela. "Depois daquela experiência, mudar-me para uma nova cidade ou até para um novo país não me pareciam grande problema. Quase morri, mas foi uma dessas lições da vida que acontecem e nos ensinam alguma coisa." Ao voltar para a Inglaterra, ela decidiu abrir mão de sua dinâmica carreira como consultora em Londres e mudar-se para uma cidade do interior. Passou a trabalhar apenas três dias por semana, quando antes seu emprego a consumia e estressava, e começou a dedicar dois dias a fazer cursos de arte. "Tenho muito mais tempo e espaço para fazer as coisas que quero, o que é maravilhoso", contou ela.

> Comecei a ter condições de passar mais tempo com minha irmã, de quem me tornei muito próxima, e com meus pais, que têm mais de setenta anos. Agora, para mim, o que importa na vida é ter equilíbrio, não ser uma pessoa ambiciosa, da cidade grande, movida a café.

Há um segundo grupo de pessoas que, diferentemente de Jane, faz uma escolha consciente de dançar com a morte. Estou pensando em bombeiros, assistentes sociais humanitários, enfermeiros em alas de cancerosos e cirurgiões cardíacos, cujo trabalho na linha de frente os faz entrar regularmente em contato com os moribundos ou põe as próprias vidas em risco. Para muitos deles, chegar muito perto da morte oferece uma experiência afirmadora da vida e é um excelente motivador para o que fazem. Não pode haver melhor exemplo disso que o equilibrista francês Philippe Petit.

Nascido em 1949, Petit foi um rebelde desde tenra idade: expulso de cinco escolas, fugiu de casa aos quinze anos. Passou a se interessar por mágica, depois aprendeu a andar na corda bamba, rejeitando o trabalho em circos e performances convencionais para criar sua própria maneira de atravessar as alturas. Isso levou às suas primeiras façanhas espetaculares no início dos anos 1970, quando andou sem equipamento de segurança entre as duas torres da catedral de Notre-Dame, e depois entre os pilares da ponte da baía de Sydney.

E então Petit estava preparado para o crime artístico do século, que consistiu em invadir as Torres Gêmeas em Nova York e caminhar na corda pelos 43 metros de vazio entre os telhados de uma torre e outra, mais de cem andares acima das calçadas de Manhattan. Após anos de planejamento, e auxiliado por uma equipe altamente especializada, ele desafiou os guardas de segurança, armou seu cabo de mais de duzentos quilos com a ajuda de um arco e flecha e iniciou a travessia aérea pouco depois das sete horas da manhã do dia 7 de agosto de 1974.

Petit é um performer nato. Assim, em vez de fazer só uma travessia, ele foi e voltou oito vezes, num total de 45 minutos. Também se sentou no cabo, deitou-se sobre ele e conversou com uma gaivota que traçava círculos acima de sua cabeça.[6] Um policial enviado ao local para deter Petit relatou o que viu:

> Passei cerca de meia hora observando-o "dançar" na corda bamba – porque não se podia dizer que "andava" – entre as duas torres. E ao nos ver ele começou a sorrir, a rir, e passou a executar uma rotina dançante no cabo. ... E quando chegou ao prédio, nós lhe pedimos para sair dali, mas em vez disso ele deu meia-volta e correu de novo até o meio. ... Ficou pulando para cima e para baixo. Seus pés realmente se soltavam do cabo, e depois ele se acomodava de novo. ... Realmente inacreditável. ... Todo mundo assistia àquilo enfeitiçado.

Philippe Petit em sua magistral caminhada entre as Torres Gêmeas, tema do impressionante documentário *Man on Wire*.

Os que observavam de baixo, fazendo uma pausa na corrida matinal para o trabalho, ficaram chocados com o destemor do dançarino em pleno ar, mas também extasiados com a beleza de seu ato. A beleza provinha da visão de um artista a se envolver numa dança com a morte. A qualquer segundo, com uma lufada de vento, aquilo poderia ter terminado em tragédia. "Se eu morrer, que bela morte!", disse ele sobre sua performance. Para muitos, a imagem de Petit entre as nuvens foi uma visão que guardariam pelo resto da vida. Foi um momento em que os ruídos da cidade desapareceram pouco a pouco, tudo se imobilizou, e eles vislumbraram todas as possibilidades de vida – e de morte – encerradas na capacidade de Petit se equilibrar com a vara. Vislumbraram a preciosidade e a fragilidade da existência humana, tão conhecidas nos tempos medievais.

A caminhada na corda elevada foi mais que estética ou um esforço para alcançar a fama; foi também a corporificação de uma filosofia de vida. Como Petit explicou mais tarde:

> Para mim, é realmente tão simples que a vida deva ser vivida no limite. É preciso exercitar a rebelião. Recusar-se a prender-se às regras, recusar o pró-

prio sucesso, recusar-se a se repetir, para ver cada dia, cada ano, cada ideia como um verdadeiro desafio. Então você viverá sua vida na corda bamba.

Sou excessivamente avesso ao risco para buscar a embriaguez existencial de atividades temerárias como andar na corda bamba, fazer *bungee jumping* ou saltar de paraquedas. De mesma forma, prefiro evitar a experiência de quase morte de Jane Whiting, embora ela pudesse abrir minha mente para escolhas aventurosas. E certamente não sinto nenhuma nostalgia da Idade Média, sabendo que minha companheira poderia ter morrido no parto, e nossos gêmeos com ela. Mas reconheço que, como esses exemplos revelam, a vida e a morte estão unidas pelo mais íntimo dos vínculos. Não podemos conhecer uma sem encontrar a outra.

Como trazer esse conhecimento para a vida cotidiana? Tornando-nos conscientes de que estamos constantemente cercados tanto pela vida quanto pela morte, e que cada momento ou período de nossa vida merece atenção especial porque passará, sofrendo uma pequena morte dele próprio, um reflexo da impermanência de todas as coisas.[7] Você vê isso como o desenvolvimento de um novo sentido – o sentido da transiência. Uma flor abre suas pétalas, mas está destinada a murchar, portanto cheire a flor agora. Você só terá vinte anos uma vez, portanto viva-os com uma paixão irrestrita antes que seu eu de vinte e poucos anos desapareça. Você não estará sempre em forma e saudável para fazer aquela viagem épica de bicicleta com sua companheira até o litoral, portanto encha os pneus e comece a pedalar. Sua filha nunca mais será um bebê que aprende a andar, descobre a linguagem e explora o mundo pela primeira vez, portanto compartilhe esses meses preciosos com ela em vez de passar os fins de semana trabalhando. Seus pais estão idosos e talvez não tenham mais muito tempo de vida, portanto faça um esforço para visitá-los com mais frequência; por que viver com o remorso de não ter passado tempo bastante com eles antes que morressem? Quando piso na quadra para treinar tênis, muitas vezes imagino que é a última vez que serei capaz de jogar, pensamento que me inspira a me deliciar com a espontaneidade e a beleza do jogo. Afinal, talvez não cheguemos aos noventa anos, ou mesmo aos cinquenta, portanto, seja qual for a sua idade, este é o momento para o fogo de sua vida arder intensamente. Ou, como Philippe Petit teria dito, respire fundo e caminhe pela corda bamba.

Você pode até levar a ideia de um sentido de transiência um pouco além, assinalando ritualmente o fim de períodos significativos de sua vida. Quando você trocar de emprego, se casar ou mudar de país, promova uma festa em memória da pessoa que não mais existirá, da vida que você não mais viverá. Ao chegar aos quarenta anos, realize um funeral para a faixa dos trinta, que morreu agora para nunca mais voltar. Ou crie um "livro de lápides", no qual você possa escrever epitáfios para cada fase de sua vida que passa, talvez no fim de cada estação, ano ou década. Tudo isso servirá para elevar sua consciência daquelas pequenas mortes que constituem nossa vida, cujo reconhecimento pode nos aproximar de uma existência vivida com maior presença.

Nosso desejo moderno de manter a morte a distância, de nos insular de sua sombria presença, é uma forma de negação coletiva que diminui a capacidade de sentir a fragilidade e a transitoriedade do ser terreno e exaure a força vital. Precisamos respirar o ar da morte tanto quanto precisamos que o ar da vida flua pelo nosso corpo. É possível saborear os prazeres da existência ao comer ótimas comidas, fazer amor ou escalar uma montanha, mas reconhecer o verdadeiro valor da vida significa compreender que ela pode se perder com facilidade.

Recentemente visitei um website que me informou que, dada minha data de nascimento, peso, altura e condição médica, eu morreria no dia 1º de outubro de 2044, um sábado. A aparente precisão do resultado foi chocante, mas também um incentivo para aproveitar o dia, a cada dia, e abraçar a perspectiva da morte.

A comunidade da morte

Minha mãe morreu de câncer quando eu tinha dez anos, mas outros vinte se passaram sem que eu visitasse seu túmulo. Quando cheguei ao cemitério, que ficava no subúrbio norte de Sydney, tive de chamar um funcionário para me ajudar a encontrar o lugar da sepultura, porque não havia lousa. Seu túmulo era um trecho de grama não marcado. Sentei-me no lugar onde ela estava enterrada, aquecendo-me ao sol de inverno, tomado ao mesmo tempo por uma sensação de conexão com ela e uma terrível vergonha de ter levado tanto tempo para fazer a peregrinação. Na maioria das culturas, o anonimato do lugar de repouso e o fato de eu não a ter visitado seriam considerados um insulto à memória de minha mãe e uma grave falta de responsabilidade e amor à família. Eu costumava dizer a mim mesmo que as duas décadas de ausência se explicavam por eu ter vivido no exterior durante a maior parte desse tempo, com breves viagens de volta a Sydney. Pouco a pouco, porém, reconheci a justificativa mais profunda, o véu de silêncio que cercava sua vida e sua morte. Meu pai quase nunca falava dela, tampouco minha madrasta, que também a conhecera. Os irmãos de minha mãe raramente falavam sobre ela comigo, e eu também não tinha a curiosidade ou a coragem de lhes perguntar que tipo de pessoa ela era. Ninguém nunca mencionou seu funeral – era como se ele nunca tivesse acontecido. A única vez que vi meu pai chorar foi quando o entrevistei sobre sua vida e tocamos no assunto da morte de minha mãe. Ele recordou a dor e os traumas de seus últimos anos, quando ela estava doente e o tratamento hospitalar não surtia efeito. Contou-me sobre o casamento dos dois, o riso e a inteligência dela, seu gosto pela vida, o amor pelos filhos. Todos os sentimentos estavam ali, escondidos sob a superfície. Eu também estava em lágrimas. A entrevista terminou, e voltou o silêncio.

Enquanto uma das questões fundamentais do estilo de morte é como expandir a consciência da fragilidade da vida, a segunda diz respeito ao modo como reagimos ao evento da morte de alguém. Até o início do século XX, a morte de alguém era uma ocasião social importante, que alterava o espaço e o tempo de uma comunidade inteira. Isso não ocorre mais. Estamos perdendo os antigos rituais e tradições que nos ajudam a compreender a morte e conservar as lembranças do falecido em nossas vidas. A morte de minha mãe é parte dessa nova cultura, que pode resultar tão facilmente num vazio de silêncio e esquecimento. Precisamos compreender como isso aconteceu, por que isso é importante e o que pode ser feito a respeito.

Outrora a morte era uma característica aceita e familiar da vida cotidiana, como a passagem das estações. Elisabeth Kübler-Ross, psiquiatra que escreveu *Sobre a morte e o morrer*, famoso estudo sobre como pacientes com doenças terminais enfrentam suas próprias mortes, recordou os últimos dias de um fazendeiro na época em que ela era menina, na Suíça dos anos 1930:

> Ele caiu de uma árvore e não se esperava que sobrevivesse. Pediu apenas para morrer em casa, desejo que foi atendido sem questionamento. Chamou as filhas a seu quarto e conversou com cada uma a sós, por alguns minutos. Organizou seus negócios com tranquilidade, embora sentisse muitas dores, e distribuiu seus bens e sua terra, nenhum dos quais deveria ser dividido até que a mulher o acompanhasse na morte. ... Pediu aos amigos que lhe fizessem mais uma visita, para se despedir. Embora eu fosse apenas uma criança pequena na época, ele não excluiu a mim ou a meus irmãos. Tivemos permissão para compartilhar os preparativos da família, assim como para sofrer com ela até que ele morresse. Quando ele de fato morreu, foi deixado em sua própria casa, que havia construído, e entre seus amigos e vizinhos, que foram vê-lo pela última vez jazendo cercado de flores no lugar onde vivera e que tanto amara.[8]

Cem anos atrás era comum as pessoas morrerem, como o fazendeiro suíço, na própria casa e em presença das pessoas que tinham importância para elas. A morte era uma experiência compartilhada, cheia de despedidas solenes e envolvendo crianças e adultos. Era muito usual ver a pessoa escapulir sob os nossos olhos, ao passo que hoje poucos testemunham a morte de alguém. Especialmente nas áreas rurais, os funerais eram muito mais elaborados que nas décadas recentes – a menos que o morto fosse um indigente jogado na vala comum. A comunidade inteira se fazia presente, e um longo cortejo eclesiástico transportava o caixão da casa até o local do enterro, como meu pai se lembrava de sua juventude na Polônia anterior à guerra. Em alguns países era prática corrente engrossar o número de pessoas com a contratação de desconhecidos para atuar como pranteadores profissionais. O dobre dos sinos da igreja enviava para longe a mensagem de pesar, que todos podiam ouvir. O rosto do falecido continuava à mostra – como ainda é comum entre os católicos –, mas, ao contrário do que acontece hoje, ele não seria tão sanitizado com cosméticos e manipulado de modo a assumir uma pose de sono fingido. Depois que a pessoa morria, a presença da morte se manifestava publicamente nas roupas pretas ou nas braçadeiras que os membros da família usavam durante meses, por vezes anos.[9]

Esses costumes vêm desaparecendo na Europa e nos Estados Unidos, e por isso a morte assumiu aspecto praticamente secreto, vergonhoso. Quase não é vista e mal é discutida. Uma razão para isso foi o surgimento de um novo fenômeno médico: a morte hospitalar. Embora 70% das pessoas digam que gostariam de morrer em casa, isso raramente acontece. Metade de nós exalará o último suspiro numa enfermaria anônima de hospital, cheia de tubos e sensores, escondida de todos, exceto um punhado de parentes e amigos chegados, ao passo que ¼ morrerá em clínicas de repouso e hospitais para doentes terminais.[10] Um membro da família talvez nos aperte a mão sob as luzes fluorescentes enquanto inalamos através de um aparelho de respiração artificial, mas é provável que seja afastado por médicos e enfermeiros que verificam e prendem os tubos. Desapareceram as vigílias à luz de vela e as costumeiras despedidas à cabeceira de que Elisabeth Kübler-Ross se recordava. Agora, em geral se mantêm as crianças longe dos parentes à morte num hospital; elas também não são levadas aos funerais. Pais protetores acreditam que seria "demais" para os filhos pequenos ficar face a face com a morte.[11]

A presença social da morte foi ainda mais erodida pelo desaparecimento do funeral comunitário, vitimado pela fragmentada vida urbana e a crescente secularização. Quando você viu pela última vez um cortejo fúnebre descer pela rua, com os vizinhos se incorporando a ele à medida que passa? A indústria dos funerais também tem alguma responsabilidade pela crescente distância que tomamos da morte, estimulando funerais curtos e eficientes no interesse da administração do tempo e de lucros generosos.[12] Recentemente, ao oficiar o funeral de minha tia num crematório em Sydney, fui polidamente informado pela gerência de que haveria uma multa substancial se excedêssemos os 45 minutos que nos haviam destinado. Como se esperava que celebrássemos 75 anos de vida vibrante em menos de ¾ de hora – menos de um minuto por ano? Assim que terminamos (com uma sobra de noventa segundos), fomos todos rapidamente postos para fora por uma porta lateral, de modo que o serviço seguinte pudesse começar na hora certa. A crescente popularidade da cremação também ajudou a empurrar a morte para as linhas marginais da cultura. Entre 1960 e 2008, a porcentagem de cremações na Grã-Bretanha mais que dobrou, passando de 35% para 72%, tendência que também se verifica em países como Austrália e Suécia.[13] Isso tornou a morte ainda mais definitiva. Agora, não só o corpo desaparece da visão pública, os restos cremados têm pouquíssima probabilidade de ganhar um monumento ou ser visitados com regularidade.

Depois que o cadáver está na terra, ou as cinzas numa caixa, os oscilantes lembretes da morte podem desaparecer depressa. Hoje os ciclos tradicionais de missas que outrora tinham lugar nos meses que se seguiam a um funeral raras vezes são observados, ao mesmo tempo que qualquer pessoa que vista roupas de luto por um parente morto, exceto no dia do funeral, provavelmente será considerada excêntrica.[14]

O declínio dos rituais e tradições comunitários nos subtraiu as ocasiões sociais e o tempo de que precisamos para pensar sobre a morte, falar a respeito dela e, por fim, chegar a um acordo com ela. Criamos silêncios onde eles não eram necessários. A morte foi exorcizada da vida diária, e isso não só exacerbou os medos subjacentes, como prejudicou a capacidade de chorar os mortos.[15] Dispomos agora de poucas oportunidades de expressar publicamente nossos sentimentos sobre a perda de um parente ou de um amigo querido, e somos relegados à penosa solidão de nossas próprias lembranças. O luto tornou-se um embaraço social, de modo que nos esforçamos para não chorar diante dos colegas de trabalho ou no ônibus que nos leva para casa.[16] Espera-se que superemos a morte de alguém rapidamente, que mordamos o lábio trêmulo e deixemos tudo isso para trás, para quando o enfrentamento da morte exigia um período de luto que podia durar anos. Excluir as crianças dos hospitais e funerais, dizer-lhes que a vovó agora está morando no céu ou partiu numa longa viagem, talvez seja necessário em alguns casos delicados, mas mostra pouca compreensão do fato de que uma criança sente necessidade de lutar corpo a corpo com a perda de um ente querido tanto quanto o adulto.[17] Desenvolvi comportamentos obsessivo-compulsivos durante vários anos depois que minha mãe morreu, mas me pergunto se isso teria ocorrido numa cultura mais habituada com a morte.

A MORTE NÃO FOI completamente erradicada da vida pública, como deve saber qualquer um que compareceu a um animado funeral irlandês, centrado na comunidade. Mas se realmente queremos apreciar quanto foi perdido, deveríamos nos voltar para as sociedades em que a morte continua a ser parte significativa da paisagem cultural. Dois lugares das Américas merecem uma visita nesse trecho de nosso itinerário sobre estilo de morte.

Em *O labirinto da solidão*, o poeta e ensaísta mexicano Octavio Paz descreve a essência do caráter nacional de seu país:

> A palavra morte não é pronunciada em Nova York, em Paris, em Londres, porque ela queima os lábios. O mexicano, em contraposição, tem familiaridade com a morte, faz piadas com ela, acaricia-a, dorme com ela, celebra-a; ela é um de seus brinquedos favoritos e seu mais constante amor. É verdade, talvez haja tanto medo em sua atitude quanto na dos outros, mas pelo menos a morte não é escondida: ele a contempla cara a cara, com impaciência, desdém ou ironia.[18]

Essas linhas, escritas na década de 1950, expressam uma visão, popular até hoje, de que os mexicanos não só são obcecados pela morte, como tratam-na quase como uma amiga agradável. Embora haja nisso algum exagero – poucos acolhem com alegria as dezenas de milhares de assassinatos anuais relacionados às drogas, e as pessoas choram nos funerais como em qualquer outro lugar –, não há dúvida de que o México exibe uma cultura da morte extraordinariamente vibrante, que beira o medieval.[19] Isso é visível no feriado mais popular do país, o Dia dos Mortos, cujas comemorações se prolongam do Dia de Todos os Santos, em 1º de novembro, até o Dia de Finados, no dia 2. Durante "El Dia de los Muertos", várias regiões do país envolvem-se numa festa macabra que tem a atmosfera do Carnaval. Crianças brincam com brinquedos no formato de crânios, esqueletos e caixões. Lojas vendem um pão especial, em formas que lembram ossos humanos, chamado *pan de muerto*, bem como *calaveras de azúcar*, crânios de açúcar com nomes de pessoas escritos na testa. Os jornais ficam crivados de charges representando políticos como esqueletos dançantes, enquanto figuras e esculturas bailantes da morte enchem os parques das cidades. Os cemitérios ficam repletos de pessoas em visita aos parentes mortos, limpando e enfeitando os túmulos e mantendo vigílias a noite inteira em homenagem às almas dos finados.[20]

A origem do Dia dos Mortos está numa história híbrida. Em parte se enraíza na fascinação por crânios e esqueletos presente nas civilizações tolteca e asteca, que floresceram na América Central entre os séculos IX e XVI. Mas o humor negro e as figuras dançantes foram importados da Espanha. No século XVI, os conquistadores levaram consigo não apenas a comemoração católica do Dia de Todos os Santos, mas a mais exuberante dança dos mortos. Antigas igrejas coloniais, mosteiros e caixões no México são cobertos com os conhecidos esqueletos medievais, sacudindo os ossos e zombando da pessoa viva que é intimada a morrer. Essas imagens ajudaram a criar os costumes do Dia dos Mortos, celebrado até hoje.[21] Assim, quando os visitantes saem aos bandos dos ônibus turísticos no início de novembro, eles não estão apenas testemunhando o legado dos povos indígenas do México, mas também contemplando os vestígios de uma cultura europeia dos mortos que foi perdida e não é vista em seu ambiente original há quinhentos anos.

Viajando um pouco para o norte, você pode deparar com um tradicional *jazz funeral* em Nova Orleans. Distinto do mais famoso Carnaval da cidade, o Mardi Gras, as paradas fúnebres são realizadas em comunidades afro-americanas da classe trabalhadora, longe da trilha dos turistas. Elas ocorrem quase todo fim de semana, e as realizadas para figuras locais importantes podem reunir entre 3 mil e 5 mil pessoas. Muitas delas serão membros do "clube" da pessoa morta – sociedades beneméritas com nomes pitorescos como Pigeon Town Steppers e Young Men Olympian. Os clubes, que financiam os funerais, existem na cidade desde o fim do século XVIII e formam o centro da vida comunitária.

As procissões que seguem pelas ruas são divididas em duas seções. Na frente está a "primeira linha", composta de uma banda de metais e dos membros do clube. Atrás vem a "segunda linha", composta de amigos, parentes, membros de outros clubes, moradores das vizinhanças e até passantes desconhecidos que se juntam às festividades, exatamente como costumava acontecer durante os funerais na Europa. Tradicionalmente, a banda começa tocando hinos fúnebres tristonhos, mas depois que o caixão é enterrado – momento conhecido como "desligamento do corpo" –, a música explode num ritmo alegre, com canções como "When the saints go marching in". Todos entram então num clima de festa, dançando e fazendo palhaçadas em suas fantasias coloridas, girando sombrinhas e acenando lenços.[22] A morte em Nova Orleans tem a improvável atmosfera de uma comemoração.

Agora recue por um momento. O que toda essa história nos diz sobre a maneira como deveríamos encarar a morte? Acho que há duas lições, uma relacionada ao ritual, outra à arte da conversa. O declínio da morte como evento comunitário, com tradições vibrantes, oferece uma primeira lição: a de que deveríamos pensar em inventar nossos próprios rituais em torno da morte. Se hoje os casais se casam em rodas-gigantes e picos de montanha, por que não deveriam os funerais ser igualmente imaginativos? Eles já estão se movendo nessa direção, com muita gente personalizando o serviço, especificando que, em seu funeral, desejam que as pessoas trajem roupas coloridas, ou que se toque o tema de *A pantera cor-de-rosa* enquanto o caixão for transportado pela aleia. Você poderia ter em mente um funeral ao estilo de Nova Orleans, com música ao vivo, dança nas ruas e uma exposição de sua amada coleção de bonsai. Talvez você consiga até fazer seus amigos dançarem no cemitério, em volta do túmulo, como faziam na França medieval. Conheço uma pessoa que planeja realizar seu funeral *antes* de morrer, para apreciar a própria sorte de ainda estar viva e também passar algum tempo com velhos amigos que, de outro modo, só apareceriam para sua cerimônia de homenagem póstuma, quando ela dificilmente teria condições de lhes dizer olá.

Há sempre um lugar para o luto sombrio, especialmente se a pessoa teve uma morte inesperada, mas deveríamos encontrar meios de realizar funerais não apenas para marcar a morte, mas também para celebrá-la. Devemos ser igualmente inventivos quanto às tradições de rememoração. Imagino assar macabros "pães dos mortos" uma vez por ano e depois comê-los fazendo uma noite de vigília no cemitério, sentado junto ao túmulo de minha mãe, contando à minha companheira minhas mais gratas lembranças sobre ela enquanto velas ardem até a madrugada. Esses rituais são uma forma de terapia comunal. Eles nos ajudam a extravasar as emoções, compreender os sentimentos e avançar para novos estágios na vida.

A segunda lição é que deveríamos descobrir novas maneiras de conversar sobre a morte, tanto para reativar sua presença social, permitindo-nos mitigar medos e sofrimentos, quanto para nos aproximar do hoje perdido sentido medieval de precariedade e preciosidade da vida. A morte e o morrer são agora assuntos inabordáveis em conversas, o equivalente do sexo na Inglaterra vitoriana.[23] Quando você está num bar depois do trabalho, ninguém vai perguntar casualmente: "E então, como se sente quanto à perspectiva de morrer?" Felizmente, porém, pouco a pouco os tabus estão se dissipando. Doenças como o câncer são muito menos vergonhosas atualmente que outrora. Hoje é raro encontrar casos como o de minha avó, que escondeu seu câncer de estômago de nós durante quinze anos, e os obituários não relatam mais eufemisticamente que vítimas de câncer morreram de "doença muito prolongada".[24] Os médicos estão mais propensos a conversar com pacientes moribundos sobre a realidade de suas doenças do que uma geração atrás, ainda que talvez pudessem fazer mais para tratar a questão com sensibilidade. O surgimento do movimento dos cuidados paliativos e a invenção da declaração antecipada de vontade, "ou testamento vital" – em que a pessoa dá instruções para o cuidado de sua saúde quando não tiver mais condições de tomar decisões em decorrência de incapacitação –, inspiraram uma nova geração de conversas sobre a mortalidade, assim como os debates em torno da eutanásia e da doação de órgãos.[25]

Apesar dessa abertura, a maior parte das pessoas acha mais difícil falar sobre a morte que sobre qualquer outro assunto. Quando uma vizinha nos diz que sua irmã acaba de morrer, que se espera que digamos após murmurar "Lamento muito"? Quando sabemos que uma amiga tem um câncer que está se espalhando por todo o corpo, como trazer à baila sua doença a próxima vez que a encontrarmos? Nenhum conjunto de técnicas nos dirá como reagir nessas situações; usar frases ensaiadas, tiradas de um manual do luto, costuma ser a receita de conversas constrangedoras e artificiais. No entanto, há alguns ingredientes básicos para uma conversa saudável sobre a morte. É insensato fingir que não há nada errado, que tudo ficará bem, com frases do tipo "Não se preocupe, vai dar tudo certo" ou "Com o tempo a dor passa". Como Florence Nightingale advertiu, em 1860,

> provavelmente não há para os enfermos maior aborrecimento a suportar que as esperanças incuráveis de seus amigos. ... Eu rogaria muito seriamente a todos os amigos, visitantes e atendentes de doentes que abandonassem essa prática de tentar "animá-los" minimizando o perigo que correm e exagerando suas probabilidades de recuperação.[26]

Igualmente de pouca valia é oferecer conselho sobre como enfrentar a doença – a menos que ele seja solicitado –, quer na forma dos ensinamentos religiosos, quer de mantras do tipo "Pense positivamente". Quando a crítica social americana Barbara Ehrenreich descobriu que tinha câncer no seio, deparou com um culto de pensamentos positivos que negavam seus medos e o desejo de sentir raiva de sua doença, mas também tinham o perigoso efeito de lhe dar falsas esperanças.[27]

A característica mais importante a desenvolver em relação à conversa é a empatia. Mesmo que nunca venhamos a saber como é realmente estar no lugar do outro, é possível ser sensível ao que ele está pensando ou sentindo. Podemos ouvi-lo atentamente, à procura de indícios de que ele quer conversar sobre a doença ou a respeito de um parente que faleceu há pouco, e então oferecer-lhe a oportunidade. Imagine quais seriam seus temores, por exemplo, a situação em que seu filho ficará se ele morrer, e pergunte gentilmente se quer falar sobre a questão, respeitando seu direito de ficar em silêncio. Quando meu avô Ivan estava morrendo de leucemia, todos fizemos um esforço para lhe proporcionar o maior consolo que as conversas lhe podiam dar, que era a rememoração de sua infância na Polônia.

Desde a instituição da moderna profissão de enfermagem, no século XIX, os enfermeiros se mostraram – com algumas exceções – especialmente sensíveis à necessidade de empatia na conversa com pacientes moribundos ou parentes enlutados. "Quão pouco qualquer pessoa em boa saúde, homem ou até mulher, se imagina vivendo a vida de um doente!", exclamou Florence Nightingale em seu livro-texto sobre enfermagem, assinalando a frequência com que deixamos de nos pôr no lugar deles.[28] Cicely Saunders, enfermeira que tempos depois cursou medicina e fundou o movimento britânico dos cuidados paliativos nos anos 1960, perguntou certa vez a um homem que sabia estar morrendo do que ele precisava, acima de tudo, dos que cuidavam dele. A resposta foi: "Que alguém dê a impressão de tentar me compreender."[29] A empatia é o começo dessa compreensão.

Precisamos também ter coragem. Passamos tempo demais na vida escondendo as emoções, usando uma máscara. Para falar sobre a morte, precisamos ter coragem de tirar a máscara e nos abrir com os outros em relação a pensamentos e temores. Precisamos de forças para falar com amigos sobre os resultados preocupantes do último exame de sangue ou sobre um diagnóstico de câncer de próstata. A coragem nos ajudará a ter aquela discussão embaraçosa com nossos pais sobre os cuidados que eles desejam receber caso venham a ficar física ou mentalmente incapacitados. Deveríamos também encontrar forças para fazer do estilo de morte um tema habitual de conversa: a próxima vez que fizer uma refeição com amigos, vocês poderiam conversar sobre que música desejam em seus funerais, se gostariam que as máquinas fossem desligadas caso ficassem em estado vegetativo após um acidente de trânsito. Em todos esses cenários, qual a pior coisa que pode acontecer se você revelar o que tem em mente? Portanto, tire a máscara, olhe para as outras pessoas nos olhos e deixe a conversa fluir.

Continuamos nos primeiros estágios do aprendizado de como falar sobre a morte, e ainda estamos cercados por uma cultura do silêncio que precisa ser quebrada. Há pouco a perder e muito a ganhar se abordarmos a morte e deixarmos que ela seja ouvida de nossos lábios, mesmo que isso deixe uma sensação de queimadura.

Como cuidar dos idosos

Durante cinquenta anos meu avô viveu ao sul de Sydney, à beira de um vasto parque nacional. A casa era pouco mais que um barracão ampliado. As portas não fechavam direito, permitindo que gambás zanzassem pelo corredor durante a noite. Uma manhã, ao acordar, ele deu de cara com um canguru beliscando seus dedos do pé, que estavam fora da coberta. O lugar era cheio de velhos livros embolorados que refletiam seu gosto eclético em matéria de literatura socialista, misticismo indiano e cultura aborígine. Leo passava os dias sentado no sofá, batucando numa máquina de escrever decrépita, tentando concluir um livro em que trabalhava havia três décadas. Todo ano ele dava uma festa de aniversário quando a cerejeira floria, e parentes e amigos se reuniam à volta dela no quintal, onde o capim crescera demais, ouvindo discos de jazz com chiado e conversando sobre política. A casa era seu lar espiritual, uma parte inseparável dele.

Eu tinha certeza de que se fosse obrigado a abandoná-la ele não viveria muito tempo.

Depois que completou noventa anos, Leo não teve mais condições de cuidar de si mesmo, nem sequer com tratamento regular numa clínica. A família tomou a decisão de pô-lo numa casa de repouso. Lembro-me da primeira vez que o visitei ali, depois de passar mais de um ano sem vê-lo. A casa ficava num subúrbio anônimo de Sydney, desprovido de árvores, o oposto da mata onde ele vivera. Fui conduzido à sala comum, cheia de velhos que jogavam cartas e assistiam a uma partida de críquete num aparelho de televisão em alto volume. A ideia que Leo fazia de lazer era ler poesia, não assistir a esporte na televisão. Por fim encontrei-o num canto, numa espreguiçadeira, debaixo de cobertores. Ele estava tão magro e enrugado que mal o reconheci. Não conseguia mais falar e parecia não saber quem eu era. Uma atendente aproximou-se e perguntou: "Patrick, quer um biscoito?" Patrick? Então notei a etiqueta com o nome em volta de seu pulso: "Patrick Leo Kelly." Ele fora conhecido como Leo durante toda a vida. Meu avô perdera tudo – sua velha casa, seus amigos e até seu nome. Ele morreu na casa de repouso seis meses depois. Hoje eu gostaria que ele tivesse partido desta para melhor, como ele costumava dizer, no dia do nonagésimo aniversário, sob os galhos da cerejeira.

Uma consequência da mudança histórica para uma vida mais longa é que o cuidado dos idosos tornou-se um dilema capital de nosso tempo. Em 1950, cerca de 8% dos norte-americanos tinham mais de 65 anos; hoje esse número é 12%, mas em 2030 estará próximo de 20%.[30] As populações da Europa e do Japão estão envelhecendo ainda mais depressa. Em consequência, os sistemas previdenciários estão sob crescente tensão, e é provável que a seguridade social para os idosos venha a se erodir na maioria dos países durante as próximas décadas. Viver de uma pensão do Estado se tornará uma lembrança distante do século XX. Quando sua mãe, pai ou tia solteirona favorita ficarem velhos, quem vai cuidar deles e que tipo de cuidado irão receber?

No passado recente, era usual que pais idosos fossem morar com os filhos: nos anos 1950, quase ⅔ dos britânicos com mais de sessenta anos moravam com os filhos ou outros parentes.³¹ Mas essa prática declinou depressa no Ocidente durante o último meio século, em especial porque o crescente número de mulheres que ingressa no mercado de trabalho significa que elas não ficam mais confinadas a desempenhar seu papel tradicional de cuidadoras dos idosos. Esse processo ajuda a explicar o aumento fenomenal do número de clínicas de repouso. Embora elas existam há menos de cem anos, 20% a 30% das pessoas do mundo ocidental terminam agora suas vidas numa dessas casas, e os números estão subindo.³²

As clínicas de repouso são um dos maiores escândalos de nossa "civilização" e passaram a se assemelhar aos guetos criados para os judeus na Europa do século XVI, tornando-se locais onde internamos os idosos longe dos olhos e do coração. Esta é uma acusação grave, eu sei. Não há dúvida de que algumas dessas casas são excelentes, oferecendo acomodações de luxo, serviços médicos especializados e forte senso comunitário. Muitos idosos querem viver nelas, preferindo continuar independentes a precisar do apoio da família. Infelizmente, poucas vezes elas proporcionam a qualidade de vida prometida em seus lustrosos anúncios. Segundo um eminente historiador do setor, terminar nossos dias numa clínica de repouso "é uma perspectiva terrível e desesperada", e você provavelmente experimentará "uma vergonhosa forma de morrer".³³ Com exceção das casas de repouso exclusivas para os muito ricos, elas sofrem com frequência de escassez de pessoal e têm instalações médicas e de lazer deficientes. Problemas generalizados causados por negligência, como desidratação, malnutrição e escaras, deram origem a um novo termo: "maus-tratos de idosos." Os residentes nessas casas queixam-se de solidão, tédio, falta de privacidade e de serem tratados como crianças. A dignidade diminui à medida que eles passam a depender de atendentes para ajudá-los a se lavar e ir ao banheiro. Aqueles cujas mentes permanecem ativas sentem a opressão de estar cercados por outros que lutam com a demência, doença epidêmica que afeta cerca da metade da população nas clínicas de repouso. "Tenho apenas 62 anos, mas sinto-me como se tivesse cem", revelou uma residente num estudo sobre clínicas de repouso nos Estados Unidos. "Meus filhos me deixaram e não querem saber se estou viva ou morta. Como não consigo suportar os domingos, no sábado à noite tomo uns tranquilizantes fortíssimos, que me mantêm atordoada o domingo todo." As casas de repouso tornaram-se prisões de isolamento social e emocional, onde as pessoas são muitas vezes despojadas de sua identidade e definham num limbo antes da morte.[34] Como o mestre budista Sogyal Rinpoche observa no *The Tibetan Book of Living and Dying* (2008):

> Nossa sociedade está obcecada por juventude, sexo e poder, e nos esquivamos da velhice e da decadência. Não é aterrorizante que descartemos os velhos quando sua vida de trabalho está encerrada e eles deixam de ser úteis? Não é perturbador que os joguemos nos lares para idosos, onde morrem sozinhos e abandonados?[35]

Apesar de todas as críticas, a clínica de repouso moderna é, sem dúvida, preferível ao modo como os idosos eram tratados em muitas sociedades pré-modernas, onde podiam ser "eliminados" quando se tornavam um fardo pesado demais para a comunidade. Na migração de primavera do povo nômade bakhtiari, do Irã, um dos maiores obstáculos é atravessar o rio Bazuft durante a cheia com ovelhas e cabras. Até recentemente, o costume deles determinava que se uma pessoa idosa estivesse fraca demais para fazer a travessia devia ser deixada para trás e morrer.[36] Um exemplo mais extremo vem do povo tiwi, das ilhas Bathurst e Melville, no norte da Austrália. Na década de 1920, o antropólogo Charles Hart descobriu sua tradição do "encobrimento":

> Os Tiwi, tal como muitos outros povos caçadores e coletores, desvencilhavam-se por vezes de suas mulheres velhas e decrépitas. O método consistia em cavar um buraco na terra, num local solitário, pôr a mulher idosa dentro dele e enchê-lo de terra até que só a cabeça ficasse à mostra. Todos se afastavam por um dia ou dois, e depois voltavam ao buraco e descobriam, surpresos, que a anciã morrera, pois estava fraca demais para erguer os braços da terra. Ninguém a "matara"; sua morte, aos olhos dos Tiwi, havia sido natural.[37]

Se estamos à procura de um modelo alternativo de atendimento para as casas de repouso, deveríamos nos voltar antes para o tratamento dispensado aos idosos na China e no Japão, que há muito se baseia na noção confuciana de piedade filial. Trata-se da ideia de que a obrigação primordial de filhos e filhas é servir aos pais e cuidar deles.[38] Essa mensagem foi reforçada ao longo de centenas de anos, por exemplo, por meio do clássico chinês *Vinte e quatro exemplos de piedade filial*. Escrito no século XIV, ele contém feitos de devoção de filhos em relação aos pais. Um deles é a história do erudito imperador Han Wendi, que passou três anos cuidando da mãe doente, mal fechando os olhos ou trocando de roupa à cabeceira dela, dando-lhe na boca remédios que ele mesmo experimentava antes, para se assegurar de que não estavam quentes nem fracos demais.

A piedade filial ajuda a explica por que, até o fim do século XX, era norma na China e no Japão os pais idosos morarem com um dos filhos. Embora os lares multigeracionais tenham declinado nas duas últimas décadas, o sentimento de dever filial ainda é uma importante força cultural. Cerca de 40% dos japoneses com mais de 65 anos moram com os filhos, ao passo que em partes da China rural a corresidência pode chegar a mais de 60%. O número correspondente em países como Estados Unidos, Alemanha e Grã-Bretanha fica em torno de 5%.[39] Quando as pessoas dizem que o Extremo Oriente é exótico, em geral se referem à comida ou à arte. Mas igualmente exótica é sua maneira de encarar os cuidados com os pais.

Embora a maioria de nós não tenha crescido numa cultura confuciana, a ideia de piedade filial ainda diz alguma coisa. Todos temos uma dívida com nossos pais. Só depois que meus gêmeos nasceram compreendi a extensão dos sacrifícios que minha mãe e meu pai fizeram em meu proveito. Eles trocavam minhas fraldas sujas e me embalavam quando eu chorava à noite. Durante três meses, permaneceram constantemente à cabeceira de minha cama de hospital depois que sofri um acidente quase fatal, quando tinha dois anos. Abriram mão de seu tempo de lazer em meu favor e me deram amor e apoio emocional incondicionais. Durante anos suas vidas giraram em torno de minha criação.

Em face de tudo que eles fizeram por nós, poderíamos seguir o exemplo dos chineses e japoneses, considerando como podemos honrar nossos pais ou padrastos e madrastas à medida que envelhecem. Talvez você tenha condições de fazer a suprema oferenda filial a um pai ou mãe debilitados, e convidá-los para morar em sua casa, poupando-os de algumas das ignomínias de uma casa de repouso. Para a maioria das pessoas, no entanto, essa não será uma opção viável. Os pais talvez prefiram viver de maneira independente numa casa de repouso, e compromissos de trabalho talvez o impossibilitem de ser um cuidador eficiente; os esforços pessoais envolvidos no cuidado de um pai ou mãe idosos podem ser enormes – em particular se tiverem uma doença como Alzheimer. Mesmo assim, porém, é possível atender a nossos pais com a boa vontade e a afeição de Han Wendi. Devemos fazer um esforço para visitá-los com regularidade, mesmo que isso não seja conveniente para nós, ajudando-os a superar qualquer sentimento de solidão que possam ter, ou simplesmente darlhes um rápido telefonema diário enquanto andamos até o trabalho. É recomendável introduzir nossos filhos na vida deles, de modo que possam se beneficiar da presença revigorante dos jovens. Podemos também experimentar formas mais inventivas de cuidado, como levá-los para fazer a viagem com que sempre sonharam, como uma peregrinação à sua terra natal, ou nos juntarmos a eles num curso de desenho. Minha ideia de cuidado filial, quando meu pai se aposentou, foi fazer uma série de gravações dele falando sobre sua vida. Isso não só lhe permitiu deixar uma marca de suas experiências para a família, como lhe deu oportunidade para refletir sobre o que havia realizado na jornada pessoal que empreendera. Para mim, foi uma chance de me conectar a ele de forma única e me inspirar com sua humanidade.

A relação entre pais e filhos é a mais fundamental que conhecemos e merece ser honrada de maneira especial. Nossos pais nos trouxeram ao mundo, e podemos ajudá-los a deixá-lo com contentamento e dignidade, mesmo que nem sempre tenhamos vivido em concordância. Devemos buscar as oferendas mais apropriadas e nos esforçar ao máximo para fazer os sacrifícios requeridos. Que dádivas podemos fazer à velhice de nossos pais?

Cultura do estilo de morte

No filme *O sétimo selo*, de Ingmar Bergman (1957), um cavaleiro sueco medieval encontra a Morte e a desafia para um jogo de xadrez. Se o cavaleiro perder, a Morte o levará. Quanto mais o jogo durar, mais ele poderá viver, o que lhe dará o tempo necessário para realizar um único ato que confira significado à sua vida. O cavaleiro consegue levar a melhor sobre a Morte e realizar sua ambição, ajudando um jovem casal e seu filho a escapar da peste que devasta o país. Chega então o fim para o cavaleiro, e a Morte leva-o embora numa dança macabra no topo dos morros.

Em contraste com o cavaleiro, não nos sentimos mais assediados pela Morte. Ao contrário. O advento da morte no hospital, o declínio dos rituais do funeral e nossas expectativas de vida crescentes tornaram a morte um evento distante, até imaginário, para a maioria de nós. O desafio que enfrentamos, hoje, é trazê-la para mais perto de nossas vidas de um modo que aprofunde seu significado sem exacerbar nossos medos. Devemos iniciar, tanto como indivíduos quanto como sociedade, uma conversa audaciosa sobre a morte que crie uma cultura revigorada do estilo de morte. O resultado poderá ser um novo mundo em que o estilo de morte passará a ser tão debatido quanto o estilo de vida, e onde haverá *danses macabres*, com esqueletos se sacudindo, pintadas nas paredes das estações de metrô.

Epílogo

O ESCRITOR E CIENTISTA NATURAL alemão Johann Wolfgang von Goethe desencadeou esta odisseia pelos 3 mil últimos anos da história humana, desafiando-nos a encontrar alimento existencial em civilizações passadas, de modo a não sermos condenados a viver na escassez. É adequado, portanto, que um episódio dramático de sua própria vida possa nos ajudar a encerrá-la.

Era o fim do verão de 1786. Goethe acabara de comemorar seu 37º aniversário e enfrentava uma crise da meia-idade. Ele alcançara a fama como romancista e dramaturgo aos vinte e poucos anos, mas agora experimentava dificuldades em seu trabalho literário, e quase tudo que começava ficava inacabado. Sentia-se entediado com seu trabalho, tendo passado uma década ocupando um alto cargo público na corte do duque de Weimar. Sofria também por um amor não correspondido por uma mulher casada, sete anos mais velha que ele. Goethe estava à beira de um colapso.

Diante disso, decidiu fugir. Alguns dias depois de seu aniversário, sem comunicar seus planos a ninguém, pulou numa diligência às três horas da madrugada, sem nenhum criado e apenas com duas maletas, e fugiu rumo ao sul, para a Itália, sob nome falso.

Foi o início de uma viagem que durou quase dois anos, que lhe rejuvenesceu o espírito e lhe deu um novo rumo na vida. Goethe esboçou monumentos antigos em Roma, observou costumes locais em Verona, colheu amostras de rocha na Sicília e forjou amizades em meio a seus boêmios companheiros de viagem. Seu objetivo era muito mais que se safar no anonimato ou visitar lugares famosos. "Meu propósito ao fazer essa maravilhosa viagem", escreveu ele, "não é me iludir, mas me descobrir nos objetos que vejo." Revigorado pelos novos ambientes, ele emergiu de sua aventura italiana com a autoconfiança renovada e a imaginação recarregada, o que lhe permitiu escrever as obras mais importantes de sua carreira.[1]

Essa história tem relevância hoje para qualquer pessoa que pense em fazer mudanças na própria vida, seja na esfera do trabalho, do amor, das finanças, da crença ou em qualquer das outras áreas que abordamos. Não importa com que clareza reconheçamos os problemas e desafios que enfrentamos, ou quantas boas ideias tenhamos para transformar a maneira como vivemos, é sempre difícil passar da teoria para a prática da mudança. Enredada por medos e hábitos, relutante em correr riscos ou cometer erros, a maioria de nós rejeita a perspectiva de pisar no desconhecido – deixar um emprego não satisfatório, se comprometer com um casamento, moderar o estilo de vida consumista. Não há nenhuma pílula para dar coragem e motivação para mudar.

Que podemos aprender com a fuga de Goethe para a Itália? Sua partida brusca parece um ato imprudente, até irresponsável. Não se pode simplesmente abandonar o cargo de primeiro-ministro de um ducado real sem aviso prévio. É loucura para um gênio literário pôr-se a vagabundear pela Itália, colhendo espécimes minerais obsessivamente, quando deveria estar sentado em casa, tranquilo, escrevendo versos sublimes. Ele partiu em segredo, contou, porque sabia que seus amigos "não me teriam deixado ir de outro modo". A maneira de viajar de Goethe exibiu essa mesma disposição de romper as convenções sociais. Seria de esperar que um fidalgo alemão com sua posição pública e seus recursos financeiros tivesse uma carruagem privada, um séquito de criados e cartas de apresentação. Em vez disso, ele optou por viajar pela Itália sem criados e usando qualquer transporte, hospedando-se em pequenas estalagens locais e adotando trajes informais que lhe permitissem melhor se misturar aos demais.[2] Estava determinado a seguir seu próprio caminho e evitar regras de etiqueta sufocantes.

Como Mary Wollstonecraft, Henry David Thoreau e tantos outros pioneiros da arte de viver, Goethe compreendeu que teria de nadar contra a corrente social. Assim também, devemos reconhecer que, se desejarmos incorporar as lições da história em nossas vidas, talvez precisemos desafiar normas culturais e correr o risco de nos destacar da maioria. Isso pode acontecer se optarmos por deixar um emprego bem-remunerado para seguir uma carreira que reflita melhor nossos valores, ou se morarmos numa casa sem aparelho de televisão, ou começarmos a falar sobre a morte em jantares festivos. O preço de ser pioneiro é que talvez não sejamos capazes de alcançar o padrão socioeconômico de nossos vizinhos, ou receber seus acenos de aprovação. Ao mesmo tempo, porém, estaremos não só expandindo nossos próprios horizontes, mas também estabelecendo novos padrões para gerações futuras, que poderão olhar para trás e ver a maneira como vivemos como fonte de inspiração para sua busca de vivacidade radical.

O desejo de Goethe de "descobrir a mim mesmo nos objetos que vejo" deveria nos interessar tanto quanto sua capacidade de romper convenções. Ele acreditava que a excessiva autorreflexão e contemplação do próprio umbigo podiam ser prejudiciais, levando à confusão emocional e à paralisia. Sua abordagem da obediência à máxima de Sócrates "Conhece-te a ti mesmo" não consistiu em ruminar sobre o estado de sua alma, mas em lançar-se na vida, cultivando a curiosidade sobre pessoas, lugares, arte e paisagens. "O homem só se conhece à medida que conhece o mundo", escreveu ele. Isso não significa, no entanto, que deveríamos encher nossos dias de atividades incessantes, reduzindo-nos de ser humano a fazer humano. Sua ideia era, antes, que a autocompreensão vem não só da introspecção filosófica, mas da "outrospecção" experiencial.

A mensagem mais importante da viagem de Goethe, contudo, é que, se realmente quisermos mudar nossa maneira de viver, poderemos chegar a um ponto em que teremos simplesmente de parar de pensar e planejar, e passar a agir. Essa ideia assumiu muitos nomes ao longo dos séculos, de *carpe diem* a salto de fé, passando pelo slogan "Simplesmente faça". Trata-se nada menos de escolher tornar a própria vida extraordinária e viver de tal maneira que nossos últimos anos não sejam cheios de remorso pelo que não fizemos. Embora fosse, sob muitos aspectos, um conservador que buscava uma vida estável e segura e confortos domésticos, Goethe sabia que ficar em Weimar não era solução para seus problemas. Ele precisava sair de seu torpor e romper o padrão de sua existência, mesmo que não soubesse ao certo para onde suas viagens o levariam. Se em algum momento nos sentimos enredados pela vida, ou sem saber como avançar, podemos sempre perguntar a nós mesmos que movimento ousado Goethe – ou talvez George Orwell ou Mary Kingsley – teriam feito se estivessem em nosso lugar. Como iriam desfrutar o presente?

GOETHE FOI UNIVERSALMENTE ADMIRADO – e muitas vezes invejado – pelo brilhantismo artístico, o sucesso mundano, o intelecto cultivado e a sagacidade científica. Mas não deveríamos ficar assombrados demais por sua celebridade como alguém que teve êxito em tantos campos. A vida dele foi cheia de pesares e dores, como a de qualquer pessoa. Uma área em que ele lutou foi a dos relacionamentos amorosos. Passou toda a sua vida a se enamorar e desenamorar, metendo-se em situações complicadas com as mulheres que desejava, por vezes já casadas, ou décadas mais jovens que ele, ou sem nenhum interesse em sua afeição. Seus casos e fantasias pouco fizeram em favor de seu próprio casamento, que deixou de prosperar após os primeiros dias. Ele sabia, porém, que o amor apaixonado, a amizade e outros tipos de relacionamento eram ingredientes vitais de uma boa vida. Alguns anos depois de voltar da Itália, onde havia sentido muitas vezes grande solidão, encetou uma profunda – e por vezes tensa – amizade com o poeta e filósofo Friedrich Schiller. Quando Schiller morreu, depois que os dois haviam desfrutado uma década de afetuosa *philia*, Goethe ficou devastado. "Perdi agora um amigo e com ele metade de minha vida", lamentou.[3]

Esse grito de dor contém um dos fios de ouro que perpassam a história de nosso modo de viver: que o mistério da existência é constituído por nossas relações uns com os outros. Embora algumas pessoas possam descobrir sentido em Deus, na natureza, em lutar por uma causa ou ascender na hierarquia de uma empresa, é por meio das relações com os outros seres humanos que temos mais chance de encontrar a realização. Quer seja forjando uma amizade inesperada, como C.P. Ellis e Ann Atwater, cultivando variedades de amor como *pragma* e *ludus*, quer seja rompendo o silêncio na família com conversas mais abertas, o sustento espiritual depende de criarmos vínculos e compartilharmos nossa vida com outros. Você pode preparar para si mesmo as mais excelentes refeições gourmet noite após noite, mas acabará desejando que mais alguém se sente à mesa a seu lado, seja essa pessoa um amante, um amigo ou um estranho com uma história para contar.

Há um segundo fio na história capaz de proporcionar uma vida melhor, e ele consiste no fato de que dar nos faz muito bem. Goethe compreendeu isso em teoria, perguntando: "O que é minha vida se não tenho mais utilidade para os outros?" Na prática, porém, um traço de sua personalidade era o forte egoísmo que o levava ao hábito de descartar pessoas que não lhe pareciam mais interessantes ou úteis para suas ambições pessoais. Com isso, negava a si mesmo um dos prazeres mais sutis da existência humana. Voltemos nosso pensamento para John Woolman e Thomas Clarkson, que se dedicaram à luta contra a escravidão, ou ao trabalho de Lev Tolstói para mitigar a fome. Para todos eles, foi possível encontrar o significado da vida libertando-se de preocupações egoístas e agindo em benefício dos outros, honrando o antigo ideal grego de *agape*. Dar talvez seja o caminho mais seguro para uma vida dotada de sentido e realização.

Podemos viver a vida de mil maneiras diferentes. As civilizações do passado nos permitem reconhecer que nossas maneiras habituais de amar, trabalhar, criar e morrer não são as únicas opções. Precisamos apenas abrir a caixa de maravilhas da história e olhar dentro dela para ver novas e surpreendentes possibilidades para a arte de viver. Deixemos que elas inflamem nossa curiosidade, cativem nossa imaginação e inspirem nossos atos.

Notas

Prefácio (p.9-12)

1. Tucídides, 1989, p.xxi.

1. Amor (p.15-40)

1. Oruch, 1981, p.535, 538, 556-8; Schmidt, 1993, p.210-3, 233; http://www.businessinsider.com/valentines-day-spending-2011-2?slop=1#.
2. de Rougemont, 1983, p.173.
3. Ibid., p.5; Davidson, 2007, p.11; Sullivan, 2000, p.24.
4. Thornton, 1997, p.17, 23; Davidson, 2007, p.14-24.
5. Davidson, 2007, p.31.
6. Flacelière, 2002, p.73-4.
7. Tabori, 1966, p.35.
8. Flacelière, 1962, p.11.
9. McMahon, 2006, p.27-9; Flacelière, 1962, p.106.
10. Mitchell, 1997, p.1-21; Davidson, 2007, p.32-4; Vernon, 2005, p.12-3; Flacelière, 1962, p.155.
11. Lee, 1998, p.37; Grayling, 2002, p.64; Sullivan, 2000, p.26.
12. Tabori, 1966, p.218-30.
13. Huizinga, 1950, p.77.
14. Ver http://www.psychologytoday.com/articles/199907/the-power-play.
15. Flacelière, 1962, p.66, 95, 99.
16. Grayling, 2002, p.64.
17. Fromm, 1962, p.11, 22.
18. Ver http://www.guardian.co.uk/society/2008/mar/28/socialtrends; http://www.divorcerate.org/.
19. Lee, 1998, p.38.
20. Lewis, 2002, p.141-70; Davidson, 2007, p.12; de Rougemont, 1983, p.67-9.
21. Wang, 2003, p.127-8.
22. Fromm, 1962, p.45.
23. Peck, 1978, p.70.
24. Ver http://www.virginia.edu/marriageproject/pdfs/SOOU2001.pdf; Peck, 1978, p.79.
25. Ver http://www.wollamshram.ca/1001/Vol_2/v012.htm.
26. Zeldin, 1995, p.83; Sullivan, 2000, p.37.
27. Ibid., p.78, 83; de Rougemont, 1983, p.106-7.

28. Hazm, 1953.
29. Ackerman e Mackin, 1998, p.604.
30. de Rougemont, 1983, p.73-4, 106-7; Paz, 1996, p.71, 72; Lewis, 1958, p.2.
31. Ibid., p.90.
32. Paz, 1996, p.30, 67; Russell, 1976, p.51; Sullivan, 2000, p.36.
33. Tabori, 1966, 139; Lewis, 1958, p.13.
34. Huizinga, 1965, p.67, 76, 79; Russell, 1976, p.49.
35. Lewis, 1958, p.3-4; Tabori, 1966, p.207-11.
36. Huizinga, 1965, p.104.
37. de Rougemont, 1983, p.50-1.
38. Schama, 1988, p.414, 421.
39. Ibid., p.185-6, 377, 422, 424, 521.
40. Ibid., p.423-7.
41. Thomas, 2009, p.214-8.
42. de Rougemont, 1983, p.218; Armstrong, 2003, p.3.
43. Lane, 1987, p.7.
44. Goody, 1999, p.98, 106-9, 121; Sullivan, 2000, p.17; Giddens, 1992, p.41.
45. Epstein, 1982.
46. Illouz, 1997, p.6-16.
47. Ver http://www.surgery.org/sites/default/files/Stats2010_1.pdf.
48. Fromm, 1962, p.10.
49. Ibid., p.9, 22.
50. Comfort, 1996, p.7, 201.
51. Hite, 1990, p.339.
52. Russell, 1976, p.55.

2. Família (p.41-67)

1. Ballard, 2008, p.182-6, 199, 206, 227; http://www.jgballard.ca/interviews/sunday_times_1988interview.html.
2. Ver http://careerplanning.about.com/cs/altoptgen1/a/stay_home_dads.htm; http://www.stayathomedads.co.uk/news.html.
3. Gatenby, 2004.
4. Lader, Short e Gershuny, 2006, p.3, 11, 63.
5. Ver http://www.mumsnet.com/Talk/relationships/1067969-It-has-just-dawned-on-me-that-my-husband-has.
6. Ver http://news.bbc.co.uk/1/hi/uk/7638056.stm.
7. Burgess, 1997, p.87-8; Hewlett, 2000, p.63.
8. Coltrane, 1996, p.176-85; Burgess, 1997, p.86; Hewlett, 2000.
9. Burgess, 1997, p.74-83.
10. Coltrane, 1996, p.38; Cowan, 1983, p.16-8.

Notas 341

11. Cowan, 1983, p.17-31; Lamb, 2000, p.27; Miles, 1989, p.187.
12. Burgess, 1997, p.44; Abbott, 1993, p.169.
13. Berry, 1993, p.42.
14. Burgess, 1997, p.46-8; Sabatos, 2007.
15. Pollock, 1987, p.12; Ruggles, 1987, p.4-5; Burgess, 1997, p.43; Schama, 1988, p.386-7; Gottlieb, 1993, p.3-23.
16. Townsend, 1957, p.31.
17. Miles, 1989, p.150-1.
18. Kerber, 1988, p.11, 29-30; Coltrane, 1996, p.35; Miles, 1989, p.187.
19. Ver http://www.gutenberg.org/cache/epub/10136/pg10136.txt.
20. Coltrane, 1996, p.183; Lamb, 2000.
21. Cowan, 1983, p.44-68; Coltrane, 1996, p.37-8.
22. William Dodds apud Davidson, 1982, p.187; Miles, 1989, p.188-95; de Beauvoir, 1972, p.144-7.
23. Burgess, 1997, p.60-1.
24. Ibid., p.121, 127.
25. *Fatherworld Magazine*, 2005, p.7.
26. Tannen, 1999, p.211.
27. Murcott, 1997, p.32, 45.
28. Platão, 1991, p.58.
29. Flacelière, 2002, p.55, 173-5.
30. Gottlieb apud McIntosh, 1999, p.221.
31. McIntosh, 1999, p.221; Visser, 1993, p.275-80; Murcott, 1997, p.43.
32. MacClancy, 1992, p.101; McIntosh, 1999, p.228; Zeldin, 1999a, p.37; Jansen, 1997, p.104.
33. Honoré, 2004, p.55; ver http://www.gallup.com/poll/10336/empty-seats-fewer-families-eat-together.aspx.
34. McIntosh, 1999, p.220.
35. Gottlieb, 1993, p.43; Zeldin, 1999a, p.37; Zeldin, 1995, p.32; McIntosh, 1999, p.221; Visser, 1993, p.264.
36. Maitland, 2008, p.142-3.
37. Sajavaara e Lehtonen, 1997, p.270.
38. Miller, 2006, p.72-8, 91-125.
39. Ibid., p.186.
40. Mill, 1989, p.58.
41. Ibid., p.113.
42. Tannen, 1985, p.96.
43. Orwell, 2002, p.988.
44. Mander, 1978, p.24.
45. Ver http://www.csun.edu/science/health/docs/tv&health.html; http://www.mediaweek.co.uk/news/668085/Average-TV-viewing-rises-last-decade/.
46. Morley, 1986, p.18-39.
47. Mander, 1978, p.24.

48. Ver http://www.kff.org/entmedia/mh012010pkg.cfm: Miller, 2006, p.298.
49. Zeldin, 1999a, p.39-41.

3. Empatia (p.68-92)

1. House, 2000, p.56-8.
2. Kohn, 1990, p.99-101, 114-6; Goleman, 1996, p.98-9; Rogers e Stevens, 1973, p.92-4; Hoffman, 2000; Batson, 1991, p.128-48; Nussbaum, 2003, p.334-5; Krznaric, 2008.
3. Ver http://www.guardian.co.uk/world/2001/sep/15/september11.politicsphilosophy andsociety2.
4. Layard, 2007, p.20; 2005, p.234; Goleman, 1999, p.137-8; Kohn, 1990; Mukherjee, 1993, p.91.
5. Armstrong, 2007, p.xiv, 390.
6. Hobbes, 1996, p.ix-xii.
7. Rifkin, 2009, p.43.
8. Smith, 1976, p.499-502.
9. Ibid., 1976, p.502.
10. Phillips e Taylor, 2009, p.27.
11. Kohn, 1990, p.102-3; Fernyhough, 2008, p.63-6; Hoffman, 2000.
12. de Waal, 2006, p.6, 27, 33; ver também minha entrevista com de Waal, disponível em: www.outrospection.org.
13. Jackson et al., 2006; Broks, 2003, p.4-5; Goleman, 1996, p.102-4.
14. Baron-Cohen, 2011; Rifkin, 2009, p.82-3.
15. Terkel, 1982; 1993.
16. Ver http://www.oxfordmuse.com/?=node/81.
17. Orwell, 1962, p.129-30.
18. Crick, 1980, p.217-8.
19. Orwell, 1974, p.189.
20. Hochschild, 2006, p.5, 222, 366; Krznaric, 2008.

4. Trabalho (p.95-118)

1. Donkin, 2001, p.31-3; Thomas, 1999, p.106.
2. Marx, 1982, p.273-4; Mayhew, 1949, p.119, 306.
3. Botton, 2004, p.60.
4. Ver http://www.statistics.gov.uk/articles/labour_market_trends/jobmobility_nov03.pdf, p.543.
5. Pittenger, 2005.
6. Westwood, 2002, p.29; OPP Unlocking Potential, 2007, p.3.
7. Smith, 1898, p.3-4.

8. Ibid., 1898, p.613.
9. Zeldin, 1999b.
10. Inglehart, 1997.
11. Seligman, 2002, p.177.
12. Schweitzer, 1949, p.3.
13. Porter, 1997, p.113.
14. Tawney, 1938, p.1999.
15. Thomas, 2009, p.86-7.
16. Frankl, 1987, p.35, 76, 79, 107, 110.
17. Sennett, 2003.
18. Hoyles, 1991, p.48.
19. Saul, 1992, p.466-98.
20. Zeldin, 1999a, p.54.
21. Boorstin, 1993, p.389-90.
22. Nicholl, 2005, p.7, 241.
23. Diário de Emerson, 11 nov 1842; ver http://www.archive.org/stream/heartofemersonsjoo8022mbp/djvu.txt/.

5. Tempo (p.119-41)

1. Ver http://pewsocialtrends.org/2006/02/28/whos-feeling-rushed/; Honoré, 2004, p.7-8; http://news.bbc.co.uk/1/hi/talking_ point/3898025.stm.
2. Boorstin, 1985, p.5-12.
3. Ibid., p.28-53; Honoré, 2004, p.22.
4. Boorstin, 1985, p.47; Thompson, 1967.
5. Boorstin, 1985, p.587.
6. Thompson, 1967.
7. Woodcock, 1986; Thompson, 1967.
8. Donkin, 2001, p.147-52.
9. Mumford, 1955, p.5; Woodcock, 1986.
10. Judt, 2010.
11. Brand, 1999, p.16.
12. Schlosser, 2002, p.18-21; Honoré, 2004, p.55.
13. Honoré, 2004, p.59.
14. Lakoff e Johnson, 1981, p.4-9; Lakoff, 2005, p.3-4.
15. Robb, 2008, p.75-77; ver http://www.nytimes.com/2007/11/25/opinion/25robb.html.
16. Apud Hodgkinson, 2005, p.85.
17. Geertz, 1993.
18. Hanh, 1987, p.109.
19. Herrigel, 1985; Suzuki, 1986.
20. Brand, 1999, p.2, 48, 144.

6. Dinheiro (p.142-68)

1. Schama, 1988, p.306.
2. Buchan, 1998.
3. Ver http://basildonrecorder.co.uk/news/4657635_2_5m_lottery_winner_still_delivers_catalogues/.
4. Ver http://www.statistics.gov.uk/cci/nugget.asp?id=1659; http://econpapers.repec.org/article/ucpjconrs/v_3a35_3ay_3a2008_3ai_3a4_3ap_3a622-639.htm.
5. *Sunday Times*, 26 dez, 2010, p.21.
6. Thomas, 2009, p.138.
7. Leach, 1993, p.xiii.
8. Thomas, 2009, p.110-46.
9. Apud Thomas, 2009, p.146.
10. Weber, 1958; Tawney, 1938; Thomas, 2009, p.142-4.
11. Thomas, 2009, p.65-76, 118-32, 142-6, 155-6; Braudel, 1981, p.316; Braudel, 1982, p.60-75.
12. Miller, 1981, p.168.
13. Ibid., 1981, p.165-89; Lancaster, 1995, p.16-41.
14. Leach, 1993, p.xv.
15. Berger, 1972, p.131.
16. Botton, 2004, p.182.
17. Layard, 2005, p.32-3; para pesquisa mais recente, ver http://www.pnas.org/content/107/38/16489.full.pdf+html?sid=aac48a0b-d009-4ce6-8c14-7f97c5310e15.
18. James, 2007, p.52.
19. Apud Thomas, 2009, p.146.
20. Thoreau, 1986, p.73
21. Sahlins, 1972, p.14.
22. Honoré, 2004, p.189.
23. Ver http://www.statistics.gov.uk/articles/labour_market_trends/Working_time_patterns.pdf.
24. Ver http://www.statcom.gc.ca/pub/11-008-x/2007001/pdf/9629eng.pdf.
25. Nicholson, 2002, p.3.
26. Apud Shi, 1985, p.33.
27. Shi, 1985, p.39.
28. *The Journal of John Woolman*; ver http://www.strecorsoc.org/jwoolman/w04.html.
29. Apud Shi, 1985, p.41; *The Journal of John Woolman*; ver http://www.strecorsoc.org/jwoolman/w04.html.
30. Apud Shi, 1985, p.44.
31. Shi, 1985, p.47.
32. Galbraith, 1977, p.29-30.
33. Elgin, 1993; Dominguez e Robin, 1999.
34. Várias dessas ideias podem ser encontradas in Boyle, 2010.
35. Ferguson, 2009, p.233.
36. McKibben, 2009, p.102.

7. Sentidos (p.171-96)

1. Ackerman, 1996, p.9, 73, 290.
2. Classen, 1993, p.126-31.
3. Ibid., p.2-3; Vinge, 1975, p.15-21.
4. Kemp e Fletcher, 1993; Burton, 1989, p.150-3; Classen, 1993, p.3.
5. Classen, 1993, p.4; Synnott, 1991, p.70.
6. Roberts, 2002; ver http://www.nature.com/nature/journal/v301/n5895/abs/301078a0.html.
7. Classen, 1993, p.15.
8. Howes, 1991, p.4; Classen, 1993, p.9.
9. Dundes, 1980, p.89; Howes, 1991, p.4, 169; Howes, 2005; Classen, 1993, p.5-6.
10. Classen, 1993, p.17-20.
11. Corbin, 1986, p.4.
12. Apud Howes, 1991, p.144.
13. Lowe, 1982, p.3-4.
14. Apud Howes, 1991, p.167, 171; Ong, 1970, p.1-9.
15. Apud Synnott, 1991, p.68.
16. Classen, 1993, p.28; Greenblatt, 2007.
17. Classen, 1993, p.6, 27.
18. Berger, 1972, p.108; Lowe, 1982.
19. Classen, 1993, p.17-29.
20. Seaton, 1989, p.686, 694; Goody, 1993, p.425.
21. Fernley-Whittingstall, 2003, p.244-5; Hoyles, 1991, p.227.
22. Seaton, 1989, p.697.
23. Classen, 1993, p.16; Howes, 1991, p.4.
24. Feuerbach, 1832, p.119, 125-38; Classen, 1993, p.40-6.
25. Classen, 1993, p.45.
26. Keller, 1958, p.26, 210.
27. Keller, 2003, p.11.
28. Ibid., p.30, 56.

8. Viagens (p.197-225)

1. Hamilton, 2005, p.vii.
2. Ibid., p.4, 58-65, 83, 129, 136, 158-9, 174, 191, 207; Brenden, 1991, p.5-37; Swinglehurst, 1982.
3. Boorstin, 1985, p.116, 121; Gosch e Stearns, 2008, p.42.
4. Bashô, 1966, p.51.
5. Coleman e Elsner, 1995, p.187.
6. Ibid., p.188; Attlee, 2011, p.119.
7. Coleman e Elsner, 1995, p.181-90.

8. Kumar, 2000, p.79-81, 95, 110-1.
9. Apud Buzzard, 2002, p.40.
10. Mendelson, 1985; Buzzard, 2002, p.40; Towner, 1985.
11. Buzzard, 2002, p.47.
12. Baedeker, 1909, p.lix.
13. Mendelson, 1985.
14. Baedeker, 1909, p.29-30.
15. Ibid., p.23.
16. Ibid., 185, 208; ver http://www.archive.org/stream/mrsrthelifeofele002126mbp/mrsrthelifeofele002126mbp_djvu.txt.
17. Mendelson, 1985.
18. Zeldin, 1984, p.7.
19. Bronowski, 1976, p.59-68.
20. Apud Chatwin, 1988, p.218.
21. Ward e Hardy, 1986, p.2-3.
22. Ibid., p.1-8.
23. Onyx e Leonard, 2005.
24. Darwin, 1959, p.203, 209; Lindqvist, 1997a, p.122-41.
25. Robinson, 1995, p.216-7.
26. Apud Newby, 1986, p.84.
27. Lindqvist, 1997b, p.140-5.
28. Ferguson, 2009, p.20-4.
29. Cobbett, 1985, p.309.
30. Ibid., p.19.
31. Ibid., p.19-20, 317-8.
32. Lee, 1971, p.11-2, 178.

9. Natureza (p.226-50)

1. Nash, 2001, p.141-3, 154-60.
2. Ibid., p.11-17; Thomas, 1985, p.194.
3. Ver http://www.britishmuseum.org/explore/highlights/highlight_objects/pd/h/hans_holbein_the_younger,_a_wi.aspx.
4. Thomas, 1985, p.194, 258-61; Nash, 2001, p.21; Clark, 1971, p.271, 283; Sprawson, 1992, p.201-13; Schama, 1996, p.103.
5. Nash, 2001, p.84-7; Thomas, 1985, p.216, 261.
6. Hoyles, 1991, p.37
7. Thomas, 1985, p.193-4; Nash, 2001, p.49.
8. Clark, 1971, p.271.
9. Griffiths, 2006, p.2.
10. Krakauer, 2007.

Notas

11. Wilson, 1984, p.1.
12. Kellert e Wilson, 1993.
13. Nash, 2001, p.103.
14. Thomas, 1985, p.238.
15. Ulrich, 1984; Grinde e Grindal Patil, 2009; Kellert e Wilson, 1993; Wilson, 1984; Bragg, 1996; Louv, 2005; Mabey, 2006.
16. Roszak, 1995, p.5.
17. Ver http://www.acu.edu.au/__data/assets/pdf_file/0005/158315/Henriks-and-Hall_Indigenous_Mysticism.pdf.
18. Dados de Millennium Ecosystem Assessment (2005); ver http://www.greenfacts.org/en/biodiversity/figtableboxes/1035-bird-density-map-rates.htm.
19. Com base em dados de 2004; ver http://www.oxfam.org.uk/resources/policy/climate_change/downloads/bp117_climatewrongs.pdf.
20. Thomas, 1985, p.17, 26, 30-3.
21. Ibid., p.18-23; McKibben, 2003, p.79; White, 1967, p.1205; Krznaric, 2007.
22. Braudel, 1981, p.369.
23. Smith, 1898, Livro 1, cap.6.
24. Schama, 1996, p.173; Thomas, 1985, p.197.
25. Totman, 1989, p.25, 171; Krznaric, 2010.
26. New Economics Foundation, 2009, p.20.
27. McKibben, 2003, p.xiv, 48, 60-1.
28. Marshall, 2007, p.162-3.
29. Macfarlane, 2007, p.10-1.

10. Crença (p.253-77)

1. Halberstam, 2008, p.128.
2. Beit-Hallahmi e Argyle, 1997, p.24-5, 242.
3. Myers, 1996.
4. Smith, 1988, p.24-5, 63-4; Beit-Hallahmi e Argyle, 1997, p.106.
5. Beit-Hallahmi e Argyle, 1997, p.100.
6. Kelley e de Graaf, 1997.
7. Beit-Hallahmi e Argyle, 1997, p.25, 96, 242.
8. Forbes, 2007, p.7-10, 17-21, 25-32. Ver também Miller, 1993, p.8-11, 18; Frazer, 1978, p.189-91, 221-2.
9. Anderson, 1991, p.7.
10. Ibid., p.114; Ward, 1995, p.12.
11. Ellis, 2005, p.69, 80, 216; Firth, 1973, p.352.
12. Ver http://www.sfmuseum.org/hist10/lange2.html.
13. Ellis, 2005, p.74-80, 164-9.
14. Hobsbawm, 1983, p.280; Ellis, 2005, p.218.

15. Ver http://news.bbc.co.uk/1/hi/uk/7162649.stm.
16. Apud Cannadine, 1983, p.102.
17. Hobsbawm, 1983, p.1.
18. Cannadine, 1983, p.109-19.
19. Hobsbawm, 1983, p.282; Cannadine, 1983, p.122.
20. Cannadine, 1983, p.131-6.
21. Gladwell, 2005, p.84-6; ver http://asr.sagepub.com/content/74/5/777.
22. Boorstin, 1985, p.302, 323.
23. Boorstin, 1985, p.314-27; Bronowski, 1976, p.196-218; Grayling, 2008, p.88-97.
24. Woodcock, 2004, p.185-98; Wilson, 1989, p.108, 115-6; Tolstói, 2001, p.12-3.
25. Troyat, 1967, p.517.
26. Wilson, 1989, p.6, 173, 275, 346, 400-1; Woodcock, 2004, p.196-218; Troyat, 1967, p.519-20.
27. Tolstói, 2008, p.17-8, 62, 87-8, 92.
28. Troyat, 1967, p.512-6.
29. Ver ftp://sunsite.unc.edu/pub/docs/books/gutenberg/etexts99/resur10.txt.
30. Disponível em: http://www.jkrishnamwti.org/about-krishnamurti/dissolutions-peech.php.
31. Gandhi, 1984, p.135, 177, 274.
32. Mandela, 1995, p.749.
33. Singer, 1997, p.255.

11. **Criatividade** (p.278-305)

1. Burckhardt, 1945, p.81.
2. Boorstin, 1993, p.407-8.
3. Tatarkiewicz, 1980, p.247, 254-7; Pope, 2005, p.37.
4. Vasari, 2008, p.425.
5. Boorstin, 1993, p.407-19; Gombrich, 1950, p.220-9.
6. Boorstin, 1993, p.417.
7. John R. Taylor (Studio Art Centers International, Florença), comunicação pessoal, 31 ago, 2010; King, 2006.
8. Boorstin, 1993, p.448-9.
9. Vernon, 1970, p.55.
10. Koestler, 1964, p.114-6; Jung, 1978, p.25.
11. Ver http://www-history.mcs.st-andrews.ac.uk/Biographies/Wiles.html.
12. Sennett, 2009, p.172; ver http://edition.cnn.com/2009/BUSINESS/11/26/innovation.tips.index.html.
13. Bono, 1977, p.86.
14. Edwards, 1994, p.98-113; Cameron, 1995, p.9-18.
15. Pope, 2005, p.40.
16. Office for National Statistics, jul, 2006, p.11.

17. Apud Jaucourt, 2005; Symons, 2001, p.110.
18. Edwards, 1988; Fisher, 1963, p.33.
19. Vehling, 1977, p.268.
20. Hyde, 2006, p.xiv, 58.
21. Brillat-Savarin, 1970, p.13.
22. Koestler, 1964; p.103, 269.
23. Ver http://news-nationalgeographic.com/news/2004/10/1006_041006_chimps.html; Diamond, 1998, p.36; Bronowski, 1976, p.40-46; Sennett, 2009, p.6.
24. Sennett, 2009, p.8, 23.
25. Morris, 1979, p.33, 68-9.
26. Kropotkin, 1998, p.129-79; Mumford, 1938, p.29-35; Orme, 2003, p.312.
27. Read, 1934, p.12.
28. Sennett, 2009, p.86-7.
29. Kropotkin, 1974, p.169.
30. Ruskin, 1907, v.2, cap.6, seções 14-6.
31. Sennett, 2009, p.289-90.
32. Thoreau, 1986, p.88.
33. Koestler, 1964, p.336, 379; Boorstin, 1993, p.425.
34. Boorstin, 1993, p.393-7; Gombrich, 1950, p.163-5.
35. Boorstin, 1993, p.729; Berger, 1965, p.59.
36. Berger, 1965, p.54.
37. Todd, 2001, p.ix.
38. Woolf, 1932.
39. Ver http://www.csun.edu/science/health/docs/tv&health.html; http://www.mediaweek.couk/news/668085/Average-TVviewing-rises-last-decade/.

12. Morte (p.306-32)

1. Porter, 1997; Sokolovsky, 2009, p.xvii; ver web.ukonline.co.uk/thursday.handleigh/demography/life-death.html.
2. Auguste Bernard apud Ariès, 2008, p.64; Ariès, 2008, p.59-60, 64-9; Illich, 1975, p.124; Orme, 2003, p.118.
3. Ariès, 2008, p.113-16, 330; Illich, 1975, p.122-31; Elias, 2001, p.14.
4. Ariès, 2008, p.132.
5. Ariès, 2008, p.128-9; Illich, 1975, p.122-4, 142.
6. Petit, 2003, p.185-8.
7. Rinpoche, 1998, p.27.
8. Kübler-Ross, 1973, p.5.
9. Ariès, 2008, p.165-6, 559-60.
10. Kellehear, 2007, p.207; Ariès, 2008, p.563; Kübler-Ross, 1973, p.6-8; Lewis, 2007, p.4, 123.
11. Kübler-Ross, 1973, p.6-7.

12. Mitford, 1998.
13. Ver http://www.srgw.demon.co.uk/CremSoc4/Stats/National/2008/StatsNat.html.
14. Ariès, 2008, p.178.
15. Kübler-Ross, 1973, p.2.
16. Terkel, 2002, p.xxiii.
17. Berg, 1972, p.78-81; Abrams, 1999, p.16.
18. Paz, 1967, p.49.
19. Brandes, 2006, p.181-6.
20. Brandes, 2006, p.3-10.
21. Brandes, 2006, p.51-60.
22. Regis, 1999, p.472-504; Roach, 1996, p.14-5, 61-2, 277-9.
23. Ver http://www.aviva.co.uk/media-centre/story/1236/dying-conversation-death-remains-a-taboo-subject-a/.
24. Sontag, 1991, p.100.
25. Brandes, 2006, p.184; Carr, 2007, p.973.
26. Nightingale, 2007, p.109-10.
27. Ehrenreich, 2009, p.28-33, 41-2.
28. Nightingale, 2007, p.113.
29. Rinpoche, 1998, p.176.
30. Ver http://www.aoa.gov/AoARoot/Aging_Statistics/index.aspx.
31. Townsend, 1957, p.21.
32. Kellehear, 2007, p.207, 213.
33. Ibid., p.208, 215.
34. Ibid., p.203-23; Elias, 2001, p.74; ver http://www.elderabuse.org.uk/; http://www.iqnursinghomes.com/.
35. Rinpoche, 1998, p.9.
36. Bronowski, 1976, p.64.
37. Apud Sokolovsky, 2009, p.xxviii.
38. Zhang, 2009, p.215, n.18; Jenike e Traphagan, 2009, p.246.
39. Zhang, 2009, p.204; Jenike e Traphagan, 2009, p.243-5, 249; ver http://www.jrf.org.uk/sites/files/jrf/sc100.pdf.

Epílogo (p.333-37)

1. Goethe, 1970, p.14, 57, 151; Goethe, 1999, p.ix, xxiv.
2. Goethe, 1999, p.xi, 28-9.
3. Armstrong, 2007, p.241-60, 330, 352, 432-42.

Referências bibliográficas

Abbott, Mary. *Family Ties: English Families 1540-1920*. Londres, Routledge, 1993.
Abrams, Rebecca. *When Parents Die: Learning to Live with the Loss of a Parent*. Londres, Routledge, 1999.
Ackerman, Diane. *A Natural History of the Senses*. Londres, Phoenix, 1996.
_____ e Jeanne Mackin (orgs.). *The Book of Love*. Nova York e Londres, Norton, 1998.
Anderson, Benedict. *Imagined Communities: Reflections on the Origin and Spread of Nationalism*. Londres, Verso, 1991 (trad. bras., *Comunidades imaginadas*, São Paulo, Companhia das Letras, 1883).
Ariès, Philippe. *The Hour of Our Death*. Nova York, Vintage, 2008.
Armstrong, John. *Conditions of Love: The Philosophy of Intimacy*. Londres, Penguin Books, 2003.
_____. *Love, Life, Goethe: How to be Happy in an Imperfect World*. Londres, Penguin Books, 2007.
Armstrong, Karen. *The Great Transformation: The World in the Time of Buddha, Socrates, Confucius and Jeremiah*. Londres, Atlantic Books, 2007.
Attlee, James. *Nocturne: A Journey in Search of Moonlight*. Londres, Hamish Hamilton, 2011.
Baedeker, Karl. *First Part: Northern Italy and Corsica*. Koblenz, Karl Baedeker, 1870.
_____. *Baedeker's Central Italy and Rome*. Leipzig, Karl Baedeker, 1909.
Ballard, J.G. *Miracles of Life*. Londres, Fourth Estate, 2008.
Baron-Cohen, Simon. *Zero Degrees of Empathy: A New Theory of Human Cruelty*. Londres, Allen Lane, 2011.
Bashô, Matsuo. *The Narrow Road to the Deep North and Other Travel Sketches*. Harmondsworth, Penguin Books, 1966.
Batson, Charles D. *The Altruism Question: Toward A Social-Psychological Answer*. Hillsdale, N.J., Lawrence Erlbaum Associates, 1991.
Beauvoir, Simone de. *The Second Sex*. Harmondsworth, Penguin Books, 1972.
Beit-Hallahmi, Benjamin e Michael Argyle. *The Psychology of Religious Behaviour, Belief and Experience*. Londres, Routledge, 1997.
Berg, Leila. *Look at Kids*. Harmondsworth, Penguin Books, 1972.
Berger, John. *Success and Failure of Picasso*. Harmondsworth, Penguin Books, 1965.
_____. *Ways of Seeing*. Londres, BBC Books; e Harmondsworth, Penguin Books, 1972.
Berry, Mary Frances. *The Politics of Parenthood: Child Care, Women's Rights, and the Myth of the Good Mother*. Nova York, Viking, 1993.
Bono, Edward de. *Lateral Thinking: A Textbook for Creativity*. Harmondsworth, Penguin Books, 1977.

Boorstin, Daniel. *The Discoverers: A History of Man's Search to Know His World and Himself*. Nova York, Vintage, 1985.

_____. *The Creators: A History of Heroes of the Imagination*. Nova York, Vintage, 1993.

Botton, Alain de. *Status Anxiety*. Nova York, Pantheon, 2004.

Boyle, Mark. *The Moneyless Man: A Year of Freeconomic Living*. Oxford, Oneworld, 2010.

Bragg, Elizabeth Ann. "Towards ecological self: deep ecology meets constructionist self-theory". *Journal of Environmental Psychology*, v.16, p.93-108, 1996.

Brand, Stuart. *The Clock of the Long Now: Time and Responsibility*. Londres, Phoenix, 1999.

Brandes, Stanley. *Skulls to the Living, Bread to the Dead: The Day of the Dead in Mexico and Beyond*. Oxford, Blackwell, 2006.

Braudel, Fernand. *Civilization and Capitalism 15th-18th Century*, v.1: *The Structures of Everyday Life*. Londres, Collins/Fontana, 1981 (trad. bras., *Civilização material, economia e capitalismo*, São Paulo, Martins Fontes, 1992).

_____. *Civilization and Capitalism 15th-18th Century*, v.2: *The Wheels of Commerce*. Londres, Collins/Fontana, 1982.

Brendon, Piers. *Thomas Cook: 150 Years of Popular Tourism*. Londres, Secker & Warburg, 1991.

Brillat-Savarin, Jean-Anthelme. *The Philosopher in the Kitchen*. Harmondsworth, Penguin Books, 1970.

Broks, Paul. *Into the Silent Land: Travels in Neuropsychology*. Londres, Atlantic Books, 2003.

Bronowski, Jacob. *The Ascent of Man*. Londres, BBC Books, 1976.

Buchan, James. *Frozen Desire: An Inquiry into the Meaning of Money*. Londres, Picador, 1998.

Burckhardt, Jacob. *The Civilization of the Renaissance in Italy*. Oxford e Londres, Phaidon, 1945.

Burgess, Adrienne. *Fatherhood Reclaimed: The Making of the Modern Father*. Londres, Vermillion, 1997.

Burton, Robert. *The Anatomy of Melancholy*, v.1. Oxford, Clarendon, 1989.

Buzzard, James. "The grand tour and after (1660-1840)". In Peter Hulme e Tim Youngs (orgs.). *The Cambridge Companion to Travel Writing*. Cambridge, Cambridge University Press, 2002.

Cameron, Julia. *The Artist's Way: A Course in Discovering and Recovering Your Creative Self*. Londres, Pan, 1995.

Cannadine, David. "The context, performance and meaning of ritual: the British Monarchy and the 'invention of tradition', c.1820-1977". In Eric Hobsbawm e Terence Ranger (orgs.). *The Invention of Tradition*. Cambridge, Cambridge University Press, 1983.

Carr, Deborah. "Death and dying". In George Ritzer (org.). *The Blackwell Encyclopedia of Sociology*. Oxford, Blackwell, 2007.

Chatwin, Bruce. *The Songlines*. Londres, Picador, 1988.

Clark, Kenneth. *Civilization*. Londres, BBC Books e John Murray, 1971.

Classen, Constance. *Worlds of Sense: Exploring the Senses in History and Across Cultures.* Londres, Routledge, 1993.
Cobbett, William. *Rural Rides.* Harmondsworth, Penguin Books, 1985.
Coleman, Simon e John Elsner. *Pilgrimage Past and Present: Sacred Travel and Sacred Space in the World's Religions.* Londres, British Museum Press, 1995.
Coltrane, Scott. *Family Man: Fatherhood, Housework, and Gender Equity.* Nova York, Oxford University Press, 1996.
Comfort, Alex. *The Joy of Sex.* Londres, Quartet Books, 1996.
Corbin, Alain. *The Foul and the Fragrant: Odour and the French Social Imagination.* Cambridge, Mass., Harvard University Press, 1986.
Cowan, Ruth Schwartz. *More Work for Mother: The Ironies of Household Technology from the Open Hearth to the Microwave.* Nova York, Basic Books, 1983.
Crick, Bernard. *George Orwell, A Life.* Harmondsworth, Penguin Books, 1980.
Darwin, Charles. *The Voyage of the "Beagle".* Londres, Dent, 1959.
Davidson, Caroline. *A Woman's Work is Never Done: A History of Housework in the British Isles 1650-1950.* Londres, Chatto & Windus, 1982.
Davidson, James. *The Greeks and Greek Love: A Radical Reappraisal of Homosexuality in Ancient Greece.* Londres, Weidenfeld & Nicolson, 2007.
Diamond, Jared. *Guns, Germs and Steel: A Short History of Everybody for the Last 13,000 Years.* Londres, Vintage, 1998.
Dominguez, Joe e Robin, Vicki. *Your Money or Your Life: Transforming Your Relationship with Money and Achieving Financial Independence.* Nova York, Penguin Books, 1999.
Donkin, Richard. *Blood, Sweat and Tears: The Evolution of Work.* Nova York, Texere, 2001.
Dundes, Alan. "Seeing is Believing", in *Interpreting Folklore.* Bloomington, Indiana University Press, 1980.
Edwards, Betty. *Drawing on the Right Side of the Brain.* Londres, BCA, 1994.
Edwards, John. *The Roman Cookery of Apicius.* Londres, Rider Books, 1988.
Ehrenreich, Barbara. *Smile or Die: How Positive Thinking Fooled America and the World.* Londres, Granta, 2009.
Elgin, Duane. *Voluntary Simplicity: Toward a Way of Life that is Outwardly Simple, Inwardly Rich.* Nova York, Quill, 1993.
Elias, Norbert. *The Loneliness of the Dying.* Nova York, Continuum, 2001 (trad. bras., *A solidão dos moribundos*, Rio de Janeiro, Zahar, 2001).
Ellis, Richard J. *To The Flag: The Unlikely History of the Pledge of Allegiance.* Lawrence, University Press of Kansas, 2005.
Epstein, Edward Jay. "Have you ever tried to sell a diamond?", *Atlantic Monthly*, fev 1982.
Fatherworld Magazine. v.3, n.2. Londres, Fathers Direct, 2005.
Ferguson, Niall. *The Ascent of Money: A Financial History of the World.* Londres, Penguin Books, 2009.
Fernley-Whittingstall, Jane. *The Garden: An English Love Affair – One Thousand Years of Gardening.* Londres, Seven Dials, 2003.

Fernyhough, Charles. *The Baby in the Mirror: A Child's World from Birth to Three*. Londres, Granta, 2008.
Feuerbach, Anselm von. *Caspar Hauser*. Boston, Mass., Allen and Ticknor, 1832.
Firth, Raymond. *Symbols Public and Private*. Londres, George Allen & Unwin, 1973.
Fisher, M.F.K. *The Art of Eating*. Londres, Faber and Faber, 1963.
Flacelière, Robert. *Love in Ancient Greece*. Londres, Frederick Muller, 1962.
_____. *Daily Life in Greece at the Time of Pericles*. Londres, Phoenix, 2002.
Forbes, Bruce David. *Christmas: A Candid History*. Berkeley, University of California Press, 2007.
Frankl, Victor. *Man's Search for Meaning: An Introduction to Logotherapy*. Londres, Hodder and Stoughton, 1987.
Frazer, James George. In Mary Douglas (org.). *The Illustrated Golden Bough*. Londres, Macmillan, 1978.
Fromm, Erich. *The Art of Loving*. Londres, Unwin, 1962.
Galbraith, John Kenneth. *The Age of Uncertainty*. Londres, BBC Books e André Deutsch, 1977.
Gandhi, Mahatma. *An Autobiography, or The Story of My Experiments with Truth*. Ahmedabad, Navajivan Publishing House, 1984.
Gatenby, Reg. "Married only at weekends? A study of the amount of time spent together by spouses". Londres, Office for National Statistics, 2004.
Geertz, Clifford. "Person, time, and conduct in Bali". In *The Interpretation of Cultures*. Londres, Fontana, 1993.
Giddens, Anthony. *The Transformation of Intimacy: Sexuality, Love and Eroticism in Modern Societies*. Cambridge: Polity Press, 1992.
Gladwell, Malcolm. *Blink: The Power of Thinking Without Thinking*. Londres, Penguin Books, 2005.
Goethe, Johann Wolfgang von. *Italian Journey*. Harmondsworth, Penguin Books, 1970.
_____. *The Flight to Italy: Diary and Selected Letters*. Oxford, Oxford University Press, 1999.
Goleman, Daniel. *Emotional Intelligence: Why It Can Matter More Than IQ*. Londres, Bloomsbury, 1996.
_____. *Working with Emotional Intelligence*. Londres, Bloomsbury, 1999.
Gombrich, E.H. *The Story of Art*. Londres, Phaidon, 1950.
Goody, Jack. *The Culture of Flowers*. Cambridge, Cambridge University Press, 1993.
_____. *Food and Love: Cultural History of East and West*. Londres, Verso, 1999.
Gosch, Stephen e Peter Stearns (orgs.). *Pre-Modern Travel in World History*. Nova York e Londres, Routledge, 2008.
Gottlieb, Beatrice. *The Family in the Western World from the Black Death to the Industrial Age*. Nova York, Oxford University Press, 1993.
Grayling, A.C. *The Meaning of Things: Applying Philosophy to Life*. Londres, Phoenix, 2002.
_____. *Toward the Light: The Story of the Struggles for Liberty and Rights that Made the Modern West*. Londres, Bloomsbury, 2008.

Greenblatt, Stephen. "Stroking". *New York Review of Books*, 8 nov 2007.
Griffiths, Jay. *Wild: An Elemental Journey*. Nova York, Jeremy P. Tarcher/Penguin Books, 2006.
Grinde, Bjorn e Grete Grindal Patil. "Biophilia: does visual contact with nature impact on health and wellbeing?". *International Journal of Environmental Research and Public Health*, v.6, 2009, p.2.332-43.
Halberstam, David. *The Making of a Quagmire: America and Vietnam during the Kennedy Era*. Lanham, Md., Rowman & Littlefield, 2008.
Hamilton, Jill. *Thomas Cook: The Holiday-Maker*. Stroud, Sutton Publishing, 2005.
Hanh, Thich Nhat. *Being Peace*. Londres, Rider, 1989.
Hazm, Ibn. *The Ring of the Dove: A Treatise on the Art and Practice of Arab Love*. Londres, Luzac, 1953.
Herrigel, Eugene. *Zen in the Art of Archery*. Londres, Arkana, 1985.
Hewlett, Barry. "Culture, history and sex". *Marriage and Family Review*, v.29, n.2, 2000, p.59-73.
Hite, Shere. *The Hite Report on Male Sexuality*. Londres, Macdonald Optima, 1990.
Hobbes, Thomas. *Leviathan*, org. Richard Tuck. Cambridge, Cambridge University Press, 1996.
Hobsbawm, Eric. "Mass-producing traditions: Europe, 1870-1914". In Eric Hobsbawm e Terence Ranger (orgs.). *The Invention of Tradition*. Cambridge, Cambridge University Press, 1983.
Hochschild, Adam. *Bury the Chains: The British Struggle to Abolish Slavery*. Londres, Pan, 2006.
Hodgkinson, Tom. *How to be Idle*. Londres, Penguin Books, 2005.
Hoffman, Martin. *Empathy and Moral Development: Implications for Caring and Justice*. Cambridge, Cambridge University Press, 2000.
Honoré, Carl. *In Praise of Slow: How a Worldwide Movement is Challenging the Cult of Speed*. São Francisco, Harper San Francisco, 2004.
House, Adrian. *Francis of Assisi*. Londres, Chatto & Windus, 2000.
Howes, David. "Hyperesthesia, or, the sensual logic of late capitalism". In David Howes (org.). *Empire of the Senses: The Sensual Culture Reader*. Oxford, Berg, 2005.
_____ (org.). *The Varieties of Sensory Experience: A Sourcebook in the Anthropology of the Senses*. Toronto, University of Toronto Press, 1991.
Hoyles, Martin. *The Story of Gardening*. Londres, Journeyman Press, 1991.
Huizinga, Johan. *Homo Ludens: A Study of the Play Element in Culture*. Boston, Mass., Beacon Press, 1950 (trad. bras., *Homo ludens: o jogo como elemento da cultura*, São Paulo, Perspectiva, 1999).
_____. *The Waning of the Middle Ages*. Harmondsworth, Penguin Books, 1965.
Hyde, Lewis. *The Gift: How the Creative Spirit Transforms the World*. Edimburgo, Canongate, 2006.
Illich, Ivan. *Medical Nemesis: The Expropriation of Health*. Londres, Calder & Boyars, 1975.

Illouz, Eva. *Consuming the Romantic Utopia: Love and the Cultural Contradictions of Capitalism*. Berkeley, University of California Press, 1997.

Inglehart, Ronald. *Modernization and Postmodernization: Cultural, Economic, and Political Change in 43 Societies*. Princeton, N.J., Princeton University Press, 1997.

Jackson, Phillip, Eric Brunet, Andrew Meltzoff e Jean Decety. "Empathy examined through the neural mechanisms involved in imagining how I feel versus how you feel pain". *Neuropsychologica*, v.44, n.5, 2006, p.752-61.

James, Oliver. *Affluenza: How to be Successful and Stay Sane*. Londres: Vermillion, 2007.

Jansen, William. "Gender identity and the rituals of food in a Jordanian community". *Food and Foodways*, v.7, n.2, 1997, p.87-117.

Jaucourt, Louis Chevalier de. "Cuisine". In *The Encyclopedia of Diderot & d'Alembert*. Michigan, Scholarly Publishing Office of the University of Michigan, 2005.

Jenike, Brenda R. e John W. Traphagan. "Transforming the cultural scripts for ageing and elder care in Japan". In Jay Sokolovsky (org.). *The Cultural Context of Ageing: Worldwide Perspectives*. Westport, Conn., Praeger, p.240-58.

Judt, Tony. "The glory of the rails". *New York Review of Books*, 23 dez 2010.

Jung, Carl. *Man and His Symbols*. Londres, Picador, 1978.

Kellehear, Allan. *A Social History of Dying*. Cambridge, Cambridge University Press, 2007.

Keller, Helen. *The Story of My Life*. Londres, Hodder and Stoughton, 1958.

_____. *The World I Live In*. Nova York, New York Review Books, 2003.

Kellert, Stephen R. e Edward O. Wilson (orgs.). *The Biophilia Hypothesis*. Washington, DC, Island Press and Shearwater Books, 1993.

Kelley, Jonathan e Nan Dirk de Graaf. "National context, parental socialization, and religious belief: results from 15 Nations". *American Sociological Review*, v.62, 1997, p.639-59.

Kemp, Simon e Garth Fletcher. "The medieval theory of the inner senses". *American Journal of Psychology*, v.106, n.4, 1993, p.559-76.

Kerber, Linda K. "Separate spheres, female worlds, woman's place: the rhetoric of women's history". *Journal of American History*, v.75, n.1, 1988, p.9-39.

King, Ross. *Michelangelo and the Pope's Ceiling*. Londres, Pimlico, 2006.

Koestler, Arthur. *The Act of Creation*. Londres, Pan, 1964.

Kohn, Alfie. *The Brighter Side of Human Nature: Empathy and Altruism in Everyday Life*. Nova York, Basic Books, 1990.

Koshar, Rudy. *German Travel Cultures*. Oxford, Berg, 2000.

Krakauer, Jon. *Into the Wild*. Londres, Pan, 2007.

Kropotkin, Peter. In Colin Ward (org.). *Fields, Factories and Workshops of Tomorrow*. George Allen & Unwin, 1974.

_____. *Mutual Aid: A Factor of Evolution*. Londres, Freedom Press, 1998.

Krznaric, Roman. "For God's sake do something! How religions can find unexpected unity around climate change". *Human Development Report Office Occasional Paper*, Nova York, United Nations Development Programme, n.29, 2007.

_____. "You are therefore I am: how empathy education can create social change". Oxfam Research Report. Oxford, Oxfam, 2008.

_____. "Five lessons for the climate crisis: what the history of resource scarcity in the United States and Japan can teach us". In Mark Levene, Rob Johnson e Penny Roberts (orgs.). *History at the End of the World? History, Climate Change and the Possibility of Closure*. Penrith, Humanities Ebooks, 2010.

Kübler-Ross, Elisabeth. *On Death and Dying*. Londres, Tavistock Publications, 1973.

Kumar, Satish. *No Destination: An Autobiography*. Totnes, Green Books, 2000.

Lader, Deborah, Sandra Short e Jonathan Gershuny. "The time use survey, 2005: how we spend our time". Londres, Office for National Statistics, 2006.

Lakoff, George. *Don't Think of an Elephant: Know Your Values and Frame the Debate*. Melbourne, Scribe Short Books, 2005.

_____ e Mark Johnson. *Metaphors We Live By*. Chicago, University of Chicago Press, 1981.

Lamb, Michael. "The history of research on father involvement". *Marriage and Family Review*, v.29, n.2, 2000, p.23-42.

Lancaster, Bill. *The Department Store: A Social History*. Londres, Leicester University Press, 1995.

Lane, Eric. "Introduction". In Johann Wolfgang von Goethe. *The Sorrows of Young Werther*. Londres e Nova York, Dedalus/Hippocrene, 1987.

Layard, Richard. *Happiness: Lessons from a New Science*. Londres, Allen Lane, 2005.

_____. "Happiness and the teaching of values". *CentrePiece*, verão, 2007, p.18-23.

Leach, William. *Land of Desire: Merchants, Power, and the Rise of a New American Culture*. Nova York, Pantheon Books, 1993.

Lee, John Alan. "Ideologies of lovestyle and sexstyle". In Victor C. de Munck (org.). *Romantic Love and Sexual Behaviour: Perspectives from the Social Sciences*. Westport, Conn., Praeger, 1998, p.33-76.

Lee, Laurie. *As I Walked Out One Midsummer Morning*. Harmondsworth, Penguin Books, 1971.

Lewis, Clive Staples. *The Allegory of Love: A Study in Medieval Traditions*. Oxford, Oxford University Press, 1958.

_____. *The Four Loves*. Londres, HarperCollins, 2002.

Lewis, Milton J. *Medicine and Care of the Dying: A Modern History*. Oxford, Oxford University Press, 2007.

Lindqvist, Sven. "Exterminate all the brutes". Londres, Granta, 1997a.

_____. *The Skull Measurer's Mistake*. Nova York, New Press, 1997b.

Louv, Richard. *Last Child in the Woods: Saving Our Children from Nature-Deficit Disorder*. Londres, Atlantic Books, 2005.

Lowe, Donald. *History of Bourgeois Perception*. Brighton, Harvester Press, 1982.

Mabey, Richard. *Nature Cure*. Londres, Pimlico, 2006.

MacClancy, Jeremy. *Consuming Culture*. Londres, Chapmans, 1992.

Macfarlane, Robert. *The Wild Places*. Londres, Granta, 2007.

McIntosh, Alex. "The family meal and its significance in global times". In Raymond Grew (org.). *Food in Global History*. Boulder, Colo., Westview Press, 1999.

McKibben, Bill. *The End of Nature: Humanity, Climate Change and the Natural World*. Londres, Bloomsbury, 2003.

_____. *Deep Economy: Economics as if the World Mattered*. Oxford, Oneworld, 2009.

McMahon, Darrin. *Happiness: A History*. Nova York, Grove Press, 2006.

Maitland, Sara. *A Book of Silence*. Londres, Granta, 2008.

Mandela, Nelson. *Long Walk to Freedom*. Londres, Abacus, 1995.

Mander, Jerry. *Four Arguments for the Elimination of Television*. Nova York, Quill, 1978.

Marshall, George. *Carbon Detox. Your Step-By-Step Guide to Getting Real about Climate Change*. Londres, Gaia, 2007.

Marx, Karl. In Emile Burns (org.). *The Marxist Reader*. Nova York, Avenel Books, 1982.

Mayhew, Henry. In Peter Quennell (org.). *Mayhew's London: Selections from London Labour and the London Poor*. Londres, Spring Books, 1949.

Mendelson, Edward. "Baedeker's Universe". *Yale Review*, v.74, 1985, p.386-403.

Miles, Rosalind. *The Women's History of the World*. Londres Paladin, 1989.

Mill, John Stuart. *Autobiography*. Londres, Penguin Books, 1989.

Miller, Daniel (org.). *Unwrapping Christmas*. Oxford, Clarendon Press, 1993.

Miller, Michael B. *The Bon Marché: Bourgeois Culture and the Department Store, 1869-1920*. Londres, George Allen & Unwin, 1981.

Miller, Stephen. *Conversation: A History of a Declining Art*. New Haven, Conn., Yale University Press, 2006.

Mitchell, Lynette G. *Greeks Bearing Gifts: The Public Use of Private Relationships in the Greek World, 435-323 BC*. Cambridge, Cambridge University Press, 1997.

Mitford, Jessica. *The American Way of Death Revisited*. Londres, Virago, 1998.

Morley, David. *Family Television: Cultural Power and Domestic Leisure*. Londres, Comedia, 1986.

Morris, William. *The Political Writings of William Morris*. Londres, Lawrence & Wishart, 1979.

Mukherjee, Rudranshu (org.). *The Penguin Gandhi Reader*. Nova Déli, Penguin Books, 1993.

Mumford, Lewis. *The Culture of Cities*. Nova York, Harcourt, Brace and Company, 1938.

_____. "The monastery and the clock". In *The Human Prospect*. Boston, Mass., Beacon Press, 1955.

Murcott, Anne. "Family meals – a thing of the past?". In Pat Caplan (org.). *Food, Health and Identity*. Londres, Routledge, 1997.

Myers, Scott. "An interactive model of religiosity inheritance: the importance of family context". *American Sociological Review*, v.61, 1996, p.858-66.

Nash, Roderick Frazier. *Wilderness and the American Mind*. New Haven, Conn., Yale University Press, 2001.

New Economics Foundation. *The Great Transition*. Londres, New Economics Foundation, 2009.

Newby, Eric. *A Book of Travellers' Tales*. Londres, Picador, 1986.
Nicholl, Charles. *Leonardo da Vinci: The Flights of the Mind*. Londres, Penguin Books, 2005.
Nicholson, Virginia. *Among the Bohemians: Experiments in Living 1900-1939*. Londres, Viking, 2002.
Nightingale, Florence. *Notes on Nursing*. Stroud, Tempus, 2007.
Nussbaum, Martha. *Upheavals of Thought: The Intelligence of Emotions*. Nova York, Cambridge University Press, 2003.
Office for National Statistics. *The Time Use Survey, 2005: How We Spend Our Time*. Londres, Office for National Statistics, jul 2006.
Ong, Walter. *The Presence of the Word: Some Prolegomena for Cultural and Religious History*. Nova York, Clarion, 1970.
Onyx, Jenny e Rosemary Leonard. "Australian grey nomads and american snowbirds: similarities and differences". *Journal of Tourism Studies*, v.16, n.1, 2005.
OPP Unlocking Potential. "Dream job or career nightmare?", jul 2007; disponível em: http://www.opp.eu.com/uploadedFiles/dream-research.pdf.
Orme, Nicholas. *Medieval Children*. New Haven, Conn./Londres, Yale University Press, 2003.
Oruch, Jack B. "St. Valentine, Chaucer, and Spring in February". *Speculum*, v.56, n.3, 1981, p.534-65.
Orwell, George. *The Road to Wigan Pier*. Harmondsworth, Penguin Books, 1962.
_____. *Down and Out in Paris and London*. Harmondsworth, Penguin Books, 1974.
_____. "Pleasure spots". In *Essays*. Londres, Everyman, 2002.
Paz, Octavio. *The Labyrinth of Solitude: Life and Thought in Mexico*. Londres, Allen Lane, 1967 (trad. bras., *O labirinto da solidão*, São Paulo, Convívio, 1979).
_____. *The Double Flame: Love and Eroticism*. Londres, Harvill Press, 1996.
Peck, M. Scott. *The Road Less Travelled: A New Psychology of Love, Traditional Values and Spiritual Growth*. Londres, Rider, 1978.
Petit, Philippe. *To Reach the Clouds: My Hire-Wire Walk Between the Twin Towers*. Londres, Faber and Faber, 2003.
Phillips, Adam e Barbara Taylor. *On Kindness*. Londres, Hamish Hamilton, 2009.
Pittenger, David J. "Cautionary comments regarding the Myers-Briggs type indicator". *Consulting Psychology Journal: Practice and Research*, v.57, n.3, 2005, p.210-21.
Platão. *Symposium*. Londres, Folio Society, 1991 (trad. bras., *O banquete*, São Paulo, Difusão Europeia do Livro, 1992).
Pollock, Linda. *A Lasting Relationship: Parents and Children over Three Centuries*. Hanover, N.H., University Press of New England, 1987.
Pope, Rob. *Creativity: History, Theory, Practice*. Londres/Nova York, Routledge, 2005.
Porter, Roy. *The Greatest Benefit to Mankind: A Medical History of Humanity from Antiquity to the Present*. Londres, HarperCollins, 1997.
Read, Herbert. *Art and Industry*. Londres, Faber and Faber, 1934.
Regis, Helen A. "Second lines, minstrelsy, and the contested landscapes of New Orleans afro-creole festivals". *Cultural Anthropology*, v.14, n.4, 1999, p.472-504.

Rifkin, Jeremy. *The Empathic Civilization: The Race to Global Consciousness in a World in Crisis*. Cambridge, Polity, 2009.
Rinpoche, Sogyal. *The Tibetan Book of Living and Dying*. Londres, Rider, 1998.
Roach, Joseph. *Cities of the Dead: Circum-Atlantic Performance*. Nova York, Columbia University Press, 1996.
Robb, Graham. *The Discovery of France*. Londres, Picador, 2008.
Roberts, David (org.). *Signals and Perception: The Fundamentals of Human Sensations*. Basingstoke, Palgrave Macmillan, 2002.
Robinson, Jane. *Unsuitable for Ladies: An Anthology of Women Travellers*. Oxford, Oxford University Press, 1995.
Rogers, Carl e Barry Stevens. *Person to Person: The Problem of Being Human*. Londres, Souvenir Press, 1973.
Roszak, Theodore. "Where psyche meets gaia". In Theodore Roszak, Mary E. Gomes e Allen D. Kanner (orgs.). *Ecopsychology: Restoring the Earth, Healing the Mind*. São Francisco, Sierra Club Books, 1995.
Rougemont, Denis de. *Love in the Western World*. Princeton, N.J., Princeton University Press, 1983.
Ruggles, Steven. *Prolonged Connections: The Rise of the Extended Family in Nineteenth-Century England and America*. Madison, University of Wisconsin Press, 1987.
Ruskin, John. *The Stones of Venice*. Londres, New Universal Library, 1907.
Russell, Bertrand. "Romantic Love" in *Marriage and Morals*. Londres, Unwin, 1976.
Sabatos, Terri. "Father as mother: the image of the widower with children in victorian art". In Trev Lynn Broughton e Helen Rogers (orgs.). *Gender and Fatherhood in the Nineteenth Century*. Basingstoke, Palgrave Macmillan, 2007.
Sahlins, Marshall. *Stone Age Economics*. Nova York, Aldine de Gruyter, 1972.
Sajavaara, Kari e Jaakko Lehtonen. "The silent Finn revisited". In Adam Jaworski (org.). *Silence: Interdisciplinary Perspectives*. Haia, Mouton de Gruyter, 1997.
Saul, John Ralston. *Voltaire's Bastards: The Dictatorship of Reason in the West*. Londres, Sinclair Stevenson, 1992.
Schama, Simon. *The Embarrassment of Riches: An Interpretation of Dutch Culture in the Golden Age*. Londres, Fontana, 1988.
_____. *Landscape and Memory*. London, Fontana, 1996.
Schlosser, Eric. *Fast Food Nation: What the All-American Meal is Doing to the World*. Londres, Penguin Books, 2002.
Schmidt, Leigh Eric. "The fashioning of a modern holiday: St. Valentine's Day, 1840-1870". *Winterthur Portfolio*, v.28, n.4, 1993, p.209-45.
Schweitzer, Albert. *On the Edge of the Primeval Forest*. Londres, Readers Union, 1949.
Seaton, Beverly. "Towards a historical semiotics of literary flower personification". *Poetics Today*, v.10, n.4, 1989, p.679-701.
Seligman, Martin. *Authentic Happiness*. Londres, Nicholas Brealey, 2002.
Sennett, Richard. *Respect: The Formation of Character in an Age of Inequality*. Londres, Allen Lane, 2003.

_____. *The Craftsman*. Londres, Penguin Books, 2009.
Shi, David E. *The Simple Life: Plain Living and High Thinking in American Culture*. Nova York, Oxford University Press, 1985.
Singer, Peter. *How Are We to Live? Ethics in an Age of Self-interest*. Oxford, Oxford University Press, 1997.
Smith, Adam. *The Wealth of Nations*. Londres, George Routledge and Son, 1898.
_____. *The Theory of Moral Sentiments*. Indianapolis, Ind., Liberty Classics, 1976.
Smith, Tom W. "Counting flocks and lost sheep: trends in religious preference since World War II". *General Social Survey Report*, n.26, 1988 (rev. 1991), National Opinion Research Center, University of Chicago.
Sokolovsky, Jay (org.). *The Cultural Context of Ageing: Worldwide Perspectives*. Westport, Conn., Praeger, 2009.
Sontag, Susan. *Illness as Metaphor, AIDS and Its Metaphors*. Londres, Penguin Books, 1991.
Sprawson, Charles. *Haunts of the Black Masseur: The Swimmer as Hero*. Londres, Vintage, 1992.
Sullivan, Sheila. *Falling in Love: A History of Torment and Enchantment*. Basingstoke e Londres, Papermac, 2000.
Süskind, Patrick. *Perfume: The Story of a Murderer*. Londres, Penguin Books, 2008.
Suzuki, Daisetz Teitaro. *Living By Zen*. Londres, Rider, 1986.
Swinglehurst, Edmund. *Cook's Tours: The Story of Popular Travel*. Poole, Blandford Press, 1982.
Symons, Michael. *A History of Cooks and Cooking*. Totnes, Prospect Books, 2001.
Synnott, Anthony. "Puzzling over the senses: from Plato to Marx". In David Howes (org.). *The Varieties of Sensory Experience: A Sourcebook in the Anthropology of the Senses*. Toronto, University of Toronto Press, 1991.
Tabori, Paul. *A Pictorial History of Love*. Londres, Spring Books, 1966.
Tannen, Deborah. "Silence: anything but". In Deborah Tannen e Muriel Saville-Troike (orgs.). *Perspectives on Silence*. Norwood, N.J., Ablex, 1985.
_____. "Women and men in conversation". In Rebecca S. Wheeler (org.). *The Workings of Language: From Prescriptions to Perspectives*. Westport, Conn., Praeger, 1999.
Tatarkiewicz, Wladyslaw. *A History of Six Ideas: An Essay on Aesthetics*. Boston/Londres/Varsóvia, Martinus Nijhoff, PWN, Polish Scientific Publishers, 1980.
Tawney, Richard. *Religion and the Rise of Capitalism*. Harmondsworth, Penguin Books, 1938.
Terkel, Studs. *American Dreams: Lost and Found*. Londres, Paladin Granada, 1982.
_____. *Race*. Londres, Minerva, 1993.
_____. *Will the Circle Be Unbroken? Reflections on Death and Dignity*. Londres, Granta, 2002.
Thomas, Keith. *Man and the Natural World: Changing Attitudes in England 1500-1800*. Londres, Penguin Books, 1985.
_____ (org.). *The Oxford Book of Work*. Oxford, Oxford University Press, 1999.

_____. *The Ends of Life: Roads to Fulfilment in Early Modern England*. Oxford, Oxford University Press, 2009.
Thompson, Edward P. "Time, work discipline and industrial capitalism". *Past and Present*, v.38, 1967.
Thoreau, Henry David. *Walden and Civil Disobedience*. Nova York, Penguin Books, 1986.
Thornton, Bruce S. *Eros: The Myth of Ancient Greek Sexuality*. Boulder, Westview Press, 1997.
Tucídides. *The Peloponnesian War*. Chicago, University of Chicago Press, 1989.
Todd, Janet. *Mary Wollstonecraft: A Revolutionary Life*. Londres, Phoenix, 2001.
Tolstói, Lev. *A Confession*. Londres, Penguin Books, 2008.
Totman, Conrad. *The Green Archipelago: Forestry in Pre-Industrial Japan*. Athens, Ohio University Press, 1989.
Towner, John. "The grand tour: a key phase in the history of tourism". *Annals of Tourism Research*, v.12, n.3, 1985, p.297-333.
Townsend, Peter. *The Family Life of Old People: An Inquiry in East London*. Londres, Routledge & Keagan Paul, 1957.
Troyat, Henri. *Tolstoy*. Garden City, N.Y., Doubleday, 1967.
Ulrich, Roger S. "View through a window may influence recovery from surgery". *Science*, New Series, v.224, n.4.647, 27 abr 1984, p.420-1.
Vasari, Giorgio. *The Lives of the Artists*. Oxford, Oxford University Press, 2008.
Vehling, Joseph Dommers. *Apicius: Cooking and Dining in Imperial Rome*. Nova York, Dover, 1977.
Vernon, Mark. *The Philosophy of Friendship*. Basingstoke, Palgrave Macmillan, 2005.
Vernon, P. E. (org.). *Creativity: Selected Readings*. Harmondsworth: Penguin Education, 1970.
Vinge, Louise. *The Five Senses: Studies in a Literary Tradition*. Lund, Royal Society of Letters, 1975.
Visser, Margaret. *The Rituals of Dinner: The Origins, Evolution, Eccentricities, and Meaning of Table Manners*. Londres, Penguin Books, 1993.
Waal, Frans de. *Primates and Philosophers: How Morality Evolved*. Princeton, N.J., Princeton University Press, 2006.
Wang, Robin W. "The principled benevolence: a synthesis of Kantian and Confucian moral judgment". In Bo Mou (org.). *Comparative Approaches to Chinese Philosophy*. Aldershot, Ashgate, 2003, p.122-43.
Ward, Colin. *Talking Schools*. Londres, Freedom Press, 1995.
Ward, Colin e Dennis Hardy. *Goodnight Campers! The History of the British Holiday Camp*. Londres/Nova York, Mansell, 1986.
Weber, Max. *The Protestant Ethic and the Spirit of Capitalism*. Nova York, Charles Scribner's Sons, 1958 (trad. bras., *A ética protestante e o espírito do capitalismo*, São Paulo, Companhia das Letras, 2004).
Westwood, Andy. "Is new work good work". The Work Foundation, 2002; disponível em: http://www.theworkfoundation.com/Assets/PDFs/ newwork_goodwork.pdf.

White, Lynn Jr. "The historical roots of our ecological crisis". *Science*, v.155, n.3.767, 10 mar 1967, p.1.203-7.
Wilson, A.N. *Tolstoy*. Harmondsworth, Penguin Books, 1989.
Wilson, Edward O. *Biophilia: The Human Bond with Other Species*. Cambridge, Mass., Harvard University Press, 1984.
Woodcock, George. "The tyranny of the clock". In George Woodcock (org.). *The Anarchist Reader*. Londres, Fontana, 1986.
_____. *Anarchism: A History of Libertarian Ideas and Movements*. Ontario, Broadview Press, 2004.
Woolf, Virginia. *The Common Reader*, Second Series. Londres, Hogarth Press, 1932.
Zeldin, Theodore. *The French*. Londres, Vintage, 1984.
_____. *An Intimate History of Humanity*. Londres, Minerva, 1995.
_____. *Conversation*. Londres, Harvill Press, 1999a.
_____. *The Future of Work*, 1999b; disponível em: http://www.oxfordmuse.com/?q=the-future-of-work.
Zhang, Hong. "The new realities of ageing in contemporary China: coping with the decline of family care". In Jay Sokolovsky (org.). *The Cultural Context of Ageing: Worldwide Perspectives*. Westport, Conn., Praeger, 2009, p.196-215.

Créditos das imagens

p.32. *O grão-duque Fernando II da Toscana e sua esposa* (c.1660), de Justus Sustermans.
p.32. *Casal de esposos num jardim* (Isaac Massa e Beatrix van der Laen), de Frans Hals (c.1622) © Corbis.
p.39. *O beijo*, de Constantin Brancusi © Getty Images.
p.58. *A refeição em família* (óleo sobre tela), dos irmãos Le Nain (século XVII), Musée des Beaux-Arts, Lille, França/Giraudon/The Bridgeman Art Library Nationality.
p.79. C.P. Ellis e Ann Atwater © Press Association.
p.91. Bando de recrutamento compulsório da Marinha em ação (c.1780) © Mary Evans.
p.99. Nota de £ 20, reproduzida com a gentil permissão do Banco da Inglaterra.
p.103. Albert Schweitzer, um dos maiores organistas da Europa © Mary Evans/ IMAGNO/Photoarchiv Setzer-Tschiedel.
p.103. Albert Schweitzer no hospital que fundou na África © Mary Evans.
p.124. *Os Estados Unidos da América do Norte* (1861), de Yoshikazu © Freer Gallery of Art.
p.126. A primeira linha de montagem móvel de Henry Ford, instalada em 1913 © Getty Images.
p.151. A escadaria principal do Bon Marché (c.1880) © Mary Evans.
p.159. Ilustração de livro com a gravura de uma reunião de quacres segundo Maarteen Van Heemskerck © Corbis.
p.175. *Margarita philosophica* (1503) © Getty Images.
p.185. *Sr. e sra. Andrews*, de Thomas Gainsborough (1750) © Mary Evans/Interfoto Agentur.
p.193. Helen Keller (c.1907), com a gentil permissão da Library of Congress.
p.202. *Desde a lua crescente estive esperando por esta noite* © Asian Art & Archaeology, Inc./Corbis.
p.210. Eleanor Roosevelt fazendo um passeio de gôndola durante sua lua de mel em Veneza em 1905 © Bettmann/Corbis.
p.227. Joseph Knowles em *Nu na mata*, com agradecimentos a Jim Motavilli.
p.230. *Selvagem brandindo um tronco de árvore arrancado pela raiz*, desenho de Hans Holbein, o Jovem (1528) © the trustees of the British Museum.
p.233. *As montanhas em Lauteraar* (1776), de Caspar Wolf © Bridgeman Art Library.
p.254. *Monge budista Thich Quang Duc* (1963), de Malcolm Browne © Press Association.
p.262. Escolares americanos de ascendência japonesa fazem o juramento de fidelidade à bandeira dos Estados Unidos no bairro Little Tokyo (1942) © Dorothea Lange Estate.

Créditos das imagens

p.271. *Tolstói arando* (c.1889), de Ilya Repin © Bridgeman Art Library.
p.282. *Pietà*, de Michelangelo (1499) © Bridgeman Art Library.
p.290. *Apicius* (1709), aqui com o subtítulo *A arte culinária*.
p.303. *Menina com um bandolim*, de Pablo Picasso (1910) © Bridgeman e DACS.
p.309. *Dança macabra da imperatriz com um esqueleto, uma alegoria da morte e da vida* © Mary Evans/Rue des Archives/Tallandier.
p.313. Philippe Petit (1972) em *Man on Wire*.

Agradecimentos

Daniel Crewe, da Profile Books, foi um maravilhoso editor, oferecendo ideias inspiradoras durante todo o processo de criação deste livro. Foi também uma alegria trabalhar com Ruth Killick, Penny Daniel e Caroline Pretty, na Profile Books. *Sobre a arte de viver* não existiria sem a visão de minha extraordinária agente, Margaret Hanbury, que reconheceu seu potencial e me proporcionou enorme apoio e estímulo. Obrigado também a Stuart Rushworth e Henry de Rougemont, da Hanbury Agency.

Tive a sorte de ter tantos amigos que compartilharam suas ideias sobre a arte de viver e dedicaram tanto de seu tempo e reflexão a fazer comentários sobre rascunhos iniciais do texto. Eles incluem Andrew Ray, Annalise Moser, Darwin Franks, Eka Morgan, Ellen Bassani, Eric Lonergan, Flora Gathorne-Hardy, Flutra Qatja, Forrest Metz, George Marshall, Hillary Norris, Hugh Griffith, Hugh Warwick, Ian Lyon, Jane Whiting, Jenny Carter, Jenny Raworth, Jo Lonergan, John Taylor, Lisa Gormley, Marcelo Goulart, Quentin Spender, Richard Gipps, Richard Raworth, Rob Archer, Robert Kelsey, Sarah Edington, Sophie Howarth, Tim Healing, Vera Ryhajlo e meus pais, Anna e Peter Krznaric. Agradecimentos especiais a todos em The School of Life, em especial Caroline Brimmer, Harriet Warden, Morgwn Rimel e Angharad Davies, e a todos que compareceram a minhas palestras e oficinas sobre os assuntos deste livro.

Três historiadores tiveram grande impacto sobre a minha maneira de pensar sobre o passado e me ajudaram a compreender sua relevância para o modo como vivemos hoje: Theodore Zeldin, Michael Wood e o falecido Colin Ward. Seu pensamento histórico inovador foi uma constante fonte de inspiração, tanto através de seus livros como em conversas.

Fui acompanhado do começo ao fim por minha companheira, Kate Raworth. Mais do que qualquer outra pessoa, ela é responsável por zelar tanto pelo livro quanto por seu autor. E obrigado aos meus filhos, Siri e Casimir, por me lembrar que a própria vida é uma caixa de maravilhas de possibilidades.

Índice

aborígines australianos, 155
Adams, Henry, 129
administração científica, A (Taylor), 125
administração do tempo, 127, 131, 319
agape, 22-3, 26, 28-9, 37, 39, 40, 337
agentes de viagem, 197-8
"agora", 141
akas, pigmeus, 45-7, 53, 55, 67
Al-Andalus, 27
Alberti, Leon Battista, 114-5
Alce Negro, 241
Alcibíades, 57
Alexandre Magno, 115
Allen, Woody, 35, 241
almas gêmeas, 25
Alone in the Wilderness (Knowles), 227
alpinismo, 235, 238
amigos, 19-20, 79-80, 336-7
amor:
    à primeira vista, 27
    altruísta, 22-3
    amizade, 19-20
    amor-próprio, 23
    cortês, 27-9
    erótico, 17-9
    lúdico, 20-1
    maduro, 21
    romântico, 25-6
anatomia da melancolia, A (Burton), 174
Anatomy of Abuses, The (Stubbes), 183
Anderson, Benedict, 260
animais, 46-7, 74, 177, 243
Anistia Internacional, 104, 275
Anna Karenina (Tolstói), 55, 271
Antíoco Epifânio, rei da Síria, 179
Antônio, santo, 157
Apicius, 288, 290
Aquiles, 20
arapesh, povo, 46
Ariès, Philippe, 310
Aristófanes, 57
Aristóteles:
    e a carreira de professor, 115

    sobre a busca de dinheiro, 143
    sobre a racionalidade humana, 242
    sobre laços sociais, 167
    sobre o amor, 19, 23
    sobre os cinco sentidos, 173, 174, 177
arte, 279-83, 300-3
arte cavalheiresca do arqueiro zen, A (Suzuki), 139
Arts and Crafts, movimento, 293
árvores, 230-1, 244-5
Árvores à beira da água (Cézanne), 301
As I Walked Out One Midsummer Morning (Lee), 223
Aspásia, 18
Atenas clássica, 17-8, 56-7
atenção, tempo de, 140
Atwater, Ann, 77-80, 82, 336
audição, 173, 178
Austen, Jane, 33
Avicena, 174, 176

Baden-Powell, Robert, 217
Baedeker, Karl, 207-11
bakairi, povo, 59
bakhtiari, povo, 329
Ballard, J.G., 41-3, 47
Banco Imobiliário, 166
bandeirantes, 167, 217
bandoleiros, Os (Schiller), 216
bandos de recrutamento compulsório, 89-90, 91
Baron-Cohen, Simon, 74
Barton, Clara, 103
Bashô, Matsuo, 200-1, 202, 204, 205, 223
bazares de caridade, 165
Beagle, HMS, 218
Beck, Harry, 116
beijar, 27, 38
beijo, O (Brancusi), 38, 39
Bell, Alexander Graham, 191
Bellamy, Francis, 261
Beltane, 231
Beowulf, 228

Berger, John, 152, 184, 301
Bergman, Ingmar, 332
Berry, Mary Frances, 48
biodiversidade, perda da, 242
biofilia, 232-41
Bohème, La (Puccini), 158
Bon Marché, 148-51
Boone, Daniel, 235
Borrow, George, 216
Boston Post, 226
Botton, Alain de, 153
Boucicaut, Aristide, 147-9, 153
Bradford, William, 229
Brancusi, Constantin, 38, 39
Brand, Stuart, 141
Braque, Georges, 301
Brillat-Savarin, Jean-Anthelme, 291
brincar, 20-1
Browne, Malcolm, 254
Brunelleschi, Filippo, 301, 302
Bucchô, 201
Buchwald, Art, 168
budismo:
    autoimolação de um monge, 253-4
    consciência atenta, 288
    meditação, 138-9, 200
    peregrinação, 200-1
    silêncio, 60
    teravada, 22
    zen, 137, 138-9, 200
Burckhardt, Jacob, 280
Burton, Robert, 174
Burton, sir Richard, 26
Byron, Lord, 233

caçadores-coletores, 155
cadeiras, fabricação de, 295-7
cafés, 61
calendários, 121, 137
calvinismo, 30
Calvino, João, 23, 105
Cameron, Julia, 286
camping, 215-8
campos magnéticos, 189
Capability Brown, 110, 186
capitalismo:
    amor, 34, 35, 36
    atitude em relação ao tempo, 72-3
    de consumo, 148, 150-1, 158
    divisão do trabalho, 98-9
    do século XIX, 148, 221
    do século XVIII, 72, 73, 146
    escravidão assalariada, 293
    impacto ambiental, 243, 244
    pensamento econômico no século XVII, 146
carbono, emissões de, 242, 248-9
Care USA, 104
Carolina, rainha, 264
carreira:
    escolhas, 96-8
    portfólio, 115-6
carvão, 52, 232, 244
Casal de esposos num jardim (Hals), 32
casamento, 21, 28, 30-1, 32, 38
Cavafy, Constantine, 206
cavaleiros templários, 103
cemitérios, 307-8, 315-6
cercamento, movimento de, 232
cérebro:
    esquerdo e direito, 286
    estrutura, 74
    numa cuba, 255-6
    ventrículos, 174-5
Cézanne, Paul, 301-2
chamado selvagem, O (London), 236
Chapters in the Life of a Dundee Factory Boy, 123-4
Chatwin, Bruce, 214
Chaucer, Geoffrey, 15, 16
Child, Julia, 291
China:
    cuidado dos pais, 330-1
    jardins, 186
    pinturas, 300
Churchill, Winston, 137
Chuva, vapor e velocidade (Turner), 128
cinestesia, 176
Clark, Kenneth, 229
Clarkson, Thomas, 87-8, 91, 337
Classen, Constance, 183, 190
clínicas de repouso, 80, 318, 327-31
Cobbett, William, 49, 221-4
colar da pomba, O (Ibn Hazm), 27
Coleridge, Samuel Taylor, 231, 233
Colombo, Cristóvão, 218, 220
Colônia, relógio de, 122
comércio de especiarias, 180
Comfort, Alex, 36
compras:
    Bon Marché, história, 147-51

cultura do consumo, 144-5, 151-5
    desenvolvimento da, 146-7
comunicação, 128-9
confissão, Uma (Tolstói), 270
confucianismo, 22, 330
Constantino, imperador, 199, 258
consumo, cultura de, 144-7
convenções, 302-5, 334-5
conversa:
    amor e, 17, 24, 30-1, 40
    arrojada, 65, 332
    arte da, 55, 59, 322
    empática, 70, 76, 325
    história da, 56, 60-4
    na família, 41, 43, 55-67, 337
    origens, 56-7
    sobre a morte, 323-6
Cook, John Mason, 198
Cook, Thomas, 197-8, 208, 220
Copérnico, 267
coragem, 325-6
Cortés, Hernán, 101
Cranmer, Thomas, 274
cremação, 319
crenças, 254-5
    e causa transcendente, 277
    monarquistas, 263-6
    nacionalistas, 259-63
    religiosas, 257-9
criatividade, 278-9, 283-7, 288, 304-5
Crisp, Quentin, 166
cristianismo, 22, 243, 258-9, 272
cruzados, 27, 103, 180
cubismo, 301, 302
cuidado das crianças, 43-4, 45-7, 48-51, 54, 97, 182
culinária como arte, 288-91
cultura auditiva, 181-2
cultura burguesa, 150, 184, 208
cultura visual, 181-2
Cupido, 17, 40

Da Vinci, Leonardo, 114-5, 116, 120, 174, 281
dança dos mortos (*danse macabre*), 308-9, 332
Daniel, Arnaut, 28
Dante, 114, 143, 206, 281
Darwin, Charles, 74, 218-9
Daumer, dr. Georg Friedrich, 188
Davi (Michelangelo), 281
David, Elizabeth, 291

De Beers, 34-5
De Bono, Edward, 285-6
De Revolutionibus (Copérnico), 267
Dean, James, 51
defesa dos direitos da mulher, Uma (Wollstonecraft), 303
Defoe, Daniel, 146
Della Rovere, Vittoria, 32
desaceleração, 133-4
Descartes, René, 113, 175, 243
Dia de Todos os Santos, 321
Dia dos Mortos, 321
diamantes, 34
diários, 136, 182, 236-7, 281
Dickens, Charles, 123
Diem, Ngo Dinh, 253
dinheiro, 101, 142-4
Diógenes, 157
Disraeli, Benjamin, 265
divina comédia, A (Dante), 143
divisão do trabalho, 98-100, 102, 113, 117
divórcio, 22, 37, 43, 53, 56
DIY (Faça você mesmo, na sigla em inglês), 297-300
dona de casa, 47, 51
Donne, John, 180
"dono de casa", 42, 45, 48-9, 53-4
doutorado, 113
Drake, Francis, 218
druidas, 230, 231, 234
Dunlop, Fuchsia, 291

Eden Project, 246
Edison, Thomas, 285
Eduardo VII, rei, 265
Edwards, John Menlove, 238
Ehrenreich, Barbara, 325
Eiffel, Gustave, 148
Einstein, Albert, 255
Eldorado, 101
Elgar, Edward, 98
Ellington, Duke, 171
Ellis, C.P., 76-82, 336
embaixadores, Os (Holbein), 309
Emerson, Ralph Waldo, 118, 162, 231
emissões de carbono em voos, 248
empatia:
    capacidade humana de, 72-5
    cognitiva, 69
    cultivo da, 92

déficit, 70, 81
definição, 68-9, 70
empatia de massa e mudança social, 86-91
expansão, 75, 82, 84
experiencial, 85-6
importância da, 69-71
na conversa, 325
Eno, Brian, 141
Epstein, Jacob, 194
equilibriocepção, 176
era do computador, 296
Eros, 17
eros:
    amor cortês, 27-8
    amor romântico, 25-8, 31, 37-8
    casamento, 30-1
    ideia de, 18-9
    poder do, 18
    relacionamentos, 38, 39, 40
Escoffier, Auguste, 291
escotismo, 217
escravidão, campanha contra, 87-8, 89-90, 160-1
especialização, 112-4
Estados Unidos:
    juramento de fidelidade, 261-3
    reservas nacionais, 245-6
Estados Unidos da América do Norte, Os (Yoshikazu), 124
estilo de morte, 307, 325
estreita estrada para o norte profundo, A (Bashô), 200
ética protestante, 105, 134, 146
Europa, 18
Everest, 235
expectativa de vida, 306
exploração, 218-25

fábrica de alfinetes, 10, 98-100, 108, 113
fabricação de ferramentas, 292-3
fábricas, 123-6, 295
Facebook, 20
fala, 173, 182
fantasia, 174
fast food, 129-30
"Fermat, último teorema de", 284
Fernando II da Toscana, 32
Feuerbach, Anselm von, 189
Fiennes, Celia, 229

Fílon de Alexandria, 173
Finlândia, 60
Flaubert, Gustave, 135
florestas, 228-33, 244-5
Fonda, Jane, 63
Forbes, Bruce, 259
Ford, Henry, 111, 125, 126, 130
Forster, E.M., 209
France, Anatole, 304
Francisco de Assis, são, 68, 85, 243
Frankl, Victor, 106-7
Franklin, Benjamin, 125
Freecycle, 165
Freud, Sigmund, 23
Fromm, Erich, 35
funerais, 317-9, 322-3
Fuseli, Henry, 303

Gaia, 241
Gainsborough, Thomas, 185
Galateia, 18
Galeno, Cláudio, 174
Galileu, 122, 267-9, 273
Gandhi, Mahatma:
    Fazenda Tolstói, 271, 272
    sobre a arte de viver vagarosamente, 133
    Talismã de, 69-70
    tecelagem manual, 294
    túmulo, 203
    vida simples, 157, 166, 275-6
gap-year, estudantes no, 222
Gershwin, George, 290
Gilbert, W.S., 66
Gilbreth, Frank e Lillian, 125
Gladstone, William, 264
Godwin, William, 304
Goethe, Johann Wolfgang von, 12, 31, 33, 229, 233, 333-7
Gottlieb, Beatrice, 58, 60
Graceland, 199
Grand Tour, 207-8, 211
Gray, Thomas, 229
Grécia Antiga:
    cinco sentidos, 173, 177
    concepção do trabalho, 105
    escultura, 301
    segregação das mulheres, 57-8, 67
    symposium, 57, 61
    tipos de amor, 16, 17-25, 36, 37, 38

Griffiths, Jay, 234
Guatemala:
   cultura DIY, 298-300
   estudos do autor, 81, 113
   ritmo de vida, 134
   viagens do autor, 85, 134, 214, 222, 274
Guerra Civil Espanhola, 223-4, 274
Guerra da Crimeia, 129, 204, 270
Gutenberg, Johannes, 182

Halberstam, David, 253
Hall, Edward, 181
Hals, Frans, 32
Hammond, Samuel, 239
Hampton Court Palace, 180
Hardy, Dennis, 216
Hart, Charles, 329
Hauser, Kaspar, 188-90, 192
Helena, santa, 199
Herrigel, Eugen, 139
Herzen, Alexander, 270
hibernação, 136
Hildegarda de Bingen, 115, 120
História natural (Plínio), 185
Hite, Shere, 37
Hobbes, Thomas, 10, 71-2
Hochschild, Adam, 87, 89-90
Holbein, o Jovem, 309
Homero, 20
"homem selvagem", 228
"homens verdes", 231
Homo erectus, 292
Homo faber, 292-7, 299, 300, 305
Homo Ludens (Huizinga), 21
Homo sapiens, 292
homossexualidade, 18
Hopkins, Gerard Manley, 231
Horácio, 199
hospitais, 102-3, 318
   para doentes terminais, 167, 318, 323-4, 325
Howes, David, 178
Huizinga, Johan, 21
Human, Alan, 80-1
Human Rights Watch, 275
Hume, David, 75
Hyde, Lewis, 291

IBM, 111
Ibn Battuta, 199
Ibn Hazm, 27

Ibn Khaldun, 214
Idade de Ouro holandesa, 28
Idade Média:
   beijar, 27
   concepção da criação, 281
   concepção da morte, 307-10
   concepção das florestas, 228-9, 239
   concepção do trabalho, 105
   concepções dos sentidos, 173-4, 183
   especiarias e perfumes, 180
   palavra falada, 182
Igreja Católica Romana, 253
Igreja da Inglaterra, 87
Igreja Ortodoxa, 272
Iluminismo, 175, 183, 284
imaginação, 174
Império do Sol, O (Ballard), 42
imprensa, 306
individualismo, 280-1
Innocent, bebida, 112
Inquisição, 268
instinto, 174
instituições filantrópicas, 104
Ivan (avô do autor), 325

J. Walter Thompson, 34
janela para o amor, Uma (filme), 209
Japão:
   cuidado dos pais, 330-1
   desmatamento, 244-5
   peregrinação de Bashô, 200-2
jardim perfumado, O, 27
jardinagem, 109-11, 184-7
Jekyll, Gertrude, 187
Jencks, Charles, 187
Jerusalém, 199
Jesus, 157, 258
Johnson, dr. Samuel, 61, 207
Jorge, são, e o dragão, 28-9
Jorge IV, rei, 264
jornada de trabalho, 155-7
Josué, 267
Juventude transviada (filme), 51

Keller, Helen, 190-4
Kennedy, John F., 192
Keynes, John Maynard, 156, 266
King, Martin Luther, 77, 91, 203
Kingsley, Mary, 219-20, 336
Kinsey, Alfred, 63

Kipling, Rudyard, 219
Knowles, Joseph, 226-8
Köhler, Wolfgang, 292
Krakauer, Jon, 237
Kramer versus Kramer (filme), 53
Krishnamurti, Jiddu, 274
Kroc, Ray, 130
Kropotkin, príncipe Peter, 270
Ku Klux Klan (KKK), 70, 77-8, 79, 80
Kübler-Ross, Elisabeth, 317, 318
Kumar, Satish, 201-4
!Kung, povo, 155

La Rochefoucauld, François de, 16
labirinto da solidão, O (Paz), 320
Lake District, 229, 233
Lancelot e Guinevere, 29
Lange, Dorothea, 262
lares do dr. Barnardo, 104
Latimer, Hugh, 274
Lawrence, T.E., 177
Layard, Richard, 69
Lázaro (Epstein), 194
Le Nain, irmãos, 58
Leach, William, 145, 151
Leda, 18
Lee, Laurie, 223-4, 274
Leo (avô do autor), 226-7
Leviatã, O (Hobbes), 71-2
Libânio, 258
Lívio, 288
Local Exchange Trading Schemes (Lets), 167
loja de departamentos, 147-8
London, Jack, 236
Londres, 146, 201, 202
Long Walk to Freedom (Mandela), 276
loterias, 142-3
Loudon, John, 110
Louv, Richard, 240
ludus, 20-1, 24, 26, 36-8, 40, 337
Luís XV, rei, 295
Lutero, Martinho, 105
luto, 319-20
luxúria, 168

Madame Bovary (Flaubert), 135
Madri, 147
Magalhães, Fernão de, 218
magnetorrecepção, 177
Mallory, George, 235

Man on Wire (documentário), 313
Man's Search for Meaning (Frankl), 106-7
Mandela, Nelson, 276
Mander, Jerry, 65
Manetti, Giannozzo, 281
Maria Antonieta, rainha, 157
Maridos e esposas (filme), 35
Marie de Champagne, condessa, 28
Marinha Real, 89, 244
Markham, Gervase, 243
Marshall, George, 249
Marx, Karl, 95, 115
May Day, 231, 234
Mayflower, 229
Mbuti, povo, 46
McCandless, Christopher, 235-8, 247
McDonald's, 130
McEwan, Ian, 69
McKibben, Bill, 167, 246-7
McLuhan, Marshall, 182
Meca, 199
Médicos sem Fronteiras, 104
meditação, 138-9, 200
memento mori, 309-10
memória, 174, 182
Menina com um bandolim (Picasso), 303
Menon, Prabhakar, 202-3
método científico, 183-4
metta, 22-3
México, atitude em relação à morte, 320-1
Michelangelo Buonarroti, 114, 280, 281-3, 284
Microsoft, 165
Midas, rei, 143
mil e uma noites, As, 26
milagre de Anne Sullivan, O (filme), 192
Mill, John Stuart, 62-3, 66
Miller, Michael, 149
monarquia, 263-6
Mondrian, 289
Monroe, Marilyn, 34
montanhas, 229, 232-3, 235
montanhas em Lauteraar, As (Wolf), 233
Morris, William, 293-4, 296-7, 299
Morse, Samuel, 128
morte, atitudes em relação a, 306-7, 310, 323-5
Moscou, 202, 203
movimento da biblioteca humana, 213
movimento de conservação, 245-6
Mozart, Wolfgang Amadeus, 283
Mrs. Beeton's Book of Household Management, 51

mudança climática, 242, 247, 248
Muir, John, 245
Mumford, Lewis, 126
Mumsnet, 44
Murger, Henri, 157
Murray, John, 208
música, 193, 280
Musil, Robert, 135

N.W. Ayer, 34
Na natureza selvagem (Krakauer), 237
Na pior em Paris e Londres (Orwell), 84
nacionalismo, 259-66
Naomi (avó do autor), 304
Napoleão, 96
Narciso, 23, 92
Nash, Roderick, 237
Natal, 144, 258-9
natureza:
    fim da, 247, 249
    percepção ocidental da, 229-31
natureza inculta:
    atitudes em relação a, 244-5
    aventura de Thoreau, 163-4
    experiências de recreação, 239-41
    história de Knowles, 226-8
    história de McCandless, 235-8, 247
    visão romântica, 233-4, 238
negócio é ser pequeno, O (Schumacher), 164
Nero, imperador, 179
Newton, Isaac, 284, 290
Nhat Hanh, Thich, 138
Nietzsche, Friedrich, 80, 107
Nightingale, Florence, 103, 204, 324, 325
nocicepção, 176
Noite de Walpurgis, 231
nomadismo, 213-8
Nova Orleans, paradas fúnebres, 322
nuer, povo, 59

Obama, Barack, 70
olfato:
    concepção grega, 173
    concepção puritana, 183
    fedor do passado, 180-1
    importância do, 171
    perfumes, 179-80
    sensibilidade ao, 178, 189-90, 193-4
ongee, povo, 171, 178
Orgulho e preconceito (Austen), 33, 62

Orwell, George, 64, 82-6, 221, 274, 336
Ovídio, 20
Owen, Robert, 162
Owen, Wilfred, 260
Oxfam, 104, 278
Oxford, percurso turístico sensorial, 194

Pã, 229
"páginas da manhã", 286
pais, 43-53
    cuidado dos, 330-1
paisagismo, 110, 186
Países Baixos, 29-30
paladar, 173, 183
Pankhurst, Emmeline, 91
Paris, 146, 202, 203, 207, 308
Pascal, Blaise, 213
patriarcado, 51
Pátroclo, 20
Pawukon, calendário, 137
Paz, Octavio, 320
Penn, William, 159
pensamento lateral, 285
peregrinação, 199-206
"Peregrinação pela paz", 202-4
perfume, O (Süskind), 180-1
perfumes, 179-80
Péricles, 18
Perkins, William, 106
Pérsia, 26, 34
perspectiva linear, 301
pessoas idosas, 326-31
Petit, Philippe, 312, 313, 315
Petrini, Carlo, 130
philautia, 23, 26, 36, 37
philia, 19-20, 24, 26, 30, 37-40, 336
Piaget, Jean, 73
Picasso, Pablo, 280, 301-2, 303, 304-5
Pietà (Michelangelo), 281, 282
pintura de paisagens, 185, 233, 300
pintura mural egípcia, 300
Pizarro, Francisco, 220
Platão, 57, 173, 176
Plínio, o Velho, 185
pobreza, 83-4, 155, 161, 221-2
Poincaré, Henri, 284
Polifemo, 18
Pollock, Jackson, 291
Polo, Marco, 199
Popul Vuh, 241

Potosí, minas de prata de, 220
Praga, relógio de, 122
pragma, 21-2, 26, 30, 37, 38, 40, 337
prazeres do sexo, Os (Comfort), 36
Prêmio Nobel da Paz, 102
Presley, Elvis, 199
Pródico, 18
propriocepção, 176
Proudhon, Pierre-Joseph, 270
Proust, Marcel, 176
Ptolomeu, 115, 267-8
Puccini, Giacomo, 158
puritanos, 106, 158-9

quacres, 60, 87, 158-60, 162, 163, 221
Quang Duc, Thich, 253-4, 274
Quaresma, 138

racionalidade, 62, 242
Ramadã, 121, 138
refeição em família, A (irmãos Le Nain), 58
Reforma Protestante, 105, 182-3
regra beneditina, 60
Regra de Ouro, 70
"Relógio do longo agora", 141
relógios, 119-22, 122-4, 135-6
ren, 22-3
Renascimento:
    concepção da morte, 307
    concepção de senso comum, 174
    ideal do generalista, 114-5, 116-7
    ideia de gênio criativo, 279, 280, 281-3,
      284-5, 286, 287, 288-9
    ideia de individualidade, 280-1
    jardins, 32, 185-7
    pintura e escultura, 131, 229, 300-2
Repin, Ilya, 271
respeito, 108-12, 117
Ressurreição (Tolstói), 273
Revolução Francesa, 103
Ridley, Nicholas, 274
Rimsky-Korsakov, Nikolai, 171
Rinpoche, Sogyal, 329
riqueza das nações, A (Smith), 72, 98-9, 146, 154, 244
rituais religiosos, 138
Roma:
    antiga, 179, 258-9, 288
    basílica de São Pedro, 199, 206, 282
    cemitérios, 308

romance da rosa, O, 28
romântico, movimento, 33, 61, 229-34, 245
Romeu e Julieta, 29
Roosevelt, Eleanor, 210
rosas, 185-6
Roszak, Theodore, 240-1
Rousseau, Jean-Jacques, 232, 237, 270
Rural Rides (Cobbett), 221
Ruskin, John, 296
Russell, Bertrand, 201, 203

Safo, 18
Sahlins, Marshall, 155
Salomão, rei, 267
São João de Jerusalém, cavaleiros, 103
Sartre, Jean-Paul, 84
Saturnais, 258
Saunders, Cicely, 325
Schama, Simon, 30
Schiller, Friedrich, 216, 336
Schopenhauer, Arthur, 272
Schumacher, E.F., 164
Schweitzer, Albert, 102-3, 105
Scouting for Boys (Baden-Powell), 217
Self Help (Smiles), 90
senso comum, 174, 255
sentidos, 171-2
    cinco, 173, 176
    desconfiança cristã em relação aos, 183
    dez, 176-7
    externos, 174
    internos, 174-6
sétimo selo, O (filme), 332
sexo, 27, 34, 36-7, 38, 63-4
shabat, 138
shakers, comunidades, 295
Shakespeare, William, 185
Shariar, 26
Shaw, George Bernard, 70, 259
Sherazade, 26
Siena, 208-9
Sierra Club, 245
silêncio, 60
simbolismo, 186, 187
sinestesia, 171
Singer, Peter, 277
sistema educacional, 260-1
Sistina, capela, 206, 281, 283
Slow Food, movimento, 130-1

Smiles, Samuel, 90
Smith, Adam:
  riqueza das nações, A, 72, 98-9, 146, 154, 244
  sobre divisão do trabalho, 98-100, 113
  sobre empatia, 72-3, 75
Sobre a morte e o morrer (Kübler-Ross), 317
Sócrates, 56-7, 92, 120, 157, 255, 274, 335
sofrimentos do jovem Werther, Os (Goethe), 31
Sol Invictus, 258
Songlines, The (Chatwin), 213-4
Spectator, 219-20
Sr. e sra. Andrews (Gainsborough), 185
status, 108-9
Stephen, sir Leslie, 62
Stevens, Wallace, 278
Stone, Lawrence, 33
Stonehenge, 234
Stubbes, Phillip, 183
sufragistas, 275
Sullivan, Anne, 191, 192
Sultão (chimpanzé), 292
Supertramp, Alexander, 236
Süskind, Patrick, 180-1
Sustermans, Justus, 32
Suzuki, Daisetz Teitaro, 139

Taiti, 46
tato, 171, 173, 182
Tawney, R.H., 105
Taylor, Frederick, 125, 126, 131
telégrafo, 128-9
telescópio, 183, 267-9
televisão, 64-6, 305
tempo balinês, 137-8
"tempo e movimento", estudos de, 125-7
Tempos difíceis (Dickens), 123
teoria dos sentimentos morais, A (Smith), 72
teosófico, movimento, 274
Terkel, Studs, 76
termocepção, 176
tewa, índios, 141
The Times, 264
Thesiger, Wilfred, 211
Thomas, Keith, 211
Thonet, Michael, 295
Thoreau, Henry David:
  concepção da natureza, 231, 233, 250
  publicação de obra, 227
  sobre o custo das compras, 154
  vida simples, 162-5, 166-8, 237, 298-9, 334

Tibetan Book of Living and Dying, The (Sogyal Rinpoche), 329
time off, 132-3, 225
tiwi, povo, 329
Tolstói arando (Repin), 271
Tolstói, Lev:
  crenças, 267, 269-72, 273-5
  estilo de vida, 237, 270-3, 337
  sobre a vida em família, 42, 55
Tomás de Aquino, 183
tortilha, 289-90
trabalho doméstico, 41, 43-4, 48, 50-5
transcendentalistas, 162, 231, 245
transporte, 128
trens a vapor, 128
Tristão e Isolda, 29
túmulos, 308, 315-6
turismo, 206-13
Turner, J.M.W., 128
Twain, Mark, 100, 192
Twitter, 20

Uccello, Paolo, 301

Valentim, são, 15-6
Van Gogh, Vincent, 107-8
Vanuatu, 59
Vasari, Giorgio, 282, 283
Vaucanson, Jacques de, 295
velhice, 226-31
Veneza, 147
ventrículos do cérebro, 174-5
Vermeer, Johannes, 30, 302
vida comunitária, 166-8
vida em família, 47-50
Vinte e quatro exemplos de piedade filial, 330
visão, 171-2, 173, 178-9, 187-8
Vitória, rainha, 264-5
Voltaire, 295

Waal, Frans de, 74
Walden (Thoreau), 162-3
Ward, Colin, 216
Washington, 202
Ways of Seeing (Berger), 152
Wedgwood, Josiah, 123, 132
WEEE man, 246
Wei, imperador, 186
Wendi, Han, imperador, 330, 331
"wertherismo", 33

White, Lynn, 243
Whiting, Jane, 310-1, 314, 366
Wilberforce, William, 87
Wild (Griffiths), 234
Wilde, Oscar, 306
Wiles, Andrew, 284
Wilson, Edward, 238
Wolf, Caspar, 233
Wollstonecraft, Mary, 302, 304, 334
Woodcraft Folk, 217
Woolf, Virginia, 62, 304

Woolman, John, 160-1, 166, 337
Wordsworth, William, 229, 234, 239
Work Foundation, 97
Wren, Christopher, 290

Yoshikazu, 124

Zeldin, Theodore, 66, 114, 366
Zeus, 18
Zola, Émile, 135, 148

1ª EDIÇÃO [2013] 2 reimpressões

ESTA OBRA FOI COMPOSTA POR LETRA E IMAGEM EM DANTE PRO
E IMPRESSA EM OFSETE PELA GRÁFICA PAYM SOBRE PAPEL PÓLEN SOFT
DA SUZANO S.A. PARA A EDITORA SCHWARCZ EM AGOSTO DE 2021

A marca FSC® é a garantia de que a madeira utilizada na fabricação do papel deste livro provém de florestas que foram gerenciadas de maneira ambientalmente correta, socialmente justa e economicamente viável, além de outras fontes de origem controlada.